—

張光南
GUANGNAN ZHANG

教授、博導、所長、會長

中山大學粵港澳發展研究院

穗港澳區域發展研究所：教授、博導、所長

廣州市穗港澳區域發展研究會：會長

美國哥倫比亞大學：訪問學者

香港科技大學：兼任教授

日本貿易振興機構：顧問

日本早稻田大學：訪問研究員

廣東省政協港澳台委員會：專家顧問

廣東省工商聯（總商會）：顧問

中國（廣東）自貿區橫琴新區：專家委員

愛思唯爾（Elsevier）：中國高被引學者

中央電視台 CCTV、新華社、《南方日報》、

香港《文匯報》、《澳門日報》：特約評論專家

粵港澳大灣區青年創新研究
人物故事‧案例分析‧政府政策

Study on Young Talents'Innovation in the Guangdong-Hong Kong-Macao Greater Bay Area

Talent Stories, Cases Analysis and Government Policies

張光南　　張豔

廖唐勇　符愔暢　孔德淇

鍾俏婷　蔡彬怡　楊清玄

著

中山大學《粵港澳大灣區經濟政策》課程系列教材

責任編輯		阿　江
書籍設計		a_kun
排　版		楊　錄
校　對		栗鐵英

書　名　　粵港澳大灣區青年創新研究：人物故事‧案例分析‧政府政策

著　者　　張光南　等

出　版　　三聯書店（香港）有限公司

香港北角英皇道 499 號北角工業大廈 20 樓

Joint Publishing (H.K.) Co., Ltd.

20/F., North Point Industrial Building,

499 King's Road, North Point, Hong Kong

香港發行　香港聯合書刊物流有限公司

香港新界荃灣德士古道 220-248 號 16 樓

印　刷　　美雅印刷製本有限公司

香港九龍觀塘榮業街 6 號 4 樓 A 室

版　次　　2023 年 5 月香港第一版第一次印刷

規　格　　16 開（185 × 260mm）426 面

國際書號　ISBN 978-962-04-5157-7

基金資助

教育部人文社會科學重點研究基地重大項目
《內地與港澳服務貿易自由化“負面清單”升級版研究》（16JJDGAT006）

廣東省青年文化人才創新項目
《粵港澳大灣區青年創業研究：企業案例、創業者故事、政府政策》

支持單位

廣東省人民政府港澳事務辦公室
廣東省人民政府發展研究中心

香港特別行政區政府駐粵經濟貿易辦事處
香港科技大學公共政策研究院
香港霍英東基金會
香港匯賢智庫政策研究中心
香港中文大學商學院本科生校友會
香港廣東青年總會

中山大學粵港澳發展研究院
中山大學港澳珠江三角洲研究中心
中山大學粵港澳發展研究院穗港澳區域發展研究所
港澳與內地合作發展協同創新中心
粵港澳區域經濟發展研究會
廣州市穗港澳區域發展研究會
粵港澳大灣區研究基地廣州市人民政府外事辦公室
共青團廣州市委員會
廣州市天河區中央商務區管委會

珠海市委政策研究室
珠海市橫琴新區管理委員會商務局
珠海市橫琴新區澳門事務局

佛山市南海區政府

中國（廣東）自由貿易試驗區深圳前海蛇口片區
中國（廣東）自由貿易試驗區珠海橫琴新區片區
國務院發展研究中心中國國際發展知識中心

鳴謝

- 香港 -
RnR Limited
遊學天地
Zitison Limited

- 廣州 -
廣汽集團汽車工程研究院
大蓼林醫藥集團
聯合醫生集團
廣州杜仲哥互聯網科技有限公司
廣東陸加壹集團
廣州市貝法易信息科技有限公司
九州能源有限公司
廣州藍豆軟件科技有限公司
香江國際科創中心獨角獸牧場
廣州經濟技術開發區
數文明（廣東）科技有限公司
天河區港澳青年之家
傑士文化傳播（廣州）有限公司

- 佛山 -
廣東淘家科技有限公司

- 東莞 -
廣東嘉宏集團有限公司

- 江門 -
江門市邑青科技有限公司

- 澳門 -
先皓科技
迪奇孚瑞生物

- 深圳 -
深圳米喬科技有限公司
前海玖星光能低碳科技（深圳）有限公司
深圳天熹科技服務有限公司
華欣財商教育科技（深圳）有限公司

- 珠海 -
港珠澳大橋管理局
珠海薔森科技有限公司
珠海迪奇孚瑞生物科技有限公司
橫琴新區管委會

- 中山 -
中山德瑞雅照明科技有限公司

- 肇慶 -
中國房地產開發集團肇慶百花園公司

- 惠州 -
V-Fit 維體健身機構

序言

2019 年 2 月，《粵港澳大灣區發展規劃綱要》正式印發，中央明確提出加快粵港澳大灣區創建國際科創中心。粵港澳三地科技研發、轉化能力突出，擁有一批在全國乃至全球具有重要影響力的高校、科研院所、高新技術企業和國家大科學工程，創新要素吸引力強，具備建設國際科技創新中心的良好基礎。而隨着全球創新經濟提速，圍繞創新資源的競爭加劇，粵港澳大灣區能否比肩國際一流灣區，關鍵看創新，尤其是青年創新。

粵港澳大灣區建設為廣大青年帶來無限的發展機遇，為青年創新創造創業搭建了廣闊的發展平台。青年作為創新、創造、創業的主力軍，也是粵港澳大灣區創新發展的活力源，代表着粵港澳大灣區未來創新的潛力。粵港澳大灣區應以創新青年要素為本，為青年創新、創造、創業鋪路，針對創新青年打造吸引、培育、引進、流動、服務和應用一體化的“一攬子人才政策”，進一步通過青年創新吸引產業、資金、技術等創新要素向大灣區聚集，形成可持續發展的創新生態系統。

基於此，本書從創新青年的人物故事、案例分析和政府政策三個維度對粵港澳大灣區創新發展進行深入思考。全書內容包括以下兩個部分：

人物故事·案例分析。本書主要調研對象是遍佈在粵港澳大灣區“9+2”城市的創新青年及其創新案例，這些創新青年分佈在不同行業、不同領域，創新類型包括商業模式創新、專業服務創新、科技創新、工程創新和政策平台創新。通過實地調研和深入訪談，本部分記錄粵港澳大灣區的青年創新故事；同時對這些青年創新案例進行梳理，從創新發展模式、創新人才素質、創新團隊組織、創新環境資源等方面進行分析，總結粵港澳大灣區青年創新的經驗、啟示和未來風險，探索粵港澳大灣區可持續發展的創新生態系統建設思路，為中央及粵港澳大灣區“9+2”政府提供決策參考建議。

附錄：創新政策支持·政府管理創新。這部分依據創新人才支持政策出台單位及適用範圍的不同，着重對中央政府、廣東省政府、港澳政府、廣東省三大重要城市、廣東三大自貿區五個層面對創新人才支持政策進行梳理。其中，廣東省三大重要城市為廣州市、深圳市和珠海市；廣東三大自貿區是廣州南沙新區片區、深圳前海蛇口片區和珠海橫琴新區片區。本部分政策分析對各級政府的相關政策進行歸納比較，探究政府在創新人才支持方面多方位、立體式、差異化的政策支持。

目
錄

人物故事・案例分析

專業服務創新

附錄　創新政策支持·政府管理創新

人物故事 · 案例分析

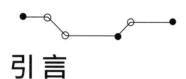

引言

　　近年來，隨着政策利好的不斷釋放、跨區域的互聯互通等等，粵港澳大灣區湧現出一批批創新青年，充分展現了粵港澳大灣區的創新活力，也為後繼者帶來啟發與思考。本部分選取了三十四位創新青年及其創新案例，通過實地調研和深入訪談，刻畫青年的創新歷程，剖析創新案例的模式與特點，並深入思考創新案例帶來的啟示及對未來的展望。

　　這些創新青年案例遍佈香港、澳門、廣州、深圳等"9+2"城市，涉及的行業廣泛，包括醫療、旅遊、家裝、房地產、跨境電商、法律、教育、信息技術、汽車製造、土木工程、政策諮詢等。為便於進行多層次、多維度的研究和分析，本部分將青年創新案例分為商業模式創新、專業服務創新、科技創新、工程創新和政策平台創新五大類。本部分涉及的粵港澳大灣區創新青年及案例信息詳見下表。

粵港澳大灣區創新青年案例一覽表

案例	創新案例	所屬領域	訪談人物	所在城市	關鍵詞
科技創新					
1	迪奇孚瑞分子診斷	基因測序	陳天藍	澳門	生物醫藥、基因測序、產學研結合、技術市場化
2	米喬人體工學家具	人體工學家具	朱文彬	深圳	概念制定、行業領先、知識產權
3	玖星光能燈具配件	COB 燈具配件	鄧添彥	深圳	技術儲備、發明專利、行業領先
4	德瑞雅智能照明	照明科技	邱曉飛	中山	照明科技、燈具燈飾、智能光學、不對稱思維

案例	創新案例	所屬領域	訪談人物	所在城市	關鍵詞
5	邑青智能系統	信息技術	莫盛凱	江門	香港青年、江門創業、信息科技、智能系統
工程創新					
6	智能防震減災	土木工程	黃林沖	廣州	技術集成創新、智慧城市、防震減災
7	廣汽自動駕駛	自動駕駛	梅興泰	廣州	自動駕駛、集成控制、人機共駕
8	港珠澳大橋工程管理	橋樑建設	景強	珠海	世紀工程、橋樑技術、中國標準、人文價值
商業模式創新					
9	賞仕招聘平台	人才尋訪	李宗興	香港	招聘痛點、人才網絡、個性化定製
10	遊學天地服務	遊學服務	卓友森	香港	內地遊學、升學管家、會員系統
11	"發現澳門"旅遊移動應用	在線旅遊	蔡淵博	澳門	澳門、科技平台、數字系統、旅遊資源
12	大蔘林網上藥店	醫藥零售	柯舟	廣州	醫藥電商、O2O、系統管理、薪酬機制
13	威爾醫院—聯合醫生集團	醫療服務	林子洪	廣州	執業夢想、精細化分工、提升生產力、高效率
14	金華佗中醫執業平台	中醫培訓	戴韻峰	廣州	標準知識體系、中醫人才教育、私人定製服務
15	雲嘉地產服務	房地產運營服務	藍慶文等	廣州	美好生活、吃睡養長、地產服務商、不良資產改造
16	薔森智能家裝	家裝行業	李興斌	珠海	智能家居、輕型模式、樞紐鏈接
17	嘉宏智慧城市運維	地產開發、智慧城市運維	何志鵬	東莞	東莞民企、城市科技、地產開發、金融投資
18	百花園地產運營	地產開發	謝振天	肇慶	廣東肇慶、空間運營、智能社區、社區商業
專業服務創新					
19	史迪晨服裝方案設計	服裝製造	劉正南	香港	系統化生產、方案供應、管理文化

案例	創新案例	所屬領域	訪談人物	所在城市	關鍵詞
20	出口易跨境物流	跨境電商服務	肖友泉	廣州	打破固有思維、信息不對稱、相對優勢
21	珍莉個性化舞蹈培訓	教育培訓	陳珍莉	廣州	個性化定製、科學運動管理、舞蹈中國化
22	九州能源配售	綜合能源配售服務	張濤	廣州	政策紅利、能源配售價差、增值服務
23	藍豆雲酒店運營管理系統	酒店信息化管理	楊書帆	廣州	信息化、傳統行業、二代酒店人
24	獨角獸牧場科創運營	科創運營服務	馮建林	廣州	科創運營、人工智能、三方共建、獨角獸
25	公道在線法律服務	互聯網法律服務	鄭嘉豪	深圳（澳門人）	互聯網+、法律服務、信息透明、高校合作
26	華欣財商教育	教育培訓	黃曲欣	深圳	高淨值人群 財商培養、海外考察
27	淘家互聯網裝修	互聯網裝修	梁波	佛山	互聯網家裝、O2O、傳統行業、標準化
28	V-Fit 維體健身	健身機構	何禹霏	惠州	健身機構、服務理念、生活方式
政策平台創新					
29	廣州開發區外籍政府僱員	政府政策	賀勵平	廣州	政府僱員 國際化人才、文化譯者、對外開放
30	數文明政策諮詢	大數據政策諮詢	涂子沛	廣州	大數據、數據思維、數字政府、數文明
31	天河區港澳青年之家	港澳青年創新創業服務	林惠斌	廣州（香港人）	朋友圈、價值傳承、非商業化運營
32	橫琴新區人才政策	政府政策	李偉輝	珠海	人才政策，產業扶持，橫琴新區
33	橫琴新區發改政策	政府政策	王彥	珠海	國家戰略、橫琴站位、對澳合作、協同發展
34	港珠澳大橋黨建管理	黨建管理	韋東慶	珠海	港珠澳大橋 管理模式、黨務建設

註：部分企業出現單位名稱變更、單位總部位置變更、創新青年當前所在企業有所變動等情況，此處以訪談時的情況為準。

　　基於對粵港澳大灣區三十四個創新青年及創新案例的訪談調研，本研究認為粵港澳大灣區內五大維度的創新要素齊備，高校、科研院所等創新成果存量大，且有重視科技、工程創新人才引進的政策支持。但長期以來，創新成果的轉化率不高成為大灣區“國際科創中心”建設的主要阻礙，如忽略對商業、服務和政策創新人才的支持；產品化、資本化和市場化方面的創新人才不足；創新考核標準滯後，無法及時捕捉新市場、新領域和新產品的創新人才；忽略對個人的、非職務、輕資產的創新人才支持；跨區域的人才流動與合作不緊密等。

青年善於把握機遇，勇於成為時代的弄潮兒。透過三十四個創新案例，大灣區青年表現出奮發有為的創新精神，敢於跳出舒適區，敢於為人之不敢為。創新環境對青年創新活動同樣至關重要，政府政策的鬆綁、營商環境的改善、產學研合作的加強、創新氛圍的興起等為青年創新提供了茁壯成長的沃土。

就此本研究提出構建以“商業、專業服務、政策”創新提升“科技、工程”創新轉化率的“2+3”創新人才生態體系，進一步為粵港澳大灣區青年創新提供政策支持，提升創新成果轉化率。第一，加強政府間合作及創新服務：通過三地政府合作，加強創新服務體系，優化產業環境，促進大灣區專業技術交流和商業服務模式創新，吸引創新人才。第二，構建創新應用人才產業鏈：通過支持科技、工程、商業模式、專業服務等創新載體項目推動粵港澳大灣區人才產業鏈形成。第三，加強高校聯合人才培育：通過高校聯合辦學和高校集群培養創新人才、校企合作培養產學研專業人才。第四，促進跨境專業人才流動：通過實施“境外專業人才負面清單”等人才引進／開放政策補足粵港澳大灣區人力資源短板。

希望藉三十四個創新青年及創新案例分析，能夠讓讀者們領略粵港澳大灣區真實而鮮活的創新故事，感受這個時代鏗鏘而有力的創新腳步，收穫前行者們豐富而深刻的創新經驗和啟示！

科技創新

第一章

迪奇孚瑞分子診斷：基因測序技術創新的產學研轉化範例

> **訪談人物**：陳天藍
>
> **擔任職務**：珠海迪奇孚瑞生物科技有限公司董事長
>
> **所在城市**：澳門
>
> **所處領域**：基因測序
>
> **創新類型**：技術創新
>
> **關鍵詞**：生物醫藥、基因測序、產學研結合、技術市場化
>
> **訪談時間**：2019 年 5 月

不能只把成果發表在期刊上，然後就封存在學校的文檔裏面。真正的專利就是為了商業化。

——陳天藍

一、人物故事：讓技術走出實驗室

　　分子診斷技術由於其靈敏度高、特異性強的特點，在感染性疾病確診、腫瘤診斷、精準用藥和農業疫病的檢驗等方面有十分廣泛的應用需求，但存在着送檢需時長、檢測結果慢、保存和運輸條件嚴苛等問題。由於目前普遍應用的設備極度依賴專用儀器和專業實驗室，單項檢驗的完成往往需要經過複雜的步驟，在樣品製備、核酸提取、純化、擴增、與標誌物雜交後，才能進行最後的結果判定。整個過程耗時長，易污染，場地和運輸過程必須高度專業，對現場操作人員、運送人員及檢測人員的專業技術要求很高。由於符合資質要求的實驗室並不多，在這種現狀之下，許多單位只能通過樣品送檢的方式來完成需要的診斷，成本高，效率低，且覆蓋面不廣。

　　2013 年，一名學生被澳門大學錄取為碩士研究生，成為國家重點實驗室研發團隊的一員。也許當時並沒有人想到，六年後，這位從研究生一年級就確定了研究方向、直到完成博士後研究的年輕人，最終將高校實驗室裏的技術帶出了校門，並

在珠海橫琴落地。2018 年 9 月 28 日，這個年輕人也有了一個新的身份——珠海迪奇孚瑞生物科技有限公司的聯合創始人。他的名字被印在畫有 DNA 圖案的公司名片上：迪奇孚瑞生物科技公司，陳天藍。

（一）以"小"搏大：以創新技術設備化解業內問題

在基因測試技術出現以後，通過 DNA 來確定致病微生物、病毒或細菌的具體種類，成為了簡潔高效且成本低廉的檢測方式。澳門大學國家重點實驗室將自動化、微型化、電子化技術結合基因測試技術並加以融合，開發出了以分子診斷技術為主導，以數字微流控技術為核心，以自動化核酸分析系統為設備的技術產品，並將研發成果形成論文發表在業內頂尖國際期刊上，同時申請了國際專利。

陳天藍在博士和博士後期間的主要方向，就是對已經在實驗室裏十分成熟的技術專利做市場轉化和商業推廣。他選擇了實驗室技術中最具創新亮點和商業價值的產品，開始了帶着題目走出實驗室的路。澳門大學作為技術專利的擁有方，以入股的形式參與到了陳天藍的公司當中，一方面支持產學研的結合與轉化，一方面向陳天藍的公司提供專利授權。

陳天藍及其團隊的主要研發產品是一種小型、便攜、高效的生物智能基因檢測設備，主要用於臨床和農業疫病檢驗，面向有對該領域進行檢測需求的高科技企業推廣和銷售相關儀器。迪奇孚瑞公司的創新點在於以數字微流體自動化技術為基礎，結合數字控流操作自動化核酸分析系統完成所需的分子診斷。

該分子診斷技術具有體積小、集成度高、自動化程度高的優勢。與傳統的核酸擴增儀相比，陳天藍團隊的專利技術能夠把核酸擴增和核酸分析集成到一塊數字微流體芯片上，藉助預設程序來自動完成反應液的操作和溫度的控制。後續的螢光檢測等步驟，也通過機器操作與集成分析來實現。在整個檢測環節裏，自動化操作解放了人力，提高了檢測結果的精準度，有利於商業推廣和市場普及。

陳天藍團隊的創新設備在市場中的最大優勢在於支持現場即時檢驗（POCT）。設備產品體積輕巧，可以單人攜帶，在任意檢測地有檢驗需求時，能夠快速實現"人＋設備"一齊到達現場，支持隨時隨地進行檢測工作。且該設備中的專利技術全部受微電子智能系統控制，操作非常簡單，使用者無需具備專業的分子診斷知識，也不依賴長期培訓的實驗操作經驗。無論檢測地是否有專業人員在場，都不會影響設備的運行和結果的判定。由於具備以上特性，這種小型、便攜、高效的生物智能基因檢測設備非常適用於農業疫病、核酸檢測等一線檢驗檢疫工作。

對於醫療單位和檢驗機構而言，陳天藍團隊的產品既符合專業實驗室的資質要求，又支持實驗室外的移動使用。由於自動化程度很高，且所有反應都在同一台設備儀器內密封進行，不需要人工干預，隔絕了污染的可能性；檢測過程中的中間產物也不在儀器之外進行傳遞，把對戶外或檢測現場環境的影響降到最低。在 2020 年初爆發的新冠肺炎疫情中，陳天藍及其團隊的快捷可式測驗設備，在防控工作中為提高檢疫效率、準確率、降低人力成本及檢測人員所面臨的感染風險等方面提供了較大的幫助。

（二）以"少"聚多：引領促進產學研結合與商業市場轉化

當前，公司推廣產品的戰略是先普及後專業，從進軍農業疫病產品的檢驗市場開始，利用分子診斷技術與進行水產養殖、肉類核對總和試劑研發的企業進行合作，擴展推廣渠道。同時也不放棄在社會上進行不間斷的平層基本宣傳，如社區基因檢測判定肥胖的可能性、酒精分解酶基因測試等饒有趣味的項目，可以作為另一條發展的線路，帶動更多人對這一領域的深入了解。在此基礎之上，繼續向醫療領域發展，進行專業的臨床測試並取得 CFDA 認證。

2019 年是公司針對產品市場化的攻堅年，以自動化核酸分析系統為重心的產品將在年內完成"衝關"。對於走向市場，他們做了相當細緻深入的分析，制定出了相應的規劃和策略。

首先，澳門大學模擬與混合信號超大型集成電路國家重點實驗室微流控研究組的技術專利是產品的核心亮點。針對市場需求與實驗要求的不同之處，陳天藍團隊市場化之路的首要任務就是降低生產成本。自動化核酸分析系統的成型產品包括設備與耗材兩部分，設備是自動化分析儀，耗材則包括芯片和試劑。在實驗室裏，有國家基金、學校補助、實驗室資源等多方位的支持，導致耗材在論證與研發過程中不需要過於重視其單品的價格。但一旦向商業普及轉向，控制成本是一件必須要做的事情。經過團隊的努力，原本幾百元的耗材成本降低到了現在的十分之一，且依然能夠保障效果與質量。

其次，團隊產品的針對性很強，是目前專業領域市場所亟需的技術創新成果。陳天藍團隊在市場調研當中發現，我國分子診斷市場在 2015 年創下高達五十億人民幣的市場份額，年均複合增長率接近 20%。針對這一巨大的市場空間，他們的目標客戶包括需要做疾病建議的醫療機構、需要做動植物檢疫的農業單位以及負責食品安全、進出口檢驗檢疫的政府部門和海關機構等。眼前的市場是一片藍海，空間無限廣闊。

從技術的角度來說，陳天藍團隊使用的數字微流體芯片以 PCB 為基地，生產工藝成熟，價格低廉；設備檢測的控制部分基於電子電路，減少精密的機械部件，而且採用單螢光通道進行多重檢測，進一步降低了設備製造的成本。在商業普及的時候，能以更加具有性價比和競爭力的定價，和與同類產品同等的功能質量，來凸顯自身的市場競爭優勢。

正如陳天藍所說："技術和專利，不能只把成果發表在期刊上，然後就封存在學校的文檔裏面。真正的專利就是為了商業化。"

二 案例分析：關注行業國際發展態勢，加大高校產學研支持

（一）尖端科技創新者需時刻關注自身行業的國際發展態勢

技術創新的市場化、商業化主要依賴對行業情勢的追蹤、對行業新生的關注、對行業前景的預判和對行業市場的分析。目前新型分子診斷儀器行業中比較成功的有 Cepheid 公司研製的 GeneXpert 系列，Atlas Genetics 公司研發的 Atlas Genetics io System 產品，BioFire 公司的 FilmArray，iQuum 公司製作的 Cobas Liat PCR System，以及跟 GenMark 公司基於數字微流控技術的 ePlex 系統等。這些新型儀器不但已經成功進入市場，而且在資本市場也獲得了巨大的成功。有的憑藉自身技術與產品被產業巨頭以數億乃至數十億美元的資金收購，有的以數億美元的市值登陸了二級市場，都充分證明市場對新型全自動核酸檢測設備前景的認可，而這一切也證明了陳天藍團隊現在所在進行的市場轉化與商業推廣努力是可行的、必行的。

（二）高校與研究機構在創新行為中應扮演好父母角色

技術創新是國家之間創新競爭的主戰場，更是促進國家經濟發展的重要保障。在科學技術創新中，產學研結合技術創新協同機制已經成為重要的科技競爭方式，並且在我國政府的大力引導下，科研機構、各個企業、各大高校等相關單位已經將技術創新協同機製作為我國技術創新的主要發展方向。[1]

強化對產學研結合技術創新協同機制的研究，對促進我國科研技術發展具有至關重要的意義。在產學研模式實施和嘗試的過程當中，最突出、最明顯的問題就是各參與方之間的疏離，互有交疊的空間太少。而事實上，在產學研這條道路上，高校及科研院所應該扮演一種類似於父母的角色：初時擔負起養育、扶持、指導的責任，為技術注入專業的研發力量，為人才提供良好的科研環境；下一步轉向共同成長，尤其是在論證、研發、實驗、內測階段，面對擁有無限可能的技術成果，與研究對象及研發人員共同前進；在技術出爐、人才出師以後，應該像把孩子養育成材後的父母，學會一面退位，一面支持，護送自己的孩子走得更穩、更遠。

1　何戰寧：〈芻議產學研結合技術創新協同機制〉，《電子世界》，2018 年第 15 期。

三 啟示："研"依託高校，"產"仰賴政府

（一）知史明智，從尖端科技的孕育之路中展望未來趨勢

現代世界的發展建基於科技的進步而前進。隨着三次工業革命的技術創新，給人類社會的生產和生活方式帶來了前所未有的改變。且每一次的創新革命爆發後，又會緊接着開始孕育下一次的革命先聲。蒸汽機（1763）在第一次工業革命中崛起，第二次工業革命發明了發電機（1831）和內燃機（1864），在前兩次的基礎上，第三次工業革命發明了晶體管（1947），標誌着信息技術革命的開端，或被稱為信息時代的開端。最終，引領着日後電子計算器和電信技術的持續快速發展，定義了以光速通信為基礎進行的全球化步伐。

"融合"不僅僅是粵港澳大灣區的中心要旨，也是學科建構與技術進步不可或缺的元素。如今，信息技術領域面臨 4G 與 5G 的迭代，技術與技術之間的融合和創新更加緊密、更加快速。許多看似各執一區的行業領域，實際上擁有廣闊的合作空間。高分子技術、微電子技術和基因測試技術已經被證明可以完美地結合在一起。跨學科、跨領域、跨技術是大勢所趨，複合的技術成果作用於廣闊的市場天地，正是未來技術與社會的新圖景。

（二）產學研結合進程中的政府職能需要進一步優化

十九大以來，習近平總書記對創新發展提出了一系列的重要思想和論斷，把科技合作創新發展提高到事關國家和民族前途命運的高度，擺到了國家發展全局的核心位置。在國際競爭日趨激烈的今天，我國經濟發展進入了新常態，全社會經濟的發展不僅需要科技創新的引領和支撐，還需要合作主體及其他多部門的統一配合。

縱觀科技創新中產學研合作部門各方利益主體，政府這個合作的"中間人"起到了不可忽視的作用，政府部門作為公共產品的生產者、國家政策的制定者、行政手段的執行者，直接作用於產學研合作各個層面，成為合作創新的關鍵鏈條。因此，為了保證產學研三方共贏，降低合作風險，讓產學研合作各方在利益權衡、價值獲取、信息對稱等方面達成共識，促成 1+1+1>3 的目標，是政府這個"中間人"必須做好的工作。[2]

在這條路上，廣東省政府已經做出了很大的成績。2015 年 1 號文件正式發佈實施的《廣東省人民政府關於加快科技創新的若干政策意見》（粵府〔2015〕1 號文）（簡稱粵十二條）是廣東省迄今為止促進科技創新最具普惠性、引導性的文件。粵十二條的每一條都是"點穴式"的精準發力，從準備金制度，到風險補償制度，以

---

2 王樂：〈關於產學研合作創新中政府作用的探析〉，《時代經貿》，2019 年第 20 期。　　**11**

及院校科技成果享有自主處置權等激勵創新的重大政策無所不包，是廣東破解創新驅動發展體制機制障礙問題的政策工具箱，也是對科技體制改革的重大探索。[3]

四 有待進一步研究的問題

現行模式下，政府部門關於產學研合作的政策還需要進一步完善。在大部分產學研結合與轉化實例中，技術研發與技術創新類型佔據極大比重，政府及各職能部門應該按照產學研創新技術協同發展現狀，制定和營造有利於創新主體的發展環境。一方面緩解企業單位面對的研發壓力、技術壓力，一方面為企業分擔一定的市場風險。

此外，政府部門還應該發揮自身的協調功能，充當起企業、高校、研究院所、人才以及市場、公共職能部門等多方之間的協調者、連接者，為企業與人才提供切實的鼓勵和支持，為高校與研究機構提搭建更多的合作平台，為企業、人才與市場之間創早更多、更深入的接觸機會，從而讓整體鏈條形成一個有機的良性循環。

五 大事記

2018年，迪奇孚瑞生物科技有限公司公司成立，獲澳門大學入股，享有國家重點實驗室專利。

2019年，陳天藍及團隊成員獲"2019中銀盃百萬獎金澳門區創業大賽"一等獎。

（訪談整理：符愔暢）

3　夏斌等：〈廣東高校產學研協同創新績效評價與對策研究〉，《海峽科技與產業》，2016年第12期。

第二章

米喬人體工學家具：依託知識產權保護，開掘企業創新 "護城河"

> **訪談人物：**朱文彬
>
> **擔任職務：**深圳米喬科技有限公司董事長
>
> **所在城市：**深圳
>
> **所處領域：**人體工學家具
>
> **創新類型：**科技創新
>
> **關鍵詞：**概念制定、行業領先、知識產權
>
> **訪談時間：**2019 年 6 月

大灣區要成為世界第一灣區的願景，必須加強知識產權保護，建立遊戲規則，為科技創新、GDP 高質量增長保駕護航。

——朱文彬

一 人物故事：用青春托舉 "人工智能夢"

在深圳寶安，有一家企業，與保時捷、寶馬等國際品牌合作研發技術，將公司產品賣到五角大樓，進駐山姆會員店、迪拜機場免稅店，這就是位於華豐青年創業基地的深圳市米喬科技有限公司。

（一）做和別人不一樣的東西

2004 年從中山大學嶺南學院畢業後，朱文彬本可以進大型國企或政府部門工作，但為了更好地鍛煉和提升自己，他最終選擇到外資企業，潛心學習外企的先進文化，與供應商零距離接觸，積累人脈和見識。

在外企工作的這段經歷，開拓了朱文彬的視野，更奠定了他後來的發展道路。2007 年初，有了一定的經驗積累之後，朱文彬果斷選擇離職，走上創業之路。

一開始，朱文彬選擇了鍵盤鼠標加工行業。由於是低端行業，產品的利潤相當有限。"我曾賣過一整個集裝箱的鼠標，但只賺到一千元"。這是朱文彬當時面臨的窘境，發展的瓶頸要怎麼突破？在深圳這樣一個世界最大的電子產品製造地，最

不缺的就是產品，但如何讓自己的產品變得更有價值？朱文彬陷入了思考。

"低端的生產者永遠在產業鏈的最底層，要想突破就必須做出和別人不一樣的東西。"這是朱文彬給出的答案。問題的突破點往往來源於對生活的體驗、發現和思考。多留心生活的點滴，靈感或許就在某天乍現。很明顯，朱文彬找到了這個靈感：現代人層出不窮的職業病，多半來源於不健康的工作環境。他決定轉型，將辦公桌椅、電腦和人體工學結合，生產有益於勞動者健康的辦公產品。

（二）"解救像我父親一樣的人"

2008 年，朱文彬把公司發展方向確定為"人體工學健康辦公方案服務商"，並在德國耶拿（Jena）註冊成立德國公司 Minicute GmBH Deutschland，專門開拓歐美市場。同年，Minicute Limited 公司也在香港註冊成立，成為首批登陸內地市場的人體工學專業品牌廠商之一。

"轉型的緣由，往大了說，是要普及健康辦公理念的使命感和責任；往小了說，則是為了解救像我父親一樣的人。"朱文彬說，他的父親由於工作繁忙，每天長達十二個小時在電腦前辦公，不正確的坐姿導致其頸椎壓迫神經，後果是不可逆的肢體麻木。

聊到這裏，朱文彬有些感慨，"歐美國家有立法規定，僱主要對僱員的健康負責。因此企業十分看重辦公環境，人體工學產品也暢銷。但在中國，這個問題卻是人們最經常忽略的，這讓職業病成為一種高頻高發的普遍現象。"

（三）從挑戰者到改變者

什麼是人體工學？簡而言之，就是研究在一定的環境和條件下，如何提高人的工作效率，降低人的工作風險。

成功的到來總是遍地荊棘，一路挑戰，對朱文彬來說也不例外。米喬作為中國首家人體工學企業，甫一開始，朱文彬在國內做人體工學推廣，沒有經驗，沒有市場，消費者沒有認知。在網上檢索"人體工學"，連相關的詞條也沒有。甚至提及"人體工學"，人家大多還以為是人體彩繪。

"你看到一個島上的人全部不穿鞋，你告訴他們有拖鞋可穿，穿著腳沒那麼痛，而且不會得腳氣。大家或不知道，或不相信，或不願意付這筆錢。這是很漫長的一個過程。"朱文彬身上有一種使命自覺，立誓成為改變者。他希望有更多人可以體驗人體工學產品，擺脫職業病的糾纏。

幸而當時在英國、日本、美國、澳大利亞等發達國家，人體工學已很普及，國外市場給了米喬和朱文彬喘息之機，讓他得以在十餘年後再次發力國內市場。

朱文彬說，除了一股熱情，更需要持之以恆的努力。走上創業和人體工學的道路，是機緣巧合，但堅持做十二年，是責任心和使命感使然。

如今，中國越來越多人聽說過米喬和人體工學，消費者的認知度越來越高，需求漸變強烈。

米喬腰墊是朱文彬最引以為豪的產品，不僅進駐沃爾瑪高端會員旗艦店，而且使米喬一舉成為該旗艦店人體工學產品的最優供應商。朱文彬說，該店之前有七款腰墊，米喬腰墊上架一個月，銷量已是另外七款銷量總和的八倍，成為品牌有史以來賣得最好的腰墊。

"價格和其他品牌差不多，但設計更符合人體，性能更優，誰還會買其他產品呢？"截至目前，米喬腰墊銷量已超二百萬，連續兩年蟬聯天貓"雙十一"購物狂歡節的單品銷量冠軍。在淘寶檢索"腰墊"關鍵詞，前排無一例外都是米喬腰墊。

（四）探討產品"普適性"

除了腰墊，米喬的產品線非常長，大至辦公桌、旋轉椅，小至鍵盤、鼠標，一應俱全。對於這些產品，朱文彬如數家珍，且都能在其辦公室找到蹤跡。

目前朱文彬辦公桌上安裝的，是米喬桌上桌，在歐洲已實現銷量第一。上面擺放的是米喬鼠標經典款，它不同於別的鼠標，它多出一個托盤，不會擠壓手部神經。到目前為止，該款產品在全世界賣了近百萬個。而辦公桌則是朱文彬和團隊剛做出的一套新機械辦公桌。普通的木頭或密度板辦公桌，安裝困難，拆過兩次就報廢了。這套辦公桌易裝易拆，支持無限次拆裝，並且零甲醛釋放，無需電源，可隨意升降，絕對的綠色環保。桌面面積看似不大，卻能延展至 1.5 米，承重二百公斤。身後的旋轉椅也是米喬的最新款產品，椅背帶有調節氣囊，可調節腰部支撐，適合每個人的體質。

不難看出，米喬推出的產品，全部圍繞着人體健康。朱文彬的目標，是將產品做到適合全世界的人類，適應不同人更多的需求，就像喬布斯的蘋果一樣。他認為，中國人完全有能力打造市場消費者認可的一流品牌。

事實上，論人體工學的實用化和技術研發水平，米喬公司已屬同行一流。

米喬整合全球技術，創始團隊和顧問都是來自澳大利亞、荷蘭、德國、英國、美國、法國的頂級專家，實現了技術轉移。在世界每個角落，均設有米喬的代工廠。

企業真的要做大，靠的不是掙多少錢。創新創業要成功，核心是產品有沒有價值、能否解決社會上存在的痛點。雖米喬規模不大，公司上下只有一百多人，但人均專利多達一項。光是朱文彬一個人，便擁有五十多項專利。

"創新過程中，沒有不是難題的地方，全是難題，關鍵看有無戰勝的意願。" **15**

朱文彬是一個將產品做到極致、將細節做到完美的人。面對競爭對手，最終拼的就是產品。朱文彬的要求不是做八十分，而是做一百二十分。他篤信，只要有這種精神，鑽研下去，一定能做出來。

朱文彬經常盯着產品日思夜想：市場上已有那麼多同類產品了，人家有什麼缺陷？我們有沒有辦法解決？目前全球銷量最好的米喬鼠標，藏着很多巧思和玄機，便是如此。

他發現，鼠標的輕重對使用者手腕關節的負擔有影響，市面上已有可調節重量的鼠標，但是用定製砝碼實現的。一旦砝碼丟失，就不能調重了。他靈機一動，以硬幣代替砝碼調節重量，原因是硬幣便宜易得，且世界各國都有。

另外，很多女生擔心鼠標用久了，手掌會起老繭。朱文彬想到了在米喬鼠標底部安裝一層托盤，將使用者整個手掌保護起來，鼠標移動的時候，整個手掌一同移動，這樣比用什麼護手霜都好。

（五）做全世界人體工學資源整合者

產品彙集全世界的專業意見，取長補短，博採眾長，做全世界人體工學資源整合者，是朱文彬一直以來的所想所為。

剛開始創業的時候，朱文彬便積極參加世界各國展會。在展會上，他結識了來自世界各地的人體工學專家，之後一直保持聯絡，做出新產品後便拿給他們看，讓他們提意見。

創新之前，朱文彬會比對很多競品。他要知道市場技術已到達何種高度，產品發展到什麼水平。創新一定是知己知彼，然後彎道超車，做別人沒有的，做比別人更好的。

米喬辦公桌產品前後研發歷時三年，已獲得十幾項國內外專利和兩項發明認證，但朱文彬仍帶着小推車，載着三十公斤的桌子樣品，開車在全世界跑了兩萬公里，橫穿美國、歐洲以及澳洲，向所有他認可的人體工學專家和家具公司自薦產品，聽取他們的專業建議。

"若批評不充分，則讚美無意義。"米喬一直對標美國一家擁有一百多年歷史的企業。朱文彬曾親自將辦公桌樣品拿到他們老總面前，對方直誇這是市面上最好的，如果能夠將夾手的安全隱患也解決了，便完美無瑕。朱文彬聽後立即汲取對方的意見，主攻這一產品缺陷。

米喬的中長期計劃，是成為全球第一的人體工學品牌，活一百年。面對那個始終存在的美國對手，朱文彬表示，不是要打敗它，而是向它看齊，向它致敬，向它靠攏。

"尊敬老師最好的辦法就是超越他。"朱文彬說,雖然市場體量、銷售收入或許無法超越,但可以向他學習搞技術、搞研發、拿專利,在產品單品上,將銷量和用戶體驗做得更好。

(六)"你若盛開,蝴蝶自來"

"米喬讓消費者用一樣的錢或者更少的錢,買到更好的東西,獲得更好的體驗。"朱文彬覺得,他們正在推動真正的消費升級,"如果產品做得足夠好,價格不是太大的問題。"

事實也是如此,在歐美國家,米喬是晚來者,但只要產品登陸市場,經銷商就會蜂擁而上。差不多一兩年前,經銷商開始給米喬打全貨款,在工廠樓下排隊等貨。不僅因為產品利潤較高,而且這些國家的中產人群有迫切的健康需求——買更好的腰墊,買更好的桌子。過去市場上也存在價格相近的腰墊,但米喬腰墊出現後,重新定義了市場。與此同時,產品在國外申請專利和註冊商標,打造出了屬於自己的"護城河"。

米喬比較"奇葩",沒有市場推廣,全源於技術自信,讓經銷商央求着為自己買單。"你若盛開,蝴蝶自來。我們要做成第二個華為、第二個保時捷。"朱文彬認為,企業本質上是要創造價值的,創造更好的產品、世界上不曾有過的產品。

(七)開掘產品護城河

雖然已把產品做到極致,產品也得到熱銷,但朱文彬還會有其他一些煩惱。創新初期,他曾經歷過一次融資失誤,導致投資方要撤出近千萬的資金,米喬的資金鏈一下收緊。越到關鍵時刻,越要破釜沉舟,朱文彬一度"砸鍋賣鐵",抵押房子、車子。

不過,這些還不是讓朱文彬最揪心的。最令其揪心的,是山寨產品的抄襲。朱文彬非常注重知識產權保護,但凡與人體工學有關的詞彙,基本上都被他註冊商標了。

朱文彬喜愛閱讀,他很喜歡的一本書叫《巴菲特的護城河》,對他影響很深。那本書裏講,好的商業模式一定是壟斷。而壟斷有幾個方法:第一是知識產權、專利技術的壟斷;第二是品牌效應的壟斷;第三是規模效應的壟斷;第四是用戶網絡的壟斷。回到本質,商業模式能否創造壟斷,或者說能否開掘護城河,必須有技術儲備。

面對這個問題,朱文彬表現得還算樂觀。"你的東西被人抄了,說明你成功了。如果沒人抄你的產品,說明產品不行。"在他看來,最好的防守就是進攻,是提高企業的創新力。"我們已經有一些技術儲備,有很多研發好的產品還沒上市,一次一個來推。我們賣的產品已經不是最新的了，最新的在實驗室裏。他抄我這個產品，我馬上就出下一代碾壓你。如果抄襲速度特別快的話，我們有專門的巡查和法務團隊，會發起訴訟。" 2018 年，朱文彬收到一百多萬專利罰款。

"要實現大灣區成為世界第一灣區的願景，必須加強知識產權保護，建立遊戲規則，為科技創新、GDP 高質量增長保駕護航。" 朱文彬身邊很多朋友把公司關了，跑去炒房，原因就是技術被抄襲。

朱文彬說，中國知識產權保護的環境比十年前要好，但總的來說還是很差。對於知識產權的保護，政府要加大力度。就像華為總裁任正非說的，像電信事業、5G 等，我們在很多領域進入無人區，必須依靠創新繼續前進，而創新是要成本的。如果山寨的違規成本、侵權成本和風險很低，甚至是零，就沒有人再創新了。

"以國外為例，美國頂級富豪可能都會有自己的知識產權，有自己的專利，有自己的版權，什麼都不用做，天天在家躺着收版權費。" 朱文彬認為，這樣的環境非常好，但中國短期內可能做不到，如果十年內能達到美國一半的保護效果，對大灣區乃至整個國內的經濟發展都將非常有幫助。

二 案例分析：人無我有，人有我優

（一）整合國際先進技術，為己所用

對於中國企業而言，善於學習世界頂級同行，敢於打破陳舊經驗桎梏，在學習中博採眾長，在突破中推陳出新，是積累技術厚度、形成自身核心優勢的必由之路。米喬科技堅持以博採眾長的姿態，持續賦能企業發展創新，產品彙集全世界的專業意見，取長補短，致力於做全世界人體工學資源整合者。創業伊始，朱文彬便積極參加世界各國展會。在展會上，他結識了來自世界各地的人體工學專家，之後一直保持聯絡，做出新產品後便拿給他們看，讓他們提意見。在創新之前，朱文彬則會比對很多競品。他要知道市場技術已到達何種高度，產品發展到什麼水平。

（二）以產品推動消費升級

近年來，隨着我國居民收入持續增長和財富不斷累積，我國消費結構發生了重大變化，需求檔次和質量明顯提升，消費呈加速升級態勢。每次消費結構升級都直接影響產業變化，給相關行業不斷輸入發展新動能。[4] 朱文彬認為，正在推動真正的消費升級，是讓消費者用一樣或者更少的錢，買到更好的東西，獲得更好的體驗。通過創新實踐，消費者的消費體驗得到明顯提升，消費者的購物便利得到前所未有

4　梁達：〈消費升級助推部分行業創新發展〉，《上海證券報》，2017 年 10 月 10 日。

的改善。在歐美國家，米喬是晚來者，卻以同等價位的優質產品戰勝絕大多數競爭對手，征服當地經銷商和市場。一兩年前，國內經銷商也開始在米喬工廠樓下排隊等貨。

（三）做別人不曾有過的

科技創新支撐引領供給側結構性改革，推進企業創新要從供給側發力。換言之，中國企業創新進入無人區，在於走別人不曾走過的路，創造市面上不曾有過的產品。米喬科技為了保證核心競爭力，始終致力於走差異化道路，打造稀缺優質的產品，形成屬於自己的品牌護城河，驅動產品升級、消費升級，真正做到"人無我有，人有我優"。

三 啟示：守風口而非找風口

（一）選準賽道守風口

創新項目才是未來的趨勢，創業的過程也是創新的過程，只有創新才能帶來另一個市場風口。創業者要有一雙銳利的眼睛去發掘和識別風口，好的商業機會並不是突然出現的，而是對"先知先覺者"的一種回報，必須選準賽道，看準趨勢，在最佳時機進入市場。

（二）注重品牌和專利力量

為了讓每一個創新都有價值，必須意識到品牌與專利的力量，用產業化的思維去思考專利佈局，用商業化的思維去推動專利的價值實現，讓知識產權"護法"創新價值化。進入行業不久，朱文彬就意識到此，一直堅持產品創新，並將為數不多的創業資金用於商標設計和國際註冊，為公司設計的每一款產品都申請了專利，保護好產品的知識產權，再通過挖掘、預警、佈局、運營等系列方法提高專利的法律價值、技術價值，從而實現其經濟價值。

（三）全球化思維

隨着全球化進程的深入，我國各行業領域本土競爭逐漸向多主體轉變，且面臨的外部競爭也日趨激烈。未來的中國企業，特別是製造業企業在國際化進程中面臨的發展瓶頸不是市場容量的限制，而是如何通過創新提高中國品牌的溢價能力，從微笑曲線的底部向價值鏈高價值區域的提升。這需要"走出去"的中國企業以全球化思維迎接挑戰，抓住新的發展機遇，構建屬於自己的全球產業生態圈。[5]

5　王彤：〈專家：中國企業"走出去"要以全球化思維迎接挑戰〉，人民網，2014 年 11 月 29 日。

四 有待進一步研究的問題

如何規避盜版侵權產品"劣幣驅逐良幣"？如何建立產品的技術壁壘？如何在有限全球化的背景下打造全球產業生態圈？這些問題仍有待進一步深入研究。

五 大事記

2007 年，Minicute Limited 在香港成立，Minicute 商標進行全球註冊；EZmouse 鼠標面世。

2009 年，Minicute 產品以其優良的品質及良好的用戶體驗受到市場熱捧，成功銷往美國五角大樓、谷歌等公司。

2010 年，Minicute 在深圳成立中國公司"深圳米喬科技有限公司"，成為中國首批人體工學健康服務商。

2011 年，米喬科技成為 BMW 人體工學健康辦公室方案供應商，同年品牌進駐全球知名購物場所迪拜哈里發塔及迪拜機場免稅店。

2012 年 7 月，米喬科技與深圳市殘友集團結成戰略合作夥伴，開始投身健康慈善事業，同年推出專為大手掌人士設計的鼠標產品。

2014 年，米喬於荷蘭、迪拜等地成立分公司或辦事處。

2015 年，受常州市政府邀請，米喬常州分公司成立。

2017 年，米喬人體工學辦公系統產品鏈建設完成，成為國內首套人體工學辦公系統。同年，米喬佛山分公司成立，設立佔地約六千平方米的生產工廠。

2018 年，米喬擴大生產線，在升級原有產品的基礎上，研發可調枕等新產品，旨在掀起個性化"睡眠革命"。

（訪談整理：孔德淇）

第三章
玖星光能燈具配件：專攻技術儲備，尋找 COB 創新土壤

訪談人物：鄧添彥

擔任職務：前海玖星光能低碳科技（深圳）有限公司運營總監

所在城市：深圳

所處領域：COB 燈具配件

創新類型：科技創新

關鍵詞：技術儲備、發明專利、行業領先

訪談時間：2019 年 6 月

玖星光能對員工創新沒有硬性考核指標，但始終有一個意識和方向，把創新看得"比天還重"。企業內部流行一句話，叫做"創新贏得市場，技術贏得利潤"。

——鄧添彥

一 人物故事：以執着照亮創新之光

走進玖星光能工廠，一盞二十五瓦的 COB 球泡燈非常醒目地映入眼簾。

在廠裏待時間長的老員工都知道，這盞燈從 2011 年亮到現在。運營總監鄧添彥解釋說："那時候的二十五瓦，別人想都不敢想，但我們做出來了，至今未出問題。"

（一）COB 風口來臨

2008 年，第一張 COB[6] 芯片發佈，轟動整個行業。

相比於傳統的 SMD[7] 芯片，COB 芯片無論在體積、光效還是能耗上，都有了極大的優化。最重要的是，它能夠以很低的功率，達到非常高的光效。當時行業內已預感到 COB 以後必定是主角，是下一代技術的發展方向。彼時還在給德國等外

6　指高功率集成面光源。

7　指表面貼裝器件，它是 SMT (Surface Mount Technology) 元器件中的一種。在電子線路板生產的初級階段，過孔裝配完全由人工來完成。

國品牌貼牌生產的玖星光能，決定趁"熱"打鐵，成了第一個吃螃蟹的人。

但在使用的過程中，很多同行發現一個致命問題：COB 芯片發熱很嚴重，往往不出三天時間就燒壞。而要解決這一問題，必須付出很高的成本。

發現搞不定，最後用回 SMD 芯片的廠商不在少數。當時，SMD 技術非常成熟，已形成一條完整的供應鏈，價格也足夠低廉。賣出去就賺錢了，為什麼要花費那麼大氣力？這是當時大家共同的心態。

玖星光能也面臨同樣的問題，但他們決定反其道而行，從小做起，也要堅持摸索 COB 領域。從單顆五瓦、八瓦，到後來的十五瓦、二十五瓦、三十瓦，再到現在一百二十瓦、一百五十瓦，這個過程非常漫長。

功夫不負有心人，最終他們解決了散熱問題，把散熱成本降到了能夠量產、市場化的水平，也由此成就了玖星光能的行業美譽和龍頭地位。

（二）從小做大，克服散熱問題過程

前海玖星光能的辦公室，陳設非常簡單，只有幾張辦公桌和幾個 COB 產品樣品。

"別小瞧了眼前這個'其貌不揚'的燈，它結合了玖星光能的三大核心散熱技術。"鄧添彥拿起其中一個樣品比劃說。首先是熱傳導，芯片一點亮就會發熱，若不考慮散熱，其瞬時溫度在五秒以內可達到一百七十度，約是傳統 SMD 芯片兩倍多的發熱量。他們通過散熱效率較高的材料進行熱傳導，快速將一百七十度高溫從中心抽離。其次是熱對流，燈裏面是一個腔體，當裏面的空氣被加熱到約五十二度的時候，空氣受熱膨脹，體積大了就會從一側擠出來，裏面就形成了一個低氣壓，外面的高壓就會將冷空氣從另一側補充進去，最後就形成了一個循環，就像電風扇一樣，散熱效率非常高。但不同的是，燈體內是沒有裝電風扇的，因此這一過程也叫主動散熱。

散熱原理看似簡單，但實際上，他們當時並沒有考慮得如此深入，只是心存一個信念，那就是要將熱量從芯片上迅速抽離。

事實上，由於早期沒有經驗，在這套散熱技術成型之前，他們做了很多嘗試，走了許多彎路。

剛開始，產品單純靠體積大來散熱，同行一個 SMD 筒燈，五個發光點，尺寸大約是五十公分。玖星光能光是一個芯片高度就達到五十公分，整個燈具有六十至七十公分高，很多人詬病他們的產品外形不美觀，但因為是安裝在天花板上的，高度可以隱藏不見，才勉強彌補了這一缺陷。鄧添彥說，他們非常感恩當時德國的客戶，在給某品牌代工的時候，是他們包容了玖星設計上的不完美，給了機會和動

力，才有了後續的不斷嘗試和改進。

那時候，COB 芯片價格不菲。為了降低實驗報廢成本，他們想出了一個土辦法，用酒精燈直接對芯片和散熱裝置進行加熱，加熱到一定溫度，把芯片撤出，繼續監控熱源點的溫度和散熱情況。等溫度降下來以後，再繼續加熱測試。方案可行了，他們再上芯片。

普通路燈壽命三萬小時、五萬小時已經很了不起。散熱技術研發成功後，玖星光能產品已臻於極致，壽命都是八萬小時起步，以一年四千多個小時計算，至少能夠正常使用二十年。在這個時間內，幾乎沒有任何維護成本。而且，產品做到了最高的八千伏防雷標準，在行業裏沒有第二家能做到。

產品大功告成後，還必須經過權威驗證。玖星光能的做法比較"激進"，直接跳過地市級檢測部門，往中科院和國家專利局報送。一方面是規避地方保護主義，當時惠州大品牌林立，要想謀得一席生存之地，必須經得起考驗，以黑馬姿態衝破長期被巨頭壟斷的鐵幕；二是"真金不怕火煉"，出於技術自信，而這些第三方部門權威性非常高，代表了國內最高水平，通過他們的檢測，相當於獲得最高層次的背書。所以，玖星每做出一批樣品，就直接往中科院半導體所送，往國家質量監督總局送，讓他們做鑑定。

也正是這個"狂妄"舉動，讓中科院半導體所留意到了這家敢為人先的"草根"公司。過去在惠州默默無聞的玖星光能逐步獲得了市場的高度認可。

事實上，第一代產品已奠定了玖星的科學技術。隨後像保利集團、中廣核集團等上市公司，都成了玖星的合作夥伴。眾所周知，大企業對產品的品質要求非常高，當時很多品牌商同台競爭，都是 SMD 芯片的方案，而玖星光能拿出的卻是單顆一百二十瓦大功率 COB 芯片的產品，讓在場領導眼前一亮，差異已然出現，其次無論在光效、節能還是產品壽命上，玖星光能產品都實現了最優。

（三）將創新看得"比天還重"

很快地，過硬的技術為玖星贏得了眾多目光，也敲開了與中科院合作的大門。

產學研一直備受國家鼓勵，近年來勢頭正盛。玖星光能團隊雖出身"草根"，但生產經驗豐富，有駕馭高精尖技術的底氣，而中科院能夠提供高價值設備以及一些前沿的信息資訊，對現有技術進行迭代和升級，又有很多新的技術需要實現產業化，兩者一拍即合，很快便開啟合作模式。中科院半導體陳副所長親自帶隊到玖星考察，在惠州工廠成立聯合研發實驗室。智能電源（無電容電源配置）、智能系統以及三色技術，都是雙方共同研發的結晶。

後來，廣東省政府又支持玖星光能成立了一個院士專家企業工作站，通過院士與企業合作，讓院士的技術成功實現商業化應用。目前，這樣的工作站在全省範圍只有五個。

這兩個工作站都是對玖星技術的莫大認可。由於每三年會進行一次評估，達不到考核指標就要摘牌，因此這也成了策動玖星不斷往前的壓力和動力。

目前，玖星的核心技術人員共有五十餘人，普通技術人員組成多達十餘支隊伍。玖星光能對員工創新沒有硬性考核指標，不規定今天必須完成什麼、明天完成什麼，但卻始終有一個意識和方向，把創新看得"比天還重"。企業內部流行一句話，叫做"創新贏得市場，技術贏得利潤"。這是他們一直奉行的價值觀。

（四）為產品做"減法"

從 2008 年發佈、應用第一個 COB 芯片，廣東玖星就以技術研發作為主要方向。鄧添彥加入公司之前，玖星光能產品品類非常豐富，但因為庫存大，資金周轉困難。

2015 年，結合自身產品特點，玖星光能專門針對政府大功率照明的節能減排需求，對前面的產品線做減法，把原來的產品線做專做深。減到最後，他們只做兩款燈，便是用於路面照明的路燈和用於隧道照明的高杆燈。

一直到現在，足足做了十年。在這十年過程中，玖星光能積累了非常多的應用技術經驗，擁有核心的知識產權。現在看到的幾十項專利，還有取得的業績成效，都是一脈相承的。

國內 COB 起步比較晚，2017 年，很多國內的大品牌才真正開始做 COB 產品，目前還停留在單顆二十五瓦、三十瓦。不誇張地說，行業上下游的技術積累和沉澱，離不開玖星光能。

去年的展會上面，行家最大膽的方案是單顆三十瓦，而玖星光能在 2012 年的時候已實現這一功率。

讓鄧添彥印象最深的一件事，是參加 2017 年廣州光亞展。當時國內一個大品牌攜 COB 方案參展，負責展示的小姑娘很自豪地過來跟他介紹，當鄧添彥說出自己公司起步是六十瓦時，對方嚇得說不出話。

（五）讓節能效果看得見

玖星光能那次也去參展了，但展出的主要是能源管理的商業模式。

2015 年開始，過去賣燈的玖星光能，轉型做節能服務。市面上很多同行也聲稱做節能服務，但大多作為集成商，去市場上尋找滿足客戶需求的技術。而玖星既是集成商，又是生產商、服務商，使用的是自家廠家生產的自主產品。前期客戶不需投入資金，只需要告訴照明要求和節能需求，玖星光能便能提供產品和安裝服務，完了之後省下來的電費，按照約定的比率返還即可。無論從利潤點還是從對產品的了解，以及對項目的分析應用的理解，玖星光能無疑都具備更大優勢。

"我們做事情，就要把它簡單化和陽光化。" 過去很多人為了騙取補貼，以次充好，產品過了保修期就基本報廢。玖星光能的產品通過嚴苛測試，產品保修時間長，相當於將產品品質極致化了。

對於政府這種大能耗的用戶來說，他們的節能痛點非常明顯，便是讓節能效果看得見。基於技術進步，玖星光能的產品可以更好推動節能低碳。原來傳統的 SMD 的方案，一年的節能率是 40%，而玖星的 COB 產品，節能率能達到 70%。

大功率照明的維護成本很高，玖星光能產品的電源是裝在燈桿底下的，只需蹲在馬路邊就能更換，省了一台路燈車和兩個工人。電源耐水泡，不用擔心電源遇水短路。

（六）技術攀比是進步催化劑

2016 年末，鄧添彥看到前海夢工廠招募創業創新團隊，要求不可謂不高：第一必須有自主知識產權，第二項目必須對社會有巨大貢獻，第三具備專家團隊各方面的硬件。但事實上，玖星光能各方面條件都符合，為什麼不試一下呢？於是，鄧添彥帶領團隊以項目的形式申請進駐，經過三輪角逐，最終脫穎而出，成為八支入圍隊伍之一。

相互包容、合作互利共贏在前海體現得非常淋漓盡致。事實上，技術藏着掖着沒有意義，互相碰撞才能擦出新的火花。在前海有一個做電源的香港團隊，他們做的主要是樓宇小功率照明，鄧添彥沒事就跑他們的辦公室，或者約對方在會議室喝茶喝咖啡，交流技術和經驗。

"我們不怕比較，我們就怕沒得比。" 鄧添彥說，玖星從來不畏懼別人抄襲。

"當時有一次行業會議，我們把產品直接拿出來，參會者眼前一亮，問究竟是怎麼做到的，裏面是不是有風扇。我說沒有，他們不相信，我直接拆開給他們看。我不怕仿造，他們要是能做到成本比我低，我也開心。我們不會閉門造車，技術已經儲備到第三代、第四代了。

"在服務過程中，一定要清楚深刻知道用戶最根本的需求是什麼，考慮客戶的投入產出比。" 鄧添彥說，"從中長期來講，他們還是聚焦在節能減排上。只要節能減排的需求還在，我們肯定是在節能減排上面繼續深挖，做好服務，不能把最核心的東西忽略了，智能化只是錦上添花的東西，最重要的還是照明。"

二 案例分析：頭部技術搶佔行業賽道

（一）技術積累與沉澱

從 2008 年發佈、應用第一個 COB 芯片，廣東玖星就以技術研發作為主要方向。在這十年過程中，玖星光能積累了非常多的應用技術經驗，擁有核心的知識產權，集中完成了一系列的檢測和認證，產品獲得發明專利三項，實用新型等專利技術三十六項，相關產品通過國家質量認證中心的 CQC 安全、節能等相關認證，並已通過歐盟 CE 認證，散熱技術被國家科技部鑑定為 "國際先進" 水平。

（二）堅持克服核心難題

COB 芯片通常發熱很嚴重，往往不出三天時間就燒壞。而要解決這一問題，必須付出很高的成本。當時，SMD 技術非常成熟，已形成一條完整的供應鏈，價格也足夠低廉。玖星光能的做法是從小做起，堅持摸索 COB 領域，逐步實現從單顆五瓦到後來的一百五十瓦。雖然過程非常漫長，但玖星光能最終摸索出解決 COB 散熱問題的辦法，成功將散熱成本降到了能夠量產、市場化的水平。

（三）做方案提供者

2015 年開始，過去賣燈的玖星光能，轉型做節能服務。市面上很多同行聲稱做節能服務，但大多只是中介性質的技術集成商。而玖星光能既是集成商，又是生產商、服務商，使用的是自有工廠生產的自主研發產品。前期客戶無需投入任何資金，只要告知具體訴求，玖星光能便能提供相應的產品和安裝服務。無論從利潤點還是從對產品的了解，以及對項目的分析應用的理解，玖星光能無疑都具備更大優勢。

三 啟示：始終讓技術領先同業

（一）將本業做到極致

基於技術的不斷進步，玖星光能開始嘗試結合智慧城市和物聯網技術，做智能燈杆。實際上，這兩年融合交互屏幕、無線 WiFi 等技術風起雲湧，構思也早已誕生，玖星光能卻一直沒有專注於此，原因是大功率照明的核心還是在照明上。在鄧添彥眼中，先站穩腳，才能邁開步。只有把照明做好了，在此基礎上拓展才會有意義。但從另一角度來看，過度聚焦一種產品形態，無異於將所有雞蛋放於同一個籃子裏，實不利於風險分散和管控，必須建構完善差異化的產品鏈條，在垂直深耕的同時拓展橫向邊界。

（二）技術儲備

同行不斷追趕，玖星光能也始終以技術革新作為回應。去年玖星光能完成第四代產品的驗證，又馬不停蹄開始第五代的研發，在智能化方面進行升級。之前產品已經裝有傳感器，可根據不同的天氣時段、行車密度自動調節亮度，降低功率，做一個二次節能，而這一次，他們希望結合人工智能，帶給用戶更智能化的體驗。

（三）不懼被抄襲

玖星從來不畏懼別人抄襲。在鄧添彥看來，行業發展有賴大家共同努力，豐富完善上下游的供應鏈，使原料供應商的競爭更加充分，從而降低芯片和電源的進貨成本。鄧添彥舉了個例子，過去玖星一直用的是西鐵城的芯片，因為他們的技術沉澱非常多，質量也非常高，隨着國內芯片廠商的不斷發展，技術不斷進步，質量已可與進口芯片媲美，現在他們已經開始用回國內產品。與此同時，玖星的技術已經儲備到第三代、第四代。

四 有待進一步研究的問題

如何在提高產品集中度的基礎上擴大市場佔有率？如何建構完善差異化的產品鏈條？如何在節能減排上繼續深挖？這些問題仍有待進一步深入研究。

五 大事記

2013 年 1 月，項目入駐惠州市高新技術產品孵化器。

2013 年 4 月，大功率 COB 照明項目完成技術彙總及專利的申報工作，產品進入量產階段。

2015 年 10 月，"大功率 COB 散熱技術"被國家科技部鑑定為"國際先進"水平。

2016 年 6 月，項目正式入駐前海深港青年夢工廠。

2017 年 3 月，產品榮獲"廣東省高新技術產品"認證。

2017 年 4 月，核心專利技術獲國際 PCT 認證。

2017 年 5 月，全系產品通過 CQC 一萬小時安全認證及 CQC 一萬小時節能認證。締造了"大功率燈具 CQC 一萬小時無光衰"的神話。

2017 年 7 月，"廣東省院士專家工作站"正式落戶惠州工廠。

2017 年 12 月，產品榮獲 2017 年深港澳青年創新創業大賽優勝獎。

2019 年 1 月，前海玖星光能通過深圳市高新技術企業認證，成為深圳市高新技術企業，並完成雙高企業佈局。

（訪談整理：孔德淇）

第四章
德瑞雅智能照明：重新定義如何發光

訪談人物：	邱曉飛
擔任職務：	中山德瑞雅照明科技有限公司董事長
所在城市：	中山
所處領域：	照明科技
創新類型：	技術創新
關鍵詞：	照明科技、燈具燈飾、智能光學、不對稱思維
訪談時間：	2019 年 11 月

不能跟着別人的屁股走，讓我參與的時候，我就準備好給大家帶去很多觸動和意外的驚喜了。我們不跟隨，（而是去提供）專業引導和服務型的解決方案。

——邱曉飛

一 人物故事：以智能燈學向世界投射光亮

上帝說，"要有光"，於是就有了光。這是人類在追問萬物起點時，藉神明之力，以信仰之名，給自己編織的答案。隨着人造光的問世，太陽不再是唯一的光源，燈具照亮了夜晚，點綴了城市，溫暖了一方又一方小而溫馨的家庭空間。在社會發展的促動下，燈光更從實用照明走上了美學舞台，具備了多重的複合型意義，集造型、外觀、色彩、亮度、設計、功用等多方考量於一身，成為了一種人類文明與文化發展的客觀載體。

如今，全世界 70% 的燈具燈飾都產自中國，而在中國，又有 70% 的份額來自中山古鎮。這個曾經以蔬菜業為主的四十九平方公里的小城鎮，現下已經是名聞中外的"燈都"。燈業在中國的發展有過"躺着賺錢"的黃金時期，又在 2013、2014 年左右，因為 LED 產品的出現，迎來過轉折和挑戰。這段時期對古鎮燈業而言，既是薄弱期，也是煥發期，有許多企業倒了下去，也有一些企業站到了更高的地方。在業內堅守下來的，都是在經歷革命式的顛覆和洗禮後，憑真本事、靠硬技術、用新思維，在一片混沌中開闢新疆土的人。

中山德瑞雅照明科技有限公司董事長邱曉飛，用了整整一個下午的時間，講述了他過去十幾年的努力，以及他對未來的追求。讓人聽到，更讓人看到：燈可以很小，但光卻很亮。

（一）"四個月走爛三雙鞋"：走出中國第一家非標定製智能化體驗館

得益於對互聯網的敏銳和關注，邱曉飛在 2008 年就加入網絡銷售先鋒隊，以電商的方式收穫了第一桶金。2008 年網購模式尚未成熟、系統、規模化，其中的製造業從業者更是寥寥。尤其是日用品剛需 —— 燈具的買賣，絕大部分仍然發生在賣場裏。"當時第一個月，（在網上）賣出去三十盞燈，我就看到了希望。"三十盞燈帶來的收入是四千元，為了這四千元的成交額，邱曉飛每天不停地回應客戶諮詢，甚至曾和同一個客戶連續溝通了十二個小時。每天回覆完客戶諮詢，通常已是深夜，但每一個這樣的深夜，邱曉飛都把它們全部投入到整理客戶要求和燈具設計中去。

德瑞雅照明的線上經營，從最開始三十盞燈的交易量，到月入十萬、二十萬的淘寶商城。2012 年，月銷售額突破了二千萬。"我相信我自己選擇的方向是正確的。每一分付出的時間都會得到回報。那段時間裏，我四個月走爛了三雙皮鞋。"不停地進行設計、反覆試驗、鑽研技術、提升光效，是德瑞雅團隊做得最多的事情。

2013 年，適逢 LED 技術橫降燈業領域，賣點、消費點都集中在了這裏。許多同業正在技術的革新與產品的轉型中撲騰，大部分消費者忙着對新型商品和體驗效果感到新奇。LED 成了行業內的風向標和過濾網，成功地吸附了一大批企業進行技術轉型，也無情地淘汰了許多沒跟上發展腳步的從業者。當時的燈業與早幾年的黃金時期相比，顯得相對薄弱許多；LED 技術帶來的衝擊，讓大部分同業集中力量進行技術專攻，讓這個狹小的領域短時間內出現了極為激烈而殘酷的競爭。

在這樣的背景下，德瑞雅門市在 2013 年於中山古鎮創立，以中國第一家非標定製智能化體驗館的姿態，站在市場潮頭。名為門市，但並非賣場，而是以全方位的技術創新和模式創新，主打燈業的智能化體驗。當時，市場上能夠做到智能控制的都是小燈，但在德瑞雅非標定製智能體驗館裏，超過一萬瓦的大燈也能夠實現智能控制，連同家居中的窗簾、音響，可以一併實現智能操控。把智能、集控、家居和燈光聯結在一起，是當時市場上的最大亮點，更是當時的全國第一。

邱曉飛選了兩個有趣的產品作為展示：用遙控器進行開關控制的燈群、耳機插孔式技術長吊頂燈。遙控開關的優點在於節省空間、提高燈具使用時的自由度。體驗館天花板面積有幾十平方米，為所有展列在天花板上的燈具裝配傳統開關，將佔用較大的牆面和牆內空間。邱曉飛用遙控開關技術解決了這個問題。只需要一個輕巧的遙控器，就能在遙控範圍內的任意一處，精確控制一盞燈的開關和顏色。另一個吊頂燈是根據客戶的特別要求定製的，若干個長度不一的下垂燈泡組合成一列，從天花板降下幾條垂直的繩索，發光的燈泡被梯形的燈罩包圍，安裝在吊索的最下端，形成一種高低錯落的視覺效果。客人對外觀和外形特別滿意，但由於家遠在國外，非常擔心燈具的維護問題，害怕如果燈泡不亮，而控制燈管的線路都在吊繩和頂部，自己難道要撬開天花板，把燈泡和燈罩從頂端取出來維修？針對這個問題，德瑞雅的團隊在專業技術上進行了創新，反其道而行之，把燈泡內的發光極做成向下拔出的模式。通俗一點講，可以用手機的耳機插孔而耳機之間的關係來進行類比：在燈品安裝好以後，如果使用時遇到燈泡不亮的問題，可以直接把原有的發光極拔出，插入新的，簡單方便，比用手擰鎢絲燈還要快捷，且這種技術方式可以應用在任何一種外觀造型的燈品上，能夠同時滿足不同客人的裝修風格、個人喜好以及其他的專屬定製需要。

這家踩着艱辛和汗水、磨穿鞋底走出的體驗館，館內產品無一重複、無一樣板。"這裏所有的燈，都是我們過往的訂單，和發給客戶的成品是一模一樣的，如果訂單數量是一萬盞燈，那麼這裏就是第一萬零一個。"隨着邱曉飛的手指和視線在頭上的不同方向劃過："這個，是希爾頓酒店大堂的一比一大水晶燈；這個是俄羅斯客戶的訂單……"就像一個奇妙的博物館，又像一個神奇的科技館，能夠從一盞盞燈具中，看見德瑞雅一路走來的每一步，每一個設計，每一次技術突破，以及根據每一個客戶的要求進行的定製。從 2013 年到 2015 年，德瑞雅一直在竭力研究智能化技術，並且將網絡應用和相關配套一同考慮進去，許多產品就算是放在智能化已全面普及的今天，依然像是一個個奇妙的科學發明。

（二）"兩千張照片選出 '中國結'"：用專業技術成就文化使命

每一個行業都有其業內的權威獎項，一方面向外界展現業內技術水平的最高標準，一方面對從業者表達來自專業評審的最高認可。中國燈飾界的盛會，非一年一度的 "國際燈光節" 莫屬。德瑞雅於 2017 年斬獲燈光節銀獎，2018 年榮獲國際燈光節金獎，憑藉參賽作品 "華夏風・中國結" "燈都天使"，牢牢捧住了由中國電器照明協會及古鎮政府頒發的業內最高榮譽獎盃。

"華夏風" 的實物，在參展期滿後，一直放置在德瑞雅公司的正門口。實燈整體高度超過四米（連環保水泥基座），寬約三米，內置音響，整體是全彩變化光效。整個燈體呈 "中國結" 造型，蜿蜒起伏的邊緣，象徵着中國的萬里長城；表面鑲嵌着五十六顆中國結飾品，代表着中國五十六個民族；燈尾飄逸的流穗上，有四萬一千顆水晶，對應着中國十四億人口和四億一千萬個家庭；整個燈品的中國結造型左右翻轉後，活脫脫就是一張中國版圖。

邱曉飛說："早在 2009 年，我就把'中國結'註冊成了商標，註冊時的名稱選用了'華夏風'。我親自拿着中國結，放在地上拍照，拍了兩千多張，最後選了一張。所以，這是一張從兩千多張照片中選出來的中國結。"

這是一座凝結着燈學頂尖技術和文化使命的燈品，在技術層面上，使用了DMX512 燈具搭配舞台燈光使用的 DMX512 控台，進行音樂和變化效果的整體編排，能夠達到當全彩燈光亮起時，配以經典的《東方紅》音樂，在聲與光的律動和轉換中，展示出一個以飄逸飛揚的中國結為形象的整體燈光效果。在文化意涵上，設計團隊最希望的是能夠通過此燈，真正向世界傳遞東方文化的美感、自豪和尊嚴，讓中國品味成為全球燈光文化的引領方向，讓擁有中國品味的"華夏風範"風靡世界。

從"華夏風"喜獲銀獎，到"燈都天使"把金獎收入囊中，德瑞雅一直在為實現燈學技術與文化價值的結合而不斷努力。在設計原則上，強調人本與美學，重視連續性、藝術化和舒適感，做到以人為本，從行人活動的角度，統籌規劃各個燈光造景元素，以便在最接近人的這部分空間中，構築一個和諧的燈光環境，使漫步其中的觀賞者得到一個富於美感的視覺環境氛圍[8]；細微到一樑一柱，精雕細刻，力求完美，實現各個表現元素與整體風格的有機結合，盡量將服務於夜景的燈具隱藏起來，以不影響建築主體白天的視覺效果；照明器材、安裝電器產品均安全可靠、便於維修管理。[9] 在技術突破上，則通過綠色照明和科學設計創新，把握光亮與光污染的度量尺度，對光散射及眩光進行有效控制，合理分配亮度，正確運用色彩，減少眩光和光污染；採用先進的高光效、低能耗、配光合理的燈具和光源，避免片面追求節省初始投資而造成能源浪費和運行費用增加，通過對不同時段的照明系統控制達到環保節能的目的。

"華夏風"這樣極富工匠精神的產品，閃耀的是東方古典元素的美麗，向世界投射着華夏文明的亮光，實現了燈學技術、美學價值、家國情懷、文化輸出的有機統一。

8　李鐵楠、朱寧濤：〈深南中路景觀照明規劃設計〉，《照明工程學報》，2000 年第 2 期。

9　鄭新陽、馮穎慧：〈港珠澳大橋橋隧轉換人工島夜景照明設計〉，《中國港灣建設》，2019 年第 5 期。

二 案例分析：技術主內，思維主外，並驅前進

（一）技術專利構築硬核技術本體

中國的燈業製造及技術發展，主要有四個典型的層級，它們互相之間呈現明顯的遞進關係。首先是"能亮"，這是燈的初級功能，也是製造燈具的最低標準；其次是"物美價廉"，這是燈具產品進入市場後，參與競爭的主要依託；接下來是"品牌"，以及與品牌相對應的信賴程度、產品質量；最後是整個行業的最高端，即"光效設計"及光效設計的優先。每個層級都有其相對應的價格區間，從"能亮"到"光效設計優先"，價格跨度大致是從五十元到三萬元。

德瑞雅所處的中山古鎮，是全國燈飾行業的重心和龍頭，直接與最大規模的廠方、產方、同業方等聯繫緊密。古鎮之所以成為"燈都"，很大程度上依靠勞動密集、製造力強等優勢，也就是說，在很長的一段時間內，古鎮的燈業發展重心都放在了前兩個層級上。而後兩個層級的參與者，哪怕放眼全國，也較為稀少。從品牌品質這一層開始，基本上是照明領域絕對意義上大品牌的天下，大品牌靠入行的時長、產品的代表性等過硬的成就在行業中積累了豐富的經驗，也相應地投入了巨大的成本用於宣傳推廣，力爭獲取更多的資源。這讓周邊的"黑馬"們很難殺入重圍，在品牌界擠出一絲縫隙，散發自己的光芒。

打價格戰、拼性價比、走薄利多銷的風口已經過去，參與品牌上游的爭奪必然會消耗大量的時間和精力。德瑞雅選擇以技術創新為武器，艱苦攻關，直取第四層級。從公司創立至今，德瑞雅以取得多項照明領域的專利證書，如"具有良好散熱性能的 LED 照明裝置"專利、"路燈頭（柔反燈具）LED 燈條"專利、景觀燈"客迎天下"專利等；在燈具產品中，運用技術集合控制燈光與顯示器，每一個燈品都有通過獨立編程、獨立編碼實現智能化控制；以及 3C 認證證書、權威檢測報告等，以過硬的智能技術構築了自身完備的燈學產品體系，直接佔領光效設計的高地，在市場及行業中穩坐一席。

以"路燈頭（柔反燈具）LED 燈條"為例，傳統的路燈燈條，一定會由於燈管和燈罩的安裝方式，而出現照明時不同角度光度不均勻的問題（見示意圖）。照明的效果不僅僅取決於光的"數量"——照度，也取決於照明的"質量"。照明質量包括許多方面的考量，它不是一個簡單的數據，也不是一個客觀的照明條件，而是人們對照明的主觀評價。[10] 光色和顯色性在照明設施中，由於所使用的光色不同，所得到的照明效果就不同。因此在進行設計時，必須從照度以外的維度，對光

---

10 宋瑞貞：〈運動場照明——關於照明數量和質量的一些新觀點〉，《建築電氣》，1989 年第 1 期。

源的特性進行研究。另一方面，光源的顯色評價指數不同時，所形成的光照氣氛也不相同，這都要根據照明內容採用適當的光源。[11] 照度均勻度是指參考面上的最低照度與平均照度之比值。其值越接近 "1"，照明越均勻。作為照明的使用性能和美感需要，均勻度是比較重要的指標。因此，應根據不同部位、場合來確定均勻度。一般來說，越需要重視的位置，對均勻度的要求越高；遠距離觀察的部位，對均勻度的要求也要應提高。[12]

傳統路燈頭裝等方式為在長方體燈罩的中央放置發光燈管，由於罩體為方形，而光源在中央，根據光學傳播的特點和定律，四周會出現陰影面，整個燈體的亮度也會由於與光源的距離不同而產生變化，在照明效果上無法做到每個角度亮度如一。

革新的技術是把燈管裝配在方形燈罩的四個長邊夾角內，不僅解決了傳統路燈頭的亮度不均勻，整體形態也更加美觀，最重要的是光效優先原則得到了最大限度的呈現。這種創新的發光管鑲嵌方式在投放前經歷了一系列相關配套領域的專業測試，散熱、防水、光參數、電流、電壓、配光曲線、色溫、單條燈管的瓦數……不誇張地說，這是在整個照明技術領域中，重新定義了 "如何發光" 的問題。

一個新的 "發光" 方式，似乎與最開始的 "能亮" 有一點相通。但這種經過了專業儀器精密測試、反覆實驗探尋內部結構合理性的 "能亮"，實現的不僅僅是燈本身的價值，還包含了專利的價值、技術的價值。

（二）改變商業思維重寫遊戲規則

如果說內部的技術核心是支撐企業在行業中傲居潮頭的基礎，那麼整體的商業思維方式則是決定企業在市場中如何存活的依據。德瑞雅不設賣場，不壓庫存，不做行銷，而靠以下幾個制勝思維站穩立足。

第一，不做追隨者，而做引領者。面對市場環境的變化和新舊迭代的頻率，永遠要快人一步。緊隨潮流的人，只能是一個永不止歇的奔跑者、跟隨者，擁有追趕的衝勁，但沒有停下的自由。當我們展開商品購銷的長鏈，不難發現，從購買的入口和途徑、獲取資源的渠道和思路，到客戶服務的需求和方式、付款和擔保的端口，甚至是整個商品經濟下的遊戲規則，都在改變；許多以前被視為底線和原則的金科玉律，如今也不復存在了；就連平台、渠道、鏈條的方向也有重組和改變的趨向。如今智能化時代已經到來，商品的款式和功能讓人目不暇接，許多領域已經逐

---

11 胥正祥：〈體育場（館）照明設計（二）〉，《智慧建築與城市信息》，2004 年第 3 期。

12 李中峰：〈城市商業綜合體夜景照明設計分析與研究——以龍湖時代天街為例〉，《重慶建築》，2015 年第 12 期。

漸向買方市場傾斜。"不能跟着別人的屁股走，讓我參與的時候，我已經可以給你帶去很多觸動和意外的驚喜了。我們不跟隨，（而是去提供）專業引導和服務型的解決方案。"客戶也許並不清楚自己需要的是什麼，此時從業者需要扮演的角色是一個引領者，在下一波產業大革命之前的混沌中開天闢地，重新定義技術方式。在潮流襲來之前，自己成為潮流的引領人。

第二，顛覆傳統的雙方和談模式，以"不對稱"的思維進行交易。傳統的商業模式必須經歷幾個階段，即與甲方接觸、產品入庫、招 / 投標、採購等等，流程龐雜，成本高昂。而且為了成交，整體重心往往都放在"賣"本身。在傳統行業規則的主導下，從業者不得不執着於和庫存直接相關的數量、貨期、賬期等等，受制於價格而不得不控制成本，往往會造成價值的變化。而德瑞雅最重要的創新商業模式是"非對稱競爭模式"，主導思維是"不對稱"商業思維。具體體現為，企業由於擁有足夠的專利價值和技術價值，有強有力的設計研發團隊，有成熟快速的視頻製作、智能體驗場館，故只需前端對接設計和技術，中端對應服務型公司與配套聯合，後端直接進行供應和鏈化組構，最後打樣交付甲方，以"不對稱"的方式完成合作交易。由於生產的原則和標準有過硬的技術作支撐，打樣後即可批量生產，不做庫存，無需壓貨，儉省管理，成本和風險一應降低。"傳統經營模式是一個殘酷的廝殺戰場，命都拼上，也不一定贏。而不對稱的思維，不用出戰，就已經勝利了。"

第三，以自身專利和技術優勢，調撥行業最高標準，樹立自己的服務準則。"燈光是為場景服務的。"這句話，是在德瑞雅重新定義如何發光後，對燈光基本意義和價值所在的重新闡釋。這一認知，與目前市場上的大型、高端戶外照明景觀的深層需求和價值本質不謀而合。

三 啟示：磨練技術擁抱 5G，傳承文化張揚自信

當下燈業的最大挑戰，在於思維轉變和戰略轉變。停留在價格、款式、材料層面的思維和戰略是無法走遠的，要持續發光發亮，必須要提升產品的附加值。在 5G 技術到來的風口和互聯網經濟持續騰飛的浪潮下，對燈具燈飾技術與 5G 智能集控的配套整合是一個值得思考和展望的方向。

燈可以很小，光卻可以很亮，燈具作為一個"硬符號"，完全能夠同時承載技術和文化，能夠以大型工藝燈具，甚至廣場巨幅 LED 看板等形式，用一盞盞小小的燈，打出一束束耀眼的光，向世界展示來自中國的技術前沿和文化傳承。正如"華夏風"作品的參賽宣言："中國燈都中山古鎮，目前已是世界最大的燈飾生產

地，在當今'一帶一路'倡議下，燈飾產業也迎來了走出去的最佳機會。原創才能引領，引領才能主導。中國文化特色是中國的屬性，中國文化也可以用一種全新的方式呈現。它不一定是老舊的古董，也可以是現代高科技的，可以是大膽地溶入創新藝術的，只要有中國符韻，就是中國文化。"

四 有待進一步研究的問題

隨着商品交易電子化程度越來越高，直播帶貨在各領域商品交易中逐漸普及。5G超高清視頻、物聯網等技術將在銷售、貨運、倉儲等環節的革新為燈具產品帶來更多可能性。與此同時，在照明技術的不斷發展中，燈業製造在超大型戶外照明、智能市政服務等領域仍有繼續突破的空間。

五 大事記

2014年6月，中國第一家智能化非常標訂製燈具體驗中心開幕。

2014年3月，榮獲中國中最智能化照明工程創新獎。

2014－2015年，獲廣東省裝飾行業協會和設計行業協會評為"設計師最喜歡品牌"。

2017年，原創作品"華夏風"中國結燈飾作品，榮獲國際燈光文化節創意作品大賽網絡評選第一名及總決賽銀獎。

2018年，原創作品"燈都天使"燈光作品，榮獲由中國照明電器協會和中國燈都古鎮政府頒發的金獎。

（訪談整理：符愔暢）

第五章
邑青智能系統：為中小型企業提供實用技術

訪談人物：	莫盛凱
擔任職務：	江門邑青科技 CEO
所在城市：	江門
所處領域：	信息技術
創新類型：	技術創新
關鍵詞：	香港青年、江門創業、信息科技、智能系統
訪談時間：	2019 年 7 月

我們的定位不是要做最尖端的研發，我們的目標是要把一些切實可用的技術，推廣和普及到一些中小企業當中去，來幫它們實現實際的營運效果，提供技術上的切身便利。

——莫盛凱

一 人物故事：普及日常生活與商務工作所需的實用科技

（一）莫盛凱：早生於"新科技時代"的海歸香港僑青

訪談當天，在約定時間、約定地點的門外：

"好的，逗號，請稍等，句號。"

門裏傳來這麼一句話，很純正的香港粵音，語速挺慢。我正對這句每個字都聽得懂、連起來就不明白的話感到疑惑，兩秒後，我的面前和口袋裏同時傳來聲響。面前的門打開了，出來一個人。口袋裏的手機屏幕也亮了起來，微信裏幾秒前發來的消息：

"好的，請稍等。"

門內來人正是邑青科技 CEO 莫盛凱。

莫盛凱祖籍恩平，生於香港。中學起遠赴加拿大，在異鄉求學多年，碩士畢業後，在 IBM 公司工作數年，於 2009 年回國。在訪談過程中，他看着我在鍵盤上快速記錄着他說的話，直說"你打字好快"。我以為是拼音輸入法的優勢讓他咋舌，便說"我是內地人，只會打拼音，但你們（香港人）打倉頡、速成也很快啊。"他說："你說的倉頡、速成，我都不會，我不會打（中文）字。"

我錯愕地重新理了一遍時間線，倒推已逾而立的莫盛凱當年出國的年紀和時間，果然當時香港中學教育還沒有"中文電腦打字"這一科。"那你後來回國開公司，不會打中文，要怎麼辦呢？"他回答："一開始在香港就還好，大家都（可以）講英文；後來到（江門）這邊，真的很多時候要用中文，那我怎麼辦呢，我就靠'說'。你知道怎麼才能'說'出一句話，變成文字嗎？"

我下意識地搖了搖頭，他接着說："現在很多技術都支持語音轉文字，很智能。就連標點符號也能聽懂和轉換。所以我的同事們經常看我搞笑，我會對着手機，說幾句話，然後說標點符號，再說幾句，再說標點符號，最後給別人發一段完整的中文信息過去。"我忽然就明白那句"好的，逗號"是怎麼回事了。

莫盛凱在加拿大取得碩士學位後，曾經為知名國際企業 IBM 工作過八年。但說起前公司，他反而說了一句"現在估計沒什麼人知道 IBM 吧"。莫盛凱生於互聯網技術大變革以前的時代，面對越來越年輕化的技術市場，新生事物與淘汰事物的更替週期越來越短，不免會生出一種自己曾經見證過的時代已經不為年輕人所知的感受。

2009 年，莫盛凱離開加拿大，先是回到香港開立了自己的公司，主營智能化電子系統服務；2017 年，又在祖籍地江門註冊成立了邑青科技有限公司，致力於智能科技的日常普及，為香港公司提供技術支持。

（二）回港與回鄉：做"科技改變生活"的普及者

邑青科技有限公司位於廣東江門珠西創谷五樓，把辦公環境和公司全貌完整參觀一遍，大概只需十秒鐘——打開一間辦公室的門，電腦屏幕前是十幾張年輕的臉；再打開另一扇門，就回到了我們先前落座的地方。兩間辦公室，不到二十個人，是邑青科技的全部。

莫盛凱的香港公司名稱簡寫是"OR"，取"Occam Razor"（奧卡姆剃刀定律）之意。這是源自古代歐洲的哲學命題，其核心內涵是"如無必要，勿增實體"。對於莫盛凱而言，他希望發揮和牢記這一古老哲思當中的樸素精神，提醒和鞭策自己，時時以"簡單有效原理"去應對複雜的環境和問題。"我們的定位不是要做最尖端的研發，我們的目標是要把一些切實可用的技術推廣和普及到一些中小企業當中去，幫它們實現實際的營運效果，提供技術上的切身便利。"

1.在香港推行醫療企業智能管理系統與智能化物業管理

當代企業對智能化電子辦公系統的依賴程度非常高，最重要的一個原因是智能化電子系統極大地解放了人力與時間，節約了辦公成本，提高了工作效率與準確率，擴展了儲存與記錄的容量，形成了一套查有蹤跡的管理體系。莫盛凱的公司正是負責普及和推廣智能化電子辦公系統，香港醫療、體檢機構與地產公司是最大的客群和獲益者。

香港有許多提供體檢服務與醫療服務的企業或機構，以前一直使用手寫紙張和 Excel 建檔的模式來辦公和記錄。每新增一個客人，就新建一個 Excel 文檔，名稱只寫交易日期與客人姓名，表格裏面記錄各項具體服務和其他信息。一個月三十天，一年三百六十五天，日積月累，每到月底、年底，結算統計的工作量和龐雜程度遠遠超乎想像。由於檢索系統的缺失，只能以姓名或日期來調取相關資料，而針對特定項目在特定時間的相關記錄，例如總客戶數量、增長趨勢等統計，則無從做起。針對這類企業，莫盛凱及其團隊在香港推廣和普及了一個最基本的電子辦公系統，把職員從浩如煙海的 Excel 和文件夾裏"解救"出來，實現智能辦公。

近年來，便利的智能系統日益成為辦公剛需，越來越多的企業成為這一系統的忠實用戶。得益於智能系統的普及和應用，香港上市公司康健醫療集團躍身成為擁有全港最先進體檢系統的醫療機構；最大的醫美集團 Dr. Reborn 已經擁有妥善高效處理超過八十萬客戶數據的能力；頭號秘書服務公司之一 BPO Global 的資料數量也已有千餘家……"科技改變生活"，從一句話變成了現實。

2. "超年輕"團隊在江門創新智能健康檢查技術並普及軟件產品

兩年前，莫盛凱受五邑青年總會的邀請，入駐江門珠西創谷，以五邑青年的簡寫"邑青"作為這家年輕公司的名字。"我們的員工幾乎全部都是五邑大學的畢業生，平均年齡應該不超過二十五歲，這還是把我自己算了進去，拉高了平均值。"莫盛凱笑着說。"我們大約四五個人為一個小單位，形成團體分工合作，有前台、後台，也有軟件程式、App。"

現階段，邑青科技的主要科技創新成果和項目，是健康體檢技術中的智能分析與機器學習應用。邑青科技將智能化數據採集與分析系統、圖像識別技術、AI（Artificial Intelligence，人工智能）技術相結合，形成基礎輸入指令、流程與分析標準，再利用數據分析與機器學習，實現智能化的雲端"診斷"。在健康體檢項目中，AI 技術經過簡單的採集與學習，能夠得到較為準確、可信的報告與評析，一定程度上具備專業檢測效力。系統將大量的檢查標準與結果存儲在雲端，如 X 光成像的影片，通過智能機器分析及圖像識別，判定一些疾病的存在風險與可能。

目前，這套體檢系統申請了一個技術功能的專利。莫盛凱坦言："在這套健康體檢系統中，不管是軟件整體，還是單項技術，任何一項成果都可以拿去申請專利。內地好像很看重專利這個事情，可我還是有點受到香港那邊的（觀念的）影響，因為在香港，拿到專利和沒有專利其實沒有太大的區別，都是一樣去做事而已。不過話又說回來，現在江門有成立相關的基金支持專利申請。"

在健康體檢技術領域，邑青科技儘管公司規模小、人數少，但也能夠驕傲地躋身前列。作為中小型技術企業，邑青科技是為數不多的有能力製作和推廣這種技術產品的公司。同類產品的其他開發者，多為谷歌、阿里雲、阿里巴巴等大企業。莫盛凱表示，這正是他想要把最普通的科技應用在商務工作當中的初心。

（三）港人身份：辦公文化的地域差異和"超弱勢群體"

1. 初來乍到的招人困境與地域文化導致的理念差異

名為"邑青"的公司自成立至今，不知是機緣巧合，還是冥冥中的安排，員工全部都是五邑青年。年輕的團隊成員悉數畢業於五邑大學，說起跟自己一起普及技術創新的這些團隊成員們，莫盛凱想起了一些往事。

"最難忘的時期，就是太難招人了。我們去學校招聘，可是公司很小，不太受畢業生青睞。我們又在網上發廣告，等啊等，找啊找，過了三四個月，一共才招來四五個人。"在江門的某個招聘網站上，邑青科技招聘信息中的聯繫方式正是CEO莫盛凱本人的手機號碼，莫盛凱說："HR是我，老闆是我，程序員是我，需要做但又沒有人的時候，什麼都是我。"

初期在江門遭遇的艱難，對運行一家成熟公司將近十年的莫盛凱而言，還只是第一道關。香港和境外的文化背景也給他帶來了一些困惑："後來團隊慢慢成形了，可是我發現兩地的辦公文化有比較大的不同。在香港，一個人同時負責三四個項目是常有的事，但在江門，我發現大家默認的都是一個人負責一個項目。"這當然需要適應和調和。

"我採取的辦法是固定程式化管理，用明確的日程、進度、截止日期來規範所有工作。至於審驗的標準，也很簡單，第一是有沒有做到，第二是有沒有做好。"莫盛凱最開始提及的奧卡姆剃刀定律就是這個概念。對應到企業管理，化繁為簡，將複雜的事物變簡單。文化的差異是客觀存在的，然而價值的判斷一定存在共識與規律，這些互通的、共存的價值，就是最簡單、最本質的標準和要求。隨着社會、經濟的發展，時間和精力成為人們的稀缺資源，專注做好應該做的任務，不僅符合事物發展的內在規律，也非常適用於起步階段邑青公司的實際情況。"我們的人的確不多，但穩定性很高。江門這裏基本上承擔起了香港總公司的一半生產力。"

2. 香港的環境與背景和科技創新領域的"超弱勢群體"

39

短短兩年的時間，邑青在江門成立、發展、獲獎、申請專利。作為香港背景的創新企業，莫盛凱還曾在行政長官林鄭月娥考察創谷時，與她就科技創新企業與香港發展進行了交談和對話。談及港資背景帶來的優勢，莫盛凱笑着但認真地回答："優勢才沒有呢，相反因為有香港的背景，我們走到哪裏都是'超弱勢群體'。我們去參加比賽，去外地交流，別人經常會問起'年產'的問題。可是也許外人不清楚，在香港，用年產去和內地的科技公司相比，根本比不過。別人幾個億的產量，在香港是不可能的。從這個層面來說，我們真的一直都是'超弱勢群體'。"

他還談到，IT（Information Technology，信息技術）行業對人才的倚重遠遠超乎其他行業，人才是決定技術創新的根本條件。但香港社會無論在人才的前期培育還是教育環境上，都沒有完全發揮出自己的優勢。"香港的社會價值觀和教育偏向性太重了。早些年，沒有人不選擇讀金融，到現在，絕大部分都選擇讀醫、考律師，什麼樣的人才會去讀IT？在香港，大家都認為是沒書讀、沒學上的人，才去搞IT。我們十分缺乏精英的科技人才，從這個角度來說，就更是'超弱勢群體'了。你說你來自香港，如果是個金融才俊，人家都會多看你兩眼；但你說你是搞科技研發的，搞IT的，真的沒什麼人理。"

莫盛凱早年在北美，信息技術專業在社會中的被認可程度很高。初回香港時，香港社會對信息技術的淡漠曾讓他感到不習慣。個體與企業內部的困難都是容易克服的，但整體環境的轉變還需要很長的時間。港資尤其是在陸港資科創企業的"名聲"，很大程度上取決於香港社會對科技創新的深度認同，而這樣的改變需要從政策、教育、社會、企業等多方面共同努力。

二 案例分析：香港科技發展的先天錯失與後天遺憾

邑青科技不到一百平方米的辦公空間，承擔起了香港總公司五成以上的生產任務，是中小型科創企業中的優秀標兵。其高效的團隊、過硬的技術和創新的理念，把實用型的信息技術、辦公技術、智能技術，普及和推廣到了更多中小型企業的實際生產和實際工作當中。同時，這些也映襯出現下香港科技發展的乏力和疲軟。身為亞洲數一數二的金融中心、最大的離岸人民幣交易中心和轉口貿易中心，香港的科技現狀本不至如此。

（一）香港科技已數次錯失科技發展機遇

香港的金融地位毋庸置疑，但金融領域的絕對優勢也在一定程度上桎梏了香港的全面多元發展。香港曾經擁有輝煌的製造業，但在金融發展大勢之下，且珠三角逐步形成與前店後廠的合作模式，香港的發展重心向國際貿易傾斜，一定程度上忽視了本地製造業的科技轉型與升級。早在近二十年前，香港就曾經提出過"科技興港""矽港計劃"等口號和概念，也曾經規劃過要在香港建設中醫藥科技中心。但是，早期的"矽港"建設計劃在用地劃撥中擱淺。香港經濟將與房地產無關的科技項目排斥在外，錯失科技發展良機。與此同時，在香港的土地政策下，高額房價成了極為突出的民生問題。港人為了保障生活質量，紛紛投身金融、律師、醫師等高薪行業，科技創新所需的人才缺口逐漸增大。

（二）香港的社會環境沒有給實用型科技太多的應用空間

在科技創新的浪潮裏，中國內地是近年來全球範圍內科技應用程度最高、覆蓋範圍最廣的地區。新技術和新產品給我國社會帶來了生活方式的新革命。相比之下，雖然香港一直被評為最自由、最開放也最有競爭力的地區，但現狀顯示香港對新事物的接受存在幾個問題。

第一，社會整體對新科技的接受態度呈現與美、加等地區類似的"老齡心態"。在這些西方國家，坐火車用人工驗票，出門用現金和信用卡，成為普遍的"老齡現象"。他們習慣如此，願意如此，認為這種模式並沒有任何不便，因此不需要改變。香港與之非常類似。八達通在香港"橫行八達"多年，身兼交通、付款、停車等許多用途。多年來，八達通的便利程度提升不大，但它的普及程度成為了新型支付方式進入香港市場的阻礙，例如支付寶在打開香港市場時，就遭遇了八達通這個"勁敵"。香港社會在智能應用中稍顯落後，若想將創新融入生活，首先要改變固有的認知觀念，提高對新事物、新科技的接受程度。

第二，香港市場在科技創新和科技應用方面的高昂成本。以 4G 通訊技術為例，香港普及 4G 很早，許多以通訊科技為研發對象的公司和企業，在選擇海外落腳地時，也都瞄準了香港市場。但香港運營、開發、租金、運輸等成本等極高，政策扶持力度相對較小。此外，香港語言獨立，本地市場狹小，4G 技術在香港儘管普及較早，但僅限於通訊領域的一般應用，以運營商提供網絡服務的形式為主。由於香港的科技創新市場可突破性小、運營成本高、外包公司多、技術研發零散化，內地及海外公司進入門檻較高，加之香港本地發展科技應用的動力不足，科技實際應用主要集中在金融領域，社會普遍應用程度仍有提升空間。

三 啟示：緊抓大灣區機遇，實現協同發展

（一）科技疲軟帶來的民生問題是一顆已經炸響的炸彈

近年來香港金融業的遙遙領先和其他產業的步履蹣跚，刺激了民生脆弱的神經。金融泡沫下的隱憂，科技發展滯後埋下的危險，已顯露無遺。香港社會應從中

窺見矛盾的根因與源頭，平復瘡疤和重建秩序需要政治力量、法制力量、社會力量，更需要科技力量。

（二）香港應把政策支持和教育改革作為努力方向

目前香港已經意識到了自身在科技發展上存在的問題，並積極實行推助措施促動本土科技的發展，讓香港成為一片名副其實的優良創新土壤。特區政府於 2017 年設立創科局，是從政府層面全力支持配合香港科技創新事業的一個信號，尤其是對中小企業的政策支持不斷加碼。一方面要提高中小企業的職能工作程度，一方面為香港科技的普及與推廣鋪路，從而讓更多的人從實用型科技創新中受益，讓更多人了解這一領域的發展前景，帶動更多人投身科技創新的研發和學習，成為香港科技發展的中堅力量。

（三）江門應持續發揮僑鄉優勢，建設多地間的血脈橋樑

江門是珠江西岸重要城市，早先已有規劃以江門為核心在大廣海灣城市群的建設發展。如今，江門是廣東省內重要的交通樞紐和物流中心。作為著名的僑鄉，血脈相連的團結與親密讓江門凝聚了千百萬華僑同胞的龐大力量。習近平總書記在 2010 年"中國尋根之旅夏令營"開營式上說："團結統一的中華民族是海內外中華兒女共同的根，博大精深的中華文化是海內外中華兒女共同的魂，實現中華民族偉大復興是海內外中華兒女共同的夢。"

在"一帶一路"加速推進的今天，在粵港澳大灣區建設的機遇面前，江門應該發揮區位優勢，加強互聯互通，在大灣區框架下協同共建"一中心三網"的交通體系；加速建設粵港澳大灣區創新共同體，逐步發展成為全球科技產業的創新中心；團結僑胞力量，發揮僑聯黏性，輻射更廣闊的群體和地區。

四 有待進一步研究的問題

在粵港澳大灣區建設的背景下，香港要進一步提高科技發展水平，加快科研成果的市場轉化和推廣應用；江門要進一步提高政府對創新產業的扶持力度，完善人才培養機制，激發企業創新自主性。發揮僑鄉的紐帶作用，提升香港、江門的協同發展程度，與灣區其他城市一起探索創新，助力大灣區建設。

五 大事記

2017 年，邑青科技在江門成立。

2018 年，邑青科技在創新大賽中獲得江門區獎項。

（訪談整理：符愷暢）

工程創新

第六章
智能防災減災：從傳統土木人到智慧城市的安全守護

訪談人物：黃林沖	
擔任職務：中山大學航空航天學院教授	
所在城市：廣州	
所處領域：土木工程	
創新類型：工程創新	
關鍵詞：技術集成創新、智慧城市、防災減災	
訪談時間：2019 年 6 月	

很多高校老師的研究都非常前沿創新。當這些研究成果投入到實際應用中可能會遇到各種各樣的問題，但只要思路和方向對了，結合工業需求不斷優化調整，就可以實現產業化。

—— 黃林沖

一 人物故事：立足現實中尋找技術需求

（一）傳統土木人的社會思考

　　自新中國成立以來，一批又一批基礎設施建設鑄就了中國經濟的高速發展；但隨着橋樑越建越多，隧道越修越長，基礎設施建設的安全運行和維護成為社會關注的重點。彼時，黃林沖還在中南大學攻讀防災減災工程博士學位。從泥石流、山體滑坡，到橋樑、隧道垮塌等意外事故時有發生，這些不斷衝擊着黃林沖的思考。

　　"現在我們的基礎設施建設已經不再是粗放型，不是只注重數量而不注重質量，我們更加需要的是將每一座路橋建築都建成精品。而且任何東西都是有壽命的，路橋、建築也有壽命，建成後我們還要對它進行維護。"黃林沖說道。

　　如何提高基礎設施建設過程中的安全保障？如何對已建成的基礎設施實時安全監測、檢測並維護？從這些疑問和思考出發，黃林沖將自己的博士論文選題及日後的研究方向確定為隧道與地下工程的防災減災。

為此，黃林沖經常要去測量地鐵、隧道等地下工程的變形數據，取土樣回實驗室。他解釋道，土木工程最核心的就是弄清楚"本構關係"，簡單說，即物體受力和變形之間的關係。但本構關係是無法準確捕捉的，只能無限地接近。對於地下工程來說，本構關係更加複雜困難，且存在很大的不確定性。一方面土顆粒材料的各向異性，每一層土樣都不一樣，很難對地下土的參數和性質做出準確的界定；另一方面從實地取樣拿回實驗室的過程中，土樣所處的空氣溫度、濕度等都已經發生改變，如何接近真實情況也是難點。

（二）解放人力，降低地下工程風險

讓黃林沖至今仍感到驚險的是研究生期間的一次隧道測量經歷。那時，他每天要扛着儀器，去正在建設期的隧道做兩次測量，有一天恰恰是在他進行兩次測量的中間發生了隧道坍塌。對黃林沖來說，這是幸運躲過意外事故，但對於專門從事安全監測的施工人員來說，他們的生命安全隨時都可能受到威脅，又如何能夠依靠"幸運"避免每一次的風險呢？

這次親身經歷讓黃林沖感受到，橋隧等基礎設施建設在施工過程中，依靠人工的方式做結構安全監測潛藏着極大危險。意外災害很難完全避免，隨時可能威脅人員的生命安全。"只有依靠自動化的智能監測，完全替代人工，才能最大程度地降低安全風險。"黃林沖說。

從工作效率來說，依靠人工監測本身耗時耗力，且無法做到實時監測。以地鐵建設為例，人工測量規範要求每隔半米要設置一個測斜點位，那麼二十米深的基坑就需要人工測量四十次，但坍塌事故可能恰恰是在兩次測量中間發生。目前國內由於的人工成本相對不高，仍然普遍採用人工監測的方式，而很多國家已經形成非常完善的自動化安全監測市場。"單純從技術來說，國內的自動化監測和國外其實是沒有任何距離的。"黃林沖說。

鑑於國內的實際情況，黃林沖開發了智能雲平台，能夠相容自動化監測數據和人工監測數據。雖然許多地方仍然採用人工監測的方式，但測量員無需測完後回到辦公室填寫 Excel 表格，而是在儀器測量完成後，直接通過後台將數據傳輸到系統平台，從而盡可能記錄並利用現有數據，同時減少人為的干預。

（三）儲備技術專利，等待市場成熟

作為傳統土木工程專業出生的黃林沖，以前都是和泥土、鋼筋、水泥打交道，但如今他更像是"做 IT 的土木人，做土木的 IT 男"，物聯網、大數據、雲平台、視覺識別、智慧城市等等都加入了他的常用詞彙表。"智慧城市是將許多新技術集成在一起，通過互聯網將城市裏的所有東西裝進一個'城市大腦'，並將物與物聯繫起來。”黃林沖說。

　　然而，在當前市場環境下，智能化安全結構監測技術的應用仍面臨着三大難題：一是時間，二是資金，三是安全風險意識。

　　首先，要為後續的建設開發提供有價值的參考數據，智能監測就需要時間儲備大量的數據，由此方能稱之為“大數據”。其次用於監測的傳感器價格高昂，而一棟建築或橋樑隧道通常要安裝幾十、上百個傳感器，需要耗費的資金量巨大。因此，只有技術不斷提升，性價比提高，市場不斷擴大，資金成本才能夠降下來。其三，目前在我國尚未形成良好的安全風險意識，基礎設施的結構安全監測的效果往往無法立竿見影，因而很多人不願意在風險監測方面投入過多資金。

　　在市場尚未完全激發之前，黃林沖和他的課題組埋頭在技術及專利儲備方面下功夫。據介紹，黃林沖帶領的課題組獲得授權的專利已有二十項，另外還有將近三十項專利正在審核中，幾乎每個月都會有一兩個專利被授權，特別是已經有相關專利被成功轉化。“我相信這個市場一定會發展起來。通過方法創新和技術創新，智能安全監測會逐步得到接受，人們的監測意識越來越強，市場需求增加了，相關的生產商變多了，價格自然會降下來。”黃林沖說。

二　案例分析：“AI+ 大數據 + 土木工程”的創新效應

　　黃林沖及其課題組圍繞土木工程的防災減災展開相關研究包括，一是基礎設施結構安全的智能監測雲平台，二是基於人工智能的基礎設施病害識別。簡單來說，前者需要在橋樑或高層建築建設過程中安裝傳感器，實時監測並傳輸數據至智能監測雲平台，實現及時發現安全風險，同時儲備經驗數據為其他建築提供設計參考。後者是對已建成的基礎設施進行體檢維護，主要基於人工智能圖像識別技術，通過快速拍照並識別異常圖像，檢測基礎設施是否出現的裂縫等病害。由於市場尚不成熟，目前黃林沖及其團隊主要從設備創新、方法創新、軟件創新到技術集成創新等環節逐一攻克。

（一）搭建智慧城市監測智能雲平台

　　六百米的小蠻腰、五百三十米的東塔、四百四十米的西塔、三百九十一米的中心廣場……隨着廣州的城市化和國際化程度越來越高，樹立在城市中心的高層建築越來越多，隨之而來的便是對這類高層建築的結構安全監測。作為近海城市，廣東常常遭受颱風、暴雨等極端天氣的侵襲，高層建築是否會因此變形，繼而引發安全隱患，就需要實時監測的幫助。目前國內外都已經嘗試在高層建築建造時安裝傳感器，實時傳回數據，但黃林沖對智能監測的設想遠不止於此。

黃林沖希望搭建一個智能雲平台，將所有的基礎設施監測數據上傳雲平台，整合數據分析，真正實現物與物的連接。"原來我們監測一棟樓就只看這棟樓的數據，現在我要看的是所有高樓、橋樑的數據，而智能雲平台將充當中央大腦的角色。"黃林沖說。

數據庫建立後，就要進行數據分析，找出物與物之間的關聯。黃林沖談到，以前土木工程的設計並不是精確設計，而是經驗設計，也就是根據一般經驗下橋跨度、鋼筋水泥等等標準來設計。但有了大數據之後，工程師則可以根據既有的實際數據設計新的建築。"比方說廣州珠江上已建有二十座橋，如果給每座橋都安裝傳感器記錄橋樑的承重、變形等等，那麼現在要新建一座橋就可以利用這些數據，提供新建橋的精確設計參數。這樣的好處是可以在防範風險的同時，盡量減少建設成本。"黃林沖說。

目前，黃林沖的工作包括三方面：一是硬件，主要涉及傳感器的設計與改善，以提高傳感器的性價比。二是方法，監測方法的創新。例如，黃林沖設想開發一種能夠傳輸數據的柔性材料，將它裝進空心柱子裏來測量地鐵等基坑的變形。三是軟件，即智能雲平台，該平台能夠最大程度地實現智能和人工監測數據的整合。在結構安全監測的整個環節中，智能雲平台是數據彙總和分析的最後一步，但相比其他環節，智能雲平台最容易實現，且相容人工在監測數據的優勢讓智能雲平台可以立馬投入實際應用。

（二）基礎設施病害智能識別檢測

每棟高樓、每座橋樑、每條隧道都有自己的"使用壽命"。然而，人們常常會有誤解，認為橋樑、高樓或隧道出現裂縫就是"豆腐渣"工程，其實對於已經使用十年、二十年的建築設施而言，這本是正常現象。當然，出現裂縫是非常危險的信號，如何及時發現裂縫等基礎設施病害，就涉及基礎設施的病害識別與檢測。

按照國家規範，重要的橋樑、隧道每年需要做一次全面的"體檢問診"，例如地鐵襯砌是否出現漏水、裂縫；隧道洞口山體有無穩定、是否斷縫；路面有無平整、是否乾淨、有無積水等等。目前，這項工作主要依靠檢測人員通過檢測車和專業檢測儀器，人工拍照檢查病害，但往往會面臨許多困難。比如，檢測橋底只能通過坐船，非常不便；地鐵每天晚上停運期間的檢修工作量巨大；而高速公路日夜通車，只能臨時設置路障封閉半個車道進行檢修，由此也將影響行車安全。

能否實現智能快速識別檢測？目前較為普遍的解決方案是利用檢測車以較低的速度行駛，同時快速拍照，並對視頻圖像進行識別，通過電腦處理回饋是否有裂縫、積水等病害問題。黃林沖表示，快速識別檢測技術全世界都在做，方法大同小異，關鍵就在於檢測車的速度和識別精度。

速度和精度往往相互制約。速度太快，拍攝的圖像不清晰，計算機便無法識別。若檢測車達到六十或八十公里的時速，加上實際環境的各種干擾，圖像很難保證清晰。那麼，如何讓計算機在圖像不清晰的情況下，仍然能夠精準識別病害，這就需要不斷提升計算機的算法。

"現在是全世界競賽的機會，我相信未來這個領域一定會出一家偉大的公司"，黃林沖說，"現在我們從"0"到"1"已經有了，接下來就是從"1"到"10"的階段，未來這項技術的應用場合將會越來越多，包括橋樑隧道、地鐵檢修以及鐵路軌道等等，市場需求將會很大。"

三 啟示：激發高校產學研創新活力

（一）人工智能集成創新顛覆傳統思維

傳統土木工程專業的核心是"本構關係"，通俗來說，是力與變形之間的非線性關係。以往，土木工程專業為尋找更為精確的本構關係，往往通過不斷增加參數，結果出現有二十多個參數的複雜公式。但是如今大數據、人工智能的技術出現後，土木工程的思維與研究方法發生了變革，精準的本構關係不再是土木人執着追逐的"燈塔"。

打個比方，本構關係就好比是一個黑匣子。箱子外面輸入一個力，經過黑箱處理後輸出"位移"。以前大家希望弄明白黑箱是什麼，但如今大數據的思路則是無需知道黑箱是什麼，只要輸入能夠對應輸出即可。例如，識別花草的 App 通過大量學習識別各種花草的名目，但卻不需要知道花草的原理和性質。

黃林沖及其課題組利用大數據、人工智能、圖像識別、物聯網、雲計算等前沿技術集成創新，重構土木工程建設的思路和方法。為此，黃林沖的課題組不斷吸納整合不同學科的科研人才和研究力量，目前課題組已包括中山大學智能工程學院、航空航天學院、土木工程學院等各個學科的研究人員。

（二）高校科研創新需良性激勵氛圍

長期以來，高校科研成果的轉化率低，如何解決科研落地的"最後一公里"是中國科技創新向前邁進的重要課題。或許常常有聲音批評，"高校科研不關注與社會實踐相結合"，"研究目的是為了發表論文，而非落地轉化為實際的生產力"。但高校科研成果要實際落地轉化，不能完全責難高校教師的個人意願，還需要高校形成良性的激勵機制和科研轉化氛圍。

在黃林沖看來，很多高校老師的研究都非常前沿創新。當這些研究成果投入到實際應用中可能會遇到各種各樣的問題，但只要思路和方向對了，結合工業需求不斷優化調整，就可以實現產業化。

除科研成果的直接落地轉化，高校教師的基礎研究也不能忽視。對於企業創新來說，高校教師並不是都要提供直接的技術轉化，更為重要的是為企業提供最前沿的創新思路和創新方法。這些創新想法思路結合企業的實際應用，通過不斷磨合與優化，也能夠成功實現產業化。

（三）產學研對接可考慮共建實驗室

產學研合作是推動高校科研成果落地轉化的有效模式之一。近年來，我國產學研合作已取得一定進展，成為推動經濟增長和轉型升級的重要手段，但也面臨着一些困難和問題，如何進一步推動有效對接是各方關注的重點。

雖然各類高校科研成果產學研合作對接會層出不窮，但效果並不理想。究其原因，此類產學研對接會往往是將高校技術直接"推銷"給企業的硬對接。高校技術並非建立在對企業需求的真正了解之上，企業也無法第一時間了解高校的技術是否適合自己，最後自然不了了之。

有效的產學研對接應該建立在企業和高校的相互了解之上，例如通過共建實驗室，或由專業的第三方組織機構率頭對接等方式增進相互間的需求和技術匹配。在此種模式下，企業便可以提出自身需求，有相關研究興趣的高校教師有針對性地關注問題，進行技術研發。

四 有待進一步研究的問題

黃林沖及其團隊所研發的智能防災減災系統從高校實驗室逐步走進實際應用場景，除了需要技術的不斷磨合和優化，還需要相關硬件市場的發展和完善。如何不斷適應當下中國防災減災的大環境？如何從技術着手推動智能防災減災市場的發展？如何進一步釋放高校研發力量，將其轉化為實際的生產力？這些問題都有待進一步深入的研究。

五 大事記

2006 年 9 月至 2009 年 6 月，中南大學，博士，防災減災工程與防護工程。

2007 年 8 月至 2008 年 8 月，美國西北大學土木與環境工程系聯合培養博士。

2018 年 6 月至今，中山大學航空航天學院，教授。

（訪談整理：張豔）

第七章
廣汽自動駕駛：專注整車集成控制，與自動駕駛"共舞"

訪談人物：梅興泰

擔任職務：廣汽研究院專業總師 / 產品線副總監

所在城市：廣州

所處領域：自動駕駛

創新類型：工程創新

關鍵詞：自動駕駛、集成控制、人機共駕

訪談時間：2019 年 6 月

中國車企要提高對不同零部件的集成控制能力，改變與汽車零部件供應商的拉鋸關係，將主導權掌握在自己手中。

——梅興泰

一 人物故事：跨越海峽的汽車之緣

（一）棲身嶺南成就廣闊發展空間

2011 年，梅興泰拎着背包從台灣來到大陸工作，轉眼已將近九年時間。作為台灣大學的博士畢業生，梅興泰來大陸前在台灣華創車電公司已經做到主任工程師，但台灣汽車市場體量遠不如大陸市場。為擁有更廣闊的發展空間，梅興泰毅然決然地選擇踏上大陸的征途。

梅興泰在大陸的第一站是重慶力帆汽車有限公司。當時，梅興泰對大陸汽車企業尚不熟悉，直到親身去重慶了解後，便毫不猶豫地回台灣辭掉了工作。四年後，梅興泰恰好有機會加入廣汽研究院工作，便舉家搬到了廣州。

來大陸生活期間，梅興泰說自己幾乎沒有感到任何工作生活上的不習慣或不適應。尤其來到廣州後，他非常喜歡廣州的人文氛圍。在他看來，廣州人工作勤奮、低調務實，也很容易相處交流。

梅興泰在廣汽研究院擔任產品線副總監。廣汽對科研創新的重視讓梅興泰印象深刻。他談到，廣汽非常重視科研，鼓勵創新，為創新人才提供了足夠的激勵與發展舞台。雖然同事間競爭激烈，每個人都躍躍欲試，但這種競爭是一種良性競爭，大家都在努力做出更好的產品。

目前，梅興泰已經順利獲得廣州市人才綠卡，在多方面享受與大陸居民同等待遇。作為台灣人，梅興泰也感受到公司及身邊人特別的照顧和關懷。他說，廣汽會定期組織港澳台及外籍員工一起聚餐、舉辦活動，過年過節也還會給大家送上小禮物。

（二）與汽車打交道享受駕駛樂趣

梅興泰談吐斯文，但談起汽車便立馬充滿激情。他對汽車非常着迷，尤其喜歡車輛駕駛的掌控感。"汽車和女朋友不一樣，女朋友不一定理睬你。汽車只要給一個動作，它就會馬上給你非常直接的回饋。"梅興泰笑說。

曾經有段時期，梅興泰的工作是做汽車主觀評價，這段經歷讓梅興泰對汽車變得更加熟悉而敏銳。平常走在路上，他常常會注意其他行駛的車輛，通過車輛的晃動和偏向等跡象，就可以判斷出車輛下一步的動作，甚至可以看出司機是否在看手機或走神。

不過，汽車也讓梅興泰吃過苦頭。梅興泰做汽車主觀評價時常常從天亮工作到天黑，有時候甚至要到半夜。"因為評價不僅是汽車的動態問題，還需要評價燈光、信號及夜間駕駛等問題，因此我們經常要在實驗場待一個多月標定。"梅興泰說。

2018 年，梅興泰與團隊成員前往黑龍江黑河做冬季標定測試。然而梅興泰到達試驗場時，才發現已經寫好的代碼無法運行。由於測試時間緊迫，等到雪融化了，將無法完成冬標任務。無奈之下，梅興泰和團隊成員只能在天氣寒冷的黑河趕工，加班重新寫代碼，以保證冬標順利完成。

"印象最深刻的是，有次下午四點多黑河已經天黑了。汽車在試驗場的冰面上滑出去，陷入雪中出不來。因為天氣太冷，隨身攜帶的設備不耐寒，很快我們的手機、燈都沒電了，只好摸黑將車慢慢拖出來。"梅興泰回憶說。

（三）教育和環境培養塑造創新思維

梅興泰在台灣完成了從本科到博士所有階段的學業。儘管如今他已在內地安家，回台灣甚至像是去"旅遊"，但台灣的教育對梅興泰影響深刻。梅興泰談及自己的大學課程，當時有門課是數學算法，老師便要求大家利用學習的算法預估股票的漲跌，梅興泰還小試牛刀買了自己評估的股票。正是這種貼近實際應用的學習訓練，讓梅興泰如今在工作中總是會嘗試用各種創新的方式來解決問題。

不同的環境也會影響人的創新思維。"就好比高中生、大學生、研究生的學習環境是很不一樣的，高中生一般很難有創新能力，因為他每天的生活都循規蹈矩，基本都固定坐在座位上看書解題，而這些題目其實都是已經解決的問題。"梅興泰認為，人的靈感不可能是每天坐在實驗室，面對電腦屏幕就可以擁有的。大學生強調自我管理，但老師教的東西仍然是既有的知識。研究生階段才開始真正解決問題，也有更多放鬆的時間，很多靈感可能就是在吃飯、和朋友玩兒的時候迸發而出。

這種激發創新思維和靈感的模式如今也貫穿在梅興泰的工作中。他談到，自己和朋友聊天時，開車出門的路上，或者其他某個特定場景，常常會突然產生靈感。有一次，他從家裏開車到公司的路上，就想到了一組工程成本控制的模型。"不同的環境轉變才會激發左腦和右腦更多地調動起來，產生更多激情。"

此外，梅興泰認為創新還離不開百折不撓的堅持。梅興泰稱自己的性格是越有困難，就越有戰鬥力。"創新當然會遇到各種各樣的困難，只有做一隻打不死的小強，能夠跟困難磨下去，才有可能成功。"梅興泰說，每當遇到困難，他就會不斷地去找其他的辦法，直到解決問題。

二 案例分析：整合技術突破自動駕駛

梅興泰及團隊的創新突破主要體現在三方面：一是集成控制，二是人機共駕，三是自動識別。三個方面相互貫通，共同構成了自動駕駛的基礎技術。

（一）集成控制給汽車裝上"大腦"

集成控制，是指對不同元件的整合控制技術。通常來說，整車公司需要向不同的供應商購買元件，不同供應商的元件裝配到整車上就需要進行集成控制，使不同元件整合在一起相互適配，達到 1+1>2 的功能。

然而，中國傳統整車廠大多沒有集成控制的觀念，對汽車各個部件的集成控制能力較低，造成發動機只管發動機，轉向只能管轉向，制動只管制動等。不同部件相互間沒有配合，會造成自動駕駛過程中每項功能都很僵硬，不像是"人"的操作。因此，自動駕駛要模擬真人駕駛，首先需要一個大腦統一調度各項功能，那就是集成控制能力。

中國整車廠的集成控制能力弱也是國產汽車不舒適的原因之一。相比奔馳、寶馬等汽車品牌，國產汽車常常存在駕駛過程中底盤不穩、轉向不暢快、汽車行駛有晃動等問題。以前國內整車廠常常通過"提高配置"來解決這些問題，如增加電磁懸架幫助減震，但成本也會隨之提高。

梅興泰打破了傳統汽車性能提升的思路，從部分轉變為整體思維，在元件不變的情況下重點攻克不同元件之間的調校和集成控制。在不提高成本的基礎上，汽車駕駛的舒適度大大提升，各個元件被賦予新的生命力。

（二）無需"眼睛"智能識別路況

自動駕駛需要對路況進行智能識別，以判斷汽車正在直行還是轉彎，爬坡還是下坡，走雪地還是走高速公路。一般來說，自動駕駛汽車是通過車載傳感系統感知識別路況，再規劃行車路線，控制車輛行駛的轉向和速度等。傳感器扮演的好比是汽車的"眼睛"，可以識別車輛周圍的環境、道路、車輛位置和障礙物信息等。

當前大多公司主要針對自動駕駛的"眼睛"進行研發，如攝像頭、雷達和激光雷達等。尤其是激光雷達在自動駕駛汽車中扮演着關鍵角色，吸引了大量資本和人才的湧入。所謂激光雷達，就是利用激光、全球定位系統 GPS 和慣性測量裝置三者合一，通過發射激光束來探測目標位置、速度等特徵量的雷達系統。相比攝像頭，激光雷達具有測量精度高、方向準等優點，但對速度不敏感，在雨雪大霧等極端天氣下性能較差，且價格昂貴，無法全天候工作。

梅興泰希望做到的是不需要"眼睛"也能實現自動駕駛，也就是說不載入任何傳感器，僅利用汽車已有的部件就做到對路況的識別。汽車沒有"眼睛"，那麼就需要通過其他途徑對路況進行識別，為此梅興泰及團隊花費了大量時間攻克難題，最終找到思路——通過識別駕駛員的動作及路面參數。

（三）打好學習基礎實現人機共駕

不同於無人駕駛，自動駕駛不能完全脫離駕駛員，而是作為人的輔助駕駛。在無人駕駛尚存在諸多風險的情況下，包括特斯拉等全球汽車公司也開始轉變風向，投入到輔助駕駛的研發設計中。如何看待人與車的關係，實現駕駛員與汽車之間的溝通與配合至關重要。

在梅興泰看來，輔助駕駛技術要監測識別駕駛員的駕駛狀態和習慣，一方面及時發現駕駛員是否打瞌睡或心不在焉，另一方面通過基礎學習模擬駕駛員的駕駛行為，讓輔助駕駛更加順暢，真正實現"人機共駕"。

事實上，人在駕駛汽車的時候會發生心理和身體的諸多變化。比如汽車啟動或加速時，當駕駛員準備踩油門的那一剎那，心理狀態準備接受信息，同時身體幫助支撐，保護人的脊椎，兩者共同為踩油門做準備。"人會說謊，但人的身體和心理狀態是不會說謊的。"梅興泰說。

因此，梅興泰嘗試通過監測身體的變化來了解駕駛員的駕駛狀態。具體來說，只要有加速度，肌肉就會有反應，那麼自動駕駛系統就可以結合不同的加速度，測算出肌肉變化和加速度的關係，進一步形成汽車駕駛策略，量化駕駛暢快的評價標準。

根據不同的駕駛行為，採集到的肌電數據可進行分類。"不同駕駛員的駕駛行為很不一樣，包括熟練與不熟練，激進與不激進等。比如年輕司機操作不熟練但可能駕駛比較激進，老司機操作熟練但可能駕駛更加保守。"梅興泰說，將分類後的數據集成提供機器學習，就可以實現模擬駕駛員的駕駛行為。

三 啟示：奪回創新技術鏈的主導權

（一）掌握集成控制技術獲取主導權

集成控制技術的使用一方面可以減少設計的複雜性，對原本各個零部件和系統進行集成與優化，提升車輛的安全性和舒適度。另一方面更為重要的是，集成控制技術也能夠提升整車廠的主導權和控制能力。

從全球範圍來看，歐洲、日本等不同國家的主機廠模式呈現差異化發展。據梅興泰介紹，歐洲的汽車零部件供應商已經較為成熟，主機廠只需要將各家零部件買回來進行性能集成，而日本則從供應商抓起共同培養。中國汽車的關鍵零部件仍然較為依賴進口，包括發動機、變速箱、車體衡量等。因此有說法，"中國的汽車大部分是買來的"。

長此以往，國產汽車的競爭力難以提升，很容易受到零配件供應商的牽制。如目前全球最大的零部件供應商德國博世汽車已有野心向下游延伸佈局，不斷擴大零部件的製造範圍，將全套零部件、系統打包賣給整機廠，讓整機廠依賴它的零部件供應。這樣整機廠不僅可能會失去議價權，而且汽車製造的性能和標準也會受到零部件供應商的限制，變成"供應商有什麼，整機廠就只能用什麼"。

要奪回汽車領域的主導權需徹底轉變觀念，除了要加強零部件的研發能力，還要提高對不同零部件的集成控制能力，從而改變與供應商的拉鋸關係，將主導權掌握在自己手中。

（二）從基礎算法逐步攻克自動駕駛

梅興泰在媒體採訪中常常表示"年輕人一定要練好基本功"。他曾提到自己在學校籃球隊的經歷，教練要求他們連續一個月只運球，不允許哪怕一次的投籃。輪到練習投籃時，就要專心投籃一個月，同樣不允許做其他事情。對於自動駕駛的創新，梅興泰同樣認為，專注做好自動駕駛基礎算法很重要，如此才能為更長遠的創新做好準備。

在自動駕駛領域，NHTSA（美國高速公路安全管理局）和 SAE（國際自動工程協會）將自動駕駛分為 L0—L5 級，分別是人工駕駛、輔助駕駛、部分自動駕駛、條件自動駕駛、高度自動駕駛和完全自動駕駛。L1 級的輔助駕駛在十年前沃爾沃、奔馳等品牌的高端車型中已經出現，如自我調整巡航、制動 車等功能。如今，我們常說的無人駕駛概念就是 L4 和 L5 的級別，但目前在 L2 尚未普及的背景下，如果互聯網車企直接跳過 L2、L3 的階段，迫切推出無人駕駛汽車，是否有扎實的基礎算法技術支撐令人擔憂。

近年來，無人駕駛、自動駕駛、互聯網汽車等概念備受追捧，資本競相追逐，由此也誕生了一批不同於傳統整車廠的互聯網車企。對互聯網車企而言，打造一款性能炫酷的概念車是相對容易的，真正難的是實現大規模、低成本的量產。一方面，互聯網車企在互聯網技術、智能技術和大數據技術等方面的理解更深刻，另一方面傳統整車廠在汽車領域擁有多年的技術積澱，對汽車量產的設計標準、品控要求高，也並非互聯網車企能夠在短短幾年內迅速反超。

簡言之，創新要"站在巨人的肩膀上"，並非一味的概念炒作。等到資本的熱度退潮，真正擁有核心技術的企業，才有可能立於創新的潮頭。因此只有做好基礎技術的積累沉澱，才能夠真正打造一款智能而舒適的汽車。

（三）人才引進需做好配套生活服務

如今，梅興泰和家人都住在廣州，小孩在東莞台商子弟學校讀書。梅興泰談到，當初從重慶來到廣州的原因之一就是考慮到小孩的讀書問題。一座城市能否吸引更多的全球創新人才，很關鍵的因素之一就是教育、醫療、住房等國際化的配套生活設施。引進全球人才或許並非難事，如何為引進的港澳台或國外人才做好教育、醫療、住房等生活配套，真正留住人才是一座城市乃至粵港澳大灣區迫切需要重視的問題。以廣州來說，目前有國際化的雙語學校，但數量不多且普遍價格較高，需要提高的空間仍然很大。

四 有待進一步研究的問題

自動駕駛汽車的發展方興未艾，目前能夠真正在市場普及的車型為數不多，仍然需要等待市場的檢驗。此外，如何能夠完善自動駕駛汽車市場規範、市場標準及法律環境，推動自動駕駛汽車市場的良性競爭與發展，加強國內對自動駕駛技術的研發突破？這仍有待進一步深入的研究。

五 大事記

2006—2011 年，台灣大學博士。

2011—2015 年，重慶力帆專業總師 / 研究院副院長。

2016—2020 年 廣汽研究院專業總師 / 產品線副總監。

2017 年 11 月，CMPA2.0 平台理論體系開發項目結項。

2018—2019 年，可程式化感知人機量測分析台架項目。

（訪談整理：張豔）

第八章
港珠澳大橋工程管理：文理兼修的青年高工

訪談人物：景強	
擔任職務：港珠澳大橋管理局副總工程師	
所在城市：珠海	
所處領域：橋樑建設	
創新類型：工程創新	
關鍵詞：世紀工程、橋樑技術、中國標準、人文價值	
訪談時間：2019 年 7 月	

歐洲很多公司都是"小腦袋，大身體"，靠"人管人"只能累死，靠制度的先進性才能管好企業。

——景強

一 人物故事：內外兼修的青年高工

青年教授級高工景強，是第二十一屆"廣東青年五四獎章個人獎"得主，身背"交通部運輸青年科技英才"稱號。景強是一位親歷、見證、參與了時代變革的交通人。爺爺從山西"走西口"到內蒙古落腳，景強出生於呼和浩特。高考結束後，景強進入大學攻讀橋樑工程專業，幾乎與"五縱七橫"[13]同時"畢業"。畢業後，又南下廣州，參與珠江黃埔大橋建設，黃埔大橋竣工後，旋即加入港珠澳大橋的建設工作中。

（一）以新材料、新技法輸出"中國標準""中國價值"

1. 港珠澳大橋工程中的材料創新與技法創新

---

13 五縱七橫，是我國規劃建設的以高速公路為主的公路網主骨架，總里程約 3.5 萬公里。其中"五縱"分別指：同江—三亞、北京—珠海、重慶—湛江、北京—福州、二連浩特—河口；"七橫"則指連雲港—霍爾果斯、上海—成都、上海—瑞麗、衡陽—昆明、青島—銀川、丹東—拉薩、綏芬河—滿洲里。經過近十五年的建設，總規模約 3.5 萬公里的"五縱七橫"國道主幹線於 2007 年年底貫通。（資料來源：《"五縱七橫"國道總幹線系統規劃》）

工程創新的範圍很廣，其中典型代表是技術創新。事實上，從詞源上看，"工程"本身就意味着創新。"世界上沒有兩項完全相同的工程，沒有創新，就沒有工程。……在特定地域建起一座……橋樑……為一方百姓造福，改變了當地人人民的生活方式，那麼，這項工程無疑就是一項創新。"[14]

景強首先闡明了港珠澳大橋建設工作中的工程創新基礎："一般地說，科學知識、技術知識都需要通過'工程化'這個環節才能轉化為直接生產力，沒有工程化的或遊離在工程活動之'外'的科學知識（例如基礎科學的新發現）和技術知識都只是"潛在"的生產力。從潛在的、間接的生產力向現實的、直接的生產力的轉化過程不可能是一個簡單的、可以一蹴而就的過程。相反，它不可避免地要成為一個任務艱巨、意義偉大的飛躍和轉化過程，在這個飛躍和轉化過程中，人們不但必須跨越許多壁壘，而且需要躲避重重陷阱。"[15]對於港珠澳大橋建設工程而言，這些壁壘和陷阱都是一些難度大、風險高、借鑑少的問題，是一場曠日持久的工程創新之戰。

工程材料的創新與突破是港珠澳大橋工程創新中的重要組成部分。鋼筋混凝土問世超過百年，應用面很廣，橋樑工程也不例外。但是在港珠澳大橋這樣的高難度工程面前，工程師們必須面對傳統鋼筋混凝土的一些問題：混凝土因為本身有孔隙，不質密，作為橋樑用材料，在海水的浸泡下發生滲透現象，導致海水在有氧環境下腐蝕鋼筋，鋼筋銹蝕以後體積會膨脹，形成一個向外的擴張力。當自身材料也就是混凝土的耐受力超出承受程度時便會開裂，開裂後形成的縫隙則又一次把上述流程導入一個往復的循環當中，由是產生了一個"不收斂"的問題。為了解決這個問題，港珠澳大橋使用的是"不銹鋼裏的愛馬仕"——2304不銹鋼鋼筋[16]，不銹鋼在銹蝕反應中會形成氧化膜，阻止繼續銹蝕，從而起到收斂問題和停止循環的作用。這種新材料的應用主要分佈在橋樑浪濺區外表面第一層[17]。

除了特種鋼，還有"特種"鋼絲。"一千九百六十兆帕是什麼概念？一根鋼絲可以吊起一台小汽車。強度高、韌性好，才能實現大跨越，才能在服役期內抵抗自然力的破壞。"港珠澳大橋工程技術創新的第一個要素就是建材的革命性改變。

14 王大洲：〈試論工程創新的一般性質〉，《工程研究——跨學科視野中的工程》，2005年第1期。

15 李伯聰：〈工程創新是創新的主戰場〉，《中國科技論壇》，2006年第2期。

16 據景強介紹，這是一種以前幾乎全部由歐洲生產和使用的特種鋼材，普通不銹鋼的平均價格為三千元，2304不銹鋼的價格高達五萬元。目前此類材料的世界年耗量約為五萬噸，港珠澳大橋工程對其的用量是一萬噸左右，相當於全球用量的五分之一。

17 浪濺區由於處在潮汐循環處、乾濕循環地，鹽分濃度改變和陽光照射變化非常明顯，該區域的最外層通常腐蝕情況最嚴重。而完全湮沒在水裏的部分和完全在陸地上的部分反而情況比較樂觀，因為一個沒有氧氣，一個沒有水份。

建設方法的科技性革命是港珠澳大橋工程創新的主要內容。跨海建設與跨江、跨河建設的難度完全無法同日而語。海上作業對測量技術和施工技術的要求極高，尤其是在亞熱帶氣候圈內的伶仃洋上建設橋樑，除了要抵抗水流、漩渦、波浪等阻力，還要時刻防備颱風來襲。惡劣的自然條件下，港珠澳大橋最長的一根椿基鑽孔工作用了一個月。在無邊無際的汪洋裏進行所有工作顯然是不可能的，故此港珠澳大橋的建設方法採取了"搭積木"法，各地區、各標段、各單位、各部門、各工地分開在預製場、人工島等地進行前期製造工作，其性能要求與標準按照指標分解到各個零件上；完成後使用整孔架設工藝，實現"大型化、工廠化、標準化、裝配化"的創新施工理念。搭積木的過程中，CB06 標段做了上千次的配合比實驗，E15 管節經歷了兩次推倒重來的沉管安裝，CA02 每個月都有近十次的接口檢查，SB03 監理範圍下的 CB03、04 標段更是一個"橋樑工程監理的硬骨頭"，施工涉及最重的整體墩台預製、海上運輸和整體吊裝，最長、最重的鋼箱樑大節段吊裝，最高、最重的"海豚塔"鋼索塔吊……儘管過程艱辛，但這一切都在系統論的體系下完成了，港珠澳大橋工程技術創新的第二個要素，是工藝工法、製作裝配過程的改變。

以港珠澳大橋工程為依託實現的創新奇蹟，不僅有技術突破，還有社會發明；不僅為世人創造了一個新的工程系統，還帶來一種新的生活方式。最重要的是，衝破阻礙的各項成果建構和論證了創新思維的可能性、可行性，為日後的工程建設提供了直接依據和指導意義。

2. 構建中國工程的理論系統，輸出橋樑建設的"中國標準"

過去，"中國在世界標準中只有很少的話語權，聲音被人聽到都很難。只有執行標準的份兒，沒有制定標準的份兒。技術輸出首先輸出的是標準。改革開放以來，我們是在別人的標準和要求下，去為他們做配套。"港珠澳大橋建成後，國際標準的局面和態勢發生了變化。

對工程系統的創建是港珠澳大橋在打造"世紀工程"過程中的基石。分造整裝系統與 HSE 系統成為了港珠澳大橋工程中的基礎和保障。HSE 是健康（Health）、安全（Safety）和環境（Environment）的縮寫，是完整的一體化管理體系。大橋建設期間的 HSE 管理目標是"零傷害，零污染，零事故"，是"搭積木"過程中對施工人員、工程質量與環境保護的綜合風控與把握。CB02 標段的 HSE 管理部副經理帶領團隊研製出了一套特殊的工作防護服，讓工人在作業過程中得到"武裝到牙齒"的保護，隔絕施工環境中的有害氣體，並且通過背部介入的空氣輸送軟管來保證透氣性和抗高溫能力。

在工程建設標準當中，港珠澳大橋在三地合作時採取 "就高不就低" 的標準依據，以自主創新的建材、工法、體系加以轉化和實現，形成了一套 "港珠澳標準"，也是具備足夠代表性和世界領先水平的 "中國標準"。一個又一個世界級難題在港珠澳大橋建設過程中被攻克，說明中國工程不僅能夠達到國際標準、維護科技創新人員凝結着智慧的產權，還能夠以中國標準形成中國方案，成為世界基建討論中被看見的對象，成為中國 "走出去" 的對象。

從技術層面來說，工程創新是通過打破慣例，化解社會場景中的無意識背景，來創造新的工程語言和新的生活形式。工程創新的實質，是一個打破結構和重建結構的過程、一個與自然發生關係再還新事物於自然的過程。工程創新的執行，是對社會時空排列的重構；工程創新的完成，將為人的社會活動提供新場景。

（二）人文關懷、家國認同創造大橋文化價值

1. 重視港珠澳大橋建設中 "人" 的價值

從古至今，工程思維與工程實踐走過了一段從經驗性到科學性，再到學科化的漫長路程。"人們創造自己的歷史，但是他們並不是隨心所欲地創造，並不是在他們自己選定的條件下創造，而是在直接碰到的、既定的、從過去繼承下來的條件下創造。"[18] 換言之，工程的價值，即創造本身的價值，更是創造者的價值，是人的價值。

景強在重視工程材料、建設技法的同時，也十分重視工程建設中的人文關懷。"建築是一種具體的、實在的、看得見摸得着的存在物，可以近距離接觸，很容易看見和感受它實實在在的視覺衝擊、感官衝擊。但這不是最重要的，最重要的是什麼呢，是人在。它（港珠澳大橋建設工程）現在已經做完了，但是只要人在，就什麼都有。橋是人建起來的，什麼都是人做出來的。我們的材料、方案、技術、標準、甚至認證，都是人在做。（橋）做完了，但還有其他要做的事情，我要帶着兄弟們，繼續把事情做下去。"

2. 重視港珠澳大橋建設過程中 "國" 的價值

建國至今，我國經歷了交通技術的巨大變革。景強認為，"在技術、工程方面，大橋的確創新了，但這些港珠澳大橋的創新，實際上是國力提升的體現。我們的許多製造標準，從前一直沒有可以借鑑的先例，港珠澳大橋在頂端提出了對標準的要求，在社會各界、領域各處等不同的分級、分支，都得到回應和回聲。不僅僅因為橋樑工程本身，更因為舉全國上下、社會各界之力凝聚在一起，因為國家的整

---

18 《馬克思恩格斯選集》第一卷，北京：北京人民出版社，1995 年，第 584 頁。

體綜合實力大大提高。"

談到港珠澳大橋的工程創新成就，景強一再強調其中國家價值的重要性："港珠澳大橋此時此刻在此地的成就，我們修成了這座橋的成就，不代表其他國家不能夠修，不代表如果日本想修、美國想修，他們就一定沒辦法擁有這樣的技術，但現實是其他國家目前還沒有這樣的一個需要。所以說看待這個問題一定要科學和客觀，要有正確的認識。港珠澳大橋是一座真正開放的大橋，它有如此重大的反響，其中一個原因是我們從不閉塞，把所有過程全面地對外開放、與外協作。"港珠澳大橋的建設共有來自八個國家的專家團隊參與，是對全球頂級資源的"超級整合"。

二 案例分析：個人選擇、使命感召、創新管理

（一）家國榮譽的共情力能夠激發個人的精神力量和奉獻意識

自古至今，良相忠臣、奇才偉士，都對國家有着強烈的歸屬感和極為驕傲的身份認同。當今正逢我國飛速崛起的時代，億萬萬國民一直在見證着歷史：載人火箭、航空航天等自主科技領域的突破與超越，武器升級、軍隊作戰能力等軍工國防事業的蛻變與躍進，申奧、入世對應着國內經濟的騰飛和國際地位的提升……在綜合國力日新月異的增長面前，熱血沸騰不再是一個形容詞，而是一個對客觀事實的描述。面對國家的強大，社會的發展，風雨同舟、休戚與共的共情感能夠激發出身為國民的個體非常強烈的自豪感。這種自豪感投射到生產生活中時，會化為迫切的參與欲望和積極的工作態度，甚至高度的精神覺悟和無私的奉獻精神。個體的榮譽與整體的榮譽像是物理學上的"力的相互作用"，一方面，個人受到家國層面的使命感召，生出自豪和熱情，回饋給身邊和社會，形成良性的示範作用和榜樣力量；另一方面，國家整體在無私奉獻的建設者們的汗水與努力之下，進一步飛速向好，在穩步前進的過程中不斷地將力量反作用於個體，把個體與整體緊密地聯繫起來，真正展現出新時代下"同呼吸、共命運"的樣貌與精神。

（二）工程創新的不斷前行需要人文關懷的力量支持

"往前闖"的實際創新需求和"往回看"的歷史積累反思，分別是典型工程思維和人文思維的代表。能在技術攻擂台上揮出人文關懷的重拳，景強對人的價值的重視十分難能可貴。人的價值是工程創新背後的動力，也是未來工程創新應該考慮和追求的價值和目標。不僅如此，圍繞人的價值，以人為中心，以工程天然具有改變人與自然相處方式的特性為基礎，還應該考慮社會價值、生態價值、倫理價值、心理價值等多元、多維的長期目標。工程的究極意義，不是製造存在，而是造福人類。

三 啟示：文理石火電光，未來大有可為

（一）以精神文明為紐帶的新型管理方式值得複刻和推廣

港珠澳大橋管理局一直大力推行以黨建為紐帶的精神文明建設工作，在對職工尤其是黨員的管理上，一直強調榜樣性和先進性，並且注重管理實施和政策制定時的路徑走向，堅持把需求擺在第一位，自下而上地實現聯合和發展。"要讓外界更全面地認識到大橋建設的方方面面，這是一種精神價值的傳達"這種以大局為重的使命和責任感浸透了每一位參與者，每一位參與者也都成為了這種使命感和責任感的受益者。

（二）助力四通建設，參與理論構築，發揚交通人精神

港珠澳大橋等重大項目的工程創新經驗，對我國其他重大交通項目的建設工作有極強的指導意義。《港珠澳大橋主體工程海中橋樑鋼結構加工製造及鋼材採購總體方案建議書》《港珠澳大橋主體工程海中橋樑施工管理規劃》作為港珠澳大橋工程創新的重要理論成果，對正在進行中的四通建設，及規劃中的獅子洋、伶仃洋通道有理論指導作用。

（三）輸出中國標準，堅持科技強國，抵禦未知風險

在全球一體化的趨勢之下，一套為世界所認可的標準、一個具備話語權的聲音對於一個國家而言至關重要。標準輸出的過程、認證對接的過程，實際上是對外交流、相互溝通、獲得肯定的過程。港珠澳大橋的工程創新為輸出中國標準做出了巨大貢獻。如今中國已擁有自主建立的通訊協議標準體系，在超高壓輸變電、航空航天等領域也已實現自主化定製標準。每年的 6 月 9 日是"世界認可日"，中國正以"認證認可，通行世界"為主題不斷前行。

四 有待進一步解決的問題

未來，港珠澳大橋在大橋管理數字化、大橋運維智能化等領域有進一步融合創新的空間。在跨境合作中，聯合粵港澳三地、甚至整個粵港澳大灣區的資源和力量，圍繞港珠澳大橋的數字化、智能化管理運維創新進行專項研究。除此以外，還可聯合三地政府、高校及管理機構，搭建以大橋工程創新及技術研發為主要方向的科創平台，持續探索工程創新、技術創新及合作模式創新的路徑。

五 大事記

2008 年，加入港珠澳大橋前期協調小組辦公室。

2015 年，獲得中國水運建設科學技術二等獎。

2016 年，獲評教授級高級工程師。

2017 年，獲得海洋工程科學技術二等獎。

2019 年，獲交通運輸部授予"交通運輸青年科技英才"稱號。

（訪談整理：符愔暢）

商業模式創新

香港

李宗興 · 賞仕招聘平台

卓友森 · 遊學天地服務

澳門

蔡淵博 · "發現澳門"旅遊平台

廣州

柯舟 · 大蓼林網上藥店

林子洪 · 威爾醫院—聯合醫生集團

戴韻峰 · 金華佗中醫執業平台

藍慶文 · 雲嘉地產服務

珠海

李興斌 · 薔森智能系統

東莞

何志鵬 · 嘉宏智慧城市運維

肇慶

謝振天 · 百花園地產運營

第九章

賞仕招聘平台：構建人才數字生態，扭轉大灣區人才流動"逆差"

訪談人物：李宗興

擔任職務：RnR Limited 創始人

所在城市：香港

創新領域：人才尋訪

創新類型：商業模式創新

創新關鍵詞：招聘痛點、人才網路、個性化定製

訪談時間：2019 年 6 月

香港傳統的獵頭業務形態，在人口龐大的大灣區"水土不服"，必須順應時代，進行數字化轉型。

—— 李宗興

一 人物故事：求職更愛"推薦"，招人基於"數據"

"從大灣區流向海外的人才佔比 4.54%，高於從海外流入灣區的人才佔比 0.58%。"這份數據來自智聯招聘 2019 年發佈的粵港澳大灣區產業發展及人才流動報告。報告雖然沒有披露流入與流出人才的絕對數量對比，但也警示着大灣區需要高度重視高端人才交流中呈現出大於進的"逆差"。

另一方面，香港雖然人才數量龐大，尤其是金融等現代服務業方面的專業人才，但與粵港澳大灣區內地以製造業為主要產業的城市間人才交流遠未得到啟動。[19]

在這種情況下，香港青年李宗興將原有獵頭公司業務轉型升級，集中發力跨境招聘，希望讓大灣區城市群的人才要素流動起來。

---

19 張蕊、陳旭：〈每經專訪中山大學教授林江：粵港澳大灣區需警惕人才交流"逆差"現象 亟待激活港澳專才在區內城市間流動〉，《每日經濟新聞》，2019 年 4 月 18 日。

（一）金融人才庫積累

獵頭行業市場龐大，發展潛力無限。一個企業無論是長期在國內發展還是有志走出國外，人才梯隊的迭代更新和人力資源架構都極為重要。在當今競爭激烈的市場格局中，人才對於企業發展至為關鍵，企業對高素質人才的需求更是節節攀高。

2011 年 6 月，李宗興在香港和四個朋友合夥成立了一家獵頭公司。四人職業背景不盡相同，從事資產管理、就職商業銀行的各有之，但不約而同都跟金融有關。

李宗興從小在香港長大，2009 年在美國大學畢業後，先後在美國龐博、瑞士銀行和法國基金公司待過。雖然每份工作時間都不長，也不是每一個部門都做得很深入，但也積累了不同途徑的人脈，基本了解了金融行業各部門的運作，也意外給了他從事獵頭行業的另類優勢。

傳統獵頭運營模式相對簡單，即獵頭跟企業簽訂合作協議，然後把人才介紹給企業。顯然，關係網就是競爭優勢。

除了登廣告、發傳單，李宗興和其他合夥人還會參加一些活動，到不同的商會、論壇尋找機會。人才庫在這個過程中慢慢建立起來。同時，他們也會招聘自帶資源的同行。直至新項目成立，金融人才庫已積累數萬人。

（二）堅持靜候機會到來，瞄準大灣區

在香港幾千家獵頭公司裏，傳統獵頭業務十分垂直，哪怕是金融銀行領域，也無法所有工種招聘全都涉足。剛開始，他們便決心深耕金融招聘領域，聚焦銀行的前台、客服。這些板塊的招聘量大，單筆訂單傭金較高，獵頭公司能從中獲取應聘者年薪的 10% 到 20% 作為報酬。

過去集中做銀行前台招聘的競爭對手有十多家，十年"大浪淘沙"，堅持下來的只有一兩家。管理是這行的重點，也是難點。要招到稱心如意的高素質員工並非易事。很多獵頭公司的老闆選擇單幹，一年賺幾百萬不太難。然而，他們很多人實現財富自由後，便會選擇"金盆洗手"，改行到其他行業。

和他們不同的是，李宗興堅持了下來。在這十年間，他們慢慢和團隊一起把公司的底蘊打好。

2018 年，李宗興看到大灣區的發展潛力，"人才是大灣區政府很重視的資源，往後公司必定加大招聘海歸、港澳台同胞、東南亞華僑等海外技術和學術專才的力度。"但他發現，大灣區還沒有一個服務人才的跨境平台。

留學時，李宗興注意到美國社會的人才發展經驗。"美國過去幾十年發展如此迅猛，和二戰後吸引全球不同地區人才到那邊留學不無關係。"上世紀，美國三藩

市灣區也主打城市群發展概念，利用"輻射效應"，將人才分流到城市群的不同區位，讓不同城市各施所長。一方面，大灣區發展與之類似，各城市定位不盡相同，譬如深圳以科技為主，廣州以教育、專業服務為主，能夠滿足不同人才的職業發展需求。另一方面，大灣區企業對海外精英人才需求的廣度和深度也隨之提高，不僅要求全面，而且要求尖端、細分，但目前仍存在較大缺口。

李宗興擁有海量的人才數據庫，可根據客戶的需求定製個性化的招聘服務。瞄準了這一機遇，李宗興決心對傳統的招聘形態進行轉型升級，開發一個跨境招聘平台，把香港、台灣人才引薦到大灣區內地城市，將人才資源按照大灣區各城市優勢產業合理配置。2018年秋，李宗興團隊打造的賞仕招聘平台正式上線。

（三）差異化競爭

近年來，國內線上招聘平台層出不窮、方興未艾，李宗興和他們的方向大體一致，都希望通過人工智能，以更低的成本和更高的效率將僱主與符合要求且有才華的求職者聯繫起來。但這些平台普遍存在單向、被動、低效、管理成本高等問題。

為此，李宗興希望加強平台的社交性。為改變這一現狀，他對過去 B2C（Business-to-Customer，企業對消費者）的商業模式進行了改造，引入"推薦"模式。鼓勵用戶成為推薦人，為企業推薦適合的人才，若推薦成功，便能夠獲得一定的報酬。當推薦的候選人"完成首輪面試"或者"成功受聘"，即企業／單位滿足賞金條件後，企業／單位需要向賞仕支付相關費用。一旦企業付清費用，平台會把賞金轉入對應推薦人的賞仕平台賬戶。

"推薦人"雖已不甚新鮮，兩地均有探索，但以團體名義推薦還是少數。賞仕平台會跟一些專業團體合作，比如說獵頭公司，會計師協會、銀行業協會、商會、人才市場等中介組織機構，院校、培訓機構、港漂家等學生組織。這些專業團體往往擁有更適合、更豐富的人才資源。

在他看來，"推薦"逐漸成為一個有效的招聘人才的渠道，尤其是來自獵頭、行業專家、知己好友等推薦人的推薦。這樣的推薦可以幫助企業發掘潛在的人才，降低企業的招聘風險。

事實證明，鼓勵用戶主動把人才推薦給企業，這條道是行得通的。上線近一年，賞仕平台已吸引幾十家合作夥伴，每天都能收到十餘份工作推薦。

（四）建立生態圈

李宗興的目標，是建立招聘行業戰略合作生態圈（Eco-system），該模式可進行複製，為今後開拓其他市場做準備。

賞仕通過 P2P（Peer-to-Peer，個人對個人）的全新招聘生態系統，將人才需求方和人才供應方拉近至零距離，形成一個閉環的模型內，最大程度保障了求職者和企業的權益。無論是個人形式的推介，還是團體形式的推介，都可以大大縮短企業觸達高端核心人才的距離，有效提高企業人力資源的生命週期。

生態圈不是鏈性的，而是不停滾動更新的。企業用戶更新崗位信息，推廣鏈接則自動更新，其他用戶點擊即可看到最新信息。而李宗興和團隊也在不斷尋找一些合作方，加深工作崗位的蓄水池。

剛開始是別人主動推薦，費時費力，後來變為被動推薦，只需要轉發平台的招聘鏈接到社交平台，朋友看到感興趣並點擊應聘，系統就可以識別發出鏈接的人是誰，讓推薦變得簡單。這背後的邏輯實際是利用了這些推薦人或團體的人脈資源。

（五）困難重重

然而，現實給了李宗興一個下馬威。剛開始，產品設計就遇到了困難。由於僱請的團隊遠在台灣，李宗興和工程師的溝通並不暢順。那段時間，產品更新幾乎處於停滯狀態。汲取教訓後，李宗興更替了原有團隊，每幾天就會修復一個漏洞，每個月上線一個新功能。

隨着產品逐漸成型，李宗興和團隊開始集中發力市場，設法把平台推廣給更多的人。但由於缺乏經驗，市場推廣從一開始就弄錯了方向，將廣告投放在計程車上，花了不少冤枉錢。

現在公司轉型做社群運營，開設講座，幫香港銀行界二三十歲的年輕朋友提升自我能力。幾乎不用投入資金成本，公司就能收到很好的效果。除了獲得一些客源，社群運營的模式還能收穫學費。

但社群實際運營也面臨一定困難。和內地不同，香港人格外注重隱私，像微信WeChat 這樣的社交軟件，並不是特別被接受。也因此，社群很多時候只停留於發佈信息。這給社群運營和維護都造成一定困難。

現在李宗興和團隊改用香港本土一款陌生人社交軟件，進行社群管理。在這款社交軟件上面，看不到群成員的電話號碼，更適合香港人使用。

另外，李宗興還聯絡一些團體，把賞仕的推廣鏈接投放到對方網站上，發佈平台的介紹信息，比如合作的港漂家，該社團覆蓋了在香港不同的大學裏讀書的內地生。李宗興只需要把招聘信息發到港漂家的微信群，就能輻射出去。

（六）轉變思路，讓客戶更容易接受

上線的一段時間內，平台收取企業客戶一定的服務費，用以營收和支付推薦人傭金。但對熟悉獵頭公司的客戶而言，這讓人有平台重複收費的困惑，給平台推廣造成了不小的阻力。現在李宗興和團隊轉變了一個方向，跟客戶簽訂傳統獵頭的合

同，額外把他們的崗位信息放到網站上，相當於幫他們免費進行了一次推廣。這時候，優勢就體現出來了。

很多時候，應聘者會覺得工作內容和崗位要求不匹配，有貨不對板的感覺。平台通過推薦人做背書，並和獵頭公司捆綁合作，幫助招聘企業更好了解人才，節省背景調研成本，降低用人風險。招聘企業也會錄製一段一分鐘的 VCR，面對鏡頭說出招聘要求。這樣一來，既拉近了企業與應聘者的距離，也讓應聘者可以大致了解自己未來領導的風格。

相比國際獵頭領域內流行的高昂佣金和代理費用，在賞仕平台發佈招聘信息後產生的費用更為合理、有序，但目前市場還未能接受，仍需一段沉澱的時光。屆時他們將無需支付獵頭費用，只要付少量的服務費，便能省下大概 30% 到 50% 的費用。

（七）開展線下通路佈局

打通四地人才流動，並不是一蹴而就的。下一步，李宗興將帶領團隊入駐廣州，佈局線下通路。加大市場佔有率的同時，他準備與政府磋商，為港澳台青年爭取內地名企的優質實習機會，為他們打開了解內地的一扇窗。李宗興相信，通過幾年的沉澱，四地人才必將流動起來。

在原有線上的對接基礎之上，進一步全面而多渠道地連結有招聘需求的企業主與優質的人才資源。無論是企業的 HR，還是專業的獵頭，甚至是擁有一定人脈基礎的普通人，都可以通過賞仕獲取有效的信息資源，快速錨定人才的同時，實現財富增值與人際關係圈層上升的雙重驚喜。

曾經的傳統獵頭行業，作為一條單向的食物鏈，默默跟隨時代和企業的發展。大灣區發展是未來幾十年的大方向，人力資源歷史風雲變幻幾十載，將在李宗興和同行的分享和推動下，不斷尋找更適合的土壤。

二 案例分析：數字技術助力創新落地

（一）以新技術降本提效

近年來，國內線上招聘平台層出不窮、方興未艾，但這些平台普遍存在單向、被動、低效、管理成本高等缺點。李宗興通過人工智能等新技術，以更低的成本和更高的效率將僱主與符合要求的求職者聯繫起來。為此，李宗興對過去 B2C 的商業模式進行了改造，引入"推薦"模式，鼓勵用戶成為推薦人，為企業主動推薦適合的人才。

（二）構建生態閉環

聚焦模式創新，積極探索生態圈的開放合作，打造品質服務的新模式，已漸成企業創新發展的新思路。賞仕通過建立招聘行業戰略合作生態圈，將人才需求方、人才供應方零距離地結合至一個閉環的模型內，最大程度保障了求職者和企業的權益。無論是個人形式的推介，還是團體形式的推介，都可以大大縮短企業觸達高端核心人才的距離，有效提高企業人力資源的生命週期。

（三）利用區位和政策優勢

人才是創新的第一資源，向來備受政府重視。沒有人才優勢，就不可能有創新優勢、科技優勢、產業優勢。2018 年，李宗興看到大灣區的發展潛力，但仍缺少一個服務兩岸三地人才的跨境平台。瞄準這一機遇，李宗興決心對傳統的招聘形態進行轉型升級，開發一個跨境招聘平台，把香港、台灣的人才引薦到大灣區其他城市，將人才資源按照大灣區各城市優勢產業合理配置，成為同行業中的佼佼者。

三 啟示："舊瓶新酒"成破局關鍵

（一）轉變思路，讓客戶更易接受

運營思路需轉變，創新才能獲得行業新生。上線的一段時間內，賞仕平台通過收取企業客戶一定的服務費，用以營收和支付推薦人傭金。但這一舉動因存在重複收費的嫌疑，引來熟悉獵頭業務的客戶不滿，給平台推廣造成不小阻力。這在一定程度上暴露了平台盈利模式的不完備。後來李宗興轉變思路，改與客戶簽訂傳統獵頭的合同，同時再將招聘崗位信息同步掛到網上，相當於免費進行推廣，贏得客戶的一致認可。

（二）差異化經營，讓企業藍海航行

近年來，國內企業迎來更為高漲的發展熱潮，面對商業同質化愈發嚴重的問題，如何以內容賦能商業價值成為新的考題。在李宗興看來，一二線城市的商業已然是一片競爭殘酷的 "紅海"，調整升級勢在必行，而主打的商業內容應是通過調整形成與周邊商業的差異化運營。李宗興善於不對稱競爭，在市場競爭中堅持壓強戰術，又在需求維度上強調價值創新的做法，確保平台在藍海中順利航行。

（三）升級改造傳統產業

傳統產業要打破原有的天花板，進行轉型升級，有必要藉助新技術、新產業、新業態、新模式等工具手段，以產業智慧化、智慧產業化、跨界融合化、品牌高端化為向，繼而收穫質效、規模、潛能、品牌價值的提升。李宗興團隊打造的賞仕招聘平台雖探索出了新業態，但缺乏技術門檻，容易被模仿借鑑，後期有陷入同質化

競爭的風險。

四 有待進一步研究的問題

如何提高產品的技術門檻？如何讓產品有效觸達大灣區潛在用戶群？如何將政策紅利轉化為產品勢能？這些問題仍有待進一步深入研究。

五 大事記

2012 年 8 月，安信人力資源有限公司在香港建立，涉足人力資源行業，開啟線下傳統獵頭服務。

2016 年 7 月，傳統獵頭服務數字化升級轉型，新公司 RnR Limited 成立，擬整合線上下業務，推出平台化人力資源服務。

2018 年 3 月，"RnR" 平台（中文名 "賞仕"）建成運營，在香港、內地申請註冊商標。

2018 年 9 月，為凸顯平台主營業務行業領域，"RnR" 平台更改為 "JobsRnR"。

2019 年 4 月，團隊作為首批香港青年聯會 "深圳創業服務試行計劃" 七個代表團隊之一，入駐深圳市羅湖區尚創峰港澳台青年創業基地。

（訪談整理：孔德淇）

第十章
遊學天地服務：瞄準內地遊學商機，讓升學更有方

訪談人物：卓友森	
擔任職務：遊學天地品牌創始人	
所處領域：遊學服務	
所在城市：香港	
創新類型：商業模式創新	
關鍵詞：內地遊學、升學管家、會員系統	
訪談時間：2019 年 7 月	

市場是開拓出來的，最重要的是推出自認為專業的產品和服務，吸引消費者。

——卓友森

一 人物故事：開闢內地求學新天地

2015 年 11 月，一次偶然的契機，卓友森參加了在香港灣仔會展中心舉辦的中國內地高校展覽。

放在平日，在酒店舉辦的美國、英國或澳洲的學校推介會，幾乎場場爆滿，就連過道也會被擠得水洩不通。但這次在會展中心這般優越的"黃金地段"，卻乏人問津，多少讓卓友森感到意外。

從 2012 年起，國家教育部和香港教育局聯合推出內地部分高校免試招收香港學生計劃，自此香港學生只要憑在地成績即可免試申請內地高校。卓友森了解發現，儘管出台了這樣的優待政策，平均每年僅有不到 5% 的香港學生報名。

"這是一個很好的商機。倘若有一天，大家了解內地，知曉內地讀書的好處，這一局面將得到一百八十度的扭轉。" 2016 年，卓友森開始醞釀，同年 10 月正式註冊"遊學天地"品牌，次年 1 月在網上發佈一則回應國家"一帶一路"政策、鼓勵香港學生到內地升學的宣傳片。

（一）與內地產生羈絆

將目光聚焦內地遊學市場，並非卓友森異想天開。

十歲隨父母移居香港後，直至 1987 年卓友森才重返內地。當時，卓友森在同學家開的旅行社打暑期工，由於正值旅遊旺季，公司人手不足，他得以帶領一個中山珠海順德的三日旅遊團。從那時起，他開始審視內地翻天覆地的變化。

從香港理工大學畢業後，卓友森更是直接成為一名接待內地公務團前往歐洲的專業導遊。

1995 年，歐洲七國頒佈申根簽證。這意味着辦理一次簽證，即可一次性前往葡萄牙、西班牙、法國、比利時、盧森堡、德國及荷蘭七個國家。當時，出國對內地人而言仍屬罕事，能夠同時去七國更是很多人的夢寐之想。

當時香港尚未回歸，許多在地導遊瞧不起內地，認為內地貧困落後，不願接待相關旅行團。無任何"油水"可言的公務考察團，更是大部分領隊強烈抗拒的。但大學主修旅遊管理專業的卓友森卻欣然接受這份差事，帶領中國公務團出訪歐洲。

1995 年，卓友森曾隨時任珠海市市長梁廣大等考察葡萄牙，簽訂姐妹城市合約，而後又赴直布羅陀，與當地商務部門的領導交流；1998 年，他陪同廣東省省長盧瑞華出國洽談南海石化的項目……"這讓我接觸了一個全新的群體，從領導人間的對談中，我切實感到自己對內地的認知和理解，正在不斷更新變化。當服務的人不一樣，你的眼界、層次也會不一樣。"這些出訪經歷，讓卓友森與內地的羈絆更深，促使他萌生到內地深造的想法。

2001 年，卓友森考入中山大學管理學院，就讀旅遊管理專業碩士研究生。其時，中山大學還沒有像他這樣的全日制港澳研究生。事實上，當年赴內地就讀全日制研究生的港澳台青年，全國不過四十餘人，他是第一批"吃螃蟹的人"。

（二）項目不被看好

在立項之前，卓友森沒有深入調研過遊學市場。他跟喬布斯的理念相近，認為市場是開拓出來的，最重要的是能夠推出自認為專業的產品和服務，吸引別人來消費。

憑藉對內地高校的認知，卓友森認定內地遊學市場將大有可為，是一片空間廣闊的藍海。相反，內地赴港遊學的市場雖大，但競爭賽道上已站滿對手，後來者根本難以插針。

甫一開始，卓友森也常遭遇閉門羹，"太痛苦了！跟企業談，他們認為我們的市場份額小；跟政府談，他們又覺得這是一個商業項目，不便合作。"後來，他將目標鎖定為內地高校，找到相關學院和招生辦，詢問他們承接項目的意願，但香港學生並不是內地高校的首選生源，內地高校對香港學生的需求遠沒想像中旺盛，很多時候只是被動順應國家政策。

（三）方向糾偏

找錯了方向，卓友森並沒有心焦氣餒，而是突破固定思維，反從香港學生的角度切入：何不替他們謀求升學途徑，為其前途指路？

卓友森轉向跟 NGO（Non-Governmental Organization，非政府組織）合作，在香港校園連辦數場座談會，提供職業生涯規劃諮詢，把內地讀書的香港學生請來分享經驗，"他們是受益者，講出來更具感染力"。

講座過後，有學生主動找卓友森加微信了解。NGO 和校方對遊學天地評價也非常高，卓友森的試講範圍也從一家學校發展到四家，甚至有校方邀請其參與內地交流團的報價。截至目前，遊學天地服務過的中學超過二十家。

事實上，香港的遊學市場已具一定規模。香港教育局等機構每年設置遊學經費，劃撥到轄區內的中小學校，以滿足學生遊學的需要。因此，卓友森只要把市場上既有的業務承接過來，就已成功。

但慢慢地，卓友森發現，很多學校並沒有表現出太大的熱情，最關心孩子前途、渴望其"成龍成鳳"的還是家長。"在某種程度上，家長掌握對孩子教育的話語權，也決定了遊學天地的成敗。" 幾經調整，卓友森改為從需求點和痛點着手，說服家長對項目產生興趣，"這樣離帶孩子報名也就不遠了"。

（四）與政府合作

除進校推廣，去年起，卓友森得到與深圳市羅湖區教育局合作的機會。後者已連續多年舉辦兩地青少年交流夏令營，每年均需招募十至二十名優秀港澳中學生，而卓友森有條件走進香港學校，物色篩選符合條件的優質營員，雙方一拍即合。

為達到最大的宣傳效果，卓友森採用地產售樓的地推方法，結合改革開放四十週年，以"四十年精雕細琢""錯過一次遺憾終生""名額僅限十個""資源有限"等廣告語狂轟濫炸，俘獲人們的注意力。後期，卓友森更是細緻入微地篩選簡歷、面試學生。

在服務細緻方面，卓友森完全有信心戰勝競爭對手。這跟他以前陪同領導出訪的經歷頗有關係。因為永遠不可以出錯，也不能找任何藉口，他已然習慣了事前通盤考慮問題。

卓友森的認真負責，為自己以及項目贏得了再次合作的機會。羅湖區教育局從去年讓他們負責招收十個香港學生，到今年將澳門招募一併交給他們；從去年沒有任何勞務費，到今年有了引薦費，一切都在朝好的方向發展。

（五）打造會員系統，連接大灣區

這兩年多，交了一些"學費"之後，卓友森開始從下坡路走上逆襲，接連收到幾筆來自政府的人才引薦費用。他相信，這些將是未來"遊學天地"項目的收入來源。接下來，如何將其規模化運作，好比將一個卓友森變為一萬個卓友森，還要寄託在系統搭建和管理上。

"我們要推出一個會員系統，用於收集學生遊學、升學需求及信息，日後便於篩選對接需求。只要輸入關鍵詞、查詢系統即可精準匹配符合條件的學生。"卓友森說。

然而，如何能夠吸引會員註冊並報名遊學項目？在他的理念中，這得從學生的遊學線路 DIY 開始。"只有自主選擇的，他們才會全身心投入。登入會員系統後，系統會根據他們的需求信息，自動生成相對應的遊學路線，這時候需要引進旅行社報價和升學機構提供相應服務。"

卓友森透露，未來推出的會員系統，表面上針對學生，實則針對的是家長群體。因為前者的每一個決定，背後或多或少體現着後者的意願。

2019 年 2 月，《粵港澳大灣區發展綱要》新鮮出爐，大灣區內地城市都出台支持政策，向港澳青年招手。"對遊學市場來說，大灣區規劃的出台預示着國家將提供更多的優惠和紅利。"卓友森計劃打造"跑讀大灣區"品牌活動，以城市魯濱遜的方式，讓學生在精心設置的任務點間穿梭，一圈跑下來，大家基本都能形成對高校的直觀認識，之後再安排相關的交流和講解，達到更好的效果。

設計規劃中，遊學天地將成為港澳中學生升學路上的服務管家，從遊學到升學諮詢，再到志願填報和留學服務，逐步覆蓋整個服務鏈條，並逐環提升附加值。

二 案例分析：信息是創新之泉眼

（一）利用信息不對稱，撬開創新蓋子

2012 年起，國家教育部和香港教育局聯合推出內地部分高校免試招收港澳學生計劃，港澳學生只要憑在地成績即可免試申請內地高校。2019 年 2 月，中共中央、國務院印發《粵港澳大灣區發展規劃綱要》，打造教育和人才高地。具體來說，將推動教育合作發展，支持粵港澳高校合作辦學，鼓勵三地高校探索開展相互承認特定課程學分、實施更靈活的交換生安排、科研成果分享轉化等方面的合作交流。然而，港澳中學生及其家長對內地高校知之甚少，相比於歐美高校，他們更傾向於選擇後者。卓友森看到了其中的信息不對稱，試圖以招募港澳中學生到內地遊學的方式來彌補，這也使他從內地競爭激烈的遊學市場中另闢賽道，躍進鮮人競逐的藍海。

（二）創新會員機制，提升業務流轉效率

人工遴選保證了交付質量，但往往程序比較複雜，費時費力，這無疑會降低業務流轉效率。在信息化管理的當下，大數據可以讓過往的篩選流程簡單化。通過與深圳市羅湖區教育局等內地政府機構建立合作，向機構推薦優秀港澳中學生，獲取引薦費用，卓友森找到了"遊學天地"項目的盈利點之一。後續卓友森將建立會員系統，收集到更多港澳學生的遊學、升學需求及信息，讓篩選對接更為便捷高效。只要輸入關鍵詞、查詢系統即可精準匹配符合條件的學生。與此相對應的，將是成幾何倍數增長的合作單位和引薦費用。但系統開發亟須大量資金和技術投入，這些都是當前該項目的短板。

（三）股東界別多元化，豐富企業資源類型

不同界別的股東一般具有專有性的產品知識和秘訣，以及較強開拓創新能力的企業家精神，通過積累一定的管理技能和行業的運營經驗，參與行業價值鏈的多個環節，形成很強的行業影響力和專業技能。[20]"遊學天地"下一步擬招募不同領域的專家型合夥人，豐富可帶給企業的資源類型，讓管理層可選擇組合以及資源互補的可能性更大。

三 啟示：充分挖掘信息潛力

（一）將"信息不對稱"作為產品思路來源

內地高校是當前港澳升學市場亟待開拓的一個重要方面。但受信息不對稱等因素的制約，港澳地區民眾對內地及其高校了解甚少，內地高校需求呈現疲軟狀態。供需雙方長期存在市場訊息不對稱現象，即供給側對於創新比需求側擁有更多的信息。從中發掘可以為需求方所利用的有利條件，並以一定形式承載、包裝，形成產品，是產品思路的重要來源之一。同時為了避免需求方因不了解或不能準確理解和評價產品帶給自己的價值，造成優質創新產品被普通產品排擠的現象，還需要供給側利用一系列前序鋪墊，引導需求方通過參與活動等形式，對產品進行感性認知和了解。

（二）市場是開拓出來的

市場是等不來的，是擠出來的，是開拓創造出來的。要爭取市場，就要以市場為導向，尋找空白點，佔領制高點，開發增長點。細分市場是將有限的人力和物力

---

20 陳炳亮：〈股東多元化與企業多元化：股權與身份的作用〉，《軟科學》，2011 年第 7 期。

投入到價值最大的工作中。因此，首先必須明確定位自己的目標市場，找準潛在客戶、準客戶、客戶和生意夥伴，區分一般客戶和 VIP 客戶；其次，確定市場細分的原則和指標，根據每一個細分市場的地域、經濟狀況、規模大小等信息，針對不同的客戶制定適宜的服務策略，以時間點的工作和業績考核為管理模式，安排專業人員跟蹤服務。

（三）系統管理創新，助力整體價值最大化

系統管理創新是一項創新的組織管理技術，是對組成系統的諸要素、要素之間的關係、系統結構、系統流程及系統與環境之間的關係進行動態的、全面地組織的過程。[21] 傳統的人為干預模式針對單個的、局部的問題提供了一些較好的方法，從一定程度上解決了項目的質量、完成時間變更等問題，但是仍缺乏系統和全局的視角，從而導致問題的解決程度僅局限於局部最優。系統管理模式基於活性系統理論，構建了基於產品管理、末位計劃控制體系的活性系統工作模型，提供系統解決問題的途徑，實現整體價值最大化。通過系統內部、系統與環境的回饋控制機制以及協同機制來控制問題的解決過程，以實現項目目標。實質上，系統管理模式通過活性系統模型較好地克服了項目管理過程中溝通、協同以及管理過程控制的困難。[22]

四 有待進一步研究的問題

如何實現客戶大規模引流？如何克服利潤短板持續投入？如何爭取內地政府和高校的資源傾斜，這些問題仍有待進一步深入研究。尤其是隨着合夥人數量增多，如何謀取共識、消除歧見也是擺在卓友森面前的一大難題。

五 大事記

2008 年 8 月，"遊學天地"母公司——亦文化推廣有限公司在香港註冊成立。

2016 年 10 月，亦文化註冊"遊學天地"品牌，定位以"香港學生求學路上專業諮詢顧問和遊學領域全方位服務管家"。

2017 年 10 月，"遊學天地"與香港高等教育協會合作，協辦"廣東著名高校升學參觀考察團"。

2018 年 2—3 月，"遊學天地"組織策劃"香港學生內地著名大學升學經驗分

---

21 項勇、任宏：〈市場主體創新系統有效運行對策研究〉，《理論探討》，2012 年第 4 期。

22 〈創新活性系統，攻克管理難題〉，《中國建設報》，2019 年 4 月 16 日。

享會"。

2018 年 7 月，"遊學天地" 協助羅湖區教育局組織 "2018 年羅湖少先隊與港台青少年 "手拉手" 科技夏令營"。

2019 年 4—5 月，"遊學天地" 創業團隊受邀向時任中聯辦主任王志民、香港特首林鄭月娥彙報項目情況。

2019 年 7 月，"遊學天地" 協助羅湖區教育局招募港澳小初高中青少年，參加 "2019 年羅湖少先隊與港澳台青少年 "手拉手" 夏令營"；同月，"遊學天地" 申請在粵港澳大灣區註冊落戶，借力國家政策紅利。

（訪談整理：孔德淇）

第十一章
"發現澳門"旅遊移動應用：澳門本土第一智能集成旅遊服務平台誕生記

訪談人物：蔡淵博

擔任職務："發現澳門"旅遊平台 CEO，先皓科技總經理

所在城市：澳門

所處領域：在線旅遊

創新類型：商業模式創新

關鍵詞：澳門、科技平台、數字系統、旅遊資源

訪談時間：2019 年 5 月

國際領域的視野和認知，是重要的基礎和源頭。整個國際市場上，有什麼東西是正在被研發、被使用的，我們需要看到，需要知道，需要做到。

——蔡淵博

一 人物故事："非典型"青年的創新路

（一）"非典型"澳門青年發出的通訊科技應用先聲

說起澳門，似乎總是和"開放""多元"等形容詞聯繫在一起。澳門的確有開放的優勢、多元的傳統，可澳門人的普遍心態未能與這張城市名片保持同步。相對豐厚的社會福利和競爭較小的工作環境，讓澳門人顯得求穩而保守。這種心態不僅反映在就讀、就業人數的動態流向上，也反映在一些行業、崗位熱度的多年持恒上。澳門整體社會的典型心態是求穩，而不是求變。

生長於澳門的蔡淵博卻是一個"非典型"例子。

蔡淵博與通訊科技的緣分，有一段"曲折"的經歷。蔡淵博高三時成績優異，享有保送名額，由於從小就喜歡科技工程，他在保送時報選了南京航空航天大學。"當時的澳門人真的沒有很熱衷於去跟內地交流、融合，身邊的同學都是去台灣、外國，或者留在澳門。但我不是這樣想。"

結果，他在保送中落選，又不甘心地參加了統一高考，重新考上南京航空航天大學。然而，去大學報到那天蔡淵博意外誤機。"在人生要做選擇的交叉點上，真的可能會發生你想不到的事情。那會兒的航班沒有現在密集，下一班飛機要幾天後才有。我想想，我已經證明了我自己，就這樣，我選擇留在澳門，選擇去澳門大學。"

蔡淵博最終選擇進入澳門大學科技學院，也算實現了自己自幼對科技、工程等領域的濃厚興趣。2002年，正在讀大四的蔡淵博依照澳大科技學院的畢業要求，完成了自己的 Final Year Project（畢業項目）。當時，移動端口全面普及的時代還沒有到來，互聯網也還是成本相對較高的新鮮事。在思考畢業項目的過程中，他發現當時澳門的各個博物館、展覽館，要戴上場內耳機才能聽到語音講解，而且沒有畫面。據此，他設計了一套多媒體導賞系統，不但交出了一份出色的畢業作品，項目還在2003年的澳門信息科技大獎賽中拿到了冠軍。同年，蔡淵博代表澳門參加了全亞洲太平洋信息及通訊科技大獎賽，斬獲旅遊類組別冠軍大獎。

由於這一多媒體導賞系統在當時具有極高的實用性和商業價值，澳門藝術博物館表達了想要在館內使用這套系統的意向。由於系統本身屬於學術項目成果，使用權屬於澳門大學。為了讓這套系走向市場、得到應用，蔡淵博註冊成立了先皓科技公司。在當時的澳門大環境下，先皓不但是為數不多的技術型初創公司之一，蔡淵博的項目和成果更撞開了澳門社會電子科技革新的大門。

（二）"發現澳門"：整合旅遊資源，推廣文化保育

2017年左右，以技術資源起家的先皓科技已發展得相當成熟，在智能信息處理、數字平台開發、全媒體交互設計、呼叫中心集成開發等領域卓有建樹，位列全澳之先，已成為澳門政府機構及各大博彩企業的智能系統提供方。為配合澳門旅遊城市的定位，先皓科技利用科技創新打造了全澳第一個旅遊資源整合平台，率先吹響港澳旅遊產品上游資源與市場資源的集結號。

2018年，"發現澳門"App 與用戶見面。

從前，澳門的旅遊服務缺乏有效而規範的管理體系，缺乏整體、綜合、全面的"一站式"旅遊服務提供方。機票酒店預訂、旅遊線路規劃、當地交通指引、接送機及包車服務等各旅遊服務不夠集中，旅遊市場的上游資源結構鬆散，不利於客戶進行選擇。"發現澳門"基於港澳旅遊市場的特點和現狀，打造了一款符合國內外不同客群使用習慣的全面型智能工具軟件。

用戶只要下載"發現澳門"，就可以獲取詳細完備的攻略建議、專門標出各目標景點的澳門地圖可供參考；前期準備時，酒店預訂、各景點或演出及往返港澳車船等票務預訂、包車遊覽和接送服務、上網或流量卡的購買，都可以直接在軟件上操作；到達當地後，還有專車服務而無需考慮複雜的交通問題，有暢通的網絡服務而不必擔心聯繫的中斷。憑藉細緻的美食指引、景點介紹、目的地推薦，"發現澳門" 能夠保障用戶享有一趟有質量、有深度的在地旅行線路。

"發現澳門" 還通過智能場景技術，幫助推廣澳門本地的文化保育工作，澳門狹小的土地承載了幾百年的滄桑歷史，許多現存的建築、場所，都曾經見證過不同時代的故事。街坊們熟悉且常常光顧的街角咖啡廳，也許曾經是一所公館或府邸；如今斑駁生銹的窗柵或閘牆，可能見證了一代華人勞工的艱難人生。

在以往的旅遊服務中，大多以文字說明、歷史照片的形式對歷史建築、文化空間進行介紹。在 "發現澳門" App 中，先皓科技與澳門文化界相關行業協會等機構合作，運用現代 IT 技術，讓過去與現在 "重合" ——用戶通過手機端的特定技術，打開手機，對準有歷史過往的地點，手機屏幕上會自動出現該地點的歷史圖景。用戶的眼前可能是一張放了咖啡的桌子，而用手機屏幕 "看到" 的則或許是百年前舊宅裏的老沙發。

"發現澳門" 不僅能夠激發用戶的興趣，調動實時參與行為，還可以敘述澳門的厚重歷史與動人故事。一個真切、鮮活的澳門不應該只存在於富麗堂皇的酒店大堂和鱗次櫛比的高樓大廈間，更應該存在於每一塊磨光發亮的石磚上、每一條窄長陡斜的小巷裏。

"別說外地人了，澳門的許多東西，就連本地人都不一定清楚。如果這些東西的價值不被清楚地知道，那麼它很可能會被拆掉。我選擇用技術創新的手段，用 '新' 的來保護 '舊' 的。'舊' 的東西不會再變，可是 '新' 的東西會繼續 '新' 下去。"

（三）成功背後：永遠有後招，從來不放棄

從 2000 年年初以多媒體技術一舉劃破導覽界的無畫面時代，到躋身全澳前列的電系統、平台、技術提供商，再到成為澳門智能旅遊市場的急先鋒，先皓科技的每一步都在改變着這座城市的技術應用生態。

在這過程中與蔡淵博相伴最久的情緒，是持久的危機感與不確定性。

"最開始我們只有三個人，沒什麼錢，當然也沒有太多資源和人脈。當然這些生活上的事情我都不認為是什麼真正的難關，因為最難的其實是無時無刻都要面對自己對於未來的焦慮。因為我們在做技術上的 '新' 事，不僅比別人 '新'，比其他行業 '新'，甚至是比這個社會 '新'。更重要的是，這一次做完以後的下一次，我們還要比自己 '新'。有時候還要面對來自同事的質疑，對事實的堅守和證明是一個必經過程。"

澳門社會的創新創業氛圍不十分濃厚，許多行業都存在着一家或少量較大規模的公司佔據大部分資源的情況，不僅留給初創公司的空間狹小，客戶的選擇範圍也不大。"當時做業務，絕大部分時候都要依附大公司，不然就接不到單。按照市場上的'九一定律'，大公司跟我們都按 9:1 的比例（來分配利潤）。別人不太願意做，可我卻覺得這是我們的一個機會。就算是只拿得到一塊錢，我們也按照十塊錢的標準和要求去做。畢竟不管利潤的內部分配如何，客人需要的是十塊錢的質量和標準。"

每一次的實踐都是一次鍛煉的機會。如今，超過十五年的信息科技研發及項目管理經驗讓蔡淵博顯得沉穩，公司業務涉及領域有政府部門、公營、銀行及博彩企業設計及開發，面對略顯特殊的澳門市場，先皓科技自有一套富有在地特色的高新技術創新經驗。

"小任務也得用高標準去做，不然賠了夫人又折兵——做不好，賠一塊錢，還賺不到經驗。兵是要打仗的。能征善戰也不是吹出來的，要一直去做，一直訓練，才能有機會兵強馬壯。"

二 案例分析：審時度勢，量體裁衣

（一）根據市場特殊性發揮自身創新優勢

技術研發、集成平台等創新決定了項目在市場成長的長期性，後期持續跟進、維護、升級研發等工作都需要提供配套服務。對外，先皓科技的優勢在於"在地"，比起外地服務商，後期維護成本低、效率高；對內，先皓科技走在創新潮頭，擁有澳門市場其他參與者較為缺乏的創新意識與國際視野。

在技術類產品貴精貴專的現下，澳門的市場特點決定了在這片土地上的 IT 行業不能務專，只能求廣。澳門市場對 IT 技術最大的需求和空白是，對各類資源進行廣泛、全面的整合。正是因為發現了在地市場的這一特點，先皓科技走出單獨運作的模式，以整合系統組合、提供整體在地服務對接澳門市場，結合市場的特殊環境提供定製技術支持，從而形成自身的的最大優勢。

（二）清晰體察局勢，善用信息資源

先皓科技對自身定位和整體局勢的認知非常清晰：澳門市場的真正競爭者不是澳門本地的其他同業，而是發展速度較快、競爭意識較強、創新能力較高的其他地區，如香港、內地，以及整個國際同業。做澳門市場，成功的機會有且只有成為市場裏的"第一"，同時，還要盡可能地吸收其他地區的經驗，利用自身信息通達的

優勢，不斷向行業的最新標準靠攏。

三 啟示：抓住灣區建設機遇，融入國家發展大局

澳門經濟格局單一，技術創新能力較弱，城市發展受到空間制約，在人才引進方面存在較大障礙。澳門融入國家發展大局需要解決許多深層問題，包括但不限於經濟格局的失衡，產業轉型的困難，城市發展的推進，民生問題的陣痛等。

在迫切的發展需求下，“一帶一路”戰略、粵港澳大灣區建設及與橫琴的合作，是澳門融入國家發展大局的絕佳契機。結合澳門自身特點，應營造更加數字化、智能化的營商環境，進一步發揮自身“一中心”“一平台”的優勢；抓住粵港澳大灣區建設機遇，尤其是大灣區“融合”的核心理念，衝破保守觀念，建立多元產業格局，促進經濟多元發展；結合琴澳合作進程，通過深化跨境合作提升自身創新能力，尋求科創突破。與此同時，內地政府還要進一步深化對澳合作，加快對澳政策的落地實施，提高澳門參與者的獲得感。

四 有待進一步解決的問題

在提高本地科創水平、樹立融合發展觀念的基礎上，澳門還需要加大本地人才培養力度，提高人才培養能力，為城市發展提供人才保障。同時應進一步研究制定適合澳門城市發展需求的人才政策，加大人才引進力度。除此之外，在澳門科技創新的發展過程中，澳門需要加大對科技成果的社會應用，提高科技成果的普及程度。

五 大事記

2003 年 8 月，多媒體導覽系統獲 2003 年澳門信息科技大獎冠軍。

2003 年 12 月，獲亞洲太平洋信息及通訊科技大獎賽旅遊類組別冠軍大獎。

2006 年 10 月，Location based Service Technology Platform & Integrated Suite of Mapping Application (LBS Macau) 獲澳門信息及通訊科技大獎賽二等獎；Mobile Workflow Platform (MWP) 獲澳門信息及通訊科技大獎賽二等獎。

（訪談整理：符愔暢）

第十二章
大蔘林網上藥店：傳統藥店從線下到線上的突圍之徑

訪談人物：	柯舟
擔任職務：	大蔘林醫藥集團董事辦投資總監，原電商事業部總監
所處領域：	醫藥零售
所在城市：	廣州
創新類型：	商業模式創新
關鍵詞：	醫藥電商、O2O、系統管理、薪酬機制
訪談時間：	2019 年 5 月

每個人的接受情況都不一樣。我們認為最好的，消費者並不一定買賬。這需要視乎他們對生活質量的追求。

——柯舟

一 人物故事：醫藥電商的守與破

　　時間撥回到 2012 年，伴隨天貓、京東等互聯網巨頭加盟，網上藥店開始進入人們的視野。在醫藥行業，一場蓄勢已久的電商大戰轟然打響。

　　這一年，被貼上了"網上藥店發展元年""醫藥電商爆發期"等標籤。脫胎於傳統線下的藥店，紛紛將 B2C 作為下一個搶佔的制高點，通過入駐天貓、京東等互聯網平台，獲得流量入口，實現網上銷量的巨額增長。

　　大蔘林的異地擴張戰略推進勢如破竹，電商發展這把火並未燒及集團決策層。時至 2014 年，互聯網醫療在中國市場如火如荼，醫藥電商競爭日趨白熱化，該公司才恍然醒悟：再不應戰，明天恐要馬革裹屍。

　　但彼時入局已晚，前有天貓醫藥館、京東好藥師等"猛虎"，後有健客、七樂康、國藥在線等"追兵"，市場留給大蔘林的時間並不多。危急之秋，在房地產創業上栽了跟頭的"少東家"柯舟，被拉回集團，牽頭組建電商事業部，佈局線上銷售網絡。

作為家族企業的長子嫡孫，柯舟從小被"散養"，但在家庭教育方面，責任始終是賡續下來的傳承。在父輩打下的江山前，"挑擔子""啃骨頭"於他而言不容怠慢。

對電商運營只知皮毛，對渠道搭建、盈利模式一竅不通，想要逆境翻盤，競越其他對手，務必開足馬力。柯舟給自己的任務很明確，一是協助電商事業部與外部門溝通，將電商術語"翻譯"成員工聽得懂的大白話，解決信息不對稱的痛點；二是扮演上下"通氣"的角色——公司在運作上非常謹慎，對任務指令層層追蹤，柯舟需要打破層級壁壘，為電商發展爭取"綠色通道"，確保決策在短時間內自上而下執行。

（一）資源賦能，製造行業優勢

作為後起之秀，大蔘林欲在電商領域分一杯羹，就必須從既得利益者的碗中奪食，提高線上平台的業績，搶佔市場份額。

有時為達銷售額目標，同行間低價競爭已是公開的秘密。加之電商領域先投入後產出的突出特性，搭建人員系統、包裝商品及獲取流量均需付出高額的前置成本，而頭部電商平台抽傭較多，大森林短期內實現獲利幾近不可能，入不敷出是常態。據柯舟回憶，儘管賬面數目光鮮，但放眼望去，幾乎所有醫藥電商平台都處於砸錢和虧損狀態。

柯舟很明白，對抗價格戰的出路，唯有以更低的價格，向消費者提供更優質的產品。唯有如此，才可能吸引到第一波種子用戶，藉助他們的力量，實現口碑行銷和出圈效應。

囿於國家醫藥政策限制，當時大蔘林在線上平台銷售的，主要是計生用品、隱形眼鏡及廣告藥品。這些產品刨除進貨成本，已無多少利潤空間，想要以更低價格吸引受眾，談何容易。

一籌莫展之際，柯舟將從父輩聽來的，大蔘林十餘年間走過的路、嚐過的挫敗在腦海裏過了一遍，試從歷史裏尋找創新突破的切口。他忽而拍案，過去二十年維繫下來的供應商關係，以及沉澱形成的價格優勢，何不利用起來？實際上，優質產品的生產成本這麼多年來一直沒有太大變化，不斷上漲的只是渠道費、配送費、運營費、品牌溢價等費用。大蔘林只要動用供應商資源，便可以近乎成本價購入優質產品，再以較低價出售，讓利於消費者。這也是大蔘林區別於其他競爭對手的核心優勢之一。

憑藉絕對低價和質量保障，大蔘林電商平台矩陣最終積累起越來越多的"鐵粉"，銷售方面漸有起色，在強敵環伺中殺出了一條血路。

事實證明，"將門無懦夫"，兩年後柯舟交出了一份讓集團滿意的成績單：大蔘林的電商業務整體財務表現保持持續提升的態勢，且在所有醫藥電商裏，大蔘林虧損最少。2014 年，大蔘林電商全網銷售額突破七百萬元大關，其中"雙十一"購物狂歡節高達百餘萬元；2015 年，銷售額成幾何倍數增長，最終以三千多萬元收官，"雙十一"同比翻了近十一倍。

（二）打破沉痾，試舉彈性薪酬

突出電商廝殺重圍，除了價格戰中拔得頭籌，少不了在部門管理上做文章。

柯舟認為，傳統門店缺乏互聯網基因，不能依賴它們去思考革新，這個重任必須交由年輕人。從集團接過電商大旗後，他做的第一件事，即是招兵買馬，物色專門人才。在電商事業部，多是血氣方剛的年輕人，平均年齡僅二十多歲，在所有部門中最小。

在高強度、開發難度大的電商市場，大蔘林十多年來形成的相對固定的薪酬方案，已然不能適應這些年輕人的需求，理應作出調整。因此，柯舟冒着被集團其他部門指摘的風險，執意"離經叛道"一回。他在電商事業部實行彈性靈活的績效考核，工資不設上限、多勞多得，鼓勵員工"打雞血"，保證市場有足夠的"兵力"。柯舟曾給過員工近兩萬元的最高月薪，這是門店崗位薪水的三到四倍。

事實上，有效的激勵機制確能讓成員發揮最佳潛能，調動他們的積極性、主動性和創造性，為部門創造更大的價值。慢慢地，為了獲得相對高的收入，努力工作成了這種薪酬模式下一些員工樂此不疲的事。相對應地，電商市場的開發速度也成倍提升，在 2017 年超越大部分的競爭對手，晉升頭部平台。

而與靈活彈性的薪酬機制相匹配的，是柯舟極力推重的系統管理。

柯舟有過勸留員工的經歷，他發現重複無效的社交和對接時有發生，這讓其疲累不堪。比之大量重複消耗，他更希望將時間投入到更具創造性的工作上。從現實來看，大蔘林在全國坐擁四千餘家門店，近二萬五千名員工，人為管理力不從心，必須革新制度，以代替"人治"。

經過較長時間摸索，柯舟得出了"系統管人"的結論："把系統做好，讓過往的工作得以記錄存檔，相當於'生成'不同的業務說明書，既可供新人快速自學，在其到崗後也能起到約束作用，實現過失追蹤。"

在部門實踐中，柯舟將系統處理、運作、管理人貫徹到底。這帶來一個直觀利好便是風險可控，"哪怕出什麼問題，過程都將是可逆的，部門乃至集團無需為此付出過於沉重的代價"。事實上，大蔘林的系統管理過去也聲名遠播。在大蔘林，董事長被所有員工尊稱為"表哥"，因為他親自設計的表格，可以快速清晰發現異常數據，找到問題癥結和責任人。當然，系統管理也有其弊端，最大的問題是在一個體量較大的循環系統裏，想要融入一些新的內容並不容易，可謂牽一髮而動全身。

（三）搭建場景，反哺線下市場

很多人有所不知，醫藥行業的壁壘很多，在網上進行藥品交易必須取得互聯網藥品交易服務資格證書（俗稱 "網上藥店" 牌照）。

2016 年，國家食品藥品監管總局暫停發放部分類型牌照，並要求結束互聯網第三方平台藥品網上零售試點工作，強調所有藥品零售企業，無論是網上交易還是門店交易，都必須嚴格執行憑醫師處方銷售處方藥的規定。[23] 當時，看似紅火的第三方藥品零售平台，普遍面臨着無 "合法" 身份的尷尬處境。

當時，天貓、京東等第三方平台大打政策擦邊球，與網售藥店平台合作，得以躲過一劫，繼續原有的經營範疇，將所有流量導向自有平台。而對於像大蔘林這樣的平台，經營範圍被一夜收窄，往後只能針對個體消費者進行銷售。對於剛起步的大蔘林電商，這誠然是不小的打擊。

這樣的低迷狀態一直持續到 2017 年底，政策破冰在 "互聯網 + 醫藥零售" 監管上撕開了一個口子。從打擊中復甦過來後，柯舟深刻認識到醫藥市場管控的複雜性。值此契機，他嘗試跳脫出固有思維，萌生出新的想法 —— 延續大蔘林一貫的品控，用最好的產品，為消費者打造健康人生。

"設想一下，一位大媽去藥房買湯料，大蔘林的銷售人員告訴她，這裏還有價低質優的水果生鮮，兩天左右便可配送到家。這相當於顧客在大蔘林就能滿足多項消費訴求。" 柯舟希望搭建更多的消費場景，將電商從渠道往平台方向升級，反哺線下銷售。

這一想法很快在 2018 年初付諸實踐。柯舟仿照小米優品、網易嚴選、京東生鮮等做法，開始聯繫供應商或合作夥伴，物色最好的牛奶、荔枝、葡萄、大閘蟹等，並將其擺上大蔘林的電子貨架。為了品控，柯舟延續了大蔘林嚴格的前端採購，遣人到各地採購驗貨，親測商品質量。

為了讓所售產品得到更好的展示，打通顧客與大蔘林之間的最後一公里，柯舟還對一些線下門店進行了改造，增加了電子屏，並給銷售人員的手機安裝大蔘林電商 App。銷售人員經過簡單培訓，就可以熟悉具體操作。除了線下產品售出，線上

23 朱萍：〈CFDA 叫停第三方廠商平台藥品零售 天貓醫藥等 B2C 平台面臨轉型〉，《21 世紀經濟報導》，2016 年 8 月 2 日。

商品的銷售同樣能與業績提成掛鈎。而顧客只要通過銷售人員的嚮導，在 App 上下單，大蔘林就能短時間內將產品送至其手中。

"當然，每個人的接受情況都不一樣。我們認為最好的，消費者並不一定買賬。這需要看他們對生活質量的追求。"目前階段，柯舟不管賣不賣得動，一定會確保東西是最好的，然後再想辦法將成本壓下來，目的即是讓顧客以較低的價格享受最好的產品。"我們要做到不怕消費者拿去比較，而且比較後確定大蔘林才是最好的。"柯舟說。

事實上，在此過程中，大蔘林不單要把優質產品找出來，同時還把有價值的客戶篩選出來。未來，可以通過更多的升級手段，對有價值的用戶進行捆綁，讓他們完成對大蔘林品質的認證點評，並將自己更多的消費需求交給大蔘林來滿足。

同時，這也讓電商事業部與其他部門的關係變得緩和。過去，其他部門經常投訴電商部門串貨亂價，打亂銷售體系；如今電商部門發展其他商品，具體產品與原有業務部門的並不重合，負面效應也就無從談起。

（四）創新也要守住底線

"有的人冒着讓子宮壞掉的風險，使用處方藥治痘；有的人為了追求快感，而選擇濫用處方藥。"在柯舟身邊，這樣光怪陸離的事情每日都在上演。有時候，患者對藥品認知存在誤區，網上購藥容易誤入歧途，後果不堪設想。有些平台往往利用患者的這種認知真空，通過他們在搜尋引擎留下的瀏覽記錄，進行一些不準確甚至有失偏頗的算法推薦。

"君子有所為有所不為"，柯舟認為這種做法無異於欺童騙叟，看似高大上，實屬無良創新。醫藥電商賺多一倍的利潤，是很簡單的事情，但他認為，醫藥電商絕不是簡單賣藥，追求利潤的同時，也要對患者負責。當某些平台作出"促銷"甚至"偽造處方單"的時候，其實已經"跑偏"了，很難走遠。

"作為一家行業道德不泯、以服務患者為己任的藥企，任何時期都要對得起本心。藥企有責任有義務將用藥安全常識告知消費者。"柯舟說，不盲目創新，不搞惡性競爭，留住口碑，是大蔘林在電商大戰中的原則和底線，"為了利益，有時甚至賠得更多。如果單純為了賺錢，很可能搭上自己的品牌，讓幾十年積累的口碑毀於一旦，嚴重者還會對患者身體造成不可逆的傷害。"

二 案例分析：稟賦點燃創新火種

（一）基於自身稟賦，盤活既有資源

2014 年，互聯網醫療在中國市場如火如荼，醫藥電商競爭日趨白熱化，大蔘林選擇在此時入局，起點已落後於天貓醫藥館、京東好藥師、健客等競爭對手，市場留給大蔘林的時間並不多。柯舟通過對大蔘林自身資源稟賦的再認識，轉變電商發展思路，利用大蔘林在產品質量的把控和議價能力上積累的優勢，縮短與同行間的差距，在激烈的競爭中率先破局，完成從"後起之秀"到"虧損最少"的成功轉變。

（二）利用制度革新，提振發展速度

制度變革是創新過程中的重要內容，有效的制度變革可以激發員工潛能，調動他們的積極性、主動性和創造性，為企業發展贏取更大的加速度。柯舟打破集團因循，在電商事業部實行彈性靈活的績效考核，重獎超額完成工作、具有良好電商銷售表現的員工，提高其基本工資和提成，讓他們在相同的時間內創造出更多價值，提振大蔘林電商的發展速度。同時，他推重系統管理，化解重複溝通造成的低效，讓全國四千家門店、近二萬五千名員工有序運轉，很大程度上規避了管理風險，也使管理過程中的問題得以被發現和回溯。

（三）突破固有思維，打造新消費場景

2016 年，監管部門突如其來的政策管制，擾亂了柯舟的電商思路，使其不得不另闢蹊徑，構思發展新的業務形態。最終，柯舟延續大蔘林一貫的品控，對原有業務進行了延展，將大蔘林從原來的醫藥批發、零售場所變為覆蓋消費者一切生活需求的平台。事實證明，在此過程中，大蔘林不僅網羅大量優質產品，同時也篩選過濾出高價值的用戶。

三 啟示：制度變革為行業破局

（一）創新離不開資源稟賦

粵港澳大灣區是目前我國開放程度最高、經濟活力最強的區域之一，要保持大灣區的發展動力，增強其發展潛力，提升其發展質量，必須牢牢牽住創新這個牛鼻子。黨的十九大提出，創新是引領發展的第一動力。而創新離不開自身資源稟賦，在某種意義上，資源稟賦結構決定了商業模式創新的路徑和走向。在創新過程中，傳統企業通過盤點自身資源稟賦，密切結合市場需求，挖掘深耕稟賦背後的價值，找準了適合自己的商業模式。

（二）抓住制度變革帶來的機會窗口

制度性變革往往蘊藏着提升效率的機會，對員工積極性有較大影響。將制度變革納入企業全面創新改革試驗，使企業環境和管理更加優化。借鑑大蔘林的做法，企業可先在人事制度改革方面打破"鐵交椅"，實行公開選拔、競爭上崗等管理辦法；其次在分配制度改革方面打破“大鍋飯”，建立以績效定收入的能增能減機制，突出績效、業務技能等考核，激發員工的工作積極性；再次在部門改革方面打破“層級制”，以“精幹高效”為原則。

（三）創新也要守住底線

作為營利性機構，企業追求利潤天經地義，但不能為了自身利益，枉顧社會責任和行業道德，搭上原則和底線。創新要以“守正”為根基，只有堅守底線，不觸碰紅線，企業才能行穩致遠。從公共價值、社會效益進行考量，擔守住行業底線，對市場和用戶負責，醫藥電商才能彰顯出責任、情懷、擔當和底線，推動行業健康有序發展的企業形象。

四 有待進一步研究的問題

如何打通醫保尚未打通的難題？如何優化醫藥電商在植入用藥引導等領域的附加服務？如何建立和完善電商藥品可追溯制度？這些問題仍有待進一步深入研究。

五 大事記

1998 年 10 月，在湛江開設門店，正式開始跨區連鎖經營征程。

1999 年 10 月，在全國範圍內申請註冊“大蔘林”商標。

2009 年 12 月，廣東大蔘林集團名稱核准並成立。

2013 年 7 月，大蔘林醫藥集團股份有限公司成立並進行股改，召開首次股東大會，會議決定廣東大蔘林集團正式更名為大蔘林醫藥集團股份有限公司。

2014 年，大蔘林組建電商事業部，佈局線上銷售網絡，全網銷售額突破七百萬元。

2015 年，大蔘林電商銷售額成幾何倍數增長，最終以三千餘萬元收官。

2014 年 9 月，大蔘林獲批“中國馳名商標”。

2015 年 8 月，大蔘林引入國際金融投資巨頭——摩根士丹利資本。

2017 年 7 月 31 日，在上海證券交易所主機板上市，上市首日市值突破 142.40 億元，即成為行業市值第一股。

2018 年兩會期間，國家主席習近平參加廣東代表團審議，同大蔘林醫藥集團董事長柯雲峰握手，鼓勵包括大蔘林在內的廣東企業要四個“走在全國前列”。

（訪談整理：孔德淇）

第十三章
威爾醫院—聯合醫生集團：重構醫患關係，
搭建公共醫療服務的新平台

訪談人物：林子洪

擔任職務：廣東威爾醫院 CEO、聯合醫生集團創始人

所在城市：廣州

所處領域：醫療服務

創新類型：商業模式創新

關鍵詞：執業夢想、精細化分工、提升生產力、高效率

訪談時間：2019 年 4 月

擔心"醫生很忙"是個偽命題。我們要做的是"解放醫生的雙手"，優化多點執業的診療模式，提升效率，做好匹配，讓患者找到合適的醫生，醫生找到合適的患者。

——林子洪

一 人物故事："學霸"醫生的執業反思

（一）萌發人生理想"學而優則醫"

從以優異成績考入中山醫臨床醫學七年制，到在讀期間成為香港中文大學最年輕的訪問學者，榮獲"中山大學優秀畢業生"和"廣東省柯麟醫學獎"，成為北美關節鏡協會成員中最年輕的中國人……年僅三十五歲的林子洪人生猶如一路"開掛"，無論在讀書時還是在工作中都是佼佼者。

說起林子洪的"學霸人生"，要追溯到初二那年家人和初中英語老師對他的人生啟蒙。初二那年，父母提出轉到市區讀書，林子洪找到老師徵詢意見。"那次與老師聊，是我第一次在內心萌發了理想的種子。雖然當時對未來還是很模糊，可能只是想把成績提高，但堅定了目標，一定要成為優秀的人才。"林子洪轉到市區初中後一路以優異的成績，直到考入南方最好的醫學院中山大學醫學院。

"我以前也沒想過要做醫生，但成績好都去學醫嘛。"雖然學醫最早對林子洪

來說只是作為學霸的"理所應當"，但是立志"成為優秀人才"的林子洪在每個階段都努力認真對待。也正因為如此，林子洪相比同齡人不斷獲得了更多學習提升的機會。在中山大學醫學院，林子洪所在的臨床醫學是全英教學，接觸的教材和老師的教學都是最前沿的內容，林子洪也保持了一貫的優異成績和活躍表現。2007年，林子洪順利獲得了吳階平醫學基金會資助的香港中文大學的預見習機會。

在香港中文大學預見習的經歷給林子洪帶來很大的衝擊。非常幸運，他們的帶教老師是當時香港中文大學消化學系主任沈祖堯教授和陳亮教授，沈教授就是後來香港中文大學的校長，整個帶教過程讓林子洪體會到香港教授的風範及香港醫生的社會及學術地位。

除了醫療環境、醫生待遇等物質條件優渥外，林子洪第一次知道原來醫生可以有更為細化的分工。一般來說，內地的醫療人員主要分為醫生和護士，頂多加上護工；而在香港，醫院的分工更加具體，因此診療流程非常高效有序。"當時我想這可能就是我們夢想的地方吧"，林子洪當時就萌發了畢業後來香港做醫生的想法。

（二）將先進的醫療模式"帶回來"

如果說第一次去香港的預見習給林子洪帶來直觀的衝擊，那麼此後多次國外訪學經歷則逐漸形成他對內地醫療系統的思考。2008年，在香港中文大學骨科學院院長熊良儉教授的推薦下，林子洪以在讀研究生的身份去香港中文大學做訪問學者，當時無論在香港中文大學還是中山大學都非常少見，後來他還拿了博士獎學金。

這次林子洪注意到，香港的醫療培訓體系相比內地更為成熟完善。每位住院醫師都有相應的動手機會，且和副主任醫生一樣，機會均等。培訓體系下的軟硬件設施，流程管理機制都是值得國內借鑑的。由於香港中文大學骨科只有他一個學生，導師幾乎都是"手把手地"帶學生，林子洪快速積累了大量理論和實踐的經驗。

2009年，林子洪畢業後入職中山一院的骨科醫學部關節外科，隨後再次憑藉自己的優異表現和專業實力拿到全球關節鏡基金，並前往美國接受培訓學習。讓林子洪再次大開眼界的是，當時帶他們培訓的美國教授既在大學教書，也在公立醫院看門診，同時還有自己的私家門診。在這種模式下，醫生從不同層面豐富自己的專業經驗，同時也能服務到不同的對象。

據林子洪介紹，在國外，每個醫生背後平均都有 1.5 家公司。也就是說，這些醫生會將自己的創新成果或想法賣給某家公司，或者成為公司的顧問，同時獲得一定的股份。當然，每個醫生都會公開自己加入的公司名單，避免可能存在的利益衝突。

"這些在國內都是無法想像的。"在林子洪看來，國內醫科教授的研究成果大多只能停留在論文發表，很難有相應的渠道進行更具實踐意義的科研轉化。受到當時政策的限制，公立醫院的醫生也不允許開設私家診所。儘管如此，林子洪在羨慕國外的醫療體制之餘，並沒有選擇去國外工作。他談到，與其去國外發展，不如認真思考者如何將國外的先進經驗引進國內更有可作為的空間。"這不僅能夠實現個人的人生價值，也能對整個國內的醫療體系做點貢獻。"林子洪說。

（三）放棄"金飯碗"帶動醫生合夥人

林子洪一面沒有停止對國內醫療體系的思考，另一面依舊每天認真地做着本職工作。2012 年，林子洪結束韓國中央大學現代醫院的運動醫學進修後，來到廣東省人民醫院骨科工作，每天要做五六台手術，忙得不可開交。林子洪說，當時自己的工資還不錯，就想着能不能專門請個助理來幫忙。雖然這個想法得到了同行其他醫生的認同，但顯然並不被當時的醫療體制所允許。

2014 年，林子洪下定決心跳出體制開創一番事業。辭職意味着面對諸多風險和不確定性，但林子洪沒有太多猶豫：既然公立醫院無法實現他對醫療體系的理想，那麼就自己開家私人醫院。"反正有技術在身，開家骨科醫院不會很難經營。"林子洪如是想。

令林子洪沒想到的是，他的決定得到了多個同事、同行的支持，大家都以合夥人的形式加入進來。隨着合夥人的加入，所謂"私人醫院"的雛形已不僅僅是家醫院而已，而是十一個合夥人共同摸索下以醫生自身為主導、以患者療效為核心的醫療體系，同時另一個新興的醫療商業模式——聯合醫生集團——也在悄然孕育。

事實上，當時除林子洪已從公立醫院正式辭職外，其他合夥人都是"背着"醫院偷偷出來執業。直到隨後多點執業的相關政策陸續出台推進，聯合醫生集團模式方如雨後春筍。林子洪說："我們當時也沒想到政府不久後就出台了放開醫師多點到政策，但是我們的確洞察到了醫療體系改革的機會。"

如今，作為威爾醫院的 CEO，林子洪一週兩天出診，其餘時間處理公司各項業務的執行協調和對外合作交流等工作。從以前做醫生到如今做公司，每個階段他都很"拼命"，但也很享受，從來不會覺得心煩或壓抑，他享受着幫人的樂趣。從初中開始，林子洪的優秀和外界的認可不斷對他形成正向的激勵，一方面讓他擁有了社會自豪感，另一方面也認識到自我的價值存在。"我做醫生時對病人都很好，而且也沒有說刻意壓抑自己的情緒，是發自內心地享受我的工作，這種心態會感染到別人，別人也會因此認可你。"

二 案例分析：細化分工"試水"分級診療

（一）為醫生多點執業提供全供應鏈服務

基於自身的出國訪學經歷和公立醫院職業經驗，林子洪創辦聯合醫生集團的核心是圍繞醫生的執業發展，提升醫療服務的效率和轉化價值。適逢多點執業政策不斷放開的背景，公立醫院的醫生擁有了自由職業的選擇，體制外的創新醫療商業模式得以試水。

不過，對於醫生個人來說，多點執業的真正落地仍然面臨不少問題，如資金成本、患者客源、醫患糾紛、支付問題，以及醫療藥品和器械的採購等等。廣東威爾醫院聯合醫生集團希望為醫生提供"拎包入駐"的便利，打造聯合醫生孵化器。符合資質的執業醫生可以成為聯合醫生集團的簽約醫生或門診合夥人，聯合醫生集團則為醫生提供運營管理、牌照申辦、藥械採購、財稅法管理、醫學培訓、職業規劃等醫療全供應鏈服務。2017 年 1 月 18 日，聯合醫生集團順利拿到廣東省首個"醫生集團"營業執照。

在聯合醫生集團內部，醫生將更深度地參與醫生集團管理，在醫生集團的內科、外科、婦產科、兒科、骨科、生殖醫學、中醫、康復等專科領域，聯合醫生集團鼓勵醫生成立專科的醫生集團並由專科醫生自己運作。這並非指商業運作，而是治療方案的制定和管理。[24]

長期以來，醫生的職業保險也一直是國內的醫療行業痛點之一。早在 2016 年，聯合醫生集團就獲得了醫療保險經紀人牌照，旨在為醫生匹配的醫療責任險意外險，同時為患者匹配健康險和患病後保險，形成"醫療服務 + 健康險的閉環模式"。

據林子洪介紹，目前國內針對醫生的醫療責任險並不規範，這也往往是醫患糾紛的原因所在。舉例來說，現在醫生責任險大多僅針對單次手術，且收費高達幾千塊，那麼醫生有可能將投保費用轉移給患者，增加患者的負擔。"如果能像車險一樣，醫生每年投保責任險、意外險的費用為幾千塊錢，那麼醫生怎麼會不願意呢？"為此，聯合醫生集團開發了五款"醫師選"保險產品，以便橋接醫院—醫生—患者三者，實現真正的便捷化和理性化的醫療服務，節約患者的成本，提升醫生的主動性，也降低社會資源消耗。

（二）培養醫生助理，精細化分工，提高效率

相比於其他平台，聯合醫生集團僅收取醫生服務和門診等固定費用，抽成的比

---

24 王日飛：〈廣東落地首家醫生集團牌照 建綜合醫院供醫生執業〉，健康界，2016 年 7 月 12 日。

例很小，平台若要實現盈利，就需要進一步優化供應鏈，提升服務效率。傳統模式下，內地公立醫院的醫生除了看病，還需要跟患者進行前期溝通、寫病歷、寫處方、交代藥物服用的注意事項以及後續隨訪等諸多事項。這些工作並不複雜，僅僅是診療的準備和輔助事項，但大大加重了專科醫生的工作負擔。"解放醫生的雙手"，這是林子洪創業之初就想要完成的目標。

"國外是從上世紀五十年代提出醫生助理，國內曾經的'赤腳醫生'事實上也是類似的醫生助理，只是後來沒有能形成專業化的系統。"林子洪認為，公立醫院的簡單分工主要在於醫生助理的培訓不到位，學校教育就沒有專門針對性的培訓。有鑑於此，2018 年 8 月，林子洪推動籌建國內首個以培養醫學助理為目標的醫學管理類高等專科學院——廣州健康科學管理學院。

醫生助理的基本功能就是輔助醫生工作，協助患者治療，既充當門診治療助手，又可充當手術助手，從而幫助醫生從紛雜的行政、管理工作中解放出來，全身心投入、高質量地為病人提供核心醫療服務。[25] 林子洪強調，醫生助理不是對患者形成"阻攔"，耽誤就醫時效，而是要充當醫生的左膀右臂，做好分工配合，同時加強責任連帶。以威爾醫院康復科為例，康復科以專家為核心，配備醫生助理和技術人員，其中技術人員又包括康復醫生、護理人員、協調人員、病房助理等。

國內醫療診治制度朝着細化分工、分級診療的方向發展是必然之路。早在2015 年 9 月 8 日，國務院辦公廳就印發了《關於推進分級診療制度建設的指導意見》，提出培養以全科醫生為重點的基層醫療衛生人才。在林子洪設想的醫療圖景中，每個患者都可以通過分級診療，迅速匹配合適的醫生，按需按約就醫，通過市場化自由選擇醫療服務機構。雖然分級診療可能會增加單次診療費用，但診治效率大大提高，真正破解"看病難、看病貴"的問題，實現"看病只需要一次選擇"的平台價值。

（三）整合優質醫療實現跨地區資源分享

國內醫療資源長期以來存在着地域間不平衡的問題，大城市和小城鎮的醫療環境、醫療設備以及專家醫生數量相差甚遠。如今，在整合廣州地區的優質醫生資源後，聯合醫生集團通過區域化醫療中心，逐步推動跨地區的醫療資源分享。

目前，聯合醫生集團已在廣東省內推出十六個共用醫療中心，分別覆蓋廣州、深圳、佛山、汕頭、普寧、清遠等地。比方說，家住汕頭的患者希望獲得廣州的優

---

25 黃蓉芳：〈醫生八成時間花在非核心醫療服務上？請醫療助理提高醫生效率〉，大洋網，2017 年 8 月 3 日。

質醫療服務，那麼患者無需往返奔波來廣州就診。尤其是複診的患者，可以通過聯合醫生集團線上遠端診療，根據病情匹配專家，確定治療內容，再考慮當地是否能夠滿足治療條件，如有需要則安排來廣州就診。這種模式不僅讓其他地區的患者也能夠享受一線城市的優質醫療資源，而且也節省了患者來回奔波就診的時間、成本和精力。

區域化共用醫療中心的建設離不開區域、縣級政府的支持，尤其是需要打通跨區域間的醫療數據。實現跨區域間醫療數據的信息化，一方面將對生物醫藥的研發和治療起到很大的推動作用，另一方面可以減輕病人和醫生的"負擔"，檢查檢驗的時效性也大大提高，病人跨區域就診時無需重複檢驗，醫生可以根據既往診療數據快速做出診斷。

廣東威爾醫院聯合醫生集團還注重與基層醫療機構和基層醫生間的互動合作，通過建立廣州市威爾醫學科普中心，將大醫院的高精尖醫生的知識，教給更多的基層醫生，讓基層醫生了解更多的進修學習渠道，甚至國外學習的途徑，讓基層患者能快速獲取科普知識，避免彎路及冤路。[26] 目前，林子洪還計劃通過各地的衛健局，組織基層醫生進行集中授課及互聯網培訓，有效輔助提升基層醫療服務能力。

三 啟示：服務醫生實現價值轉化

（一）整合醫生資源，實現專業價值轉化

醫生集團的模式來源於國外，是國外醫生的主要執業方式之一。2014 年該模式被引入國內，一般指由兩名及以上醫生合夥發起，以醫療服務為核心業務，按照公司治理結構組織管理的法人實體。2015 年 1 月 26 日，衛計委等部門發佈《關於印發推進和規範醫師多點執業的若干意見的通知》，提出規範醫師多點執業。2016 年 10 月 25 日，中共中央、國務院印發《"健康中國 2030" 規劃綱要》，進一步推進多點執業政策，鼓勵積極探索醫師自由執業、醫師個體與醫療機構簽約服務或組建醫生集團。這是醫師"自由職業"第一次寫進"國字號"文件，也是"醫生集團"第一次寫進國字號文件。

隨着醫師多點執業政策的不斷放開，國內的"醫生集團"呈現井噴式增長。據上海交大非公立醫院經營管理研究所和《看醫界》聯合發佈的《中國醫生集團發展報告》數據顯示，截至 2018 年 11 月 11 日，全國（除港澳台）已有二十個省、市、自治區允許以"醫生集團"字樣進行工商註冊，共有一千零九十二家"醫生集團"

---

26 王日飛：〈廣東落地首家醫生集團牌照 建綜合醫院供醫生執業〉，健康界，2016 年 7 月 12 日。

企業完成工商登記註冊。

但目前大多數醫生集團仍停留在將醫生從公立醫院拉出來為平台"打工"，這樣只會加重醫生的工作負擔，而未能真正解決醫生的職業發展需求。作為醫生的林子洪非常清楚，醫生多點執業的關鍵是如何實現醫生的職業發展規劃，最大程度地實現醫生的人生價值。正如林子洪所說："並不是每個醫生都希望成為院士，每個人都有自己的夢想，我們就希望以現有的資源幫助這些醫生做自己想做的事情。"

在幫助醫生實現職業發展規劃的過程中，威爾集團也在不斷探索者自身的商業模式，根據大多數醫生的需求動態調整自身的業務範圍和結構。例如，威爾集團去年成功實現了兩項醫療成果的轉化落地，幫助醫生實現產學研的項目對接，這也是在林子洪看來未來收益最值得期待的部分。

（二）從實際出發避免互聯網"萬金油"

聯合醫生集團模式從誕生之初就帶有明顯的"互聯網基因"，其中不乏通過網站、移動 App 等平台建立醫生與患者之間的互動與匹配關係，更有甚者打出"網紅"醫生、粉絲流量等概念。

在互聯網思維中，粉絲決定轉化價值是核心理念，然而醫療並非普通的消費品。一方面，醫生即便擁有大量粉絲，也並不意味着每個人都會去看病；另一方面，擁有互聯網思維的主要是年輕人，但就醫需求更大的老年人、以及重病急診患者則不會成為粉絲。因此，這些互聯網平台往往和實際醫療脫軌，無法完全滿足線下醫療的需求。

林子洪正是認識到將互聯網思維作為"萬金油"的問題所在，在 2014 年率先開辦了線下實體的威爾醫院，並且致力於改進傳統醫療模式，提供高效、優質的醫療服務。例如，公立醫院的藥品、器械需要經過層層申請、招標採購，採購模式極不夠靈活，而在威爾醫院，只要患者有需求，就能夠隨時定製採購相應器材，提供最佳治療方案。

作為醫生集團，想要整合一批具有專業學科背景、甚至大多"學霸"出身的醫生也並不容易，除非創始人有同樣的專業背景，否則很難與醫生有效對話。如前所述，林子洪作為年輕一代骨科醫師中的佼佼者，已得到圈內的專業認可，整合醫生資源自然容易許多。在威爾聯合醫生集團內部，也頗有學術專業的溝通模式。如果合夥人之間出現意見分歧，會以專業判斷來解決。如果誰也無法提出專業意見，則會讓實踐說話。

（三）企業創新發展要比政策"快一步"

醫療作為公共服務資源，往往容易受到政策的影響。譬如醫師多點執業政策放開前，公立醫院的醫生要想開私人診所或在民營醫院兼職，只能選擇辭職。林子洪沒有選擇一味地"等待"醫療政策的改革，而是通過體制外的醫療創新打破傳統固有模式，成為醫療政策改革的推動者。他辭職創辦威爾醫院，正是希望打造醫療改革的試驗場，將具有創新意義的醫療管理、醫療培訓、醫療科研轉化以及醫患關係等模式放入試驗場中，經歷市場化實踐的檢驗。

如今，多點執業、互聯網醫療以及分級診療等等醫改政策逐步推進，而這些無不是林子洪已經在做或正在推動的方向。但政策的發佈到政策的落地仍然需要時間的消化，例如目前公立院醫生想開私人診所仍然面臨諸多審批困難等等，但林子洪相信，"改革沒有回頭路"，政策肯定會越來越開放，越來越符合醫生和病患的實際需求。因此，在體制外創新醫療商業模式的前提無疑是要把握好政策改革的方向，而醫改的方向一定是學習國際先進的醫療制度經驗，真正解決國內醫療系統的痛點。

（四）抓住粵港澳大灣區發展新機遇

適逢國家發佈《粵港澳大灣區發展規劃綱要》和《廣東省推進粵港澳大灣區建設三年行動計劃（2018—2020 年）》的出台，聯合醫生集團抓住了粵港澳大灣區發展新機遇。2019 年 6 月至 7 月，二十名香港的實習生在聯合醫生集團進行了一個月左右的實習。目前處在粵港澳大灣區融合發展時期，聯合醫生集團也在積極申請廣東省科技廳 "2019—2020 年度粵港澳科技合作專題"，舉辦更多粵港澳三地青年舉辦創新創業培訓交流項目，以期以後可以形成傳統，使香港青年更多認識內地，助力灣區融合發展。

"目前我們正在將聯合醫生集團推廣到港澳地區的群體，一方面我們希望能夠將香港的醫生引入大灣區執業或創業，另一方面也希望我們的醫療資源能夠為港澳的普通老百姓提供服務，畢竟內地的醫療服務相對比較便宜，對港澳市民會有一定的吸引力，只是需要有權威優質的醫生去推薦。"林子洪說。

四 有待一進步研究的問題

聯合醫生集團要想打破傳統固有的醫療模式，必然會和代表傳統醫療模式的公立醫院產生利益衝突。如何協調好與公立醫院的關係，與公立醫院形成業務上的互補與對接，做好公立醫院的術前術後等醫療輔助工作，讓公立醫院的醫生集中精力處理疑難雜症患者的關鍵治療環節，同時為公立醫院更加精準地定向輸送合適的病患，這些仍有待進一步的深入研究。

五 大事記

2007 年，獲 "吳階平醫學基金" 獎勵，參加香港中文大學實習醫生交流。

2009 年，榮獲 "中山大學優秀畢業生" 稱號，"廣東省柯麟醫學獎" 稱號，於中山大學附屬第一醫院骨科醫學部工作，同期赴芝加哥大學 RUSH 醫院和西北大學北岸醫療系統進行學習和擔任訪問學者。

2010 年，獲 "全球關節鏡基金" 獎勵，赴芝加哥西北大學進修。

2011 年，獲 "韓國中央大學現代醫院運動醫學基金"，赴韓國首爾進修。

2012 年，在廣東省人民醫院骨科工作，同期赴香港伊莉莎白醫院運動醫學科擔任訪問學者。

2013 年，獲 "廣東省人民醫院青年崗位能手" 稱號，赴澳大利亞西澳大學骨科部、研究中心及美國南加利福尼亞骨科醫院關節外科當訪問學者，獲 "全球關節鏡基金培訓" 北美關節鏡學會軟骨治療新技術。

2016 年，獲 "廣州市天河區高層次人才" 稱號，在廣東威爾醫院的基礎上成立了 "聯合醫生集團"，獲 "廣東省首張醫生集團牌照"。

2018 年，憑藉 "聯合醫生孵化器" 孵化器項目，獲 "青創盃" 第五屆廣州青年創新創業大賽越秀區總決賽中企業成長組第一名，在 "青創盃" 第五屆廣州青年創新創業大賽總決賽中獲得了大賽企業成長組一等獎，獲評 "越秀區創業之星 / 創新人才"。

（訪談整理：張豔）

第十四章

金華佗中醫執業平台：從中醫教育抓起，

給百姓的生活日常添味"黃芪"

訪談人物：	戴韻峰
擔任職務：	金華佗創始人、CEO
所在城市：	香港
所處領域：	中醫培訓
創新類型：	商業模式創新
關鍵詞：	標準知識體系、中醫人才教育、私人定製服務
訪談時間：	2019 年 4 月

我們希望中醫線上顧問能夠作為每個家庭的健康嚮導，給不同家庭提供個性化、定製化的健康諮詢服務。

——戴韻峰

一 人物故事：用行動將中醫理想付諸實踐

很長時間以來，中西醫之爭都是社會討論的熱點。而當大多數人對中醫提出質疑的時候，他勇敢地站出來為中醫 " 喊 "；當大多數人對中醫治療不信任的時候，他用實際行動創新構建中醫知識標準化體系，創辦中醫教育培訓的線上平台。

讓中醫走進每個家庭，守護每個人的健康生活，是戴韻峰一路走來的初心。從年少時萌發從醫理想，到大學時着手搭建中醫知識數據庫，畢業後正式創立 "金華佗" 中醫線上平台，戴韻峰用了十幾年的時間將自己的理想付諸了實踐。

（一）立志：自身經歷出發樹立從醫理想

俗話說 "久病成醫"，戴韻峰對中醫事業的人生理想是在 "中藥罐子" 裏萌發的。小時候由於體質不佳，戴韻峰常常需要吃中藥調理身體。到了初二那年，戴韻峰因感冒引發了急性肺炎，不得不休學接受治療。

戴韻峰是江西人，父母帶着他一路北上協和醫院，南下又輾轉中山大學附屬醫院。經過治療，戴韻峰的病情得到了控制，但身體仍沒有恢復到原先的狀態，因此要靠吃中藥調理，直至身體完全恢復健康。

這次生病的經歷對戴韻峰來說不僅是一次身體的考驗，也在潛移默化中影響着他的人生志向。在一年多漫長的治療時間裏，當同齡的孩子在學校讀書上學，戴韻峰則是在病床上與醫生、藥片打交道。百無聊賴之下，戴韻峰讓爸媽買醫學相關的書籍來讀，他迫切希望從書本裏學習到更多醫學的知識。

對於十幾歲的孩子來說，所謂的醫學知識可能遠談不上專業，更多的是他親身經歷獲得的感受。從病痛中恢復健康讓戴韻峰感受到"生命的價值"。從那時起，他的內心埋下了未來從醫的理想種子，希望自己長大後能夠做一名醫生幫助其他人。

（二）反思：中西醫比較反思確定人生規劃

戴韻峰高考順利考入廣州中醫藥大學（以下簡稱"廣中醫"）七年制的中西醫結合專業，曾經的理想開始生根發芽。但進入廣中醫學習後，戴韻峰注意到，中西醫之爭在廣中醫這樣一所醫藥專科高校內仍是爭論不休的話題。"當時我的室友就常常爭論，有人力挺西醫，認為中醫完全沒效果；也有人給中醫站台，認為西醫吃藥不管用。"戴韻峰說。

自身的經歷給了戴韻峰不一樣的思考。在他看來，中醫和西醫各有所長。西醫精準但穿透力強，很容易誤傷身體其他部分，中醫則像是太極拳，猶如在一個黑箱裏不停地遊走。而最好的治療方案應該是圍繞病人制定的。"如果從專業的立場來說，爭論中醫和西醫誰更有效是沒有共識的。但回歸到具體的人，病人只會考慮他的病情幾天能好轉，治療效果如何，而不是去將中醫或西醫當作信仰。"戴韻峰說。

按照學校的教學安排，中西醫結合專業到大三後要進行"分流"。戴韻峰選擇了中醫，因為他深刻地感受到中醫需要更多的人去努力。從小的就醫經歷和大學的學習讓戴韻峰為中醫的尷尬境遇忿忿不平，他希望自己能夠投身到中醫事業中，為中醫"正名"。

（三）創業：從校園比賽到兼職創業初心不改

從古至今的中醫古籍文獻浩如煙海，要對每本醫書中的病情描述了若指掌並非易事，不同的中醫典籍對同一概念也常有模糊的語義。戴韻峰開始思考如何將中醫各種典籍上的知識進行標準化、系統化，並導入線上平台以便搜索查閱。

通過參加各類校園比賽作為項目補貼，戴韻峰帶着師弟師妹們着手搭建中醫標準知識體系平台。在學校七年期間，戴韻峰幾乎每年都堅持參加全國大學生科技創新創業比賽"挑戰盃"，通過比賽不斷完善平台的搭建，直至畢業前獲得全國一等獎的成績。

2012 年的畢業季，創業的衝動在戴韻峰心中翻湧。他一度打算直接創業，但考慮到作為應屆碩士畢業生，他既無資本也無資源，只好將內心的湧動暫且擱置，按部就班地進入廣東省中醫院工作。

醫院科室的工作給戴韻峰提供了不錯的待遇和生活保障，但每天循規蹈矩的工作遠非戴韻峰理想的人生。"我們每天有半天的時間出診看病，剩下半天時間幾乎都在寫病例，精細到每個標點符號都要仔細推敲。"戴韻峰說。

戴韻峰的創業初心從未褪色半分。早在 2013 年，戴韻峰就未雨綢繆地註冊了深圳金華佗科技有限公司，私下繼續完善中醫標準體系知識庫。這段時期，戴韻峰每天過着長達十幾個小時高強度工作的生活，白天在醫院正常上班，晚上回家處理公司的事情。不僅如此，由於創業初期公司暫時沒有實際收益，他還要從自己在醫院工作的工資中拿出一部分補貼創業公司的開支和人員招聘。

當時，戴韻峰的目標是做中醫版的丁香園，"西醫有丁香園的網上平台，而中醫在網上什麼也沒有，我想自己最差也能做出中醫版的丁香園。"

（四）上岸：順利"上岸"拿到資本的橄欖枝

融資和招募合夥人，是戴韻峰創業路上面對的兩大難題。戴韻峰談到，他曾經一度瘋狂地找投資人找團隊，一個月下來積累的名片有數百張。其間，因對融資規則尚不熟悉，他差點遭到昔日同窗好友的"套路"。招募合夥人也狀況不斷，有合夥人忽悠股份，有合夥人突然玩失蹤，還有合夥人"一言不合"刪程序走人……

直到 2015 年，戴韻峰終於拿到了自己一直渴望的"橄欖枝"。2014 年 12 月，戴韻峰參加了中英創業大賽中國賽區。比賽中，戴韻峰為中醫"喊"的勇氣和堅定打動了現場的投資機構，在現場三十多個機構中獲得了二十七票贊成票，一舉獲得大賽的季軍。賽後，有兩家投資機構找到戴韻峰。"金華佗"成功獲得五百萬元的天使輪融資，預估市值達到三千萬元。

某種程度上，戴韻峰能夠順利"上岸"得益於當年"大眾創新，萬眾創業"帶來的資本熱潮，以及互聯網經濟的蓬勃發展。戴韻峰坦言，當時推出的中醫知識標準化平台仍然存在一些短板。由於該平台類似於"百度"，僅能為用戶提供搜索服務，沒有引流的後端服務，流量的跳出率非常高，盈利模式也並不清晰。"如果按照現在投資者的眼光，可能就不會投我們了。"

隨後，金華佗一路發展迅猛。2016 年，金華佗打通線下中醫館建設，同時完成千萬級別的 Pre-A 輪融資，2019 年 8 月金華佗又完成 A 輪融資，出資方為供銷資本管理（北京）有限公司和某健康產業上市公司董事長。

藉助資本的東風，金華佗從醫患診療到線下中醫館，再到如今轉型中醫教育培訓，逐漸探索出具有長期發展前景的中醫創新商業模式。作為創新創業的弄潮兒，戴韻峰天性樂觀堅強。雖然創業的過程波折，但他從不猶豫，一旦確定是正確的事情就會立馬執行，哪怕需要將以前的制度全部推翻，並且帶來很多的麻煩，他都會堅決去行動。

二 案例分析：搭建中醫知識平台延伸後端服務

（一）中醫標準知識體系平台搭建基礎

長期以來，中醫遭到質疑的核心即中醫的語義模糊與缺乏標準化。比方說，中醫中常說"氣血兩虛"，這個詞涵蓋的內容非常寬泛，"氣"包括心氣、肝氣、脾氣、肺氣、膽氣和腎氣等，"血"也包括了心血、肝血、腎血等，四字組合後包含的具體情況多達五六十種。語義的模糊讓不同人對病情的理解存在分歧和偏差，相應給出的治療方案千差萬別，中醫療效也沒有統一的評判標準。

為解決此問題，從《傷寒論》《內經》到《金匱要略》《溫病條辨》，戴韻峰首先將中醫典籍、教材中的語彙知識做精細化處理，拆解為最小單位的元數據，由此形成結構化的數據庫。其次他將這些中醫條目做好標引，與中醫教材、典籍一一相對應。比如"失眠"在各個中醫教材或古書中的表達千差萬別，有"眠差""不寐""少眠"和"夜醒"等各種說法，這就只能依靠人工去判斷這些詞在不同書籍裏的意義。為保證判別的專業準確，戴韻峰先讓中醫院校的博士、碩士做人工判別，再請科室主任醫師來做覆核複審。

據介紹，戴韻峰及團隊成員歷時兩年半整合了約八百本中醫書籍、七千味中藥、六萬首方劑、四百多個中醫穴位，中醫主題詞總計有十五萬條。在此基礎上，戴韻峰還開發了金華佗中醫助手平台，只要是稍微常用的固定搭配，用戶都可以在數據庫中檢索查詢。

2012 年，這個數據庫"搬"上了"金華佗中醫助手"微信公眾號，除提供中醫知識查詢外，還提供最新中醫資訊和健康知識。據介紹，微信公眾號開通後即成功吸引了七萬多名粉絲。

（二）探索平台後端問診 + 就醫 + 培訓服務

搭建中醫標準知識體系平台尚難以實現商業變現，平台後端的商業服務模式是關鍵。早期，戴韻峰的設想是通過中醫標準知識體系平台的金華佗 App 做線上中醫診療，患者通過 App 找到全國各地的註冊中醫師，付費問診，拍方抓藥，並給出診療評價。照此思路，戴韻峰便打通了線下中醫體驗館，打造"一站式中醫執業孵化平台"，形成線上和線下融合的 O2O（Online-to-Offline，線上線下整合）閉環。

但長遠來看，無論是線上中醫診療，還是線下中醫館的發展前景並不樂觀。互聯網診療本是大財團的遊戲，短期內需要大量燒錢留住醫生，同時吸引病患流量。因此互聯網診療短期內的盈利點大多在"賣藥"，很難依靠"賣服務"。長此以往，互聯網診療平台很容易在上下游兩端受到保險公司和藥廠擠壓，平台的利潤空間不斷被壓縮。隨着醫生多點執業政策的放開，中醫館遍地開花，重資產投入後無法獲得足夠客流，大多已瀕臨虧損。

2015 年，廣東省衛生和計劃生育委員會、廣東省中醫藥局聯合頒佈了《關於傳統醫學師承和確有專長人員醫師資格考核考試實施辦法》，為民間中醫從業人員考取醫師資格提供必要的條件和支持。適逢其時，戴韻峰及時調整了公司發展方向，正式啟動線上中醫師承教育，致力於培養中醫正規軍。

依託前期搭建的中醫標準知識體系平台，金華佗中醫師承為所有學員提供終身線上學習許可權，打造"線上視頻＋線下理論／實踐＋跟師"的學習模式，打造科學合理、適應時代的中醫師承教育體系。截至 2019 年，金華佗中醫在全國累計擁有四百名以上主任級中醫師作為師承導師，其中 70% 為三甲醫院主任中醫師，並與廣東省中醫院合作聯合打造師承實踐基地。[27]

（三）儲備人才讓中醫顧問走進每個家庭

中醫教育培訓同時也為儲備大量具備中醫專業知識人才奠定了基礎。戴韻峰希望未來能夠將中醫推廣到每個家庭的日常生活中去，讓經過培訓及資質認定的中醫人才走到前端成為家庭健康的守護者。中醫家庭顧問可以做到每天十六小時的在線陪護，並基於客戶的需求無縫對接市場上的中醫藥產品。在盈利模式上，中醫顧問作為家庭的健康嚮導，不依靠"賣藥"盈利，而是收取服務套餐費用。

其主要的目標客戶將是"留守"父母，讓中醫家庭顧問扮演"線上兒女"的角色。隨着越來越多的年輕人到大城市工作，"留守"老年人越來越多，這些老年人因缺少子女陪伴及相關的專業知識，面臨着虛假保健品推銷、乃至傳銷詐騙的諸多風險。戴韻峰希望，具備專業資質的中醫顧問能夠從早到晚在線陪伴這些父母，諸如每天早上說"早安"，晚上說"晚安"，午餐推薦營養搭配，不同節氣時令提醒養生知識，甚至還可以幫父母排隊掛號，將父母情況及時回饋給外地的兒女。

不過，要讓中醫真正實現家庭陪伴的功能，除了要積累大量具備專業資質的中醫人才，戴韻峰還需要考慮如何滲透到父母這一群體，並讓大家願意接受中醫健康

---

27 〈金華佗創始人以科技傳承中醫 榮獲大學生創業英雄十強〉，中國商業電訊，2018 年 4 月 27 日。

嚮導的付費服務模式。

三 啟示：以人才教育突破中醫創新瓶頸

（一）中醫創新突破關鍵在人才教育

中醫創新首先要"對症下藥"。當前中醫主要有兩大薄弱層面，一是臨床療效不夠顯著；二是科研缺乏創新，無法達到西醫的科研水平。在戴韻峰看來，中醫的這兩個問題歸根結底是"人的問題"。因此，中醫要實現創新突破，關鍵是改善中醫教育。

傳統中醫院校的教育是模仿西醫"生產線"的生產模式，每個人接受內科學、中藥學等訓練和學習。好處是實現批量化生產，理論水平比師承人員高，但也丟失了師承人員的專長與特色。中醫院校畢業的學生學習各類中醫教材，就好比"盲人摸象"，一百個人告訴你大象的某一部分，不如跟着一個人去看大象的全貌。因此，中醫院校"大雜燴"式的學習，往往只能讓學生了解中醫的"冰山一角"，實踐中的整體治療效果不佳。

中醫也並非包治百病。在戴韻峰看來，中醫教育要在對整體把握和認識的基礎上，集中一點做到精專，實現突破，比如有人可以專門治感冒，有人可以專門治失眠，這樣更可能成為某一種病的專家。

（二）中醫推廣要兼顧普及與個性化

如果用一味中藥形容自己，戴韻峰選擇的是黃芪。黃芪，《本草綱目》等記載認為它有益氣補虛的作用，也是流通量最大的一味中藥材。這恰恰反映了戴韻峰對中醫藥未來的期望，希望中醫能夠走進人們的日常生活。

中醫要實現創新，就不能束之高閣，而要走進每個人的日常生活。事實上，中醫的診療理念無處不在，這點在廣東人的日常生活中得到了最好的體現。比如，廣東人感冒要喝癍痧涼茶，祛濕要煮紅豆薏米湯，而煲靚湯更是對各種藥膳食材習以為常，兼美味與藥用功效於一身。

中醫普及化的同時也要兼顧個性化定製。中醫需要對症下藥，每個人的體質不同，同樣的時令需要進補調理的食材也很不一樣。家庭顧問走進每個家庭的日常生活後，更為重要的是了解家庭成員的身體狀態、飲食偏好乃至其他生活習慣，然後給出個性化的專業健康方案。

（三）團隊成長或滯後企業創新發展

不過，戴韻峰對中醫的理想要付諸實踐還有漫長的路要走。目前公司發展仍然處於較為早期的階段，面臨着諸多亟待解決的困難與挑戰。金華佗的核心業務即中醫教育培訓，其成敗的關鍵依然是"人"。

戴韻峰組建了自己的教研室，整理編寫一整套的中醫教材和教綱。但授課醫生的接受程度會直接影響這套中醫教學體系的實際效果，很容易讓這套中醫教學體系形同虛設。即便授課醫生掌握這套中醫教學體系，如果未能將授課醫生收編納入金華佗的合夥人，成為企業發展的中長期儲備，那麼金華佗依然將面對不穩定的風險因素。

團隊組織的成長也至關重要。作為創始人，戴韻峰的學習力和執行力都非常高效，一年至少要聽一千小時的課程，而要保持團隊的成長保持同步並不容易。直到2018年以來，公司的組織架構方才逐步穩定，各項業務有序推進。戴韻峰談到，金華佗的發展未來還需要搭建好平台，形成很好的激勵制度，讓有能力、願意奮鬥的人能夠"跑出來"，並得到相應的激勵。

（四）中醫是大灣區建設的一個文化載體

戴韻峰認為，大灣區建設需要核心內涵，一是經濟，一是文化，中醫藥可能是個比較好的文化載體，成為粵港澳大灣區融合發展的推動力。香港有很好的中醫市場基礎，但中醫師資力量不夠，尤其缺少專門成體系的中醫教育院校支撐。廣東省的中醫教育強過香港、澳門，有望與港澳合作，推進港澳人士來內地跟師學習中醫。

四 有待進一步研究的問題

中醫教育培訓要保證教學質量，金華佗不僅要形成一套系統的中醫教學體系，還要讓授課醫生接受其中醫教學理念，且留住這些授課醫生。如何能夠保證授課醫生理解金華佗的中醫理念，並貫穿到中醫教育培訓中？如何將金華佗的培訓人才充分利用起來，轉化為後續中醫進入家庭提供服務的人力資源？這些問題都有待進一步的深入研究。

五 大事記

2013年，成立深圳市金華佗科技有限公司。

2014年，金華佗中醫助手（中醫知識庫）微信公眾號上線。

2015年，成立廣州杜仲哥互聯網科技有限公司，獲中英創業大賽中國賽區季軍，獲得六百萬天使輪融資，互聯網中醫體驗館開業，線上健康診療App上線。

2016年，獲得千萬級別Pre-A輪融資；廣深加盟醫館八十家；線上華佗學院正式開播。

2017 年，正式邁入中醫教育行業，首批中醫師承學員公證。

2018 年，成為世界中醫藥學會聯合會一技之長專業委員會副秘書長單位。

2019 年，獲得千萬級別 A 輪融資，深圳、汕頭校區開業。

（訪談整理：張豔）

第十五章

雲嘉地產服務：致力美好生活服務商，

撬動傳統地產的"鋼筋水泥"

訪談人物：藍慶文等

擔任職務：陸加壹集團創始人、雲嘉集團創始人

所在城市：廣州

所處領域：房地產運營服務

創新類型：商業模式創新

關鍵詞：美好生活、吃睡養長、地產服務商、不良資產改造

訪談時間：2019 年 6 月

房子要滿足人們對美好生活嚮往的生活方式，從"吃、睡、養、長"四個方面提升人們的生活品質。

——藍慶文

一 人物故事：從"吃、睡、養、長"呵護美好生活

"世界上只有兩種生活方式，一種雲嘉生活方式，一種是其他生活方式。"區別於傳統地產模式，陸加壹希望給顧客的不僅僅是一套"鋼筋水泥"的房子，而是能夠滿足人們對美好生活嚮往的生活方式，從"吃、睡、養、長"四個方面提升人們的生活品質。

（一）從投資人轉型運營健康美麗業態

2004 年，藍慶文等七個初出茅廬的八零後因為共同的志趣、愛好而結識，從相識相知到選擇共同創業，十幾年來闖出一番事業，陸加壹由此創辦。"公司名字陸加壹的含義是說個人的時間、金錢、情感，公司平台的人、才、物，再加上學習力這七個要素來打拼事業。"藍慶文說。

創業之初，幾個年輕人沒有太多的經驗，全靠摸着石頭過河，走過不少彎路，最後誤打誤撞進入了健康美麗行業。陸加壹最早做的是投資生意，開始投資汽車等

智能防盜領域，後來又投資了健康美麗行業。七個年輕人只有投資業務的經驗，從沒有嘗試過自己開店，無奈之下只能硬着頭皮去做。在實踐中，陸加壹的幾個年輕人逐漸摸索開店的經驗，慢慢有了起色，且不斷擴大公司的業務範圍。"創業沒有十年八年肯定不行。大學畢業後，我們可以說是從有字之書到無字之書。"藍慶文說。

（二）從顧客美麗需求出發探索新模式

據其官網介紹，陸加壹集團是一家集美麗康養、技能培訓、產品研發、服務型地產、物業管理及金融、投資、互聯網等行業於一體的多元化跨國企業集團，旗下包括陸嘉、雲嘉、壹嘉、傳嘉四大子集團，構建全球性的商業生態。

四家子集團的主營業務各有側重，相互間又形成產業互補和聯動。陸嘉集團以健康、美麗、幹細胞等為服務核心，致力營造持續蛻變的健康美麗服務體系；雲嘉集團是以公寓別墅、酒店、家等為經營核心，致力構築持續進化的美好生活空間；壹嘉集團以資本、金融、基金等為運營核心，致力打造持續增值的存量資源管理平台；傳嘉集團以弘揚書畫藝術及茅台、普洱等典藏文化為使命核心，致力搭建持續昇華的國粹文化價值平台。

"雲嘉模式"是陸加壹旗下集團雲嘉集團的品牌項目。2016年，雲嘉集團以"全球好美好生活服務商"為使命，開始涉足服務型地產，創立了服務於公寓、別墅、酒店、家的"雲嘉模式"。該模式以優質地產項目為接入口，為業主提供超豪華的健康、美麗服務。

雲嘉模式的推出來源於陸加壹集團在健康美麗經營過程中對客戶需求的發掘。隨着在健康美麗行業的深耕，藍慶文及合夥人發現，有些高端客戶一年在美容店消費高達百萬元，從美白、補水到祛皺，但仍遠遠未能滿足自身的需求，總覺得"還少了點什麼"。

顯然，要真正實現高端客戶對"美麗"的追求，陸加壹光提供客戶到店的美容服務還遠遠不夠，要讓高端客戶足不出戶就能享受美容、美髮、美甲的專業服務，全方位地實現美好生活的願景。

"能不能將客戶的需求提列出來，打包到一個房子裏，做成一個產業？"藍慶文思考。當時藍慶文及合夥人也有想過"上門服務"的模式，但因健康美麗服務涉及到專業設備，服務人員每次帶設備上門並不現實。與其如此，不如按照美好生活的理念，重新打造一套房子，將陸加壹現有的服務打包進去。

（三）致力研究美好生活的"吃、睡、養、長"

2017年初，雲嘉正式開創公寓版1.0時代，一期公寓在廣州天河北落地，同時雲嘉正式提出“吃得好、睡得好、養得好、長得好”的四好生活理念。次年，雲嘉自主開發出“壹朵雲”管理平台，公寓版正式升級 2.0 版。通過“壹朵雲”App，顧客可以一鍵預約健康美麗服務、公寓預訂，且可以投資置業和線上商城等。

“壹朵雲”App 還能夠通過互聯網、雲儲存、大數據分析的技術，對顧客的健康美麗進行科學化、數據化、標準化管理。2019 年，“雲嘉模式”持續進化，公寓版 3.0 逐漸成形。除公寓外，雲嘉還推出了住家版、酒店版和別墅幾種模式。2020 年 6 月，“壹朵雲”App 再升級，小程序“壹朵雲空間”問世，業主、客戶可以在小程序進行住房、康美、營養一日三餐等預約服務。

坐在家中就可以預約享受到健康美麗美甲，按摩沐足養骨，每天三餐定製營養套餐和健康富硒水，臥室從枕頭到燈光全方位助益睡眠，管家二十四小時呵護健康生活，更有智能家居讓你一鍵開啟高效生活……可以說，雲嘉模式是如今人們對美好生活嚮往的集中體現。

陸加壹將“美好生活”具體到了人們的“吃、睡、養、長”四個方面。2018 年 10 月，陸加壹在清遠獅子湖成立“四好”研究院，專門研究如何實現“吃得好”“睡得好”“養得好”“長得好”。

據官網介紹，所謂“吃得好”，重點是“動靜豆主糧”，力求做到“營養均衡”，不僅注重食材品質，每餐提供有機蔬菜、富硒水、藜麥、五穀豆糧、亞麻籽油等好食材，還為每一位業主和顧客科學定製健康營養餐，讓顧客真正三餐吃得好。

“睡得好”，講究的是“認知睡眠”，除了裝飾、家居等硬件好外，還為業主提供智能睡眠系統，全程智能監控睡眠質量，讓睡眠過程智能化、數據化、合理化，全方位解決業主的睡眠問題。“睡得好”針對於睡眠障礙者的解決方法是“動靜不上下”——每天運動一個小時，每天打坐冥想一個小時，不補覺、不午覺，上床時間和下床時間準時。“睡得好”三大標準是：入睡快、入睡長、醒來準。

“養得好”則是陸加壹集團的優勢所在，其旗下品牌就包括了如修身堂、乾坤佰草、JK 等，長達十六年健康美麗服務的積澱，以及提供一對一的私人健康美麗服務。它講究“動靜分內外”，分為“康養”“醫養”“療養”針對不同人群，不同需求，進行個性化設置。

“長得好”的解決原理是“動靜有乾坤”，為業主設置“人生百年計劃”，達到人生的成長和細胞的逆生長，為顧客提供幹細胞修復、細胞年輕化等服務。

二 案例分析：依託產業基礎，引入專家團隊

陸加壹堅信，不以採集數據為基礎的健康都是“耍流氓”。“吃、睡、養、長”

作為"雲嘉模式"的核心，一直由"公共式""個性式""交集式"三式服務輔助落地，真正讓業主、客戶享受最優質、最科學的健康美麗服務。

（一）集團多元化業務奠定基礎

走進陸加壹集團總部，從裝修風格到喝水飲食都在貫徹"四好"生活的理念，尤其是"吃得好研究中心"就設立在公司內部，並在公司餐廳率先實行。"己所不欲，勿施於人。我們推薦給高端客戶的，一定是自己也認可的。我們自己經常都是先做小白鼠。"藍慶文說。

無論顧客選擇雲嘉公寓、酒店、家還是別墅模式，都可以享受到雲嘉在睡眠、飲食、護理和康體等美好生活各個方面的精心周到服務。

"雲嘉模式 3.0"將雲嘉模式在品牌塑造、工程管理、行銷系統、財務管理、人力學院、壹朵雲運營系統、四好設計研究院七個模塊進行打造，模塊化、系統化、以滿足業主對於美好生活的追求為目標去延伸，去落地。目前陸加壹計劃將在未來的三至五年快速的在國內一線城市"北上廣深＋杭州＋成都"六大城市進行快速裂變，將雲嘉美好生活的模式進行全國推廣。

近年來，地產商、物業公司在運營高端住宅或公寓中都在不斷融入更多的上門服務項目或元素。雲嘉模式最大的特色是提供的服務更加多元豐富，尤其是康體美容方面的專業服務是一般的地產商和物業公司很難觸及的。

人們對美好生活的追求是方方面面的，雲嘉模式的創新與陸加壹集團整體的多元產業架構與佈局密不可分。據其官網介紹，陸加壹集團旗下品牌囊括了香港修身堂、JK 奇積、賽貝斯、微科國際、乾坤佰草、乾坤香養、養延年、壹創餐飲等，並且擁有線下實體連鎖店舖的運營，這才讓雲嘉模式實現線上"一鍵下單"，成為健康與美麗的綜合性商業平台。

在集團多元化業務的基礎上，陸加壹創新地將服務元素與地產物業的運營相融合，以期實現了 1+1>2 的整體效應。一方面豐富地產物業的價值，陸加壹在市場形成了自己獨有的特色商業模式；另一方面通過地產物業的運營，陸加壹為原有產業開拓了應用場景，解決顧客"最後一公里"的生活需求。

（二）盤活房地產不良資產的處置增值

陸加壹集團旗下的子集團壹嘉集團是針對金融機構、類金融機構的不良資產、有重組需求的問題資產及債權等進行收購，並通過價值挖掘、分析評估、風險管控、法務處置、成本管控、策劃運營、價值提升、行銷推廣、經營管理等方面完善"募、投、管、退"各個環節。

雲嘉模式主要盤活的正是壹嘉集團低價收購的房地產類不良資產。這類不良資產往往來源於企業自身違規建設、債務糾紛，或外界經濟環境、行業政策及市場環境變化，相關房產、地產等抵押物成為不良資產，包括但不限於土地、爛尾樓和存量房等。

在限購、限售、限貸、土地供應增量等房地產政策調控下，中小房地產企業的周轉變現速度下降，債務違約風險加劇，房地產不良資產的增長空間巨大。針對房地產不良資產，收購方除了要對之前的信貸和風險加以處置並引入資金，更加重要的就是對資產重新進行管理運營，實現高回報收益。

陸加壹創新性地將壹嘉資本注入到健康美麗產業鏈，利用雲嘉模式盤活房地產類不良資產，一方面解決了不良資產的問題實現了處置增值，另一方面降低了雲嘉公寓的建造成本。據藍慶文介紹，以雲嘉公寓一期為例，不良資產的收購價格約在每平方米一萬元，改造成雲嘉公寓並配備服務後的價格大概能達到每平方米四萬元，比周邊的房價還要高出一倍，算下來能拿到一半的利潤。

不良資產的處置很重要的因素就是資金，但為保證項目初期的穩定運行，陸加壹集團前期的投入都來自自有資金，因此不會受到資方的影響。"這就好比種子剛開始要好好保護，等發芽破土後再向外界借點陽光和雨露。"藍慶文說，"作為一個好的創業項目，專業的資金資本設計也是非常重要的，適時借用優質資本進行運作也是能夠快速推廣雲嘉模式的重要砝碼。"

（三）引入外部專家團隊聯合研發

為保證顧客得到專業、權威、科學、合理的"四好"生活，雲嘉集團聘請了諸多營養學、睡眠研究、神經科等資深專家作為顧問。

據雲嘉官網營養學專家介紹，人體健康很大程度上跟膳食有關，而吃得好其實就是吃得健康，所以膳食要合理搭配，才能做到既好吃又健康。關於飲食和健康，"吃動平衡"是關鍵。真正的健康，需要做到"三減三健"。"三減"是減鹽、減油、減糖；"三健"是健康骨骼、健康口腔、健康體重。

2019年10月，雲嘉成立首個業主"四好"服務共用空間，為雲嘉公寓一、二期業主提供更加完善的生活配套。業主不僅能夠體驗到雲嘉兄弟集團——陸嘉集團口碑甚佳的美容、美髮、美甲、微整、養骨、養經絡、幹細胞、重金屬排毒等美麗、康養項目，還可以在這裏品普洱、吃定製的專屬營養餐。據雲嘉官方介紹，未來會邀請更多的專家、學者不定期舉辦健康講座，向業主傳授健康、美麗的相關知識。

三 啟示：房地產轉型美好生活服務商

（一）追求"美好生活"契合社會發展

黨的十九大報告明確指出："中國特色社會主義進入新時代，我國社會主要矛盾已經轉化為人民日益增長的美好生活需要和不平衡不充分的發展之間的矛盾。"

經過改革開放四十年，中國經濟實現了飛躍式發展，人們的生活水平顯著提高，對美好生活的嚮往愈加強烈。人們不僅需要滿足基本的物質生活需求，而且期盼能夠擁有更舒適的居住生活條件。雲嘉模式所宣導的"吃得好，睡得好，養得好，長得好"恰恰契合人們對美好生活的嚮往，從各個方面解決提升人們的生活質量。

（二）傳統地產轉型專業服務型地產

近年來，隨着中國購房政策縮緊，尤其是"房住不炒"政策背景下，國內房地產市場進入調整期，傳統房地產商紛紛尋求轉型升級，開始涉足跨界多元化的業務，如新零售、健康、養老、文旅等等。原本以"增量開發"為代表的地產行業，逐漸過渡到"存量運管"的下半場，越來越多的房地產商通過與多元產業的結合，向"服務運營商"轉型。

房地產行業的轉型為其他擁有一定產業基礎的企業提供了機會。陸加壹正是在房地產轉型的背景下，依託原有健康美容的產業資源，加入了地產服務運營商的隊伍。通過收購不良資產，陸加壹對原有物業改造升級，融入美容、健康、膳食等服務元素，從而顛覆傳統房地產行業。

尤其在粵港澳大灣區建設的背景下，"建設宜居宜業宜遊的優質生活圈"被確定為五大戰略定位之一。港澳人士及高端人才對食品安全、居住環境、空氣質量等各方面生活品質要求更高，雲嘉模式或能夠滿足這類人群對"優質生活""美好生活"的需求。目前，雲嘉模式暫沒有專門針對港澳人士的業務，但市場空間巨大，亟待挖掘其中的商業潛力。

（三）跨界創新模式仍需謹慎面對風險

創新商業模式在探索之初，往往面臨外部環境和企業內部的一系列風險。從外部環境來看，雲嘉模式將健康美容融合進物業運營，可能會面臨法律、監管等方面的模糊地帶，因而帶來一定的風險。為保證健康美容服務的合法合規，雲嘉模式採取了"打包服務"的模式，將服務費折合到房價中，客戶可享受三到五年全免費的服務或一定消費額度的服務。

從企業內部的角度出發，不同於傳統健康的美容消費模式，陸加壹對物業的改造升級及持有週期較長，自持物業的重資產模式也可能會對陸加壹帶來一定的資金周轉風險。尤其是當前國內經濟形勢下行，一方面融資難度加大，另一方面自持物業也會帶來一定的資本回報壓力。

四 有待進一步研究的問題

目前雲嘉模式推出的時間不長，未來市場發展如何仍有待觀察。對於陸加壹來說，如何有效解決可能面對的監管風險？如何保證資金周轉順利？如何深度匹配市場需求，形成可持續的良性發展？這些都仍待進一步深入研究。

五 大事記

2017 年 1 月，雲嘉公寓首個項目——位於廣州天河的雲嘉翡翠公寓一期正式開業。

2017 年 3 月，雲嘉翡翠公寓一期售罄，"雲嘉模式"公寓版 1.0 正式成型。

2017 年 12 月，雲嘉開發翡翠公寓二期，醞釀"雲嘉模式"公寓版 2.0 升級迭代。

2018 年 4 月，啟動"佈局全球"計劃。赴泰國、日本、印尼考察，"雲嘉模式"獲得海外人士認可。

2019 年 5 月，雲嘉公寓三期——東風東路項目收購成功，醞釀"雲嘉模式"公寓版 3.0。

2020 年 6 月，微信小程序"壹朵雲空間"上線，業主可以在小程序進行住房、康美、營養一日三餐等預約服務。

（訪談整理：張豔）

第十六章
薈森智能家裝：新型家裝與行業痛點的智能化博弈

> 訪談人物：李興斌
>
> 擔任職務：國家"千人計劃"專家，珠海薈森科技有限公司總經理
>
> 所在城市：珠海
>
> 所處領域：家裝行業
>
> 創新類型：商業模式創新
>
> 創新關鍵詞：智能家居、輕型模式、樞紐鏈接
>
> 訪談時間：2019 年 5 月

創新最重要的事情，是要對某一個用戶群體特別有價值。

—— 李興斌

一 人物故事：歸國精英引領嶄新業態

（一）取捨與去留：背景經歷與前期積累

李興斌大學畢業後，曾進入中國最大的國有家具製造企業工作。兩年後的 1999 年，他毅然選擇去做"一個很有含金量的事情"——赴英留學，並取得工程學碩士學位。2000 年，正在讀博的李興斌被獵頭挖掘，一番思量之後，他捨下正在攻讀的電子工程博士學位，進入一家英國互聯網公司，擔任崗位技術研發工作。短短幾年後，他便與外國合夥人一同開了一家網絡諮詢公司，積累了一定的技術與經驗。

2009 年，放洋十載的李興斌帶着技術經驗和赤誠熱情回到祖國，結合早年的國內工作經驗及自身對行業的理解，敏銳地發現了市場需求，一家以專業家居軟件為主打產品的科技公司——北京諦力泰克科技有限公司在北京中關村誕生，即薈森公司總部。總部公司成立之初，主要業務是為英國、香港和內地重要城市提供 ERP（Enterprise Resource Planning，企業資源計劃，以管理會計為核心可以提供跨地區、跨部門、甚至跨公司整合實時信息的企業管理軟件）發展技術服務。

2014 年，公司成功轉型，成立軟件事業部。由於定位清晰，技術專精，對行業貢獻突出，產品不僅迅速佔領市場，公司還在一個月內獲得著名風投的一千萬元投資。隨着公司規模的逐步擴大，技術的不斷升級，在英國工作、創業十幾年的軟件研發專家聯手中國家具行業頂級行銷專家，共同打造了一支充滿創造力和活力的團隊，並於 2016 年在珠海橫琴註冊成立珠海薈森科技有限公司，旗下產品以"喜雲" App 等為代表。

"行業需要一個工具，用這個工具把需要的產品搭建出來，這個工具和搭建的過程，要讓每一方都能看到、都能參與、都能滿足各方的需求。"李興斌在談及技術創新初衷時這樣說道。瞄準當時家居行業多方溝通難、配合難、成體系難等痛點，公司團隊通過研發創新工具技術與開拓商業模式，一步步深入行業當中，成功開創了嶄新的行業業態與行業模式。

（二）奠基與創新：引領業態的新工具與商業模式新渠道

1. 貨不對板與耗時費神：層疊的多重障礙累積形成行業痛點

中國傳統家居行業的最大問題是客戶、設計、裝修、工廠、運輸等各方之間交流的障礙。"方案裏華美的牆紙、高雅的地毯，這些效果圖中的物品在市面上其實根本買不到。當施工人員退場，客戶進場的時候，才發現硬裝出來的效果跟最開始的設計出入較大。但這時候款已經基本上付完了，就算發現貨不對板，改變的可能也已經很小了。"初期設計時業主的缺席與設計的包攬，施工過程中的供料與選擇的渠道雙向受限，參與各方之間溝通的不徹底、不直接，沒有一個直觀、立體、多維度的精準場景模擬平台，是長期存在的行業難題，也是傳統業態發展的一個瓶頸。

對設計者、供貨者、施工者等家居行業的其他參與者而言，家居行業中所存在的弊病是多重的。設計者首先面臨着客戶意願表達不夠直觀、自身理解還原存在偏差的問題，最終可能導致交付時的落差，由此引發矛盾；供貨者則苦於無法匹配設計方案中的呈現效果，批量製作的產品，客戶不愛用，指定的樣式原料，因為不起量，開模成本高昂而無法負擔；施工者更是無法回避"羊毛出在羊身上"的難題——由於客戶一開始就對方案參與不足，方案又因為要以簽單為優先原則而進行了視覺效果上的過分渲染，工廠無法在合理的成本範圍和利潤收益下提供配套的貨料，物流、安裝、材料等一應成本都落在身上。這樣一來，傳統家居行業鏈條中的每一環節都存在堵塞點和問題，這是市場中亟待填補的空白。

2. 從"喜雲"到樞紐：為迎擊痛點而不斷創新的技術工具與商業模式

事實上，自總部公司創立以來，李興斌及其團隊早已成功憑藉 SaaS（Software

as a Service，通過網絡提供軟件服務）模式在業內已穩居辦公領域三維家居移動互聯軟件市場佔有率首位。面對日益廣闊的市場需求，迭代更新的技術發展，尤其是泛智能化時代的到來，薈森公司逐步進行有目標、有規劃的創新，向民用家居及全市場領域進軍，確立和引領了一種全新的參與方式與商業模式。

首先，團隊從技術出發，在保持原有技術優勢的同時，對工具軟件不斷進行創新和升級，把已在辦公家居領域取得巨大成功的視覺化家居軟件轉移到民用家居領域，實現了專業技術領域的突破。最典型的代表是喜雲 App。軟件以 AI 服務及移動終端裝載為亮點，從線上客服、到智能測量、圖紙繪製、用具選配、色版模擬、三維場景生成等每個階段、每處細節，都支持線上實時 CAD（Computer Aided Design，電腦輔助設計）文檔，支持多方隨時修改和互動，支持供貨方按照 1：1 標準進行圖紙與實物的配套。軟件極大地簡化了從初始溝通到設計交付的中間過程，最大限度地節省了時間與距離成本，將一切可智能、可遠端、可"縮在手機裏"的操作變成現實，不僅實現了公司本身從前期市場走向全市場領域的技術創新，更實現了對行業瓶頸的多維突破。

其次，對客群定位的升級和擴容，將裝修工長、廠商等各方納入行業鏈條當中，有針對性地考量不同群體的需求，並在軟件中提供精準服務，滿足不同客群的訴求。在過去的家裝模式下，只有客戶與設計、設計與工廠、廠商與工長之間的單向關聯，忽略了各方之間延伸的溝通需求。基於這一點，公司不斷在技術層面上對工具軟件加以完善，聚焦於產品本身，為每一種類型的客群需求提供相應的解決方案。

以喜雲為例，這款軟件所有端口的下載和安裝都是免費的，這意味着以業主為主要代表的消費者沒有使用門檻，對於 C 端用戶數量的長期增長是一個重要保障；門店設計、經銷商、工長等群體，以會費形式選擇付費，支付會費後可以獲取無限量的素材、無限量的樣板間、無限量的模塊，滿足和解決 B 端用戶的設計、建模、樣板等需求。這樣一來，使用免費版本的消費者持續增長，使用收費版本的行業者平穩獲利。如今，安裝喜雲 App 的消費者已逾千萬，經營者則有百萬之眾，通過這樣的良性循環，薈森以技術革新的方式實現了多贏。

再次，薈森創新性地打破了原有的對接壁壘，開立了一種全景的、動態的、聯通的商業模式。從單向、隔斷的商與量、買與賣、產與送、修與裝，升級創新成多向、匯通的靈動鏈條與樞紐渠道，顛覆了傳統的商業模式。聚合連動整體行業鏈條極大地節省了鋪面租賃、人力資源和耗費於讓意向落地的時間成本。從前，家居市場上的主要銷售模式依賴實地賣場、設計公司樓面，諮詢、測繪、設計、修改、物流、安裝、開模等成本，在傳統行業模式下也難以壓縮。使用手機軟件則沒有房租，創新的技術理念能夠同時聚齊"三頭六面"的參與者，搭建高效的意向溝通平台與場景模擬工具。與傳統方式相比，移動視覺化家裝技術帶來的體驗飛躍與效率升級顯而易見。

當整體鏈條和渠道被打通以後，原本模式之下的固定成本急速蒸發，賣場成本的急降讓利潤空間大有可圖；設計、測繪和修改的時間與人力成本皆為人工智能所解放；工長群體依託新模式下的渠道和鏈條基礎，能夠更完善、更便捷地進行工作和服務；工廠則簡化了生產程序，升級了供應鏈條。工廠配備自己的電商部門，直接負責物流和安裝等後續環節，繞開因賣場而產生的高昂成本，只加一點毛利就可以送到客戶手中。創新的商業模式指向了渠道的暢通，真正實現多方的聚合、聯動和互贏。

"行業會告訴我們，行業需要什麼。"這一直是李興斌及其團隊堅持技術升級、開拓新型模式的風向標。"喜雲"背後的技術與理念，不僅是對傳統行業痛點的突破，更是對過往商業模式的創新。以"喜雲"為代表的軟件工具不僅成為薔森公司自身的創新亮點，更成為行業內的創新高度與技術標杆。技術帶來理念，模式開創時代。一個不再耗時、不再有隔障的家居領域業態正在生成，一個"人人都是設計師"的時代正在到來，一個從藍圖到實物一條龍，且價格極具優勢的商業服務模式正在開啟。

二 案例分析：打開思維疆壁，看清行業態勢，廣納參與群體

家居行業的參與者相當廣泛，從消費者到設計者，從設計者到施工者，從施工者到生產者，甚至從生產者延伸到物流供應、安裝配套等等一系列服務，都是這個市場的組成部分，缺一不可。而這個行業裏存在的一些固有問題，也是多方因素共同造成的。過去想要解決這些頑疾，往往只着眼於短期目標，只對其中一環進行思考和改進。無論是設計方案如何改換，施工合同如何變動，都只觸及了整個鏈條當中的一個小節，耗時費力不說，對改變固有業態中的問題也幫助不大。

行業創新者必須認識到，市場客戶絕不僅僅是終端的一小群業主，所有的參與者，包括企業、工廠，實際上都是整個市場的客戶群體。他們各自之間存在着層級遞進和互相交錯的供需關係與服務鏈條。一旦看清這一點，當客戶群體被鎖定以後，針對客戶需求的產品理念就得以問世：一款不再單向、不再耗時、不再徒有其表的全場景搭建工具就此給行業痛點奮力一擊，不但為各類客群提供了不同的解決方案，同時還以此為中心，聚焦於技術本身，開立了一個嶄新的商業模式與供應渠

道。對改變最為敏銳的市場本身也回贈這類創新商業模式以最好的禮物：投放、普及、成量、變現。

三 啟示：提前應對挑戰，擁抱友商及市場

（一）提前應對行業中可能出現的衝擊與變化

面對未來可能存在的挑戰與機遇，行業與企業主要需做兩方面的應對。其一，對行業整體而言，要保持眼光的長遠，保持技術發展的本位性，在無限可能的未來裏，繼續看好風標朝向，抓好客戶需求，研發創新技術；用長遠的眼光覺察和預判行業變化態勢，用技術升級鞏固產品優勢，用模式創新提供更多應對挑戰的方案與可能。其二，對企業個體而言，要立足於現有的樞紐地位，堅持和保證渠道和溝通的 通，並且逐漸向平台方向靠攏和發展。工具、技術都應該以行業平台為最終形態，未來市場的 家一定符合從平台到變現的樸素經濟邏輯。

（二）擁抱市場，擁抱友商，承擔用戶教育責任

創新先驅必須意識到，還有許多經營者依然在背負高昂的成本，還有許多傳統模式下的同業依然困於瓶頸。作為行業創新的成功者，應該積極與同業攜手，與友商合作，挖掘更廣闊的用戶群體，推廣新的行業模式，形成新的行業場景。在隨時可能降臨的機會和隨時可能遇到的挑戰面前，企業應該堅持發展核心技術，隨時面向市場，發現新生需求，積極提供解決方案；同時，擔負起用戶教育的責任，才能在不斷發展更迭的時代下實現創新成果的最大化。

（三）更加包容和有戰略性的政府政策將對創新企業大有裨益

在當今創新創業的浪潮中，風投對於企業的意義不言而喻。然而現實中，往往不是真正的"風險投資"，而是"無風險投資"。在風投標靶之外還有着為數眾多的創業企業，甚至有不少是政府"白名單"裏的創新創業方向。

事實上，面對現下的社會現實與市場情況，相當多正在發展的技術和模式，都有可能創造出乎意料的機遇和爆發式的增長。政府作為頂層主導和決策機構，理應更加寬容地思考創新政策問題，從定位和發展的角度而言，應該具備更多的戰略性考量。政府出資的產業基金對扶持產業能夠起到很好的幫助作用，足夠靈活的基金則可以一定程度上覆蓋風投未能惠及的範圍。

四 有待進一步研究的問題

21 世紀是無紙文明的時代，更是智能科技的時代，智能技術幾乎撬動和顛覆了所有傳統固有的生產生活方式。在千變萬化的時代和市場裏，風險是永恆存在

的。在技術改革的浪潮下，任何事物都面臨着被替代甚至被淘汰的危險，只有順應時代方向，堅持不斷創新，才有更好的生存空間和機會。

對家居領域而言，在整個行業不斷智能化、便捷化的大趨勢之下，市場中的幾大參與方——承擔設計責任的經營者、作為銷售載體的售賣場和進行還原設計的施工隊，都面臨着人力被替代的可能。比如過去的幾十年，得益於機械生產的急速發展和廣泛應用，從前需要手藝的活計開始被批量代工，許多從業者進入家裝領域的門檻並不高，從前木工、泥瓦等細分行業受到衝擊而逐漸式微的先例，或許會成為許多作業者在"人數勝於技術"的現狀之下可能面臨的風險。

與此同時，各項突飛猛進的技術正在更多、更廣、更不曾預料的行業領域之間發生關聯，如 3D 打印技術與醫療領域人體器官的結合，已經高度成熟的人工智能與方興未艾的 5G 技術，也將對家居領域產生影響，帶來更加智能化的改變和顛覆性挑戰。

五 大事記

2010 年，總部"北京諦力泰克科技有限公司"成立，以軟件發展為主，早期開發大量移動端 App。

2013 年，專注自有核心產品，家居領域移動端智能軟件該核心產品逐步在家具行業中佔壟斷地位，移動端市場佔有率第一。

2014 年，獲得一千萬風險投資，由於行業貢獻突出，李興斌被評為北京市特聘專家、國家千人計劃專家。

2018 年，經過五年的積累與迭代，推出從"諦力裝修寶"到"喜雲"等家居智能軟件。

（訪談整理：符愔暢）

<h1 style="text-align:center">第十七章</h1>

<h2 style="text-align:center">嘉宏智慧城市運維：東莞民企多維轉型新標杆</h2>

訪談人物：	何志鵬
擔任職務：	廣東嘉宏集團董事總裁
所在城市：	東莞
所處領域：	地產開發、智慧城市運維
創新類型：	商業模式
關鍵詞：	東莞民企、城市科技、地產開發、金融投資
訪談時間：	2019 年 10 月

企業發展的每一個階段都是與危機並存的。從一到多，是一個內部與外部相互影響的過程，當"一"走不通的時候，就要開始變化，變向"多"。

—— 何志鵬

一 人物故事："從一到多"鋪開六大板塊齊進之路

廣東嘉宏集團創立於 1984 年，從進出口貿易公司起步。2010 年前後，以何志鵬為代表的新一代力量，帶領企業走上了多元化發展的道路，自此，嘉宏逐步轉型升級為多產業共同發展的大型企業集團，以立足東莞為基本定位，展開了多維度的板塊延伸。

（一）圍繞城市現狀，搭配智能運維，開發技術支撐

何志鵬是土生土長的東莞人，從中山大學嶺南學院畢業後，進入家人創辦經營的大型民營企業嘉宏集團，從基層工作做起，與企業共同成長。何志鵬最開始身兼司機、前台、秘書數職，協助集團初代負責人打理嘉宏內外事務，與嘉宏集團創始人"對內是家人、對外是幫手"，保持着亦師亦友的關係。

經過十多年的努力，何志鵬推動嘉宏集團躋身東莞市民營企業五十強，並逐步轉型升級成為以房地產開發、生物製藥、互聯網教育、不動產經營和資本投資為主的多元化集團公司。何志鵬將嘉宏集團近十年來發展的核心要旨概括為四個字——從一到多。"從一到多"的轉變，體現在兩個層面上，其一是每一個板塊自身內部從一到多的裂變；其二是整體企業板運營業務板塊數量，從單一到多元的擴增。

早期主打地產開發時，嘉宏集團內部的多維雛形已經初具。其地產服務在類型上，不局限於精品住宅型樓盤；在地域上，不局限於東莞本市。"創造價值、發現價值，是我們的企業使命，也是一種貢獻，是一個多向有益的過程。"何志鵬說。嘉宏一直懷有對城市的使命感，力爭在能力範圍內為城市提供更多有利的資源和價值。在地產領域做大做強後，嘉宏集團從未動搖過自身立足東莞本土的初心和堅守。作為"安居"的提供方，有責任也有義務將這兩個字從口號變成現實，"科技"成為了嘉宏進行轉變的最主要工具。

東莞的製造行業、科技力量強勁，同時也帶來了較大規模的流動人口，呈現地理位置特殊、行政架構特殊、產業結構特殊、人口結構特殊的市情，人口倒掛問題非常突出。[28] 另外，東莞市還存在着實有人口底數不清、情況不明、動態不準的情況，2017 年 6 月至今的實地數據梳理顯示，全市 77% 的道路名未經民政審批，35% 的房屋沒有門牌，就算有門牌，絕大多數也非由公安編制。[29] 為此，東莞市政府一直在大力推進智慧城市管理工作，以"二標四實"工作來補齊城市運營管理中的短板。所謂"二標"，指的是標準作業圖、標準地址庫；"四實"指的是實有人口、實有房屋、實有單位、實有設施。[30]

作為大型民營企業，何志鵬時刻念及肩上背負的社會使命。為了配合智慧城市的推進，清掃城市內的居住安全隱患，幫助落實"二標四實"的工作，嘉宏集團成立了兩家專門的科技公司，一方面主攻大數據、人工智能、物聯網、雲計算等領域，另一方面則專注社區光纖鋪設、信號覆蓋建設、社區通訊運營管理，並與三大電信運營商建立戰略合作關係。圍繞着地產板塊的已有優勢，憑藉嘉宏集團在住宅、樓盤等領域的高佔有率，科技板塊以技術創新為核心，配合政府號召及安全工作提供技術服務。

其中，大數據及人工智能方面，嘉宏旗下科技公司專注於數據技術的創新與研發，主打"門禁聯網雲平台"系統，同時具備前端設備實現無網運行、人員信息實現人證活體比對、管理方式弱中心化、用戶自助授權模式四大技術創新點，在短時

28 2016 年年底，根據 2015 年全國 1% 人口抽樣調查結果推算：東莞常住人口數為 826.1 萬，其中戶籍人口 210 萬人，流動人口 616.1 萬人，戶籍人口和流動人口比例達到 1：3，倒掛情況非常嚴重。（資料來源：東莞市統計局）

29 資料來源：2019 年 5 月 9 日東莞市"二標四實"工作專班新聞發佈會。

30 肖亞非（時任東莞市人民政府市長）：〈政府工作報告〉，《東莞日報》，2021 年 2 月 2 日。

間內，低成本、高效率地提升了傳統門禁系統的替代率，實現了在整個城市中智能門禁互聯的需求。支持手機開門、身份證開門、居住證開門、公交卡開門、IP/NFC卡開門、訪客密碼開門及手機呼叫開門等多種方式，能夠在最大程度上呼應政府政策的號召，以科技板塊的技術力量幫助實現東莞的智慧城市運維和相關配套服務。

（二）配合政府政策，圍繞產業佈局成立金融經濟聯合體

何志鵬在探索企業板塊多元發展的道路上，除了關注地產及配套科技，還在金融投資、實業投資領域鋪展了行進戰略。2010年，嘉宏集團為回應東莞市委市政府提出的"關於鼓勵東莞民營企業合作發展、做強做大、打造東莞'航母'式企業"[31]的要求，何志鵬帶領集團加快民企抱團的步伐，成立"民盈集團"投身東莞的城市經濟建設。嘉宏集團依循"民營企業用金融思維做產業，圍繞產業佈局做金融經濟聯合體"的思路，得到了東莞市委市政府的高度重視和大力支持。2017年，東莞市民營投資集團有限公司成立，成為東莞民間資本最高規格、最有意義、成員組成最具廣泛代表性的投資平台，被稱為金融投資界的"巨無霸"。金融服務的範圍涵蓋了不動產金融、股權投資、融資租賃、商業保理、資本運營、海外金融、金融科技等；產業投資則包括城市更新、特色產業園、TOD（Transit Oriented Development，公共交通導向型開發）綜合體、地標性總部及成熟的重大項目建設等。

至此，何志鵬帶領和推行的"從一到多"的發展道路，已經在地產、科技、金融三大板塊完全鋪開。此外，嘉宏集團還在生物製藥、資產運營、實業投資方面傾注了自身的力量。在生物製藥方面，嘉宏集團參股華南區最大的輸液生產企業——普濟藥業，非常注重產品的創新和研發；實業投資領域，嘉宏集團看中了擁有二百多項專利的優利德科技公司，該公司在多元化傳感器應用技術、物聯網及雲應用技術、數字信號採集及處理技術等方面均處前沿，"一種三維波形實時現實方法和系統"及"一種款頻率連續可調的脈寬博數字產生方法及系統"被國家知識產權無安居授予中國專利優秀獎。2019年，嘉宏集團與東莞橫瀝鎮政府簽訂戰略合作協議，標誌着自身的企業轉型又向前邁進了一大步。

嘉宏集團以"從一到多"的發展戰略，在開發精品綜合性地標項目的同時，搭配整體城市的智能化運維服務，專注研發技術以回應政策的要求，並且在社會、產業的其他領域盡可能地發揮聯合的力量，推動城市金融、產業支柱、實業支撐的資

---

31 《2010年東莞市政府工作報告》。

源整合與穩步前進。

二 案例分析：將故土情思轉化為責任使命

（一）做能夠用技術後盾為城市安全提供保障的地產集團

一個城市的指揮棒，一方面看經濟，一方面看政策。大型民企作為經濟發展中的重要力量，更應該善用自身優勢，與政策良好對接。嘉宏集團作為東莞民企隊伍中的一支勁旅，其社會服務意識與整體責任意識強烈而明確，是值得其他同業、其他企業仿效和學習的。

嘉宏集團在地產板塊發展穩定後，沒有一味地沉浸在單一的企業發展前景中，而是及時調整戰略，朝多維度、多元化的方向發展，又確立了以科技、智能技術為龍頭的帶領方向，不僅符合企業、社會的發展需要，也與東莞的城市優勢、城市強項不謀而合。根據《關於傳發廣東省實有房屋門禁視頻系統建設工作指引及 2016年建設任務的通知》中《廣東省實有房屋門禁視頻系統建設工作指引》的視頻監控建設要求：

1. 住宅社區、出租屋等房屋的出入口應安裝視頻監控，採用聯網式視頻，圖像可接入監控中心，有條件的可進一步接入轄區公安派出所或分局。

2. 根據實際需要在系統中增加人像抓拍功能，並保存圖片信息。有條件的地方，系統還應增加人像比對功能。

3. 有視頻管理平台的，錄影（抓拍圖像）數據應可按時間、開門／關門事件、報警事件查詢。[32]

集團利用自身科技力量，研發出符合城市建設要求的系統和產品，投放市場助力開展規範管理。從數據可見，自開展相應智慧城市管理工作以來，作為工作試點的清溪、常平、企石，道路審批數分別增長了 10 倍、8 倍和 253 倍，門牌編制數分別增長 2.7 倍、4 倍和 3 倍；全市來說，目前道路的審批數從以往的 1.3 萬增長到 7.1 萬，增長了 5.5 倍，門樓牌從 81.7 萬增長到 148.5 萬，增長了 1.8 倍。智能化的管理系統和研發技術，對實有人口的信息進行了全面的採集，實現底數清、情況明、動態準。也只有這些數據數據明確、作準，才能更主動、精準地解決"事"，才能精準編制發展規劃，精準支撐教育、醫療等公共服務和民生工程。

---

32 《關於傳發廣東省實有房屋門禁視頻系統建設工作指引及 2016 年建設任務的通知》（粵公網發〔2016〕1024 號）。

（二）做推動產業發展、黏合民企力量的本地有力推手

2017 年的統計數據顯示，東莞集聚了超過一百萬戶市場主體，八萬多家工業企業，其中規模以上工業企業近六千家，先進製造業佔比超過了五成。全市擁有高新技術企業四千零八十五家、上市企業四十四家，千億級企業三家，百億級企業十二家。《粵港澳大灣區發展規劃綱要》指出，以深圳、東莞為核心在珠江東岸打造具有全球影響力和競爭力的電子信息等世界級先進製造業產業集群。東莞一直以發展實體經濟為主要方向，打造粵港澳大灣區的創新成果轉化基地。

近年來提出的"莞倍增"計劃，旨在促進產業發展，嘉宏集團對於產業的關注和支持，為社會創造了價值，為產業提供了機會，也為自己開拓了新領域。2018年，東莞深入推進企業倍增計劃，調整選定二百八十六家市級試點企業，建立試點企業"雁形梯隊"，選定首批九百一十家協同倍增企業，"倍增計劃"也正在成為穩固製造業根基。[33] 在這樣的背景下，嘉宏集團制定的多維度、多元化發展道路，把企業目標領域進行從一到多的裂變和擴增，不僅是自身發展的大勢所趨，更是與東莞本城共同前進的有力保障，還是東莞納入大灣區建設後站穩科技制高點、發展產業均衡化的合理思路與方向。

三 啟示：房企應與科技融合發展

嘉宏集團在房地產板塊打下了堅實基礎，成為了企業進行多維轉型的重要支撐，這一經歷結合當下的城市發展現狀，及行業發展情況，對房地產企業有一定啟發。地產領域的頭部企業應更多關注保障型住房建設和城鎮棚戶區改造。作為基於本土的大型地產集團，對城市的關懷和回饋不僅是踐行社會責任，也是在為自身創造機會。房地產企業通過推動低端住宅的改造，滿足底層需求，帶動中端和高端住房需求的擴增，最終提升整個城市的住房質量，也為自身開闢更加廣闊的市場。

房地產企業是產城融合發展的踐行者，要不斷推進城市化的高質量進程，以城興產，以產促城，產城融合，協同發展。東莞坐擁製造力量與科技優勢，是城市自身的寶貴財富。如今，在東莞大力發展科技的政策號召下，房地產企業應結合對科技發展和技術的需求，正確認識科技力量與技術發展對於城市經濟的重要促進作用，向前端延伸、向後期發展、向創新進發，讓房地產業在融合發展中成為"國民經濟運行的穩定器"。[34]

---

33 羅斌：〈東莞市 2018 年國民經濟和社會發展計劃執行情況與 2019 年計劃草案的報告〉，《東莞日報》，2019 年 1 月 25 日。

34 中國房地產報社：《共和國地產印記》，北京：作家出版社，2019 年。

四 有待進一步研究的問題

地產行業無論如何進行多維變換，其本質離不開對土地的需求與建設，而土地的建設說到底還是高能耗的。在綠色口號、環保理念日漸深入人心的今天，房地產業面向未來時，必須敬畏自然、珍愛地球、維護家園，企業要樹立綠色、低碳、健康、可持續發展理念，尊崇、順應、保護自然生態，加強環保技術、節能綠色等領域的交流合作，共用經驗、共迎挑戰，不斷開拓出有利於生活美好、生態良好的行業文明發展道路。在建造質量的關鍵技術和符合環保要求的關鍵技術上同時下功夫，是未來技術革新時的一大思考方向。

五 大事記

2009 年，何志鵬榮獲東莞 "支持經濟社會發展 '突出貢獻獎'"。

2010 年，何志鵬榮獲 "四會市年度優秀政協委員" 稱號。

2010 年，嘉宏集團參與投資組建了東莞市民盈集團股份有限公司及東莞市邦聯投資有限公司，均為核心投資股東，注資入股過億元。

2011 年，嘉宏集團榮獲 2009—2010 年度東莞市五十強民營服務業企業榮譽稱號。

2012 年，何志鵬獲 "東莞市經濟人物" 稱號。

2013 年，何志鵬獲 "東莞市優秀民營企業家" 稱號。

2014 年 3 月，嘉宏集團參股東莞市普濟藥業有限公司，進軍醫藥領域。

2017 年 5 月，嘉宏振興中心榮獲綠色建築權威認證殊榮——LEED-CS 鉑金級預認證。

2019 年 9 月，嘉宏集團與橫瀝鎮政府簽訂城市更新戰略合作協議。

（訪談整理：符愔暢）

第十八章
百花園地產運營：致力提升房產附加值的空間運營商

訪談人物：謝振天

擔任職務：中國房地產開發集團肇慶百花園公司副總經理

所在城市：肇慶

所處領域：地產開發

創新類型：商業模式

關鍵詞：廣東肇慶、空間運營、智能社區、社區商業

訪談時間：2019 年 11 月

買賣不是一個"瞬間"的事情，地產開發也不只是框死在房地產而已，工業、商業，各種類型的都可以做，我們是空間開發商、空間運營商。

——謝振天

一 人物故事：社區商業地產概念先行者

居住需求，曾經是原始而基本的片瓦遮頭、茅廬一舍；隨着農耕和文明的發展，升級為到院落幾方、田地幾畝；在土地政策改革的裁刀下，又變成屋房、筒樓……如今，填滿城市空白、裝載我們飲食起居的，已經變成了一棟棟商品房。房地產開發商，成為人們居住需求的第一供應者。

謝振天從英國獲得碩士學位後，曾在加拿大從事過戶外銷售和商業地產運營的工作。2013 年，他帶着開放、先進的留洋經歷歸國，進入中國房地產開發集團肇慶百花園公司，成為這家成立超過三十年的老牌房地產集團的第二代領軍人物。百花園"創一代"曾提出"身居三線城市，在創新能力上更要與一、二線城市、大企業同步，與時代同節拍"的要求。集團專門設立了"勇於創新獎"，創新意識和創新能力成為了員工自覺的追求。謝振天如今位至集團副總經理，他對居住需求的解讀是："衣、食、住、行，當生活變得不愁吃穿，'住'的需求就上升到了第一位。"

（一）引入社區商圈概念，提供貼身服務

1. 買房子：不僅買到了家，還買到了社區配套

隨着肇慶成為大灣區核心城市中的一員，自 2015 年起陸續有大型房地產企業進駐肇慶，對本地的房地產企業產生影響和衝擊。在這樣的背景下，為了提高自身競爭力，同時也是順應企業發展的需要，百花園集團開始以房地產產業為主導向外延伸，以社區商業地產的模式打造新型社區商業圈。

"滿足一公里內的日常消費"，是社區商圈概念最重要的宗旨和原則。在樓盤周邊的住宅區域內，結合自營、合作等多樣化的經營方式，配置以滿足日常社區需求為目標的商業。這種模式一方面能夠增補地產本身的商業價值，讓買了房子的人，不僅買到了 "家"，還買到了環境、買到了配套、買到了社區；另一方面能夠確保樓盤之間商業體的差異化，讓更多的商業形式、更豐富的商品內容能夠進入離家 "最近的一公里"，形成良性循環的社區商業圈層。

近年來，房地產行業內的許多頭部企業致力於斥巨資在離城市中心較遠的位置拿地，打造巨型商業綜合體，帶動一個新興區域的發展和人流。如果說這類型的大型購物中心是城市商業的 "主動脈"，那麼有社區支撐的商業商圈就像一根根 "毛細血管"，鋪展在以个同樓盤為圓心的一公里範圍內。

隨着社區外部商業配套的逐步健全，百花園集團在樓盤內部的社區體驗上也下了不少功夫，其核心圍繞着 "數據" 與 "智能" 展開。"首先是 '刷臉'"，謝振天說，"刷臉對於住戶來說，體驗到的是 '方便'；對於我們社區的管理和安保來說，更多的則是安全保障，能夠最大程度地杜絕安全隱患。" 刷臉系統的過濾性和針對性是極強的，記憶性和儲存時間也被百花園提高到了最高級別。以 "刷臉" 形式記錄數據的同時，不僅排除了所有非住戶、外來人員進入社區的可能性，在社區內外 "刷臉" 技術覆蓋的範圍內，還能為住戶本身提供安全保障，例如幼童、小孩的進出時間、活動範圍等，全部都有非常清晰明確的 "刷臉" 記錄，誰家的孩子、幾點幾分、停留在社區的哪裏、活動了多久，都可以記錄下來。社區住戶每天進出社區，只需要帶自家房門的鑰匙，連電梯也是通過 "刷臉"，自動識別把住戶送到相應的樓層。至於社區大門的進出、車輛的出入、門樓的訪問，也全部在人臉識別技術的支撐之下運行。

2. 住社區：不僅享受安全，還提供貼身服務

建立在智能化、數據化基礎之上衍生的貼身社區服務，也是百花園旗下社區的一個亮點。目前，集團正在進行以數據分析和智能服務為主要方向的嘗試，在脫敏、不涉及隱私的前提下，根據數據採集和分析出的住戶日常規律，來進行相應的

生活服務對接。

例如：住戶 A 每天早上七點離開家、晚上七點回到家，偶爾十點才回家；七點回家時，一般會去菜市場，十點回家時，有時會點外賣；平日裏去超市的頻率整體來說不算太高。這些數據的採集，一方面來自覆蓋社區的人臉識別技術，一方面來自一公里範圍內的社區商業圈子。經過智能數據分析和脫敏處理以後，在不影響住戶隱私的前提下，聯合社區一公里的商圈商家，為 A 提供一些符合其日常生活規律的貼身服務：如工作日每天早上的六點半，由早餐商家、外送商家聯合外送工作日早餐；晚上六點半左右，聯合菜場，結合用戶喜好，搭配葷素營養，送菜上門，或者是前一天訂菜、第二天送菜上門的貼身服務；每隔半個月或一個月，聯合超市，送日用品、必需品等到家門口，或根據住戶需要來進行定製化的購買配送。

聯合各方、互相得利，商家收穫了穩定客源，客戶享受到貼心與便利，運營和開發商則實現了對生活和社會的回饋。

（二）制定招商策略原則，重視附加價值

近年來，"房子是拿來住的"這句話越喊越響。毋庸置疑，房地產業精耕細作的時代已經降臨。可一旦要把"房子拿來住"落到實處，勢必對傳統房地產業產生不小的影響。

百花園為了大力發展智能社區、社區商業，把許多精力以及大量的成本都投放在了科技研發、技術創新和樓盤應用之上，遭遇了一些習慣"井噴式"發展的傳統房地產人的不解。他這樣回憶自己的經歷："房地產企業是一個很傳統的企業，我們公司在改革開放以後，也是（肇慶的）第一批（房地產）企業。說實話，年齡有三十歲的房地產公司，實在也不是太多。對於我們公司而言，可能因為（早期）房地產'太好做'了，很多東西、很多觀念、很多想法都很傳統。我做的這些'新東西'，很多時候會被認為不值得。"

新型智能社區和社區商圈服務，在目前房地產市場上的投入產出比，與傳統房地產項目相較之下，是不對等，甚至是非常低的。"可能（這些項目的收益）還不及傳統項目的 1%。做房地產的都知道，一個樓盤的利潤，再少都有幾個億；而一個智能社區，所謂的收益只有幾十萬、幾百萬，對於做慣了房地產的人來說，這筆錢實在是太少。這是我們遇到的最大的問題。"的確，推廣智能社區發展、提供數據技術服務，相比傳統的拍地、拿地、賣房子，要付出的更多、能得到的卻又很少。

為了全面鋪開智能社區、強化社區商業圈的概念，推進社區商業，必須對社區進行整體統籌規劃。除了住宅功能，商業功能區需要進行業態把控和合理配置，百花園集團從招商策略上做了創新調整。謝振天說："以前是統一定好租金、劃好範圍，舖面賣出去、租出去了，我們管的只是收不收得到錢。但現在為了推進社區商圈、為了推廣智能社區，我們要重新統一考慮樓盤與商舖之間的配套關係。"

為了打造和諧、便民、各取所需的社區商業圈，百花園在招商時，按照樓盤的性質、周邊環境和具體差異，制定了一些其他房地產業不可能做到的原則：寧肯犧牲部分商業租金，對某些業態給予低廉租金甚至免租，而對有些業態故意高租，甚至禁止招租。例如某一樓盤的附近有中小學校，那麼其半徑範圍內招租招商時，對於培訓班、興趣班、教育機構等商家，給予優惠的低廉租金。"（為此）我們把很多工作、很多保底措施的安全係數設置得很高，這的確是不小的成本。"而像KTV等商家，則直接拒絕其承租。但誰不知道KTV的租金收入又高又穩定呢？在這樣的問題上，公司內部也曾進行過多次商討，堅持推進社區商圈的謝振天經歷了大大小小的困難和博弈。"可我們還是要堅持一個'回饋生活'的原則。無論如何（都要）去說服他們，去闡明這種回饋（的意義），為此我們不僅僅是建房子、賣房子、招商，買賣不能只是一個瞬時性的事情。"

二 案例分析：不受泡沫影響，認清行業本質

（一）國家經濟、土地政策與房地產業之間的複雜關係

新中國從初期的百廢待興走到今天，能夠實現如此快速的發展、取得連續增長的經濟成就，與土地價值和土地買賣有非常大的關係。

最早，土地價值吸引外資，帶動了就業，帶動了城市化，社會參與者的身份從單一的農民，變成了工人、職員，產生了在城市中的居住需求。土地改革以後，土地變得不僅有價值，更有價格，而且支撐了全國絕大部分城市的政府財政收入。在這樣的大環境下，大量的土地被釋放出來，房地產商乘着這一波快車，淘到了第一桶金。

土地的買賣，只是整個鏈條當中的最前端。賣出和拍得的土地，變成歸屬商所有後，會在土地價值的基礎上被注入其他價值，如房產價值、商業價值等等。外界所看到的房地產的"黃金十年"和"井噴"，都建立在這樣的複合價值之上。"暴利"的確是傳統房地產商的典型形象。但是在改革開放以後，尤其是過去的近二十年中，隨着城市化的迅速席捲、人口的爆炸增長、經濟的連年走高、社會民生問題的不斷凸顯，居住剛需這根弦越繃越緊。

住房的基本需求，是要有得住，也要住得好，而房產市場的長期現狀卻是，由於價格高，相當數量的人沒得住，相當數量的人住不好。由此導致的社會問題頻

發，住房需求未能滿足的民眾，把矛頭直指房地產公司，加上行業先期累積下來的一些認知與印象，房地產業從一個強經濟體的頭號寵兒，變成了一個幾乎"不受歡迎"的行業。

事實上，中國的經濟現狀已經出現過度依賴房地產的後遺症。銀行貸款、大量資金都在土地、財政、房地產稅收幾個領域裏來回滾動，對於國家的長期發展而言，已經到了需要扭轉思維、經歷陣痛、徹底改革的時候。建立在土地基礎之上的產業成本水漲船高——"麵包賣得貴，不是麵包店老闆的緣故，而是因為麵粉總漲價。"許多實業也因此受到了影響，完全無益於長期發展和綜合提升。

留洋歸國的謝振天對此有深刻的理解和準確的判斷，也正因沒有被幻彩的地產泡沫迷惑，才能堅持在商業模式上進行創新，力推智能社區，引社區商業圈概念入房地產經營模式中，改變傳統的業態與思維，不做一個老套的"賣房子的人"，而做一個為商業地產注入附加值的空間運營商。

（二）擴展延伸產業，突破城市限界，實現連鎖服務

百花園的智能社區理念從不局限於單一的樓盤、社區、城市，只要是百花園的業主、住戶，無論是在哪個樓盤、哪個城市買的房子，在百花園旗下的同城樓盤，甚至別城的樓盤，都能夠享受同樣的智能系統社區服務。百花園的智能數據分析也不只應用於出入系統、電梯系統等，目前已經成立了類型性的科技公司，將所有數據進行綜合整理，在公司樓盤內實現數據通用，以建成一個有如雲端控制一般的商圈貼身服務體系。

隨着房地產業精耕細作時代的到來，從前房產界的"一次性消費"已經過時，時下正捲起更加洶湧的"多次性消費"浪潮。百花園在這樣的背景環境下，及時調整自身姿態，從一個進入行業超過三十年的老牌地產企業，向一個以地產來連接不同區塊的樞紐轉型；從售賣者向服務者轉變，提供更多精細化、智能化、後續配套化的維護和服務，在運營模式、開發模式和商業思維上實現突破。百花園目前已經開始涉足旅遊板塊，通過地產與其他相關領域建立連接，探討合作。

從 2012 年開始，百花園以自營、合作、持股、招商等各種綜合性的方式，度過了地產行業從"黃金十年"到"白銀十年"的變化期。如今，旅遊板塊、配套服務和跨市通用等技術的應用發展勢頭良好，在地產行業已經走到明顯拐點的今天，在肇慶這個不算一線、頭部的城市中，百花園為自己找準了一個精確的定位：在持續發展地產主業的同時，以智能技術的方式順應社會發展潮流，不斷地滿足客需、帶領客需、開發客需，向貼身化的服務和更高的性價比靠攏。

社會的住房需求從基本的生存，變成了有品質的生活。誰都想要用同樣的錢買

到更優質的圈子和服務，這正是房地產業能夠提供和提升的附加值，抓住這層本質的企業，也就具備了更多的優勢，在競爭激烈、成本高昂的市場上，佔據了更多的生存空間。

三 啟示：尋找肇慶歷史地位與未來分工間的黃金分割點

（一）房地產業正處於發展拐點

如今，房地產企業的拐點已經非常明顯，在拐點處抱殘守缺、直走老路，勢必會讓企業自身、行業內部，甚至是政府財政和國家經濟，陷入房地產泡沫帶來的不均衡發展、後勁不足等危險當中。地產行業中的頭部企業，如上市公司、超大國企，應發揮自身功用，善用中央政策，對社會盡到責任，對經濟、財政予以回饋，為行業內的中小型同業釋放一定的生存空間；而地方性地產企業應把更多的力量和資金投入到使百姓安居樂業的事業中，實實在在地為當地城市的住房需求、住房品質提供更高的性價比、更多的附加值。

（二）肇慶城市定位需進一步明確

肇慶歷史上在嶺南的地位，與今時今日的發展水平相比顯得不太平衡。改革開放以來，尤其是以深、珠為代表的特區，實現了大幅度的躍升；東莞、中山等依仗原有的產業支柱；江門扼守西部要塞，有其自身的樞紐意義。肇慶曾以區位優勢成為古代府治所在，但成也位置，敗也位置。隨着社會形態和經濟結構天翻地覆的變化，肇慶在珠三角城市群中發展較慢、較弱。隨着粵港澳大灣區建設的推進，肇慶亟需在這樣千載難逢的重大機遇中，重新找尋自己的站位，在中華民族偉大復興的歷史進程中，交出自己的答卷。

四 有待進一步研究的問題

過去的房地產業以開發模式為主導，以住宅為單一產品門類，主要在規模、成本和建設速度三方面競爭。而今後，行業的風向和重心將轉為空間的運營和資產的管理，所涉及的領域也會跳出單一的住宅，更多地涉及寫字樓、園區、健康醫療、物流倉儲等各個新領域，與其他方興未艾的產業與技術發生密不可分的聯繫。

此外，隨着第一批商品房七十年的產權年限到期，房屋使用期限的問題成為了另一個亟需各方協商、推進、和解決的問題。近年來湧現出的四十年產權房屋，其"商住"屬性所引發的物業管理、水電費用標準等問題，也需要進一步規範及完善。房地產業與政策聯繫極為緊密，部分地區的"限購"政策讓房地產與戶籍、人才等制度發生關聯，如何調適政策槓桿與房產供需之間的矛盾也是有待進一步研究的主要問題。

五 大事記

1991 年，肇慶百花園集團成立。

2003—2004 年，集團榮獲全國企業文化建設實踐創新獎。

2009 年，榮獲肇慶地產發展三十年傑出貢獻企業獎。

2017 年，台灣城・肇慶站被授予"廣東省眾創空間試點單位"稱號。

（訪談整理：符愔暢）

專業服務創新

第十九章
史迪晨服裝方案設計：從製造商到方案提供者的"蝶變"

> **訪談人物**：劉正南
>
> **擔任職務**：Zitison Limited 創始人
>
> **所在城市**：香港
>
> **所處領域**：服裝製造
>
> **創新類型**：專業服務創新
>
> **關鍵詞**：系統化生產、方案供應、管理文化
>
> **訪談時間**：2019 年 6 月

當企業文化建立起來，每一個部門的員工都予以認可，品控便不再只是專門部門的工作。哪怕是倉庫管理員、銷售、打包裝的雜工，所有人都會格外重視。

——劉正南

一 人物故事：為傳統行業做"加法"

從織布裁衣這個古老當演變而來的服裝製造業，被時代推着往前走，迎來了前所未有的變革。

在服裝行業摸爬滾打近十年，劉正南已從簡單的服裝生產商轉變為方案提供者，根據客戶"量體裁衣"，如針對上市公司客戶，遵從品質至優原則；與公益組織等機構合作，則優先考慮降低成本。有時，客戶不太明確自己想要的是什麼，提出的要求比較含糊，劉正南總能在談判過後，拿出令對方心悅誠服的方案。

（一）一件文化衫引發的創業

一雙善於發現的眼睛，將創業機遇拉到近在咫尺的位置。每逢校學生會、社團招新，文化衫是必不可少的存在。需求量大、門檻低，讓正值大二的劉正南捕捉到其中的商機。那一年是 2010 年，幾經考量，他和四個大學同學合夥成立了人生第一家公司——香港史迪晨服裝，從"做學生買賣"起家。

啟動資金僅三千元，註定了他們須從服務集成做起。當時淘寶商城席捲全國，

香港地區也不例外。他們接到訂單後，委託平台上的第三方供應商生產，賺取中間差價。為了拓展業務量，他們在論壇、博客"遍地撒網"，同時各處搜尋香港高校學生社團的聯繫方式。很快，他們就積累起第一批客戶資源。

（二）設廠迭代產品

中國服裝工廠林立，但產品服務參差不齊，由於相隔距離較遠，過程中難免監督不到位，沒法做到品控如一。也因如此，劉正南收到過質量不合格的成衣，數量佔訂單數的 5% 到 10%。他們不得不賠錢或重做。

在劉正南眼裏，虧錢是小事，他最擔心的，一出錯便會給資金流、企業口碑帶來不可挽回的影響。

很多時候，與學生接洽的過程，就如同給劉正南上了一堂堂寶貴的課。為進一步了解服裝市場，劉正南一到週末便到廣州調研。隨着調研深入，他開始和不同的制衣廠、印花廠打交道，了解布料價格、品質及印花技術。

"'大雞不啄細米'，別的買家批發幾百疋，我們才兩三匹疋，經常是碰得一鼻子灰。"劉正南說，由於批發數目較少，很多布料批發商態度怠慢，不願意做他們的生意，最直接的表現就是付了錢，對方遲遲不發貨。

那時候，談判成了稀鬆平常的事。他需要不斷向供應商解釋自己尚處於起步階段，將來如何發展壯大，企圖以誠意打動對方。有一段時間，劉正南直接在廣州住下。過了約半年時間，他才逐漸摸清了行業套路。

為了保證成衣品質，2015 年，劉正南投入八十萬資金，在廣州設立印花廠，並租用寫字樓專門用於辦公，從設計、跟單到生產、出貨的完整產業鏈正式形成。

隨着時間推移，競爭對手越來越多，香港客戶對服裝品控也提出更高要求，"每家公司都在進步"，劉正南更堅定了設廠是企業發展的必由之路，"只有不斷縮短貨期，不斷鞏固和提升品質，保證產品多元化，才能滿足客群愈益提升的需求。"

儘管如此，劉正南還是經常遭遇試驗失敗，投入的錢"打水漂"，但他愈挫愈勇，改進後繼續嘗試。除非是不可抗力因素，他才會跟客戶協調更換方案。

印花涉及漿料，對應着不同的特殊工藝。他牽頭設立了研發部，專門研究印花技術，克服技術短板。劉正南的目標是，在客戶提出類似需求之前，研發出讓人眼前一亮、市面上較少的印花工藝，為客戶提供創新產品方案。

雖然沒有太多獨家工藝，但劉正南卻始終追求精益求精，強調"Mix & Match"（混搭），讓不同的印花工藝在同一件服裝上互相配合，互相融合，以此提升產品質量。

如今，史迪晨服裝主要服務的是中高端的企業客戶，他們對價格不是特別敏感，而是對品質有較高的要求。所以要不斷研發新的產品，精益求精，吸引他們的目光。相比同行印花工藝更加多元化，品質也更好。如果滿分是十分，劉正南願意給自己公司打七分。

對於成本和質量控制，劉正南有自己的一套理論。設廠後要設置崗位、招聘工人，工資、租金、研發成本等固定開支陡增。相比於委託第三方生產，成本無疑是高了，但反過來說，品質卻變得可控，出錯率明顯降低。這也讓史迪晨服裝的口碑慢慢樹立了起來，客戶數量得以增加，平均下來，利潤更高了。相反地，如果當初選擇只是做服務整合，成功概率會比現在小很多。

（三）不成文規定更有效

隨着客戶群增加，劉正南公司的訂單越來越多，慢慢也從服務學生向服務企業、政府、NGO 客戶轉變；業務範圍也慢慢拓展，從文化衫到 IP 服裝、制服。

相比於通過 Google、Master Mail 等渠道推廣、開會分析潛在客戶，劉正南更看重企業管理文化。他認為，這是有效降低成本和拓展客源的不二法寶。

劉正南的公司實行的是扁平化管理，部門間沒有等級觀念，關係親密無間。互助成了最核心的企業文化：銷售人員會和雜工討論如何更好地摺疊成衣，提升產品品相；倉庫管理員能公開批評部分銷售部同事口才欠佳；設計部同事也會對倉庫分揀提出意見。

現在，劉正南每週至少召開一次全員例會。開會時，大家可以開誠佈公談對公司的看法。事實上，劉正南從招聘起便開始建立團隊協作的理念，並在其後的實踐中不斷強化。

不斷反思自我，總結經驗與教訓，他漸漸有了這樣的底氣。在他看來，企業發展必須講求團隊精神，一味自顧自工作，只會讓企業陷入停滯。史迪晨公司賞罰分明，目的是鼓勵員工提出新意見。相應地，企業也會適當提高當月提成和工資，作為員工提意見的回報。

"當企業文化建立起來，每一個部門的員工都認可的時候，品控就不再只是品控部門的工作，哪怕是倉庫管理員、銷售、打包裝的雜工，所有人都會格外重視。"劉正南堅信，不成文的規定有時比成文規定更有效，文化滲透讓公司效率更高，讓大家對公司更具認同感。

劉正南平時會留意各行各業的信息，參加行業展會，吸收新的理念，了解新的資訊，保持對信息的敏感度，以便於拓展個人思維，抓住新的發展風口。接下來他計劃在原有業務上開拓新的業務，做一家禮品定製公司，針對終端客戶群，產品線涵蓋抱枕、毛巾、手袋、毛毯等。

劉正南說，這家店將主打按需印刷，沒有起訂量限制，哪怕一件也做。當問及是否擔心成本上升時，他笑笑說，利潤也會隨之增加。而且客戶是互通的，批量型客戶也有個性化定製的需求，靠原公司即可實現引流。

二 案例分析：專業服務理念的迭代進化

（一）盤活舊思路，做方案提供者

對客戶而言，他們意欲購買的不僅是成衣本身，更是一套完備的產品方案。為保持在行業的競爭力和生命力，服裝生產領域從業者必須從單純的服裝製造商或供應商向解決方案提供者轉型。案例中，劉正南帶領其創辦的史迪晨服裝，以更加注重美學設計的產品、更符合個性需求的服務，完成企業從供應商到綜合解決方案提供者的轉型，為其搶佔中高端市場奠定優勢。

（二）打通產業鏈，保證產品品控

只有掌控了資源和原料，才能更好地控制成本和服裝品質。劉正南利用內地相對廉價的人力和土地成本，在穗成立印花廠，並圍繞創新研發，專門設立了技術研發部門，打通上下游產業鏈，使服務的多元化和品控臻於完善，繼續向中高端客群進發。如今，史迪晨服裝致力打造的全產業鏈佈局已初步形成，資源上有優質原料供應商和工藝合作商等優勢，生產有自建印花廠、研發部門等技術優勢，未來的綜合競爭力將愈變愈強。

（三）設置獎懲機制，讓提意見成為日常

獎懲分明是提高執行力的有力武器。史迪晨服裝以“看得見”“摸得着”“感受得到”的實在舉措，激勵各級員工在會議等公開場合提意見，讓生產研發過程中的潛在問題暴露於聚光燈下，最終得到立行立改；作為提意見的回報，企業適當提高當月提成和工資，激發員工的工作激情，在內部形成濃厚的批評整改氛圍。

三 啟示：制度為骨，文化為肉

（一）低成本和差異化兼得

以價值創新為基礎，追求低成本和差異化兼得，應“從外到內”，以客戶需求來重新審視和推動競爭戰略，通過對關鍵市場競爭要素的“剔除—減少—增加—創造”來構築價值曲線。一如史迪晨服裝所致力的，“剔除—減少”一些業內競爭者普遍關注但對客戶需求影響不大的要素，降低成本，同時“增加——創造”業內競爭者忽略或不重視的因素，增加客戶需求產生重要影響要素的價值，創造新的

需求，從而規避白熱化競爭。[35]

（二）寬容開放的企業文化

企業文化對新老員工的影響是潛移默化的。以制度為骨，文化則為肉，骨肉交融才能促進企業的創新成長，脫骨或者離肉都不是明智的做法。因此在文化上，領導者要起到身先士卒的作用，提倡進取、創新，同時強調民主、充分參與和平等，通過領導者的魅力引領下屬幹活，而不是通過職位的權威去命令下屬幹活。一個有領導魅力的人，在新老員工的眼中成為學習的典範，也就能加快新老員工的融合、促進奮發。同時企業文化中也要涵蓋公正、公開，包括從上至下提倡公平的工作氛圍、坦誠的溝通氣氛，在出現新老員工衝突時能夠具體問題具體分析，不偏不倚，不急不躁。[36]

（三）留意行業資訊，迸發創新火花

由於產業本身是變動不居的，並非一成不變，未來的創新包括很多傳統行業的轉型，甚至是跨界。若能從中捕捉機遇，找到未來趨向，將有利於企業創新。劉正南積極留意各行各業資訊，遊走於不同領域之間，尋找新業務與原業務的連接點，將廝殺激烈的紅海轉化為具備潛力的藍海。但資訊來源可靠與否、質量高低，也在一定程度上制約其決策判斷。

四 有待進一步研究的問題

如何尋找新業務與原業務的連接點？如何在全球實體經濟下行的趨勢下保持業務增長？這些問題仍有待進一步深入研究。

五 大事記

2010 年，香港 Zitison Limited 成立。

2012 年，經過兩年多的努力，Zitison Limited 在香港迅速發展，與香港政府、企業、非官方組織等機構達成合作，提供團體服飾和訂製服務。

2015 年，在廣州設立印花廠，同年創辦廣州史達晨服裝有限公司，從設計、跟單到生產、出貨的完整產業鏈正式形成。

2016—2018 年，Zitison Limited 連續獲得由香港社會服務聯會及香港青年協會頒發的"商界展關懷"及"有心企業"商標。

---

35 沈菏生：〈樹立三大觀念，推進行銷創新〉，《企業觀察家》，2017 年第 11 期。

36 張正平：〈如何化解新老員工衝突〉，價值中國網，2013 年 2 月 24 日。

2019 年，在原有業務上開拓新業務，成立禮品定製公司，產品線涵蓋抱枕、毛巾、手袋、毛毯等，主要針對終端客戶群。

（訪談整理：孔德淇）

第二十章
出口易跨境物流：打破固有思維，"出海"建倉提速跨境電商

訪談人物：肖友泉

擔任職務：出口易創始人，貝法易集團 CEO

所在城市：廣州

所處領域：跨境電商服務

創新類型：專業服務創新

關鍵詞：打破固有思維、信息不對稱、相對優勢

訪談時間：2019 年 4 月

"屁股決定腦袋。"只要企業能夠學會換位思考，真正了解用戶體驗和行業痛點，一定會發現可以提升、改進和創新的空間。

——肖友泉

一 人物故事：校園創業嗅跨境電商發展機遇

提起中國的跨境電商，人們往往會想到創立於世紀之交的阿里巴巴，當時馬雲還沒有創立淘寶，起家涉足的是阿里國際站，即做外貿 B2B（Business-to-Business，電子商務交易的供需雙方都是商家或企業、公司）的生意。而在改革開放前沿的廣州，部分年輕人同樣早早地嗅及全球外貿市場的機遇，以"螞蟻搬家"的方式參與到跨境電商的拓荒中。

（一）嘗鮮：大二學生敏銳嗅商機 eBay 開網店

2000 年初，中山大學嶺南學院的大二學生肖友泉在男生宿舍裏上 eBay 開起了網店。"那時候我晚上就在學校的 BBS 論壇上發廣告帖子，做客服回覆問題，第二天一大早就去學校的銀行打流水。"肖友泉回憶說。當時銀行流水只能夠顯示到賬金額，無法留言，沒有匯款人的個人信息，甚至連匯款人的銀行卡號也沒有，那麼如果多人同時購買一款商品，如何分辨誰已經付款呢？對此肖友泉動了一番腦筋，想到通過設定稍有差別的付款金額輕鬆加以區分。

開網店做賣家，採購的環節至關重要。身材瘦弱的肖友泉很早就混跡於站西舊火車站的批發市場。經確認付款後，肖友泉就列印出訂貨清單，獨自背上大容量的旅行背包去火車站的批發市場採購。貨物一部分拿到流花郵局發快遞寄到國外同學宿舍，剩下來的就背回學校小北門，通知下單的同學前來取貨。

一邊讀書，一邊開網店，其中的辛苦自不必說。但相比於同齡人，肖友泉早早展現出了一定的經濟頭腦。據肖友泉介紹，當時他們在學校每天平均花費二十元，一個月的生活費大概在六百元左右。兼職做家教的酬勞是一小時五十元，這在肖友泉看來實在"太少了"。而肖友泉與同學合夥開網店，一個月的收入高達一萬多元，平均每人每月至少可以增加五千元的額外收入，這在學生時代也算一筆可觀的收入。

（二）順勢："同學幫"巧借留學公寓合夥創業

在創業的路上肖友泉從不是單打獨鬥，"同學幫"一直扮演着重要角色。最早，他的同學去英國留學，兩人商議後一拍即合，決定合作開店。為節約郵寄的成本，肖友泉就將貨物批量寄到同學在英國住宿的公寓，等到客戶下訂單後，英國的同學負責打包發貨。兩人一個負責國內，一個負責國外，配合默契。

2003 年大學畢業，肖友泉聽找了一份有穩定收入的 IT 工作。但肖友泉的"同學幫"並沒有就此解散，而且從兩人擴大到四人。除了在 eBay 開網店，肖友泉曾有一段時間做起了教育培訓的生意。"教育培訓就是教大學畢業生如何製作簡歷，開講座上課和大家分享網申、筆試、面試的經驗。那時候我們實際上還是把教育培訓當做主業，在 eBay 開店只被定義為'賺外快'。"

但由於商業模式不成熟，教育培訓的項目一年下來幾乎沒有收入，肖友泉的"同學幫"因此出現了巨大的分歧。肖友泉的同學直截了當地對他說："如果你再不全身心投入來做，我就退出了。"

繼續堅持了三個月，教育培訓項目還是失敗了，肖友泉的同學也選擇了離開。但正是在此之後，肖友泉下定決心辭掉工作，在拉來一個師弟加入"同學幫"後，全身心投入在 eBay 之中。

"我們從來不是為創業而創業，可以說是順其自然、水到渠成吧。"肖友泉說，決定辭職創業他並沒有告訴家人，他的家人直到現在也並不清楚他在做什麼，只是知道他的收入比以前高了許多。"我們客家人做生意的是很多，但與海外的聯繫並不多，我讀了大學，通過同學較早接觸了各種最新的信息。"

（三）瓶頸：豐厚利潤背後難逃行業普遍風險

2005 年肖友泉辭職的那一年，正是跨境電商的"紅利期"。以肖友泉的話來說，"當時什麼都好賣，什麼都能賣出去"。以諾基亞的手機殼為例，國內批發市場的價格不到七元人民幣，運送到英國的售價是二十英鎊，而當時人民幣兌英鎊的匯率是1:15，刨去運輸成本，一個手機殼至少能賺二百元人民幣。

乘勢而上，肖友泉的跨境電商生意迅速壯大。他提供的一張財務報表顯示，2007年3月1日全天的利潤為六百多元，而短短兩週後的利潤就漲了兩倍多，每天能賺兩三千元。他給公司設定了獎勵機制，比如每天做到一千五百英鎊就給辦公室添置一台電視機。不多久，這些目標不僅一一實現，肖友泉還入選2007年eBay中國十大賣家。

但因在eBay上賣山寨手機涉及到刷單、虛假好評、侵犯知識產權等各種不規範的行為，肖友泉被eBay列入了黑名單，四個eBay賬號同時被封。公司停了一個多月，陷入困境的"同學幫"在辦公室大吵了一架。

"當時大廳站着十幾個員工，我們在裏面吵架不敢讓他們看到，出來還得安撫大家，"肖友泉記憶猶新。不同於以往凡事順其自然，肖友泉第一次感到"很痛苦"，"不知道該怎麼辦"。

直到eBay全球副總裁許良傑作為校友來中山大學做講座，肖友泉等來了機會。他鼓起勇氣在講座上要到許良傑的卡片，回去立馬發郵件說明了情況。在許良傑的幫助下，eBay方面考慮肖友泉的行為並非"十分惡劣"，便解除了其被封的賬號，再給他一次機會。雖然這件事得以妥善解決，但"同學幫"已很難繼續同行，"當時我們四個人的意見不合，生活理念和事業追求不一致，道不同不相為謀，大家只好各奔前程。"肖友泉說。

（四）轉型：跳出"井底"轉型跨境物流服務商

從全球範圍內來看，資金重、負債高、現金流為負是跨境電商的普遍情況。在豐厚的利潤數字背後，很難想像肖友泉在2008年春節回家時身上只有兩萬塊錢。"那時候我們表面看起來有很多利潤，但賬上的那些錢其實都動不了。"肖友泉說。

除此之外，在批發市場採購無法開發票，客戶是海外零散的個人消費者，以及海外銀行賬戶需經香港轉賬等等，這些又導致跨境電商在做財務報表時常常面臨"收入無法確認"。

公司的轉型愈發迫在眉梢。從自身做跨境電商的經驗出發，肖友泉想到了"跨境物流"。相比之下，如果轉型跨境物流服務商，首先成本大幅降低，不用拿出大量資金；其次客戶轉變為國內電商，可以規範開具發票以及配合監管部門的徵調函；其三國內電商預付賬款，回款賬期穩定，現金流也得到保證。

2008年，肖友泉一鼓作氣創立了"出口易"，正式轉型為跨境物流服務商。結合此前借同學公寓建海外倉儲的經驗，肖友泉為跨境電商設計了一整套物流服務方案。在 eBay、PayPal 的雙重背書下，越來越多的國內電商開始接受肖友泉的外貿 B2C，願意提前將貨物批量運到出口易的海外倉，再從當地打包發貨。

從跨境電商轉型跨境物流，肖友泉將此形容為"跳出井底"。"以前我們就是坐井觀天，每天只知道盯着客戶經理賬號被封了怎麼辦、差評如何能撤銷掉，但後來做了跨境物流服務，我可以看到跨境電商整個行業的未來發展趨勢，視野變得更加開闊了。"

值得一提的是，曾救過肖友泉公司"一命"的許良傑一直對這個年輕人關照有加，不僅成為出口易的天使投資人，還為其背書幫忙引薦風險投資人。"許良傑是我人生中很重要的導師和朋友，作為行業前輩，他擁有豐富的美國商業視野，而且做過新浪、網易等多家公司的 CEO，他會提醒我創業公司應該怎麼做，這對我們公司的成長非常重要。"肖友泉說。

二 案例分析：破局短板專注跨境物流服務

（一）海外建倉破局傳統跨境電商

海外倉是伴隨跨境電商的發展應運而生的新模式。正如肖友泉在大學時與留學國外的同學相互配合，海外倉的雛形正是在留學生的公寓、車庫和雜物間等中誕生的。隨着跨境電商規模越做越大，以出口易、遞四方等為代表的專業第三方海外倉開始登上了歷史舞台。

以傳統外貿 B2C 模式來說，賣家面臨的最大問題就是物流成本、倉儲成本和配送速度、消費體驗之間的雙重矛盾。一般情況下，採用 UPS、DHL 等國際快遞，速度快，銷往美國只需三到五天時間，但價格高昂；而採用中國郵政、香港郵政等國際小包，價格便宜，但旺季配送時間長達十到二十天。此外，部分小賣家沒有倉儲，往往是接單後再去工廠調貨或者加班趕製，收貨時間拉長，消費體驗無疑也大打折扣。

相比之下，賣家選擇第三方海外倉的好處顯而易見。首先直接本地發貨，賣家店舖在 eBay 上的排序提前；其次批量運輸，至少可節省 30% 至 60% 的物流成本；第三大大縮短了配送時間，降低了清關障礙；最後海外消費者收貨後還能輕鬆實現退換貨，購物體驗也得到改善。而賣家需要做出的改變就是將貨物批量運送至國外倉庫，實現該國本地銷售本地配送，以及會佔用一定的資金。

"賣家剛開始是會有所顧慮。有些賣家甚至還會想，我提前把貨物放在你那邊，還要預先給你運費，萬一你跑路了怎麼辦。但我們和賣家相互之間的信任是慢慢積累的過程，一旦有人感受到這個好處，就會有越來越多的人跟着作出改變。"肖友泉談到。

以海外倉為核心的跨境物流新模式恰到好處地解決了跨境電商的種種痛點，助力電商企業"走出去"。2015 年 5 月，商務部推出《"互聯網 + 流通"行動計劃》，明確表示將推動建設一百個電子商務"海外倉"。2016 年 3 月，"海外倉"更是首次被寫進《政府工作報告》，"擴大跨境電子商務，支持出口企業，建設一批出口產品'海外倉'，促進外貿綜合服務企業發展。"

彼時，擁有多年"海外倉"經驗的出口易已是行業翹楚，配送範圍覆蓋北美、歐洲、歐洲全境，不受任何重量、體積限制，也不會受到旺季航路不暢的影響，而且整合了當地物流渠道，確保當天出庫，次日上網。2015 年 1 月 5 日，李克強總理來廣州主持廣東外向型企業座談會，肖友泉還代表廣大跨境電商受邀參加。

（二）數據 + 動態倉庫雙引擎驅動

出口易創新性地利用倉儲數據和動態倉庫大幅提高了跨境電商的效率和速度，成為驅動跨境電商及物流的雙引擎。

由於海外建倉要求賣家提前備貨，備貨規模成為一個具體而實際的問題。倘若備貨太多，會導致倉儲成本增加，資金壓力太大，但若備貨太少，又可能無法保證供貨充足及時配送。這種情況之下，倉儲數據意識尤為重要。

舉個例子，賣家根據過往的銷售數據、市場經驗和資金情況，可以綜合考慮一個倉儲的最優方案，比如做十五天的庫存儲備一萬個杯子，之後只要保持一萬個杯子的"水位"，低於"水位"時就及時補貨。

顯然，並不是每個賣家都能夠對自家的銷售情況做到"心中有數"，而出口易能夠幫助賣家輕鬆實現。據介紹，出口易根據賣家過去一天、七天、十五天和三十天的出庫記錄，為賣家製作成一個直觀的柱狀圖，結合季節、促銷及競爭對手價格等因素架構出一個模型，分析最佳備貨量，倘若觸碰預警線，出口易就會自動提醒賣家及時補貨。肖友泉最早自己做跨境電商時就用 Excel 表格建立數據庫，成立出口易後便將這種方法分享推廣給其他賣家。

大量的貨物進倉時又會面臨如何擺放的問題。通常的做法是分門別類擺放，方便記憶貨物存儲位置，但這樣可能帶來的問題是倉儲利用不充分。出口易創新設計了"動態倉庫"，該設計還在 2009 年獲得國家實用新型專利。據介紹，"動態倉庫"的最大特點是每個貨物都有獨一無二的代碼，且與倉庫貨架的代碼相綁定。因此貨物可以隨意上架，也就是不考慮貨物的類別或者賣家是誰，只要將貨架塞滿即可，比如電飯煲和鞋子可以放在同層貨架，插座可以和水杯放在同個貨位。

（三）差異化新業務協同發揮效應

近年來，肖友泉還在不斷擴大自己的業務版圖。在新業務的開拓中，肖友泉遵循着企業經營的長板理論和短板理論，新業務既要有價值又要有差異化。比如，肖友泉的優勢是他更懂國內的跨境電商客戶，而短板則是物流，所以他選擇"揚長避短"，充分發揮自己的優勢，減少在自己的短板上花費太多精力。"物流對我來說是最難搞的業務，我到今天都很難習慣物流行業的行事作風，比如喝酒應酬，而且我也不具備相對優勢，沒必要花很大力氣去跟別人競爭。"

目前，除出口易外，肖友泉旗下的業務還包括 Skyee、M2C（Manufacturer-to-Consumer，生產廠家對消費者）和維易三項新的細分業務。具體來看，幾項業務均是圍繞跨境電商服務的上下游環節，如出口易是負責倉儲物流，Skyee 是專注跨境支付，M2C 是打造電商平台，維易則是提供 SaaS 供應鏈管理方案。

其中，跨境支付業務 Skyee 是肖友泉最為看好的業務項目。他介紹到，Skyee 相當於一家互聯網銀行，可以做到全球跨境的收款付款。比如客戶只要符合資質就可以通過 Skyee 在美國開立銀行賬戶，更加便捷地實現跨境支付。目前 Skyee 在美國、歐洲、日本和香港都已獲得牌照。

現有的四項新業務彼此既有差異又相互關聯。四項業務分別都有各自的CEO，彼此之間有一定的邊界，肖友泉實際上並沒有參與到四項業務的具體事務中。作為團隊的總指揮，肖友泉需要做的是將四項業務協同統籌起來，最大程度發揮它們的協同效應。比如，印尼目前仍沒有較為完善的支付方式，那麼出口易即便在當地建了海外倉庫，還是會面臨跨境電商業務難以落地的問題，這時就需要將Skyee 的跨境支付和出口易的海外倉儲結合起來"打包"進入印尼市場。

三 啟示：從需求出發挖掘創新突破口

（一）"人才"是無法複製的創新競爭力

隨着阿里、京東、順豐等各路資本紛紛加入跨境電商服務的賽道，平台之間的競爭愈演愈烈。對於肖友泉來說，除了不斷開拓新的細分領域市場，"人才"是他唯一不可複製的創新競爭力。"比如我有一個五萬的倉庫，但是順豐有錢可以出五十萬建一個倉庫。又或者我和某家航空公司合作，但別家公司有錢可以自己買兩部航空飛機。唯有我的人、我的團隊是複製不了的，我每項業務的 CEO 都只有一個，他們都是獨一無二的。"肖友泉說。

但人才自古常難得。談及曾經遇到的最大困難，對肖友泉來說並不是市場的激烈競爭，也不是全球貿易環境的風險，而是"招人"。2009 年左右，出口易剛剛創立，辦公地點還在白雲區的一間破倉庫。"當時打電話給二十人面試，可能有十個人覺得公司名稱聽都沒聽過，就直接拒掉。有七個人走到一半就回去了，因為覺得地方太破，不像是一家公司。剩下三個人，可能有兩個是呆呆的，最後只有一個人能用。"

如今出口易創立已有十週年，公司不乏十年以上的老將，這也為肖友泉打造了穩固的根基。據肖友泉介紹，目前 SaaS 業務的 CEO 是 2008 年加入公司的管培生；出口易的 CEO 是肖友泉的師弟，2004 年加入公司；Skyee 的 CEO 更是與肖友泉早在 1999 年就認識的大學同班同學。"我們彼此之間非常信任，有事情都可以直接溝通，即便兩個星期不見面也沒所謂。曾經順豐出高薪來挖我們十幾個人，但是主力是絕對動不了的。"

"世有伯樂，然後有千里馬。"要打造一個具有競爭力的團隊，也離不開創始人的個人付出、個人氣質乃至個人天賦。肖友泉說他一直對員工的培養非常重視，每個月無論多忙都"雷打不動"要回廣州參加兩項會議，一是新員工的培訓會，二是管理層的培訓會。肖友泉與人交往誠懇務實、目標明確、凡事都願直截了當地溝通。天生思維活躍、不墨守成規的他還經常帶着團隊頭腦風暴，用行動感染着他的團隊。

（二）關注用戶需求挖掘企業創新空間

縱觀肖友泉一路走來的經歷，從嘗鮮跨境電商到轉型跨境物流，以及近年來涉足跨境支付等，關注用戶需求、行業痛點是貫穿始終的核心驅動因素。例如，早年跨境電商滿足了海外消費者跨境購買中國廉價商品的需求，其後轉型跨境物流解決了跨境電商的物流速度與海外倉儲成本的行業痛點，而今涉足跨境支付也是踩中了全球範圍內跨境支付渠道的稀缺和困難。

"剛開始我們也不敢做跨境支付，但看到很多客戶有這個需求就試一下，"出口易的創新主要都是微創新，而團隊保持創新能力的秘訣就是保持對客戶和市場的關注，只要你從需求出發找到行業沒有解決的痛點，就一定會找到需要改進、提升或創新的地方。

首先要保證獲取盡可能多的最新信息，保持對行業的敏感和思考。"多溝通，多交流，多學習"，這也是肖友泉獲取信息大道至簡的原則，這種學習交流是覆蓋可能提供信息的任何人，包括基層員工以及競爭對手。比如說，他常常會問自己的客戶為什麼會選擇出口易，又或者為什麼轉去別家平台。"即便大家做不成生意，但大家還是朋友。尤其我們電商人大多是 80、90 後，經歷背景比較相似，大多都是白手創業，彼此經常溝通交流，既是對手也可以做朋友。"

其次更為關鍵的是要能做到換位思考，真正了解客戶的體驗和需求。但畢竟"屁股決定腦袋"，一個人坐在什麼位置，往往決定了其思考的角度和範圍，即便是用戶調研也無法了解用戶的真實感受。"如果沒有身處用戶的位置真正感受過產品，就無法知道實際的用戶體驗是怎樣的，更不會知道需要從哪裏改進。"

（三）"走出去"把握全球貿易相對優勢

"信息不對稱"和"相對優勢"是在肖友泉的商業邏輯中被反覆提及的兩個概念。

從本質上來說，肖友泉從大學開始做跨境電商，甚至是幫同學代購就是利用了信息不對稱，"倒買倒賣"賺取差價。類似於現在流行的代購微商，海外的消費者不知道如何購買中國的廉價商品，大學校園裏的學生不知道如何去批發市場購買便宜商品，肖友泉就是扮演了中間提供信息與服務的角色。

"相對優勢"主要體現在國內市場與國外市場的選擇上。2003年專注國內市場的電商平台淘寶迅速崛起，而在 2000 年就接觸"電商"概念的肖友泉卻從來沒有考慮過涉足國內市場，原因何在？放到全球範圍內競爭，肖友泉自認可以做到比別人更聰明、更勤奮、甚至更野蠻，但回到國內市場他就失去了相對優勢，國內市場門檻低，獲客成本更高。也因為如此，如今讓肖友泉倍感壓力的並不是 eBay、Amazon，而是如阿里、京東和順豐等對跨境電商市場蛋糕"虎視眈眈"的國內巨頭。

話雖如此，全球市場的門檻高，要想牢牢抓住"相對優勢"也並不容易。每個國家必須挨個研究吃透，肖友泉將此形容為"上知天文，下知地理"。比如光是印度就有十幾個聯邦，不同聯邦的政策和語言都不一樣，而印尼更是有兩千多個小島，很多人連身份證也沒有。此外，自然災害、國際政治風險都可能令跨境電商蒙受巨大損失。

四 有待進一步研究的問題

當前全球貿易市場環境愈加複雜，這對肖友泉及其他從事外貿服務的企業既是風險也是機遇。激烈競爭之下，如何積極應對國際形勢變化的風險，找到符合全球發展趨勢的市場切入點，同時不斷轉型升級提升專業服務能力？這一問題有待進一步的深入研究。

五 大事記

2003 年，畢業於中山大學數學系＋金融系雙學位；進入 IT 公司工作，同時在

eBay 開網店。

2005 年，辭職，全身投入跨境電商，建立英國、美國和澳洲倉庫。

2007 年，成為 eBay 中國十大賣家之一，公司發展遇到瓶頸。

2008 年，創立出口易品牌，正式轉型為跨境電商物流服務商。

2009 年,，eBay 獨家推薦海外物流合作資格；入選 Paypal 全球物流合作夥伴。

2015 年，李克強總理視察廣東開放型企業，受邀作為企業代表之一。

（訪談整理：張豔）

第二十一章
珍莉個性化舞蹈培訓：以"教育定製"鑄犁成劍

訪談人物：陳珍莉

擔任職務：傑士文化傳播（廣州）有限公司負責人

所在城市：廣州

所處領域：教育培訓

創新類型：專業服務創新

關鍵詞：個性化定製、科學運動管理、舞蹈中國化

訪談時間：2019 年 7 月

用創新的思維、全新的視野去創作屬於我們華人肢體語言的國標舞藝術，舞出我們華人的風骨與獨立女性的魅力。

——陳珍莉

一 人物故事："教育商業夢"

小時候，學習任何一個舞種，陳珍莉都永遠不是頭頂光環的主角，但若論基本功，她卻是培訓班當之無愧的"頭號種子"。

"把步伐吃透，基本功才能穩固。"很早之前，陳珍莉在體育舞蹈領域已是"十項全能"，每一個舞種都達到十級滿級。然而，光是打基礎，陳珍莉即付出了數倍其他人的時間和心血。每一級"台階"，背後都浸滿了汗水。

陳珍莉從三歲起接觸舞蹈。彼時，母親從羊城晚報上看到一則國際標準舞班的招生廣告，老師是鼎鼎大名的全國冠軍，於是帶着小珍莉慕名"拜師學藝"。後來她和母親才知道，那是當時國內首個專業國標舞班。

現在教育機構遍地開花，給孩子報特長班，多半遵循就近原則。但在資源匱乏的年代，必須依靠自行車、摩托車、公車等交通工具，去到相當遠的地方，艱苦程度可想而知。母親每次都要騎上一個多小時的自行車，載陳珍莉去學舞。沒有專門的舞蹈教室，就在室內的籃球場來練；國內沒有專業的舞蹈鞋，便專門託人定製。

直到現在，陳珍莉都覺得當年的學舞機會來之不易，"要花費很大的心力、時間、金錢、家人的陪伴以及老師的教導，才可能在舞蹈上獲得些許進展。"

那時的陳珍莉身上仿佛有使不完的勁兒，她同時還報了少年宮的芭蕾舞和民族舞班。有一次，一位舞蹈班家長對孩子說："你多學學珍莉，看人家是怎麼刻苦認真的。"孩子答道："她是在'死撐'。"這道出了陳珍莉當時的真實狀態。很多時候已被訓練折磨得"不成人形"，但她篤信只要再熬一下，多堅持一會，就能收穫意想不到的效果。

可以說，連續八年全國國際標準舞十項全能冠軍、英國皇家舞蹈教師協會標準舞和拉丁舞雙院士等國內外頂尖榮譽，都是陳珍莉"熬"出來的。

（一）科學為先，細節為要

早年的學舞經歷，根植進陳珍莉的理念。從 2007 年創立珍莉舞蹈品牌，陳珍莉開班教學已近十二年。不同於其他同類機構，她始終注重細節，跳舞時連一個腳趾頭的方向都要摳。她認為，教授同樣一個動作，好老師和普通老師的區別即在於細節。

"起舞時，看似只是肢體完成一個既定動作，但每個動作都富於深意，為傳達思想而服務。"陳珍莉說，只有將細節做到位，呈現出來的東西才可能正確，方可追求更深遠的表達。

在陳珍莉的課堂上，頭半年是最難熬的，學員不僅要打破平日的身體慣性，進行反向扭動，激發全身上下的微小肌肉，還要經受住陳珍莉嚴苛的要求。練舞後筋疲力盡、腰酸背痛再正常不過。

但與此同時，陳珍莉格外重視科學運動。陳珍莉喜愛閱讀，很多事情她都能從書中找到答案。過去她一直搞不明白，為何外國舞蹈家到了三十多歲依然在跳，而中國舞者二十幾歲便退役隱於台下。後來通過閱讀，她得出一個結論——不了解運動科學，在訓練中落下諸多傷病，是中國舞者不得不終止舞蹈生涯的癥結。

很多人跳舞的初衷較為功利化，希望短時內速成幾段舞蹈。但陳珍莉始終不忘告訴他們科學合理的訓練理念，做好熱身運動，並在練舞結束後敦促做柔韌性拉伸。

（二）創立新式國標舞

傳統國標舞的標準是一百多年前訂立的，置於當下，很多已不合時宜，違背科學運動原則。為了讓學員舞出神采、舞出健康，陳珍莉在傳統國標舞的基礎上進行了多番改良，創立新式國標舞。

傳統國標舞有固定式的框架，必須從頭到尾搭肩，而陳珍莉的新式國標舞時而是開放式動作，時而是閉合式動作，形式上實現了多樣化，讓舞者肢體充分扭動起來。同時它有意將音樂速率降慢，以調整舞者步伐和呼吸，把無氧運動變為有氧和無氧運動相結合。過去很多動作要求膝蓋伸直落地，對膝部傷害極大，陳珍莉便將其統一都改成膝蓋微彎的，為雙腳落地提供緩衝力，有效避免了因長期練習導致的勞損和積水發炎。

當然，陳珍莉創立新式國標舞，還源於一顆蓬勃的野心——將中國風骨融入其中。

少年時一次國外演出，陳珍莉和家人在英國街頭迷路，當地一位穿着一套淺粉色正裝、頭頂禮帽、蹬着一雙小高跟的老太太，主動走過來給予幫助。她帶領她們走了二十多分鐘，直至到達目標的公車站。

這次不經意的經歷，讓陳珍莉動容不已。她想，走到一個更好的世界，可以看到好多東西，並將其內化到骨子裏。從那時起，陳珍莉堅信舞蹈對人的綜合素養同樣有很大的正面影響，便在心底種下一個願望——通過舞蹈提升國人的修養，呈現國人的風骨。

陳珍莉試圖把中國舞偏柔的元素融入國標舞中。其創作的舞蹈，很多發力方式與太極的氣沉丹田異曲同工。為豐富新式國標舞的元素，她還創作了很多配套的中國風舞曲，擬在未來編製成專門作品，給觀眾呈現一種堅持的正能量。

世界上共有十個標準舞種，沒有一個是英國獨創的，但英國人頗有世界思維和管理理念，將巴西的森巴舞，墨西哥的恰恰舞，源於法國、盛行於西班牙的鬥牛舞、美國的牛仔舞等世界各國的舞種收錄進本國的大賽裏，並把它規模化、系統化、教材化。也因此，人們經常要去英國學習舞蹈。

十三歲時，陳珍莉曾作為中國首批去英國進修的中國青少年。打開國門走入世界那一刻，她的民族情感被激發起來了。她心想，為何沒有一種專屬於中國的國際舞蹈？如今中國舞者在世界舞壇佔據重要一席，奪得諸多國際權威賽事的榮譽，這些無疑讓人驕傲，但除了在技藝上取得驕人成績，通過原創舞蹈成果贏得世界尊重，讓世界為中國"創造"而喝彩，重要性同樣不言而喻。陳珍莉下定決心，必須改良創立蘊藉中國文化神韻的新式國標舞。

（三）拆伴經歷，激發單人舞蹈靈感

有的創新，則來自於陳珍莉"悲催"的個人經歷。

十八歲時，陪伴自己十餘年的舞伴選擇和其初戀女友搭檔跳舞，陳珍莉意外落單。在這段空窗期，陳珍莉恰好要赴西安參加全國體育舞蹈錦標賽。當時隊裏基本上都是男女搭伴參加，只有兩個女生落單，另一個女生負責摩登舞的單人項目，陳珍莉則負責拉丁舞的單人項目。

放諸今天，單人舞蹈稀鬆平常，但在當年並不太為大眾所接受，單人項目還遠遠未發展成比賽中的主流。

到現場後，陳珍莉發現只有自己一人報名了該項目，那種孤獨尷尬的感覺讓她刻骨銘心。"舞蹈單人也能跳，但就和你選擇適婚年齡不結婚似的，很多人還是會戴有色眼鏡看你。"

但陳珍莉轉念一想，既然來了，何不改變心態和享受舞台？上台前，她將幾個舞段合編成一個表演，還配上了音樂。一曲跳罷，很多人站起來鼓掌。

自那時起，陳珍莉開始有意識地練習單人舞蹈，並將其應用到教學上，獨創了一套單人舞蹈教學方法。如今，不受舞伴束縛，隨時能學能練，兼具表演性和實用性的單人舞蹈，成為越來越多人的選擇。

（四）以品控和質量助力創新

除了開班授課，陳珍莉還創辦了自己的舞蹈用品品牌。殊不知，人生第一次做舞鞋買賣，即以失敗告終，原因在於沒有弄清商務邏輯。

剛開始，她跑到廣州火車站附近的白馬服裝批發市場，"挨家挨戶"物色能提供定製服務的廠商。當時有一家廠商特別熱心給陳珍莉打版，並答應可以為其做成品。陳珍莉還記得第一批鞋子的鞋頭是愛心形的，她先付了定金，幾天後對方在電話那頭聲稱廠子資金周轉有問題，懇求她把餘款一併打過去。陳珍莉沒有過多猶豫便答應了，但當拿貨的時候，她發現鞋底竟可徒手撕開。對方說可能缺少了一道工序，沒有高溫加壓，於是陳珍莉自己租了輛麵包車，將鞋統統送回廠裏，但後來卻不了了之，給對方打電話永遠不通。

"做生意一定要把控好原則，有時候你的心是善的，但最終結果卻是花錢買難受。"從那以後，但凡涉及與產品相關的，陳珍莉都必須親自把控，沒有見到合乎自己預期的產品，絕不將尾款打到對方賬上。

以往在國際平台上，很少看到中國品牌的舞蹈用品，現在慢慢多起來了。區別於國際品牌和其他中國品牌，陳珍莉堅持做個性化定製，拒絕大批量生產。

"來我這定製的，基本上都是對舞蹈有一定追求，且特別注重品質的。"陳珍莉說，目前國內做舞蹈用品的，多半是平日較少接觸舞蹈的專門生產商，而陳珍莉本身是專業舞者，具備一定的天然優勢。她不走大眾化路線，基本按照自己及學員的切身體驗和感覺，定製相應產品。一般市面上的鞋跟，考慮成本和大眾化思維，不會輕易選擇水晶跟，但陳珍莉打破此一常規，且做了很多細節上的改動，比如為避免磨腳，鞋底設計比一般舞鞋更厚、更柔軟；在鞋前增加了一個鞋扣，當腳部充血腫脹時，可以適度調節。

陳珍莉設計的產品，幾乎都是"一物多能"。光是一套舞服，就有好幾種不同穿法。與此同時，產品一旦出現損壞，客戶可獲得低價保修，這在很多同行眼裏是在使"拙勁"，但在陳珍莉眼裏卻是物超所值，這些舉動雖增加了產品生產和維護成本，但能給舞者帶來更好的體驗，為其贏得客戶好評。陳珍莉認為，這很大程度上代表了一個舞者對舞蹈的忠誠與熱愛。每年出席黑池舞蹈節，很多人都問陳珍莉身上的"行頭"從哪購來，她都會自豪告訴對方是自己特別定製的。

這樣的"拙勁"同樣被陳珍莉用於自己的舞蹈課堂。同行為了獲得更多收益，經常將十節課拆分成二十節來教，或對學生有所保留，但陳珍莉覺得一個人的時間精力是有限的，從來不步她們後塵。跟當年母親為其選擇最好的老師一樣，陳珍莉也努力讓自己成為這樣的良師益友，讓初學者少走彎路，生命品質得到提升。說到底，這是她作為舞者和舞蹈教育家的良知。

但即便如此，陳珍莉也有不被理解的時候。作為教育企業，珍莉舞蹈需要平衡好盈利和教育的關係，不能全部實行免費，但也不能完全以盈利為目的。"光以商業作為導向，必然做不長久，須將事物真正的價值意義發揮出來。"陳珍莉說。

在舞蹈圈待了三十年，陳珍莉積累了很多頂級賽事的資源。她不定期帶學員出國參賽，或參加政府單位組織的義演。有時她會遭遇家長的不理解：為什麼孩子代表珍莉舞蹈到國外參賽，還要自掏腰包？這時候，陳珍莉都會耐心解釋，孩子參賽更多是代表個人，並且獲獎是次要的，最關鍵是讓他們開拓視野、積累經驗。

（五）先做強，後做大

在很多人看來，陳珍莉坐擁十餘座世界冠軍獎盃，同時是英國皇家舞蹈學院雙院士，已到達"獨孤求敗"的境界。但就像愛因斯坦那句話，圓圈越大，發現還有很多奇妙的東西可以去突破。也因此，陳珍莉堅持每年赴外進修，讓自己保持學習狀態。她認為自己的高度將奠定珍莉舞蹈團隊的高度。只有自己境界拔高了，才能更好指引團隊。

市面上不乏同類舞蹈培訓機構，但跟其人生規劃一樣，做一個舞蹈教育家，其次才是舞蹈的企業家，陳珍莉的目標是將珍莉舞蹈先做強，後做大。

"很多老師的想法是培養一百個普通的學生，而我的想法是，培養一個很拔尖的學生。"陳珍莉說，當思考和定位和其他人不一樣的時候，做出的東西就會截然不同。

在中後期，她希望把珍莉舞蹈打造成國內舞蹈培訓的旗艦品牌。五六十歲後，她或許已跳不動了，但還可以企業家的身份經營它。

作為土生土長的廣州人，陳珍莉對大灣區感情極深。去年，她將珍莉舞蹈的授課地點延伸到了香港，為當地人教授舞蹈。

1997年，內地的春風重新灑在美麗的東方之珠上，香港這艘新時代的航船回歸祖國懷抱，重新啟航。陳珍莉有幸被選中作為舞蹈嘉賓，站上香港回歸慶典晚會的舞台，飾演一隻歸巢小鳥。也是從那時起，她的生命和香港有了更深的羈絆。

隨着閱歷的積累，陳珍莉曾獲得越來越多到香港演出和比賽的機會，這為品牌開拓創造了條件和機遇。在朋友的引薦之下，陳珍莉已開始進駐香港部分國際學校授課，並針對當地業餘愛好者開班授學。往返廣州和香港兩地教學，成了目前陳珍莉最重要的工作，雖然辛苦，但她樂在其中。她知道，自己腦海裏的舞蹈商業版圖又補上了重要一塊。

二 案例分析：以定製化和品控盤活傳統行業

（一）推出個性化定製業務

在市場上的舞蹈培訓機構，出於時間成本和邊際效益最大化考慮，較為常見的是粗放式教學。如今隨着市場日趨多元化，一對一的高端教學層出不窮，但鮮有舞蹈機構在大眾與小眾間找到平衡。為最大限度滿足不同學員的需要，珍莉舞蹈主打差異化，推出個性化定製課程，為需求相似的學員匹配分班、組織科學訓練。

（二）尊重市場多元性

與其他產業相比，文化教育產業與經濟、社會的關聯性更強。企業要穩立創新潮頭，必須敏銳捕捉到人們精神文化生活需求的變化。如今，不受舞伴束縛，隨時能學能練，兼具表演性和實用性的單人舞蹈，已成越來越多人的選擇。陳珍莉尊重市場多樣性，結合自身過往經歷，開拓單人舞蹈教育的新篇章，把"教學清單"的主動權、主導權交予學員，以啟動品牌，盤活市場。

（三）注重品控

品控是企業的生命線。以往在國際舞台上，中國品牌的舞蹈用品鮮覓蹤跡，陳珍莉選擇把自主品牌帶出國門。區別於其他品牌，陳珍莉將品控置於產品設計生產首位。她按照自己以及學員的體驗和感覺，堅持做個性化定製，拒絕批量生產、不走大眾化路線。但凡處理和物品相關的，陳珍莉都力爭把控到位。一般市面上的鞋跟，考慮成本和大眾化思維，不會選擇水晶跟，但陳珍莉則會打破常規，並進行很多細節上的改動，比如增厚鞋底，增加鞋扣，配置鞋跟套等。

三 啟示：將 "初心" 作為創新發力點

（一） "做強" 先行，不盲目擴量

任何企業必須經歷從無到有，從粗到精，要結合內外部資源的有效配置，朝着做精做強方向發展，不斷提升核心競爭力。較之於擴大經營規模和體量，陳珍莉更傾向於以 "做強" 先行，不盲目擴量，以精品化小班促教學品控，這樣無疑更容易做出成績，後續再通過口碑行銷的方式，贏得更多的市場關注。如今，珍莉帶隊比賽的奪冠率達到 100%，口碑度持續居高。

（二）保持競爭力，延伸產業鏈

創新鏈是指圍繞某一創新的核心主體，以滿足市場需求為導向，通過知識創新活動將相關的創新參與主體連接起來，以實現知識的經濟化過程與創新系統優化目標的功能鏈節結構模式。[37] 陳珍莉在創新中期，延伸舞蹈培訓產業鏈，開創屬於自己的舞蹈用品品牌，無疑有利於開拓新市場，創造更大的效益，進而提高企業競爭力，但作為舞蹈品牌的唯一主理人，陳珍莉精力有限、分身乏術，難以在新業務與教學實踐之間尋獲平衡。如果協調不當，或將對企業發展造成負面影響。

（三）個性化定製與堅持核心價值相結合

隨着消費者習慣於對社交媒體投入大量精力，他們想要一種有所發現、不斷變化和個性化的感覺，期待個性化釋放能拓展至一切具有個人烙印的選擇上，從而熱誠地踐行自己所宣揚的內容。品牌一方面要回應這類更明確的需求，另一方面要堅持其核心價值。珍莉舞蹈以個性化定製方式與學員合作開發課程，無論是建立對話機制、聆聽消費者建議，還是通過設計環節，允許個性化服務，都彰顯了品牌的包容度。

四 有待進一步研究的問題

如何應對年齡增長給舞蹈教學帶來的自然挑戰？如何讓舞蹈教學順應線上教育大潮？這些問題仍有待進一步深入研究。

五 大事記

1989 年，三歲的陳珍莉在母親的帶領下開始接觸舞蹈。

1993 年，陳珍莉通過母親閱讀《羊城晚報》，參加了廣東省第一個的青少年兒童國標舞班，半年後獲得廣州市兒童組亞軍。

---

37 蔡翔：〈創新、創新族群、創新鏈及其啟示〉，《研究與發展管理》，2002 年第 6 期。

　　1997 年，陳珍莉參加全國錦標賽，在一百多對全國各地的少年選手中脫穎而出，從早上一直比賽到深夜，最終獲得少年 C 組全國冠軍。

　　1999 年，陳珍莉以優異成績考入廣東名校執信中學，同年 10 月作為華人第一批赴英進修的青少年，赴英參加英國國際權威大賽，和世界冠軍導師們進修學習，世界各地舞者的交流。

　　2003 年，憑藉扎實功底與優秀表現，陳珍莉獲得華人第一位國際權威賽事青年組舞蹈冠軍，奠定中國青年在國際舞台上的一個里程碑。

　　2005 年，陳珍莉以單人舞代表參加全國賽事，並獲得冠軍，開拓單人舞蹈的新篇章，成為中國單人舞蹈創新的奠基人。

　　2007 年，陳珍莉創立珍莉舞蹈，除傳統雙人舞蹈外，創立的單人舞蹈的編舞與教學新模式。

　　2011 年，陳珍莉創立舞蹈中英雙語課程，讓學生在舞蹈練習之餘學習英語口語。

　　2018 年，聯合華語金曲獲獎音樂團隊，以陳珍莉親自作詞作曲（在英國創編），並親自演唱的原創音樂舞蹈《初心》，同年 11 月在香港 ViuTV 週六黃金時段播出，成為中國第一位原創舞蹈與原創音樂親自創編與演繹的第一人；同年，珍莉舞蹈進入粵港澳大灣區香港市場，開拓香港高水平國標舞教學。

（訪談整理：孔德淇）

第二十二章
九州能源配售：趁電改政策"東風"，開拓配售電及服務市場

> **訪談人物**：張濤
>
> **擔任職務**：九州能源董事、執行總裁
>
> **所在城市**：廣州
>
> **所處領域**：綜合能源配售服務
>
> **創新類型**：專業服務創新
>
> **關鍵詞**：政策紅利、能源配售價差、增值服務
>
> **訪談時間**：2019 年 5 月

我始終相信，改革只要撕開口子，就不會走回头路。我們就是要擁護國家的號召，將改革的声勢造大，順應國家的發展。

——張濤

一 人物故事：擁抱政策機遇辭職創業

（一）響應號召，裸辭創業追逐初心

2014 年，李克強總理提出的"大眾創業、萬眾創新"號召成為全國範圍內的新時代浪潮，也激盪着心中懷有夢想與熱血的年輕人們。張濤正是受到鼓舞的其中一人。

彼時，張濤還在南方電網工作，儘管工作穩定且有前途，但張濤心中總有一個聲音"這不是自己想要的"。他反覆讀了不下三遍《誰動了我的乳酪》以及介紹馬雲、創新創業等的書籍，內心的衝動愈發強烈——創業是張濤真正的初心。

張濤是電氣工程專業出身，畢業後順利進入電力系統工作，尤其是在南方電網工作期間成長很快。但體制內的工作對他來說一切太過"按部就班"，他非常清楚自己的職業天花板，甚至能一眼望到自己退休的樣子。"雖然原來的生活也挺好，但我還是想換一種活法。"

2015 年 3 月 15 日，國務院下發《關於進一步深化電力體制改革的若干意

見》，拉開新一輪電力體制改革的序幕。政策出台後，包括張濤在內的許多電網人躍躍欲試。大家紛紛開始研究政策機遇，但因具體細則尚未出台，只好暫時觀望。

可張濤已按捺不住內心的衝動。"如果我當時不果斷辭職，那就會一直溫水煮青蛙，習慣於安逸環境。機會是等不來的，只有行動起來，才會有改變。"

雖然對創業並沒有深思熟慮，但憑着一股衝勁，2016 年 1 月 19 日，張濤毅然地選擇了"裸辭"。"創業的根源就是解決社會問題"，張濤非常認同馬雲的觀點。在電改政策尚不明確的情況下，他決定先從解決社會問題出發，尋找創業機會。

（二）歷經失敗，回歸本行等待機會

從遠端監控軟件發展到輸電巡線無人機服務，張濤裸辭後一度堅定地不從事電力相關的行業，而選擇面對完全嶄新的挑戰。回想當初，張濤說，自己當時有股倔勁或者說孤傲，下定決心要闖出一條不一樣的路，希望能夠證明自己，即便不依託原來的工作資源也能夠有番作為。

創業並非易事，張濤的兩次創業都以主動放棄告終。雖然張濤堅信兩次創業的方向正確，但因為經驗不足，加上對新領域並不十分了解等原因，兩次創業中遇到的各種阻礙越來越多，最終難以為繼。

不過，這兩次創業失敗的經歷也讓張濤意識到，創業還是要回歸老本行。"我喜歡挑戰自我，但並不是不計任何風險地挑戰。既然兩次嘗試失敗，那麼我就要反思是否應該回歸本行。"張濤說。

除了回歸本行，張濤認為自己還有必要學習"如何做生意"。於是，張濤暫時擱置創業一事，進入深圳一家上市公司負責售電業務，藉此學習上市公司的財務會計、運營管理以及依法合規機制等。

隨着政策逐步細化明確，當時已有不少公司涉足售電業務，如深圳這家原本沒有售電板塊的上市公司也想分享電改紅利，從中撈一桶金。確實，起初售電市場剛剛放開，售電價差高達七分到一角，足以讓企業賺的盆滿缽滿。

但半年後，張濤很快意識到潛在的危機："售電不能只做價差。"

在張濤看來，全國各地的電改力度越來越大，越來越多的公司從事售電業務，必然會導致行業競爭格局的變化，高價差絕不會是長期趨勢，售電服務才是售電公司的未來方向。雖然張濤將自己的想法向上市公司董事會提出，但由於上市公司的決策流程複雜、原有業務結構限制等問題，始終無法將自己的想法落實。

（三）準確判斷，重新定位迅速發展

張濤重新燃起了創業熱情初心。事實上，在他辭職後，陸陸續續已有一些曾經的同事同樣選擇了辭職。作為昔日一起共事，擁有共同理想的"戰友"，張濤和這

幫人經常湊到一起，吃飯、喝茶、談天、聊理想。

直到 2016 年的冬天，距離張濤從南方電網辭職已有將近一年之久，大家都覺得 "機會來了"。2016 年 12 月 25 日，九州能源的創業方案正式形成。

在張濤的建議下，九州能源定位全國範圍內售電、新能源開發及售電服務等，其中售電服務是核心業務。經過對政策的仔細分析與論證，大家一致認為，由於售電行業與政策密切相關的特殊性，未來售電行業一定是個寡頭市場，一定要在順應國家政策形勢的基礎上，在全國範圍內做大做強，擁有一定的話語權。電改的趨勢是促使電力行業分工越來越精細化，電網要負責為用戶提供穩定的電壓，更加優質的供電，而體制外的售電公司則要為用戶用能提供更 "舒適" 的服務，助力節能降耗。

"國家大力度電改，核心是為了給是實體經濟減負，而不是非要誕生售電公司。改革開始階段的暴利是為了產生鯰魚效應撬動市場，但未來售電價差只會越來越少，最後變成一兩分錢，甚至幾釐錢。" 張濤說。

根據統計，自 2016 年首批售電公司准入開始，經全國電力交易中心公示的售電公司數量已從 2016 年的四百八十三家增至三千多家，雖然准入的省份有所增加，但二十四個准入省份目前只有十八個已納入售電公司參與交易。

正如張濤所料，如今光靠價差已經無法支撐售電公司的利潤，而早期進入售電行業撈金的企業，包括張濤曾經供職的上市公司已經大部分被淘汰，關停了售電業務。準確清晰的定位讓九州能源得以穩步發展，在 "大浪淘沙" 中生存下來，並且不斷壯大自己各個板塊的業務。

二 案例分析：從售電價差到提供增值服務

（一）從售電價差引流增值用能服務

電改剛起步階段，售電公司的盈利形式即賺取差價。簡單說，售電公司利用用戶和發電企業之間的信息不對稱，憑藉其所擁有的電廠側資源享有更高購電議價權，從而賺取價差。其中，售電公司最主要的工作就是 "價格分配"。售電公司需要找多家用電客戶，根據報價、用電量等分別與電廠電價匹配。比方說，電廠可以每度電優惠五角錢，而有的用戶報價每度電優惠一分錢，有的用戶報價每度電優惠五分錢，那麼售電公司可能就會選擇先將電廠優惠五角錢與報價每度電優惠一分錢的用戶匹配，從中賺取更高的價差。

但隨着價差越來越低，可以賺取的利潤越來越薄，售電增值服務逐漸成為售電公司新的盈利點，九州能源正是較早展開售電服務業務的公司之一。一方面售電價差成為售電公司"引流"、積累客戶的渠道，另一方面售電後的增值服務可以增加客戶粘度，真正留住客戶。

目前，九州能源售電服務的業務收益包括以下幾個方面，一是推出電力運維監測、電力託管等增值服務；二是設計不同的電力組合套餐，給客戶定製化最優用能方案；三是展開新能源設備技術的研發與引進，培養用戶新的用電習慣。

（二）開發雲平台智能監控運維電耗

優質的服務需要創新技術作為支撐。為提升用能服務質量，幫助用戶更好實現用能運維，九州能源自主開發了基於互聯網技術的九州雲平台，通過智能物聯、能源大數據分析、雲平台等技術提供全方位的能源互聯網解決方案。

九州雲平台可以實時連接所有管理和運行的新能源電站，對電站場址的溫度、濕度、日照輻射劑量、空氣質量、氣象條件以及實時發電效率等指標進行全天候實時監控，並通過與區域內發電項目進行精準對標，動態測算運維實施間隔，保障各電站在最優化的工況下安全穩定運行。

以往，用戶的效能監測採用手抄的形式，但九州雲平台可以智能監控，自動採集數據，然後通過數據分析看到用戶的用能報告，清晰地展示不同環節或板塊的用能情況，從而找到哪裏用能不合理、哪裏最節約，有針對性地指導用戶用能。

在維護檢修方面，以前需要幾個人負責檢修巡視，耗費大量的人力物力，但實現智能監控後，數據可以實時傳輸在電腦終端或手機 App 上查看異常情況，精準服務用戶。通過使用九州雲平台，用戶一是可以解決運維成本，提高用能效率，二是提高用能的可操作性和可控制性，將"臨時的事故搶修"變成"有計劃的檢修。

（三）多能互補定製化實現智能微網

2016 年 12 月 1 日，國家發改委、能源局印發《關於規範開展增量配電業務改革試點的通知》。增量配網也是國家輸電改革的重要組成部分，通俗來說，就是新增加的配電網。但在實踐過程中，增量配網將會遇到國營電網、經營困難等諸多阻礙，因此九州能源希望通過智能微網的技術升級解決該問題。目前，九州能源在增量配網領域尚處於嘗試階段，但是張濤堅信，這將是售電公司未來創新的主要方向。

分佈式可再生能源發電靠近用戶側直接供能，可以實現多種能源形式的互補。比方說，新產業園區在接入電網時，可以將分散式風機、分佈式燃機、地熱能等多種發電結合，形成智能微網，給產業園區孤島運行，避免直接利用電網供電。

智能微網的實質就是定製化的用能解決方案。九州能源作為綜合能源服務商，本身不涉及技術創新，而是根據園區的實際情況做多能互補的整合，形成最合適的解決方案。

三 啟示：在政策紅利中尋找市場

（一）研究政策堅信國家改革方向

"改革只要撕開口子，就不會走回頭路"，這是張濤一直所堅信不移的。國家的電改工作不斷推進，早在 1985 年引入多元發電投資主體，集資辦電，1997 年成立國家電力公司，實行政企分開，2002 年推行廠網分開，2015 年《關於進一步深化電力體制改革的若干意見》的 9 號文印發，包括九州能源在內的售電公司應運而生。某種程度上，售電行業是趁改革之東風，但同時也非常容易受政策變動的影響。

在此輪電改推進過程中，亦不乏反對的聲音。在前一版改革方案中，電力改革的方向仍然是"輸配分開，調度獨立"，而最新的電改方案則改為"管住中間，放開兩頭"。因此有專家提出反對意見，認為電改方向應該仍然是"輸配分開"，而非市場化售電。但張濤始終相信，國家出台改革政策一定是經過深思熟慮的，作為企業要做的就是將"聲勢"造大，用實踐行動證明國家改革的方向是正確的。

民營企業要堅決維護國家的改革政策，順應國家的形勢，擁護國家的號召，圍繞政策落地展開市場創新，相信國家的改革政策必然會成功。因此，及時收集電改政策，關注研究政策變化，也是九州能源一直在做的重要工作。

（二）重新定義配售電"優質服務"

隨着電改的市場化改革不斷推進，用戶用能必然愈加重視"優質服務"的理念。從以往的經驗來看，對於傳統國家電網公司，保證電源"不跳閘"，客服接待客戶時態度禮貌友好就可以稱作是"優質"的用電服務。

但在張濤的理解，保證用電穩定可靠是電網公司的份內職責，並不能稱之為"用電服務"。真正的用電服務是要解決用戶的用電問題，為用戶提供定製化的用電解決方案，而將電送至用戶使用的過程僅僅是生產產品的過程，而不是附加的增值服務。

《廣東電力市場 2018 年半年報告》顯示，2018 年上半年，廣東電力市場交易規模 723.6 億元，比 2017 年同期增長 47.76%；而廣東售電公司獲利 1.4 億元，比 2017 年同期下降近 77.46%。最新數據也顯示，截至 2018 年上半年，已有三百多家售電公司註銷，成立不到一年的二十餘家售電公司亦紛紛關停。

隨着競價交易的售電價差不斷壓縮，給用戶解決用能問題的優質服務成為九州能源的核心競爭力。九州能源在成立之初就意識到"優質服務"的重要性，始終圍繞提升售電服務拓展業務範圍，同時也時刻緊跟最新的用電儲能技術變革，同步做好技術的整合，對接相應的用電服務。

（三）與大型國有電網差異化發展

作為體制外的售電公司，常常遭到來自國有電網公司的各種壓力。作為國家電網公司，一方面有與民營售電企業展開合作的需要，但另一方面也始終抱有一種"居高臨下"的強勢姿態，並不看好民營企業的發展前景，甚或指責民營售電公司"不安全、不可靠、不專業"。

"做好國有電網公司服務不到的服務。"張濤相信，未來配售電市場一定將越來越細分化，隨之孕育更多的細分服務空間，作為大型國有電網公司不可能全部包攬。民營售電企業雖然大部分都是年輕企業，但擁有運營機制靈活的發展優勢。

因此，民營售電企業與國有電網公司從不是完全對立競爭的關係，民營售電企業更不是要"搶"國家電網的生意，而是補充國家電網公司無法滿足的市場需求，服務國家電網公司，助力國家電網公司的發展。

四 有待進一步研究的問題

目前國家電網仍然在政策獲取、市場佔有等諸多方面處於強勢地位。民營配售電服務企業如何與國家電網形成良性的競爭關係，彼此做到優勢互補，形成差異化的業務梯度，共同服務好客戶用能？這些問題仍有待進一步深入的研究。

五 大事記

2016 年 1 月，從南方電網辭職創業。

2017 年 1 月，九州能源註冊成立。

（訪談整理：張豔）

第二十三章
藍豆雲酒店運營管理系統：跨界"信息化"管理，
突圍酒店行業傳統桎梏

訪談人物：楊書帆

擔任職務：廣州藍豆軟件科技有限公司創始人兼 CEO

所在城市：廣州

所處行業：酒店信息化管理

創新類型：專業服務創新

關鍵詞：信息化、酒店管理、傳統行業

訪談時間：2019 年 6 月

歷史的發展是有規律可循的，創新也有規律。只有抓住了問題的本質，才能找到創新的正確方向。

——楊書帆

一 人物故事：留學歸來的跨界創新者

（一）理科男回國接棒酒店管理

楊書帆是典型的"理工男"。他畢業於英國倫敦帝國理工學院，獲得工程學碩士學位。帝國理工學院是世界排名前十的公立研究型大學，尤其以工程技術專業而著名。2009 年，正值楊書帆研究生畢業之際，全球仍處在金融危機週期之下，歐洲也不例外。於是，楊書帆便回國來到香港從事投行和股票研究工作。

這一路走來，他與酒店行業似乎毫無交集。然而，對於楊書帆而言，酒店行業並不陌生，創業做酒店信息化系統也是毫不意外的選擇。

楊書帆大學時主攻機械工程，機械工程裏又涉及到眾多嚴謹的生產流程，很多眾所周知的管理方法都是從生產製造業中誕生的，譬如泰勒的"科學管理"、豐田的"精益管理"等。從中，楊書帆學習了許多先進的管理課程。也正是由於機械工

程的學業背景，以及畢業後從事金融工作時天天跟數字打交道，使得楊書帆對數字及信息化有着極高的敏感性。

另一方面，與父親的交流也為楊書帆打開了酒店管理的視角。楊書帆的父親是一名管理學學者，曾在大學教授管理學課程，在酒店管理方向既有深入的理論研究，又有實際的經營和管理經驗。楊書帆經常與父親探討酒店管理的理念與實踐方式，從中獲得許多新的理解與體會。

在自身經歷以及父親的雙重影響下，楊書帆對於酒店行業有了更深刻的認識。一家高星級的酒店，其運營管理涉及大量的跨部門協同及跨層級的上傳下達。酒店業是一個古老而又傳統的行業，積累了很多合理的管理方法，以保證酒店有序的運作。

即便如此，酒店的運營管理效率仍有很大的提升空間。譬如，很多酒店內部的管理仍在沿用傳統方式：厚如書本的 SOP（Standard Operation Procedure，標準作業程序）、每天總結的紙質報表、用對講機相互呼喊等。其實，這些都可以通過信息化來提升效率。楊書帆對酒店相關的主流供應商進行了調研，發現酒店運營管理領域存在巨大空白。於是，他便一頭扎進酒店行業，着手組建技術團隊創業，開始打造酒店信息化運營管理系統。

（二）獨立思維訓練啟發酒店創新

如今看來，移動辦公、大數據等等概念可能早已並不稀奇，但在 2011 年，移動互聯網剛剛起步，大量圍繞移動互聯網的應用仍然還在孕育期。楊書帆最開始就意識到，要提升酒店的內部協作與管理機制，必須要依靠移動化辦公應用的開發。

真正做到跳出思維範式，敢於突破創新並不容易。楊書帆高中時被送到英國讀書，海外求學的經歷給他帶來的最大收穫就是“獨立思維”的訓練。楊書帆來到英國後成績突出，甚至高中時期獲得全英奧林匹克樹蕨競賽金牌，並以全 A 成績考入倫敦帝國理工學院。進入大學後，楊書帆逐漸意識到，相比於考試成績，獨立思考的能力更為重要。

楊書帆回憶到，大學入學後的第一堂實驗課。課堂上老師讓大家用繩子、竹籤等材料搭建一座模型橋，要求橋架可以盡可能最大承重。楊書帆主導小組搭建了一座斜拉索式的橋。“當時我想，一般橋要麼是斜拉索，要麼是懸掛式，前人的經驗肯定是最靠得住的。”

結果並非如此。楊書帆小組搭建的斜拉索橋在承重測試中表現一般。相反，他注意到，其他外國學生做出各種天馬行空、奇奇怪怪的造型，有些甚至都“不像橋”的設計反而超出意料地承重更大。他們雖然不按“套路”出牌，但實際上都考慮到了具體情況中結構的穩定性。這次實驗讓楊書帆認識到，在實驗室的環境中要搭建一座橋，很多具體的變數會影響最終結果，這時就不能一味"迷信"前人的經驗。

國外獨立思維訓練的經歷也影響着楊書帆對酒店行業的創新思考。前人沒有做過的嘗試，自己敢不敢去突破？全世界都沒有解決的問題，自己能不能想辦法解決？楊書帆說，自己從創立藍豆科技到現在，就是一個不斷提升自身認知的過程。

（三）教學經驗堅定創新方向正確

如果在網上檢索，可以看到楊書帆發表過許多專業文章，闡述對科技變革酒店行業未來發展方向的深刻思考。在訪談中，楊書帆也會從"生產力與生產關係""科技發展歷史"的角度來分析酒店信息化管理系統的原理。

這些理論上的深刻思考其實來源於楊書帆在高校的教學經驗。

2013 年，一次偶然的機會，還在創業的楊書帆被邀請去給中山大學旅遊學院的本科生代上旅遊電子商務課。雖然心裏也挺"沒底"，但因為喜歡挑戰，楊書帆還是爽快地答應了。

為準備教學內容，楊書帆買來了所有標籤為"旅遊電子商務"的教材，看完後發現和他的實際經驗並不一致。於是他索性嘗試自己梳理教學大綱，一條主線講科技的前世今生，一條主線講旅遊行業的發展，最後講到旅遊與技術的融合創新。

這段教學經歷的小插曲讓楊書帆第一次系統性地梳理了科技對旅遊、酒店等傳統行業的變革脈絡。"創業本來是埋頭不停地做眼前的事情，但因為有這次經歷，我開始深度思考自己做的事情。"楊書帆認為，歷史的演化發展是有規律可循的，創新也有規律，只有抓住了問題的本質和核心，才能夠對自己做的事情更有信心。

因此，以客戶體驗為導向、以酒店員工的體驗為導向，以酒店管理效率為導向始終是楊書帆對"酒店 + 科技"創新的基本原則。"現在有很多科技創新實際是擺花架子，並沒有切合實際，無法真正解決問題，這種創新在市場上最後是沒有出路的。"

二 案例分析：信息化管理提效酒店業務

（一）對客戶：業務在線化及時回饋機制

自 1990 年中國評定了第一批五星級酒店以來已有三十年的時間，但酒店業內部一直延續着非常傳統的管理模式。"對講機""填表單"等等傳統的管理模式嚴重影響着酒店內部的運營效率。因為無法對各個崗位員工的工作質量進行有效評估，酒店長期以來存在服務效率、衛生清潔、設施設備維護等問題，嚴重影響到客戶的入住體驗。

按照以往的管理流程，客人需要一樣東西，得打電話給客服中心，客服中心再打電話給相應樓層負責人，這時樓層負責人會使用對講機安排服務員遞送。事實上，客服中心或樓層負責人並無法知道服務員是否及時提供遞送服務。如果客戶打電話投訴，客服中心只能再次打電話，經由樓層負責人溝通確認。因此，整個過程造成很大的延時，服務員的工作質量也無法得到有效監督保障。

酒店工作流程在線化後，整個過程類似於美團外賣、滴滴打車等接單模式。客服中心在接到客人的電話後，直接在電腦或移動端點擊相應樓層及所需物品或服務，相關崗位的樓層服務員就會立馬接收信息，自主選擇是否"接單"，遞送完成後點擊"完成"即可。如果遞送服務超時，服務員及相應主管就會收到提醒信息，以保證每個任務都沒有遺漏且可追溯。

（二）對員工：建立移動工作管理平台提高人效

作為理工男，在楊書帆的眼裏，酒店就是一台各個環節相互協作的精密儀器。從清潔房間、設備設施維修、遞送服務到酒店各級別的管理層，各個環節相互協作推動酒店的齒輪運轉。藍豆雲系統將酒店的各個工作流程在線化、協同化，打造酒店行業的移動辦公系統。酒店每一個員工都用移動終端去接受指令，而不是一直以來的對講機或紙質表單。

"人效"，是楊書帆認為對酒店管理來說最為重要的概念。酒店內部管理通過人力資源的平台化，大大提高人效，讓酒店員工的工作更加積極，收入也更加體面。舉例來說，酒店內部的工程維修流程一般是客戶打電話到前台報修，前台客服將問題反映給工程部，工程部出維修單，安排工人上門檢查維修。但使用藍豆雲系統後，流程本身並沒有改變，而是將分派工作轉變為量化考核，工作質量和效率便得到大幅提升。

與美團外賣、滴滴接單類似，楊書帆還引入了"搶單"模式，酒店員工內部可以搶單，並在規定時間內完成接單任務。"以前沒有人算這些，大家拿的是死工資，沒有形成激勵。"楊書帆說。

他舉例到，佛山一家酒店在使用藍豆雲酒店運營管理系統，原本三十個員工的工作量現在只要十五個員工就可以更加優質高效的完成。員工的收入增加了50%，而酒店的總成本還下降了50%。同樣地，深圳有家酒店的數據顯示，原本工程部完成一項維修任務需要二十八小時，即當日報修，第二天上門維修，而使用藍豆系統後，從報修到維修的平均時間壓縮到僅六個小時。

（三）對酒店：大數據分析報告對症下藥

當各部門的核心工作信息化後，酒店運營過程便可以實現數據化。酒店的在線化和數據化幫助酒店管理人員更加清楚地掌握整個酒店內部的運行情況。目前，楊書帆已着手聯合行業專家對酒店管理運營建立不同維度的指標體系，形成數據報告，提交酒店管理層參考。

通常，酒店高管很難把握酒店具體各個節點的運作情況，但通過藍豆雲系統後台記錄的數據，可以一目了然地看到酒店內部各個環節的運作效率，從而對症下藥，找到管理中可能存在的問題或改善的空間，比如客房清掃的時間、工程維修的時間、遞送服務的時間等等。

為客人提供更優質的服務，僅靠這些基礎的工作數據還遠遠不夠。通過藍豆雲系統，酒店也可以通過獲取客人更全面的體驗偏好數據，如客人常用的物品、高頻的服務項目、產生服務需求的高峰時段、經常投訴的問題點等，更好地配置人員和物品，為客人提供更多超出預期的個性化服務。

三 啟示：打好傳統行業的創新 "突圍戰"

（一）用科技突破傳統行業的桎梏

自 2015 年 "互聯網 +" 被寫入政府工作報告以來，，互聯網的浪潮逐步席捲各個傳統行業。酒店與科技相互間發生着深度的融合，乃至在酒店行業中開始誕生出一批科技公司。

近年來，酒店行業率先在運營接單環節被互聯網顛覆。人們開始習慣在網上預訂酒店，完成入住、退房和支付的整個環節。客戶的消費數據被記錄下來後，酒店可以藉助大數據進行市場評估，根據客戶的預定數據、評價數據對各個門店進行有針對性地行銷。在此背景下，華住集團成功通過 IT 技術和互聯網從傳統經濟型酒店完成升級。

但目前，針對酒店內部運行與管理的科技公司仍為數不多。藍豆科技正是希望利用科技來升級酒店行業內部的傳統管理模式，通過信息化將酒店內部的運行進行整合，形成在線化的數據記錄，進一步提升酒店運行效率和服務品質。一方面客戶體驗得到提升，另一方面員工的工作效率和積極性也能得到提高。

隨着技術對傳統行業的逐步滲透，越來越多的高教育水平、高科技人才願意流入傳統行業，酒店行業的生產關係和生態結構也將逐漸發生改變，由此形成新的力量支撐生產力的提升。

（二）創新並非脫離傳統和歷史的規律

儘管距 1990 年首批五星級被認定以來已有三十年的時間，酒店管理層仍大多由基層服務人員成長起來。幾十年如一日的工作常態，讓許多酒店高管固執地認為他們並不需要科技，不需要改變。如果是對酒店行業了解不夠深刻的人，恐怕很難理解這種現象背後的原因。在外界看來似乎不合理的地方，酒店內部則自有一套自洽的邏輯。那麼如何用技術驅動傳統行業實現創新呢？以楊書帆的經驗來說，創新並非完全顛覆傳統，或一次性大跨度的變革，而是要在現有生產關係和經驗中尋求逐步的突破。"就好比一顆進化樹，即便這棵樹有不合理的地方，但也不能將這棵樹直接砍斷，從頭開始進化，這是不符合邏輯的。"楊書帆說。

以藍豆雲為例，為了方便酒店管理層理解運營數據，藍豆雲特意將酒店的運營數據"儀錶化"，類似電腦安全助手給電腦健康的評分，看上去既直觀又易懂。傳統信息化項目首要滿足管理需求，項目穿透是一個自上而下的過程，然而落地過程中，經常遇到一線員工不適應而導致整體落地效果差，項目持續性低等一系列問題。為了解決這些問題，藍豆雲在穩定性和易用性上不斷打磨，讓產品變得簡單易用，得到廣大一線用戶的廣泛認可和支持

（三）仍待風口來時，避免觸及瓶頸

楊書帆 2011 年開始做酒店行業的前期研究，2012 年組建團隊，2013 年 8 月推出第一款藍豆系統產品。近年來，C 端的產品和業務不斷受到資本市場的追捧，但 B 端在資本市場則一直較為冷淡。酒店管理領域的資本風口尚未到來，藍豆科技雖然已逐漸進入穩步發展，但距離市場爆發仍然有段距離。

市場推廣方面，不少酒店仍然堅持傳統模式，尚未意識到酒店智能管理的重要性，不願意作出改變，這楊書帆來說一個非常大的挑戰。一方面藍豆系統的產品創新較為領先，市場上尚沒有直接對標的競品，另一方面這也意味着藍豆的產品在市場上仍比較"冷門"。酒店信息管理系統的市場仍在孕育之中，需要耗費大量的精力和成本對市場進行教育。

四 有待進一步研究的問題

據介紹，藍豆基本已經覆蓋廣東地區的高端酒店，使用藍豆系統的酒店已有幾百家，基數規模暫時不大。但即便擴大到全國範圍的酒店，藍豆系統若僅局限於酒店的內部管理系統，市場很容易達到瓶頸。如何開拓企業智能管理系統的市場範圍，同時深度挖掘現有酒店資源的增值服務價值？這仍有待進一步深入研究。

五 大事記

2005－2009 年，英國倫敦帝國理工學院碩士。

2012 年 12 月，成立廣州藍豆軟件科技有限公司。

2013 年，上線藍豆雲平台。

2017 年，發佈藍豆雲 App，成為 Oracle Partner，取得 Opera 官方認證。

2018 年，成為溫德姆酒店集團後台運營管理解決方案官方指定合作商；企業微信首批酒店業官方認證應用，百度音箱首批官方合作夥伴。

2019 年，進入香港市場，新鴻基集團香港帝逸酒店落地藍豆雲系統；同年 6 月，藍豆雲系統用戶超過一千家。

（訪談整理：張豔）

第二十四章

獨角獸牧場科創運營：定位科創生態運營，捕捉獨角獸 "酷" 潮流

訪談人物：馮建林

擔任職務：香江控股科技創新中心副總經理、香江獨角獸牧場 CEO

所在城市：廣州

所處領域：科創運營服務

創新類型：專業服務創新

創新關鍵詞：三方共建、科創運營、人工智能、獨角獸

訪談時間：2019 年 5 月

曾經市場是為了投資而做孵化，現在是在一個傳統產業裏面尋求創新升級的突破，就要深度服務好創新團隊，伴隨企業成長。

——馮建林

一 人物故事：為獨角獸轉身的 "伯樂"

（一）加盟香江集團，助傳統行業轉型

加入香江集團兩年多以來，馮建林與企業談創新項目、與微軟談深度資源合作、與政府談共同培育未來企業，忙得不亦樂乎。在他及團隊的努力與推動下，香江集團旗下獨角獸牧場的項目不斷加速發展，成功吸引了雲從科技、小馬智行、科大訊飛、廣汽蔚來、MakeBlock、暗物智能、方緯科技、通則康威、找重工等明星企業先後入駐，成為南沙人工智能企業創新總部集聚區，亦成為粵港澳大灣區科技創新的一張新名片之一。

據了解，香江集團創建於 1990 年，經過近三十年的發展，目前擁有員工兩萬名，資產過千億元，產業覆蓋金融投資、科技創新、城市建設、商貿物流、健康產業、家居連鎖、教育產業、資源能源等八大領域，版圖遍及粵港澳、長三角、京津冀魯地區及內地核心城市，並控股一家 A 股上市公司——香江控股。

近年來，香江集團積極謀求企業轉型，探索科技創新的發展方向，由此打造了

獨角獸牧場的全新平台項目。但對於一直在傳統行業穩步前行的香江集團來說，要打造國際科創中心必然需要外部新鮮的血液和大腦。

馮建林對此躍躍欲試。擁有多年華為及投融資工作經驗的他，彼時正思索傳統產業轉型升級中的機遇與挑戰，這與香江集團正積極探索傳統產業向科技企業方向轉型升級的思路不謀而合。2017 年 11 月，馮建林正式加入香江集團，並擔任香江控股科技創新中心副總經理、獨角獸牧場 CEO。

憑藉過往多年的創新經驗，馮建林迅速搭建好一隻科創服務的團隊，尤其重點規劃了平台的運營定位和獨特的獨角獸牧場運營模式。

（二）大刀闊斧應對兩大挑戰

自正式運營以來，獨角獸牧場成績頗豐。據介紹，截至 2019 年 12 月 31 日，香江國際科創中心累計入駐企業（含已畢業企業）一百四十四家；獨角獸牧場獲得中國創交會成果轉化基地、廣州市科普基地、粵港澳大灣區青年創客匯、廣州市中小企業服務站、肇慶市級科技企業孵化器、南沙特色孵化器、南沙區創業示範基地等榮譽資質共三十八項；接受來訪考察交流近四百場；舉辦賽事及活動近一百場。談及當初獨角獸牧場的搭建過程，馮建林談到其中兩個最大的成功要素。

其一，便是協同南沙區政府、微軟中國與香江集團三方一起，成功搭建了廣州人工智能創新培育平台的三方共建新模式。三方合作共建的方案，即廣州南沙區政府提供產業規劃與定位，各種政策配套與落地服務、微軟（中國）提供最前沿的基礎技術平台支撐與高端專家技術支持、香江集團提供全面的資源整合與運營管理。

馮建林認為，三方的訴求不但不存在衝突，反而還能很好地實現優勢互補。"如果當初三方沒有能夠達成合作，現在獨角獸牧場也不知道會是怎樣的模式，是否能成功就更加不確定了。"馮建林無不感慨。

其二，作為致力於打造一個科技創新的標杆平台，擁有了微軟等科技巨頭，接下來就必須集聚一批 IAB 領域的科技領先團隊。抓住微軟中國和南沙區政府的資源優勢，馮建林提出科創企業要實現產業聚集。以微軟 Azure 雲平台提供人工智能公共技術服務平台為基礎，獨角獸牧場陸續集齊了圖像（人臉）識別領域的獨角獸企業——雲從科技、語音辨識領域的巨頭企業——科大訊飛、語義理解領域的頂尖企業——暗物智能科技，以及國內無人駕駛頭部企業——小馬智行等。

（三）從華為"出走"投身市場

華為的近八年工作經歷是馮建林事業中的重要一環。2005 年，馮建林從西安交通大學控制工程專業碩士畢業後，進入到華為國際行銷部，其時正值華為全面進軍全球 3G 網絡的市場化部署啟動。期間馮建林從莫斯科起步，再經白俄羅斯、烏克蘭，一路向西到了西班牙，再而轉戰阿聯酋。2009 年左右，華為籌建創新中心，馮建林憑藉多年的一線市場行銷經驗以及對於創新的持續關注有幸成為十二位創始團隊成員之一，肩負起為華為探索創新應用類新業務，涉及物聯網標準與應用，應用商店視窗系統，VR（Virtual Reality，虛擬現實）、AR（Augmented Reality，增強現實）等諸多前沿方向。

但馮建林並沒有止步於華為的光環。2012 年，馮建林離開華為，帶着海外多年的市場經驗與創新探索，毅然投身到國內火熱的市場大潮中去。"當時國內市場就像一鍋正沸騰的水。我不想繼續待在海外，迫切想要回國自己做點事，"馮建林如是形容。

離開華為後，馮建林做過智慧城市領域的智能安防、智能教育等領域，甚至一度涉足微信公眾號，通過朋友圈做推送內容，做起了"電商行銷"。

（四）轉身投資人反思行業局限

直到 2015 年，全國創新創業的氛圍如火如荼，天使、VC 等投融資機構也如雨後春筍。一次偶然的機會，馮建林結識了一位國內早期互聯網創業領域的天使投資"大咖"，經過接觸和溝通，馮建林決定投身天使投資行業。不久後，馮建林便成為該投資公司的聯合創始人與投資合夥人，每天接觸大量的創業者及他們的創新項目，甚至是一些早期創新的想法。

基於長期以來形成的創新意識，作為投資人的他，不願按照傳統的投資模式來運作。為提高投中優秀項目的幾率，同時能夠深度培育早期企業成長並方便做好投後管理，馮建林嘗試了"投資＋孵化"一體的新模式——通過搭建自有的孵化器平台，引進優秀的初創企業入駐形成成長氛圍。正如馮建林一如既往的速度與執行力，短短一年半的時間裏，他一個人奔波多地，陸續建立了位於北京、上海、廣州、深圳、武漢、青島、佛山，新西蘭的奧克蘭，澳大利亞悉尼等地的自有孵化器平台。

隨着國內創新熱潮的波浪起伏，創新的熱點快速地更替和轉移，以及技術創新潮的到來，很多好的項目開始依附於研究機構、實驗室、理工高校、技術研髮型企業等。外部獨立的眾創平台的作用已經減弱，"我覺得技術創新孵化平台的核心是不能缺少公共技術服務平台。"馮建林說。於是，在經過了兩年的孵化投資模式後，他決定迅速收縮已在全國鋪開的孵化器，只保留了深圳和廣州兩個駐點。

隨着投資行業的進一步快速演變，單純的天使投資的行業運作漸漸暴露了很多的不足和弊端。大的 VC（Venture Capital，風險投資）基金開始往早期階段延伸，基金的募集也隨着經濟的冷暖出現了較大的浮動和變化。早期投資開始出現進退兩難的境地，一邊是退出慢，一邊是募資難。"明顯能感覺到，LP（Limited Partner，有限合夥人）的錢都往大的基金裏面去了"，馮建林感嘆道。

這時候，馮建林又開始思考，"回頭來看，雖然兩年多時間還是投出了華南比較有影響力的多個早期項目，但縱觀全行業，普遍存在着早期創新項目與產業的結合度比較弱的現實。創新的本質除了外部的刺激型創新求變外，更多的應該是基於傳統企業發展中的瓶頸和困難，結合外部技術和商業演進的本能的結果。這種才叫閉環式創新。"

直到巧遇香江集團科創板塊的起步，讓他看到了傳統產業轉型升級的創新需求，而這也是全行業的普遍現象。馮建林非常清楚："以前是為了投資而做孵化，但現在是在一個傳統產業裏面尋求創新升級的突破，這和諾基亞當年也從木材加工廠轉型做手機是一個道理。"

二 案例分析：三方共建助力產城融合

（一）三方共建平台形成優勢互補

獨角獸牧場的基礎架構即由南沙區政府、微軟中國和香江集團三方共建，以人工智能為核心的科技孵化創新平台，也是承接廣州 IAB 戰略落地的重要項目。

從 2017 年 3 月開始，廣州市提出了"IAB"戰略，其中"A"即指人工智能，要求建設"國際一流人工智能應用示範區"的目標。為貫徹落實"IAB"戰略，南沙全力打造千億級人工智能產業集群，先後出台了《促進人工智能產業發展扶持辦法》《廣州南沙數據資源及應用場景開放工作方案》《廣州南沙人工智能產業發展三年行動計劃》等扶持產業發展的系列文件，政策扶持的全面性和力度處於國內領先水平，人工智能企業密集。

正是在南沙區政府的大力支持下，獨角獸牧場作為人工智能獨角獸的孵化平台應運而生。在獨角獸牧場的項目中，南沙區政府負責提供產業規劃與引導，優厚的扶持政策、人才引進與激勵、創新要素整合聚集以及完善的商業生活配套。此外，南沙區政府的平台南沙產投集團與香江金控宣佈共同發起一億元人工智能產業創投基金，專注人工智能、大數據、物聯網、雲計算、智能製造等行業領域。

微軟的加入給獨角獸牧場注入了科技創新的基礎賦能平台。獨角獸牧場是微軟落戶廣州的首個針對人工智能的孵化平台，為入駐獨角獸牧場的企業提供微軟的全球前沿技術資源，人工智能研發平台與產品，前瞻科技技術導師和人才培育和深層地全生態的專業孵化服務。

據了解，入駐獨角獸牧場的創業公司都可以免費接入微軟全球領先的 Azure 雲平台，並獲得最高三十萬元的微軟資源包。該平台提供微軟 Azure 雲端認知服務和物聯網開發套件，入駐企業通過技術接口可將微軟技術成果導入，挖掘強大的 AI 算法，快速、有效地進行影像、情緒、人臉識別開發等。

有了政府的政策支持和微軟的技術支持，還需要有一個負責實際操作的運營方。香江集團的出現適逢其時，成為各方資源的粘合劑，負責有效整合各方的資源和對接，通過深度運營和服務，發揮三方共建的利益最大化。

（二）對接企業各成長階段的需求

儘管獨角獸牧場明確了以人工智能為核心的產業孵化平台，但入駐的企業所處的細分市場多元，成長階段亦不同，要對每家企業擁有深刻的理解，且為不同領域、不同成長階段的企業提供切合的服務和支持並非易事。

除了打造了南沙乃至廣州獨樹一幟的高端聯合辦公空間，在服務企業和賦能產業的角度，獨角獸牧場更是開創性地打造了多個垂直的服務培育平台。據介紹，獨角獸訓練營為初創期企業成長提供為期四到六個月的"六位一體"全方位指導，包括前沿技術培訓＋商業模式優化＋創業資本對接＋產業全線貫通＋品牌媒體傳播＋政府政策輔導，同時邀請了"市場＋商業＋技術＋融資"四大領域的 KOL（Key Opinion Leader，關鍵意見領袖）定期為企業"望聞問切"。

"百萬雲＋"賦能計劃致力於推動各類型企業通過上雲形成企業產品開發效率的極大提升，並能及時共用全行業最先進的技術和商業成果。

此外，獨角獸牧場還圍繞高科技人才紮堆的社群需求，搭建人工智能公益聯盟組織，通過科技下鄉，科技扶貧的行動開展，助力科技普及與教育職能等等。

（三）以產城融合定位科創運營商

近年來，"產城融合"的概念越來越受到重視，以期實現新時期國家開發區的高質量發展。2018 年 7 月 2 日，廣州市政府辦公廳發佈《廣州市創新園區建設三年行動方案（2018－2020 年）》中，也提出了產城融合的要求，以產業為保障驅動城市更新和完善服務配套，以城市為基礎承載產業和發展產業經濟。

"以產促城，以城興產，產城融合"。產城融合要求產業與城市功能融合、空間整合，城市沒有產業支撐，即便再漂亮，也只是"空城"；產業沒有城市依託，即便再高端，也只能"空轉"。[38] 尤其對於南沙這樣的新城，城市化與產業化的匹配與融合在城市空間規劃過程中尤為重要，不能一快一慢，脫節分離。

---

38 遼寧大學商學院管理科學與工程系：〈瀋陽機遇：產城融合為城市經濟發展注入新動能〉，《瀋陽日報》，2019 年 4 月 15 日。

獨角獸牧場正是"產城融合"理念的踐行者。不同於其他孵化器，獨角獸牧場不只是簡單滿足辦公需求的載體，更是"智慧型產城綜合體"。它為企業提供智創辦公空間、科技展廳、國際人才公寓、高端商業服務等一站式需求，並跟隨香江的產城擴張步伐，佈局到全國各地，形成資源互動、互聯互通的科創產城融合新載體。

根據獨角獸牧場的空間功能區規劃，其中 50% 為加速器，主要引進發展期的創業項目，並為其提供加速孵化及聯合辦公空間服務，30% 為孵化器，主要孵化初創期的創業項目，為其提供種子、天使孵化及聯合辦公空間服務，另外有 10% 的區域為資源服務區，主要引進財務諮詢、法律諮詢、人力資源、投融資等第三方服務機構，還有 10% 為公共服務區，包括創業咖啡區、路演大廳、服務大廳、公共會議室、接待室、項目展示區、休閒區等。

"產城融合"的理念也為獨角獸牧場的經營帶來更多空間。馮建林強調，獨角獸牧場的自身定位並不是"孵化器"或"眾創空間"而已，而是"科創生態綜合運營商"。在引入並培育人工智能產業鏈上下游企業的同時，圍繞企業及員工生活配套的方方面面，提供全方位全生態的運營與服務，其中蘊藏的商機不言而喻。

獨角獸牧場產城融合的模式受到了全國許多地方政府的肯定，在一年多的時間裏迅速在多個城市鋪開獨角獸牧場的足跡。

三 啟示："硬科技"成為資本新寵

（一）科創孵化平台需走企業化，市場化的道路

2015 年，"大眾創業、萬眾創新"首次寫入《政府工作報告》。在政策指引下，全國掀起創新創業的熱潮，各種眾創空間、孵化器也如火如荼地發展。據科技部火炬高技術產業開發中心 2019 年 6 月發佈的《中國創業發展報告 2019》，截至 2018 年底，全國創業孵化機構總數達到一萬一千八百零八，其中，科技企業孵化器為四千八百四十九家，同比增加 19.2%；眾創空間共計六千九百五十九家，同比增長 21.3%。

但長期以來，營收模式單一，同質化現象嚴重，國內許多孵化器都在靠做"二房東"賺取房租差價。《中國創業發展報告 2019》數據顯示，2018 年創孵機構的房屋及物業收入佔比最高，達 35%，房屋和物業收入仍然是孵化機構收入的主要來源。究其原因，這些孵化機構的服務內容大多缺乏創新，服務質量一般，為創業公司提供資源匹配的能力有限。

對此馮建林分析認為，科創企業在創業初期最缺的就是資金，孵化器希望向入

駐企業收取租金或服務費來維持營生並不現實，而做風險投資又與孵化器的當地語系化屬性相矛盾。如果在一個點上無法解決盈利的商業模式，那就得需要把這個事情放在一個更大的範圍來看到，從而尋找到真正可行的市場化商業模式，而這也正是獨角獸牧場目前全力在全國複製佈局的核心動力。

（二）資本轉向"硬科技"時代

中國投資圈曾經歷過 2015 年前後的狂熱發展。彼時小米總裁雷軍有句非常出名的話，"只要風口來了，豬都能飛上天"。但到了 2018 年，風停了，市場普遍感受到"資本寒冬"將至。事實上，所謂"資本趨冷"並非市場沒有資金，而是資金更加理性。光是"會講故事"已經無法贏得投資人的青睞，擁有"硬科技"才是能否順利上岸的關鍵標準。

資本市場投資理念的轉變與國家對科技創新的重視程度越來越高不無關係。2000 年以來，阿里巴巴、小米、美團、滴滴、ofo 等等互聯網企業基本都屬於商業模式的創新，但隨着互聯網紅利逐漸消失，特別是國家推出科創板後，科技、技術創新走到了資本市場的聚光燈下。誰擁有"硬科技"，擁有自主性、原發性的技術，才能夠在資本市場中立於不敗之地。

資本轉向"硬科技"時代，投資人也需要具備"硬科技"的識別能力。"硬科技"投資的特點是投資週期長、專業壁壘高等，投資人不僅要具備一定的相關科技領域專業背景，更需要沉得住氣、耐得住寂寞。而以往投資人大多具備金融、銀行背景，更看重短期內獲得更高投資回報，因而造成不少創新創業公司不得不被資本所驅使。

在獨角獸牧場的案例中，馮建林不僅具有理工科專業背景，而且擁有在華為這樣的"硬科技"公司工作的經驗，相較於其他金融出身的投資人，馮建林懂得資本市場的遊戲法則，更加理解科技創新的發展內核，為他轉型投資人乃至掌舵獨角獸牧場奠定了夯實的基礎。

（三）大型企業內部創新突破難

縱觀全球，IBM、諾基亞到摩托羅拉等昔日全球科技巨頭無不在創新競賽中敗下陣來，而 Facebook、Google、蘋果等都是作為新興企業引領着時代創新的腳步。眾所周知，大企業只有不斷創新才能繼續前行。從華為內部的創新中心到香江的獨角獸牧場，馮建林對大企業內部創新的難度深有體會。

首先，企業內部創新本身就是"反人性"的，創新是要"革自己的命"，這對於大多數企業來說顯然很難做到。其次，大企業內部項目以市場收益為目標，投入高回報預期也高，要實現高投入高回報就要瞄準大市場，因此很少嘗試細分市場的創新模式。最後，大企業的創新平台仍然會不可避免地觸及一群人的盲點，猶如一群人關在房子裏，看不到外面廣闊的世界。

誠然，多數大企業的內部創新往往像是高校實驗室，像是一場探險遊戲，並不十分迫切需要面臨生存的壓力，可是當如喬布斯一樣的創新者們真的做到“改變世界”時，傳統大企業方如初夢乍醒。因此，大企業創新要突破固有思維的邊界，一定要始終保持開放的心態，不斷吸納新鮮的血液。

四 有待進一步研究的問題

科技創新日新月異。作為科技創新孵化運營平台，如何能夠以更加專業的、前瞻的、發展的眼光，準確捕捉到最有潛力的科技創新企業，並給予最適合的孵化服務，幫助這些企業成長為獨角獸，仍有待進一步深入的研究。

五 大事記

2017 年，南沙區政府、微軟、香江集團三方共建落地獨角獸牧場；香江集團聯合南沙區政府發起的人工智能產業基金。

2018 年，被評為 2018 年度微軟創新生態優秀合作夥伴。

2019 年，獨角獸牧場落地項目：廣州南沙、深圳前海、珠海橫琴、肇慶、蘇州、瀋陽等，此後陸續在全國十多個其他城市逐步落地。

（訪談整理：張豔）

第二十五章
公道在線法律服務：互聯網 + 法律，信息透明化給人人 "公道"

訪談人物：鄭嘉豪

擔任職務：深圳天熹科技服務有限公司創始人之一

所在城市：深圳

所處行業：互聯網法律服務

創新類型：專業服務創新

關鍵詞：互聯網 +、法律服務、信息透明、高校合作

訪談時間：2019 年 6 月

作為澳門年輕人，要抓住粵港澳大灣區建設的機遇，搭上國家發展的快車。

—— 鄭嘉豪

一 人物故事：大灣區 "一小時生活圈" 的創業者

（一）名副其實的 "大灣區人"

從澳門出生到廣州求學，如今深圳創業，鄭嘉豪可謂名副其實的 "大灣區人"。往返於澳門、廣州和深圳三地成為他的生活日常。隨着粵港澳大灣區建設的不斷推進，"一小時生活圈" 成為現實，為像鄭嘉豪這樣的 "大灣區人" 提供了工作生活的極大便利，也為他們帶來了在大灣區創新創業的發展機遇。

2017 年 2 月，《政府工作報告》正式提出要研究制定粵港澳大灣區城市群發展規劃，標誌着粵港澳大灣區建設正式成為國家戰略。粵港澳大灣區建設讓已回到澳門工作生活的鄭嘉豪更加堅信內地發展的機會。早在 2014 年內地提出 "大眾創新，萬眾創業" 的口號時，鄭嘉豪便萌發了加入內地創新創業浪潮的衝動，但一直未能成行。

趁着粵港澳大灣區建設的東風，鄭嘉豪一鼓作氣和朋友在深圳註冊了一家在線法律服務公司。"選擇在深圳創業正是因為看好 '粵港澳大灣區' 的發展前景，作為澳門年輕人當然要抓住這麼好的機遇，搭上國家發展的快車。" 鄭嘉豪說。

作為來大灣區內地城市創新創業的港澳青年，鄭嘉豪享受到不少大灣區建設的發展紅利。為貫徹落實《粵港澳大灣區發展規劃綱要》，大灣區內地城市紛紛加快港澳青年創新創業基地建設，拓展港澳青年就業創業空間，優化港澳青年來粵創新創業環境。

深圳前海是港澳青年創新創業基地建設的示範基地之一，其為港澳青年在內地創新創業提供了從人才公寓、公司註冊、創業補助、法律服務等全方位"一條龍"的服務。這些優惠政策措施對於港澳青年內地創新創業尤為重要，這也是吸引鄭嘉豪在深圳前海註冊公司的主要因素。

考慮到家人朋友大多在澳門，鄭嘉豪目前仍然在澳門生活，需要處理公司事務時才來深圳等內地城市，但他表示，希望未來有機會慢慢將重心更多傾向於內地，真正搬到內地生活。"我從 2011 年起回澳門工作已經有八年的時間，很希望換個環境生活，希望有個更加廣闊的發展空間，包括職業、人際網絡、生活等各個方面的提升。"鄭嘉豪說。

（二）內地求學六載，開拓人生視野

對於土生土長的澳門人來說，念大學的選擇很多，因此大部分澳門家長都會讓小孩去台灣或國外高校讀書。2006 年，鄭嘉豪即將高中畢業，他同時申請了台灣、澳門本地以及內地的幾所學校，但經過與父母的商量和仔細考慮，最終選擇了來內地求學。"內地的發展前景更廣，我也想來內地開闊視野。"鄭嘉豪說。

起初鄭嘉豪的想法很明確，即在內地念完大學後回澳門考公務員。因為計劃回澳門考公務員，鄭嘉豪選擇入讀了中山大學行政管理專業。他回憶道，當年廣州大學城剛建設不久，周邊生活配套還不完善。"當時大學城還比較荒涼，許多人擔心晚上不安全都很少出門。"

儘管大學城的環境一般，但鄭嘉豪的大學生活非常充實。作為港澳生，鄭嘉豪在大學期間的學習非常努力積極。尤其是本可以免修的公共政治課，他一門也沒有落下，主動申請學習，以更深入地了解內地。

大學畢業後，鄭嘉豪沒有立馬回到澳門考公務員，而是選擇了繼續在內地深造，繼續北上中國人民大學，攻讀公共財政與公共政策碩士學位。直到研究生畢業，鄭嘉豪才回到澳門先後在中國銀行香港分行、澳門立法會等單位工作，同時備考澳門本地的公務員。

但內地求學的經歷讓鄭嘉豪對未來的職業規劃看到了更多的可能，他也開始認真思考起自己未來的人生。

（三）放棄考公，投身法律

是繼續考公務員，還是另謀出路？

長期以來，澳門博彩業"一業獨大"，澳門青年可以選擇的職業範圍並不多，公務員是許多澳門人理想的職業選擇。但考公務員並不是件容易的事情。每年澳門公務員公職開考，競爭非常激烈，常常是上千人競爭一個職位。

相比之下，內地掀起的"大眾創業，萬眾創新"熱潮，極大地激發了年輕人創新創業的熱情。與此同時，深圳前海、珠海橫琴和廣州南沙三大自貿區相繼掛牌，為港澳人士來內地創新創業提供了極大便利和各項優惠措施。

身在澳門的鄭嘉豪同樣感受到了內地創新創業熱潮的感染。在內地讀書多年其間，鄭嘉豪看到了內地的迅速崛起，經濟發展、文明程度、城市化建設等許多方面都得到了非常大的提升，尤其是互聯網對人們生活產生了巨大變革。

結合內地生活及在澳門立法會的工作經歷，鄭嘉豪注意到，法律在人們生活中扮演的角色越來越重要，但大多數內地人仍然不敢或不願意去使用法律服務。"許多人覺得法律是高高在上的，一般人用不起。"所以，鄭嘉豪希望通過"互聯網＋法律"的形式降低法律付費成本，讓更多人願意線上聯繫律師，尋求法律諮詢或案件委託。

2017年，鄭嘉豪和幾個朋友正式成立深圳天熹科技服務有限公司。公司由來自大灣區不同城市的二十幾個青年人組成，主要業務即通過網絡平台為社會大眾提供法律服務。基於對行業和市場的精準定位，以及在細分領域中與高校合作的優勢互補，天熹科技獲得了兆邦基天使投資，也被眾多創投資本看好。

二 案例分析：探索"互聯網＋"創新法律服務

（一）線上委託實現競標比價

天熹科技定位為"互聯網＋法律"綜合服務平台，開發了能為大眾提供線上、實時與律師諮詢互動交流的法律諮詢應用App——"公道"（現更名"伴法友"）。用戶可以在公道App上搜索查詢律師信息，對律師相關信息和評價進行比較和篩選，選擇最適合自己的律師。

互聯網法律並非新鮮事物。最早在2000年初，互聯網的發展就催生了"找法網""法律快車"等一系列線上法律平台。早期線上法律平台主要以"法律諮詢"為主，但普遍在線解答的質量較低，商業模式不清晰，平台權威性不高，對用戶的吸引力不夠。

2015年，在"互聯網＋"的時代背景下，互聯網法律進入高速發展階段。例如 2015 年支付寶城市服務開通了法律服務窗口，同年騰訊領投"贏了網"，2016年百度部落格也發佈了律師直達號。2018 年 1 月，京都律師事務所攜手中國政法大學法學院發佈《2017 年互聯網法律服務行業調研報告》，其調研涉及的互聯網法律機構運營主體就有二百三十九家。

但鄭嘉豪及團隊通過數據分析發現，當前中國尋求律師訴訟的比例仍然較低，市場空間還很廣闊。為真正打造普通人願意使用的法律服務，"公道"打出的口號是"可以比價的法律 App"。用戶在公道 App 提交委託業務，系統將會匹配三名律師給出初步方案進行競標，用戶可在其中選擇自己心儀的律師。完成法律委託後，用戶也可以對律師的服務評分及打賞。

法律在線化及競標機制還有助於減少律師胡亂報價的現象。鄭嘉豪解釋說，在現實生活中，有些律師為提高代理費用，可能會誇大案件的嚴重性。而用戶通過平台完成法律委託，則可以得到充分的利益保障。倘若律師私下違約或服務出現問題，用戶都可以通過對律師的評分體現。

（二）細化企業法律服務清單

律師競標比價主要是面向普通法律需求的用戶。針對企業客戶的需求，公道則專門推出了"企業服務"和知識產權服務等，細化企業法律服務清單，以期給企業提供更加精準高效的一條龍法律服務。

"區別於傳統的法律服務，我們希望能夠將法律服務做得更人性化，所以正在逐步細化服務需求，為包括初創企業在內的客戶列出法律服務清單，進一步有針對性地提供定製化的法律服務。"鄭嘉豪表示，未來企業的定製化法律服務清單將作為公司的發展重點。

初創企業往往因為法律意識不足，面臨來自各各方面的法律風險，包括公司籌建、財稅問題、勞動問題、重大合同、政府監管合規、知識產權、爭議訴訟等諸多方面。以工商註冊來說，創業公司要有充分的法律意識，對公司名稱、功能變數名稱和商標的選擇等都需要耗費大量的時間，以符合法律規範。這無形中給初創企業帶來巨大的成本和風險。

公道 App 顯示，"企業服務"包括了創業服務、合同服務和文書服務，專欄中特別設置了"創業服務"，覆蓋了股東退出、股東出資、股權轉讓、債權債務以及股權代持等初創企業經常會遇到的問題。

（三）與高校合作培育法律人才

法律作為一門應用學科，人才培養除了要注重基本的法律理論知識學習，專業實踐也不可或缺。法律專業實踐是提升法學思維和法律實務最有效的方法之一。但目前絕大多數高校的法律課程設計仍然偏重傳統的理論知識講授，學生要自己聯繫律師事務所、公司或相關的行政機關進行專業實踐。

為此，天熹科技推出"天熹卓越法律人才培養計劃"，藉助"伴法友在線律助"平台，創新與學校聯合培養人才的新機制。高校法律實踐中心或者以學生個人入駐平台。通過搶單模式，學生可以根據自己的時間彈性地接受律師的任務，也可以接受當事人的諮詢。

這種以公益驅動商業發展的模式在法律服務平台中還屬於首創之舉。

對於高校來說，這既為學校的法律實踐中心提供了一個對外接受諮詢的渠道，同時也為學校的法律實踐中心起到一定的宣傳作用。對於法律專業的學生來說，進駐天熹科技平台可以接觸案源、處理案件，在專業律師的指導下，將理論知識與實踐經驗相結合。這不僅讓學生獲得一定的實習補貼，還可以讓實習更加彈性化。學生在線上即可完成實習實踐，減少了外出實習的安全風險，也為將來從事法律相關的工作打好基礎。

對於平台來說，高校法律專業學生為公道法律平台解決了部分用戶"輕專業"的法律需求，例如簡單合同的草擬及基礎法律問題的諮詢。同時學生作為專業律師的助理，還能為平台和律師降本增效。

三 啟示：以信息透明推動法律大眾化

（一）提高律師代理率，促法律大眾化

據鄭嘉豪介紹，全國每年民商事訴訟案件數以千萬計，但律師代理率僅有一到兩成。除金融行業的律師代理率相對較高外，其他領域訴訟的律師代理率普遍較低。

另據 iCourt 的統計數據，當前案件代理率最高的糾紛類型為知識產權權屬、侵權糾紛類、不正當競爭類、證券糾紛類等，案件代理率最低的糾紛類型包括公示催告程序案件類、宣告失蹤或宣告死亡案件類和督促程序案件類，其中代理率最高的可達到 80%，但最低的代理率僅有 7%。

2019 年 7 月，中共中央辦公廳、國務院辦公廳印發了《關於加快推進公共法律服務體系建設的意見》，司法部根據此《意見》大力推動實體平台、熱線平台和網絡平台深度融合發展，促進公共法律服務向移動服務、隨身服務、個性服務方向延伸擴展。

市場的缺口、政策的引導，一方面意味着社會公眾的法律意識仍待提高，律師代理仍待進一步推廣，另一方面也意味着包括天熹科技在內的互聯網法律服務平台

未來仍有很大的藍海市場等待開拓。

（二）信息公開透明化，變革律師行業

長期以來，律師行業的不透明、不開放常常為人們所詬病。由於普通老百姓缺乏法律專業知識，很難對律師的資質、經驗以及專業水平做出準確判斷，更無法準確知曉律師代理費用的市場價格。因此，律師很容易利用當事人的信息不對稱，坐地起價，擾亂行業秩序。

對於年輕律師來說，往往也因為缺乏公開透明的案源渠道，職業發展受到限制。年輕律師在業內資歷輕、經驗少，缺乏私人的案源渠道，只能選擇依託大型的律所或機構，聽從律所安排的委託案件。因此年輕律師能夠獲得的代理案源有限，收入水平也一般。

為了開拓案源，部分律師會選擇經常參加社交或公共活動，廣發名片推銷、包裝自己。但將大量時間花在社交上，無疑也會影響這些律師在專業業務水平上的提升。甚至還有人向律師做起"牽線委託"的生意，其中收取的傭金服務費自然轉嫁到客戶的訴訟費中。

事實上，如同感冒咳嗽可能只要找社區醫院或普通醫師就可以治療，一般性的、簡單的案件並不需要請有名氣的大律所或資深律師。而合理匹配法律資源的前提是打破用戶和律師之間的信息不對稱，普通客戶可以通過公開透明的渠道找到律師，律師的報價也能夠更加合理規範。

基於這樣的需求，互聯網法律服務平台孕育而生。但互聯網法律服務平台的發展已有十多年的時間，包括有法律問答、法律電商、法律自媒體、律師培訓等模式。近年來隨着大數據、人工智能等技術的發展，又湧現出"智慧檢務"、互聯網法庭等新模式。這些模式能否真正抓住市場的痛點，解決用戶的法律服務需求，釋放律師行業的活力仍待時間的檢驗。

（三）加強法律規範，激發社會創新活力

粵港澳大灣區要建設國際科技創新中心，離不開法治建設的"保駕護航"。《粵港澳大灣區發展規劃綱要》明確指出，加強粵港澳司法交流與協作，推動建立共商、共建、共用的多元化糾紛解決機制，為粵港澳大灣區建設提供優質、高效、便捷的司法服務和保障，着力打造法治化營商環境。

法律的規範和引導是提高創新者的積極性，激發全社會創新創業活力的重要保障。打造良好的市場營商環境，讓守法者享受回報、侵權假冒違法者受到懲罰，這些對於社會創新創業具有重要意義。

四 有待進一步研究的問題

中國人向來有"無訟"的文化傳統。當前線上法律服務平台的商業模式雖然在一定程度上解決律師和用戶之間的信息不對稱,但用戶尋求律師代理率仍然不高。如何能夠從整體提高中國的法治環境,進一步提高中國人的法律意識,找到更加具有創新突破意義的商業模式,尤其是以粵港澳大灣區建設為契機,引進港澳優質的專業法律人才和機構?這些都是有待進一步深入研究的問題。

五 大事記

2006 年,入讀中山大學政治與公共事務管理學院,行政管理專業。

2010 年,入讀中國人民大學公共事務管理學院,公共財政與公共政策專業。

2017 年,聯合創辦深圳天熹科技服務有限公司。

（訪談整理：張豔）

第二十六章
華欣財商教育：精準鎖定創二代，致力培養 "富而有愛的下一代"

訪談人物：黃曲欣

擔任職務：華欣財商教育科技（深圳）有限公司總經理

所在城市：深圳

所處領域：教育培訓

創新類型：專業服務創新

關鍵詞：高淨值人群、財商培養、海外考察

訪談時間：2019 年 6 月

我們生活裏總會看到這樣的事情：雙目失明的人可以成為奧運場上的跳高冠軍；黑人可以當總統；沒有手的人可以用腳彈鋼琴；沒有手沒有腳的人可以成為國際演說家；這個世界每一天都會有不可思議的事情發生。當我真正做到這件事情後，我發現我的潛能是無限的。

——黃曲欣

一 人物故事：複製寶島舊經驗，搶佔幼教 "新藍海"

或許難以想像，眼前站在講台上從容開講財商課程的黃曲欣，曾對投資理財和風險管理一竅不通，還因此吃過巨虧。

畢業後第一份工作，黃曲欣在一家快消品公司做區域經銷商，賺到人生的第一桶金。隨後她把錢統統借給一位朋友，並為其擔保背書。後來朋友生意失敗 "跑路"，自己也因 "遇人不淑"，連帶債台高築，欠下近千萬台幣。生活像一條大狼狗，對黃曲欣窮追不捨。追債人拿着西瓜刀上門威脅她的母親，剛買的新車被當街搶走⋯⋯那是黃曲欣人生中的至暗時刻。

為了快速還債，二十六歲的黃曲欣隻身一人赴往台北，跨界幹起從未涉足的金融銷售。當同事都在賣普惠性產品，黃曲欣已經開始思考哪些群體更容易買單，如何在相同時間內賺到更多的錢，最終她將目標鎖定在高淨值人群。

個中難度可想而知，但黃曲欣不是畏難的人。高淨值人群在哪裏，她就設法在哪裏。黃曲欣一口氣報名好幾個銷售管理、經營管理的課程，在高端培訓上砸進不少錢。班上同學多是事業有成的企業家，他們帶黃曲欣出入社交場合，結識高端人脈，為她敲開業務的第一扇門。她還另闢蹊徑，報班學寫書法，從中邂逅了一批高淨值長者。因黃曲欣年紀最小，經歷曲折坎坷，其他人很願意伸手相助，知道她在做財富管理，主動約時間找她洽談生意。

隨着服務客戶越來越多，黃曲欣開始收穫經得起市場考驗的創富經驗、財務管理學識和心得感悟，慢慢成就自己的事業，成長為高淨值人群的"金錢教練"。

（一）受託辦班

大多數中國人想法如出一轍，希望將財富傳承給下一代。台灣第一代創業者已趨遲暮，八九十歲的比比皆是，他們有着迫切的接班需求，但現實卻是，創二代不一定願意接手家族企業，步老一輩的後塵。與創一代最大的差異，創二代從小就有機會站在巨人的肩膀上，以巨人的視野和資源作為發展自己的養分，並以此為基礎去擴大自己的視野和拓展財富的版圖。

很多人找到黃曲欣，請她針對他們的第三代或第四代，制定一套接班人培養計劃。黃曲欣本身對教育非常感興趣，但在財商教育方面，她卻是個不折不扣的"小白"。她硬着頭皮，量身研發了一套課程，結合實地體驗、項目考察、金融機構參訪等活動，助力家族財富傳承，築建持續的家庭財富創造力，讓劃時代的精英成為"富而有愛的下一代"。

過去在台灣，黃曲欣是暢銷書作家，她善於把艱澀難懂的財商知識變成生動的故事。知識輸入、活動輸出的場景式教學，寓教於樂，符合孩子的天性，為孩子勾勒出財商學習地圖。

在教學中，黃曲欣積極開發"一日店長"等第二課堂，讓平常習慣了衣來伸手、飯來張口的孩子，到麵包店當一天模擬店長，賣甜甜圈，讓他們體驗勞動中的苦與樂。體驗結束後，黃曲欣會帶領孩子們到銀行參訪，將從麵包店工作得來的工資，開戶存入銀行賬戶。接下來她還會安排專門的課程，用本金跟利息告訴他們財富小樹如何長大。

"一連串的課程銜接，讓他們學會何為財商，開啟理財智慧，建構起創造力、領導力、知識力、競爭力、表達力和合作力等六大能力，未來去接手企業的時候，他們面臨的阻力會明顯減小。"黃曲欣說。

除了簡單的課程，還設有海外考察項目，比如到寶島台灣的觀光農場，考察鳳梨酥的製作工藝，他們也可以參與體驗感十足的 DIY 製作，下課後再告訴他們關於鳳梨酥的產業經濟，鳳梨酥的產銷跟觀光是如何連接起來的，讓孩子身歷其境地建立國際視野，為將來放眼全球做"熱身"。

羅馬不是一日建成的，財商教育也不是聽一兩節課、參加一兩次活動，即能融會貫通。黃曲欣特別設立了"小小私董會"，貫穿一整年培養規劃，讓小學員們完課後每月"續航"一次，或延續之前的課程，安排一些交流互動，或就上次佈置的任務，彙報自己的完成情況。目前，市場上較少教育機構將反思納入教學，黃曲欣要求小學員必須在課程的結尾部分，跟老師對話，說出自己的學習感受，"只有這樣，才能更好鞏固所學。"

經過幾次上課試驗，黃曲欣慢慢摸着了門路，越做越有心得，越做越喜歡，因此不斷投入更多時間精力。同事們說，只要黃曲欣看到的東西，都可以變成財商課程。2008 年，黃曲欣在台灣成立一家財商教育公司。

（二）返回大陸，垂直做少兒教育

每每提到回大陸發展，黃曲欣都心潮澎湃。她外表溫婉，骨子裏卻充滿激情和活力，熱愛接受挑戰。為了回來，她十年磨一劍，在台灣一直專注做兩件事——高淨值財富管理及財商教育。

改革開放四十年以來，中國高淨值人群迅猛增長，中國的高端財富管理市場也隨之變化。對於這個"新富"市場來說，在 50 後、60 後尋求交棒的同時，70 後、80 後在市場迅速積累着財富，中國創富一代的高淨值人群催生了資產配置需求和全面家族財富管理的焦慮。也因如此，他們非常看重財富管理跟下一代的財商教育。但在內地，財商教育尚未成熟。談到財商，很多人腦海裏一片空白。黃曲欣非常看好大陸市場潛力。很早之前，她便計劃把台灣相對成熟的培養體系帶回來。

2018 年 7 月 9 日下午，黃曲欣來到前海，看到了夢工廠漂亮的花園，很是喜歡，期待到這邊創業。起心動念之後，她很幸運獲得了國台辦和前海管理局的推薦，在夢工廠成立了華新財商教育，成為中國大陸首家針對以家族企業及財富接班人為培育目標的財商教育企業。

台灣面積相對狹小，人口不過二千三百萬，財商教育很輕易便能覆蓋到不同的年齡段。回到大陸之後，市場變大了。於是，她因地制宜，將目光瞄準九到十二歲孩子，正式進軍少兒財商教育。

事實上，少兒教育的前景非常廣闊。中國人歷來重視少兒教育，俗話有雲"三歲看大，七歲看老"，很多人都將少兒教育視為改變個人及家庭命運的重要途徑。在"不能輸在起跑線上"的社會心理支撐下，中國少兒教育產業蔚然而興，規模不斷擴大。中國信息產業網數顯示，2015 年家庭幼教消費規模達三千八百五十二億元，而 2020 年有望達到五千九百三十八億元。

但即便如此，開拓市場也並非易事。近年來，隨着投資者的不斷湧入，少兒教育逐漸成為市場競爭的紅海。在大量教育培訓機構的包圍下，很多家長"亂花漸欲迷人眼"，更不清楚財商教育要教什麼。黃曲欣發現，她必須將課程介紹翻譯成比較通俗易懂的話，條分縷析財商能夠解決哪些痛點，家長們能夠對號入座，才可能願意讓孩子報班。針對具有一定經濟能力的家長，黃曲欣專門推出親子財商課程，目的是讓家長了解財商及其重要性，懂得如何通過講述故事，跟孩子說財商。

"在內地做財商教育的很少，尤其是針對'創二代'。找合適的市場需要一點時間。"從去年開始，黃曲欣跟已有的教育渠道合作，逐漸進駐教育機構；而如今她也在江西財經大學讀博，結識了一定的高端人群，"他們會幫忙介紹生源，情況慢慢有所好轉。"

（三）多感學習

區別於傳統教育形式，黃曲欣獨創"視、聽、觸、體、思"場景教學，調用多種感官，吸引孩子的注意力，加深理解和記憶。

開創體系的想法，來自於黃曲欣孩子的親身經歷。在課堂上，她的孩子總是動來動去，老師問他問題，他卻應答如流。

"應試教育希望台下的孩子們都靜若處子，老師很順利把一堂課講完，但台下總會有幾個坐不住、動來動去的，老師就覺得他不乖、不聽話。"黃曲欣解釋說，其實孩子是無辜的。對孩子而言，他們沒有不願意做好的事情，只不過是天生好動、坐不住。有統計表明，安安靜靜坐着聽講的孩子的比例，比動來動去的動覺型孩子少。後者不見得沒聽進去，而是他們通過體感的方式來獲取信息。

黃曲欣認為，沒有不愛聽的孩子，只有不會教的老師。在她的財商課堂上，她不要求孩子們排排坐，相反地，恰恰是要求他們調用多感官學習，比如觀看 PPT、視頻以獲得視覺刺激，接觸道具以獲得觸覺刺激。後來，黃曲欣無意間讀到了《學習地圖》這本書，裏面談到孩子適合視覺聽覺動覺的多感學習。雖然書中只提及三種感官，但卻驗證了她的做法能夠幫助孩子更有效地學習。這令黃曲欣備受鼓舞。

（四）線上音頻課程開發

如今，市場的需求推着黃曲欣走。當前，線上付費公開課在大陸異常火爆，用戶只需要付少量的費用，便可以聆聽高質量的個性化定製課程。有出版社邀請她錄製財商教育的線上音頻課。

"不像線下有界定某一個領域，誰拿起手機打開來都可以。"黃曲欣計劃是將線上課程也做成體系，規劃十大單元，共一百節課。

由於與線下課程相比，音頻課的體驗感相對較弱。黃曲欣還專門註冊了財商魔法學院的商標，在所有產品中使用，企圖打通線上下課程的壁壘，將線上用戶導流到線下課程去。接下來，她們還會製作出版一系列的財商繪本和圖文讀物，希望覆蓋不同年齡層的孩子，讓他們通過看書了解財商，進而成為線下課程的學員。

線下課程的報名門檻和收費較高，一年將近十二萬，而目前財商教育在大陸仍屬超前。黃曲欣考慮到大陸家長的接受能力，將海外考察和核心課堂拆開，先上完核心課程，贏得家長的信任後，再像堆積木一樣疊上去。

於黃曲欣而言，做財商教育不全是為了謀利，同樣也是基於傳承華人商業智慧、讓華人企業家走向世界的使命感，她決心將財商教育作為終身事業。

不久前，華欣財商開始跟深大金融學院和深職院港澳台辦合作，成立實習基地，招收實習生充當課程助教，意在向更多的高學歷人群普及財商教育。

"就像撒下一把火種，等待着他們去傳承。"黃曲欣說，對於未來，她信心滿滿，"深圳擁有龐大的企業家和創業者群體，他們中的很多人剛屆中年，子女尚幼，希望自己下一代能成長為富於商業智慧和企業家人格的商業精英，將財富和事業傳承久遠，創立百年基業。這意味着少兒財商教育，在深圳有着亟待開發的廣闊市場。"

二 案例分析：異地經驗再育植

（一）瞄準垂直客群痛點，開啟"新藍海"

近年來，隨着投資者的不斷湧入，少兒教育逐漸成為粵港澳大灣區市場競爭的紅海。同時，目前集中於文體、藝術領域的大量教育培訓機構，其教育內容和教學模式了無新意，同質化嚴重。市場呼喚更新穎、更個性化的教育內容和形式。在此背景下，華欣財商教育等專注於教育創新的優秀企業應運而生。

與此同時，中國特別是粵港澳大灣區，是一個典型的"新富"市場，在 50後、60後尋求交棒的同時，70後、80後在市場迅速積累着財富，中國創富一代的高淨值人群面臨着財富如何傳承的難題，迫切希望自己下一代能成長為富於商業智慧和企業家人格的商業精英，將財富和事業傳承久遠，創立百年基業。因此黃曲欣非常看好大陸市場潛力，選擇西進到深圳創業。

（二）"量體裁衣"，滿足不同客群特點與需求

財商教育具有非常專業化、理論性的知識體系，如何推及大灣區的低齡化幼童？黃曲欣推出的小小 EMBA 財商教育系列課程，結合孩子學習的特性，獨創的"視、聽、觸、體、思"場景教學，結合實地體驗、項目考察、金融機構參訪等形式，讓孩子可以在寓教於樂的氛圍中完成對財商的認知與體悟。

（三）順應產業風口，打通線上下渠道

當前，線上付費公開課在大陸非常火爆。只需要付少量的費用，便可以聆聽高質量的個性化定製課程。黃曲欣順時代而為，錄製財商教育的線上音頻課，將課程輻射到不同層級的群體，還專門註冊了財商魔法學院的商標，企圖打通線上下課程的壁壘，將線上用戶導流到線下課程去。

三 啟示：用差異化消解過度競爭

（一）創新要善抓社會痛點，巧定目標群

作為一款財商教育產品，華欣財商跳出了傳統教育市場內部競爭的思維，定位高淨值消費人群，同時抓住了"創一代"財富繼承的痛點，以賦能企業下一代開啟財商智慧的功能性訴求去滿足目標用戶的需求。華欣財商不僅在產品定位上瞄準了高淨值消費人群的子女，更是將行銷鎖定以高淨值消費人群為突破口，將產品與其實質痛點結合，巧妙定立目標客群。但值得注意的是，財商教育線下課程的報名門檻和收費較高，而當前財商教育概念在大陸仍屬超前，觀念價值的未跟上，或將成實現客群目標的攔路石。

（二）選取差異化賽道

目前市場上定位少兒教育的平台及產品很多，可謂是藏龍臥虎，後來者要佔領一席之地，談何容易。華欣財商能夠迅速在內地穩立腳跟，很重要的一點無疑是差異化求生，通過側重客群的細分垂直和課程設計，和目前少兒教育進行錯位，鎖定財商教育的藍海市場，從白熱化競爭中突圍。

（三）利用平台間導流開拓市場

導流是時下最普遍的一種"互聯網＋"模式之一，財商教育作為高端消費項目，定價偏高，客群相對狹小，熟人介紹依然是目前最主流的推廣渠道。客觀來看，平台導流只要爭取到 20% 的新客戶，即可有效解決客戶增量問題。而財商教育在大陸仍鮮為人知，華欣財商以線上音頻課程作為入口，能夠將財商教育的概念進行有效推廣，同時積累到一批忠實用戶，為線下課程買單。

四 有待進一步研究的問題

如何將財商教育理念輸送給更多大陸家長？如何打通產品間的橫向阻隔？如何讓小眾化的財商教育真正走向教育餐桌？這些問題仍有待進一步深入研究。

五 大事記

2018 年 9 月 28 日，在前海夢工廠成立華欣財商教育科技（深圳）有限公司。

2018 年 10 月 11 日，進駐前海夢工廠。

2019 年 3 月 19 至 20 日，開辦小小企業家財商課程。

2019 年 3 月，在前海展廳接待全國人大常委會副委員長、全國婦聯主席沈躍躍並做簡報。

2019 年 3 月，接受深圳衛視直通車欄目採訪。

2019 年 4 月 24 日，和廣東人民出版社合作舉辦"高財商讓你更幸福"沙龍。

2019 年 5 月 14 日，和廣東人民出版社簽訂線上課程合作開發協議。

2019 年 5 月 31 日，申請註冊知識產權及商標。

2019 年 7 月 12 日，從一百套原創財商內容提煉多元性的線上課程。

2019 年 7 月 19 日，接待全國婦聯副主席、書記處書記夏傑一行，赴前海開展"一帶一路"建設和港澳台婦女工作調研，並做簡報。

（訪談整理：孔德淇）

第二十七章
淘家互聯網裝修：服務標準化推動家裝行業供給側改革

訪談人物：梁波

擔任職務：廣東淘家科技有限公司創始人兼董事長

所在城市：佛山

所處領域：互聯網裝修

創新類型：專業服務創新

關鍵詞：互聯網家裝、O2O、傳統行業、標準化

訪談時間：2019 年 9 月

裝修行業的轉型升級要提升對裝修人才的標準化培養。

——梁波

　　裝修是一門消耗時間、體力的手藝活。改革開放以來，城市化發展為農民工進入城市從事裝修工作提供了大量的就業機會。但隨着人們對家庭裝修的要求越來越高，新一代農民工不再滿足於基礎的體力活，如何提高家裝行業從業者的專業素質、收入待遇以及社會地位，進而提高整個家裝行業的發展水平成為梁波持續思考的問題。作為珠三角地區裝修及泛家居行業的領頭人物之一，梁波從探索互聯網O2O 到回歸產品開發，始終走在家裝行業創新發展的前列。

一 人物故事：完美主義的裝修企業家

（一）試水互聯網家居

　　2014 年左右，"互聯網 +"的概念之火燒到全國各地、各行各業，家裝行業也陸續有企業試水 O2O，以期整合家裝市場，打造家裝行業的互聯網平台。所謂"泛家居"，即以家居設計為基礎關聯，進行行業界資源整合服務。

　　梁波是佛山市泛家居企業聯合會首任會長，跟裝修打交道十多年的他此前逢人開口必談 "裝修"。一天，有人對他說："現在都互聯網 + 了，你天天就知道講裝

修，能不能搞點創新。"

佛山泛家居產業歷史悠久，"有家就有佛山造"已經成為佛山製造業的一張名片。泛家居產業在佛山擁有雄厚的產業基礎、完善的產業鏈及人才儲備，具備發展泛家居 O2O 的先天優勢。

基於市場的發展潮流以及政府的支持與推動下，梁波決定一試身手。2015年，他牽頭與幾家泛家居企業共同成立了淘家網平台，通過線上平台整合佛山的泛家居企業，為客戶提供線上線下全屋裝修設計、家具建材及施工的全產業鏈解決方案。淘家網平台也成為佛山市政府重點支持打造的首個 O2O 平台，是佛山"互聯網 +"行動計劃的電子商務平台項目。

（二）"蝸牛"的雲端賽跑

淘家網的 logo 是一隻蝸牛加上雲朵，曾經有人質疑，互聯網思維就是要快，別人都是用火箭作為 logo，淘家用蝸牛怎麼行？對此梁波的想法恰恰相反："泛家居還是發展慢點好。"

在梁波看來，"互聯網 + 家居"作為新商業模式的出現，最關鍵的就是打造一個"誠信、安全"的平台，真正解決消費者的"痛點"。"企業不一定做的很大，但產品一定要做的很精。"

但時代的浪潮刻不容緩，也推着梁波加速往前跑。

2015 年 , 傳統的家裝行業迎來了 O2O 爆發的元年，傳統家裝企業、電商平台、各大巨頭都看中了中國建材家居市場的巨大藍海，紛紛佈局互聯網泛家居，如淘寶打造了"極有家"，小米入股"愛空間"，易居"搶長工"上線，海爾也推出"有住網"，此外土巴兔、巴雷家、土撥鼠等互聯網家裝平台也已拿到了風投。

頂着巨大的壓力，梁波幾近將全部的時間和精力投入到淘家網。成立之初，淘家網不負眾望，迅速吸引了一百家家裝企業入駐。梁波也雄心勃勃，計劃盡快實現三百家企業入駐，三年內三千家企業入駐的目標。在服務區域上，淘家以佛山為中心，逐步輻射整個珠三角，目標三年內推廣全國六十個城市。

（三）回歸產品打磨

但不久後，梁波遇到了創業以來的最大挑戰。

在一番價格戰、補貼戰之後，互聯網家裝行業未能如期發展壯大，反而眾多玩家都被拖進虧損倒閉的泥潭。據新浪家居報導，2015 年互聯網家裝融資金額及獲投企業數量爆發式增長，融資總額超過五十四億元，近七十家互聯網新興家裝企業獲得融資。但到 2017 年，互聯網家裝在資本市場逐漸降溫，大量互聯網家裝平台面臨倒閉破產。[39]

淘家也未能倖免大環境下的風雲變幻。在運營初期,淘家對入駐商家採取了"全免費"的政策。持續的燒錢補貼讓淘家網幾個股東之間的分歧和爭執不斷升級。

客戶的需求明明就在那裏,但互聯網家裝平台如何能夠解決客戶的痛點,整個行業都需要先冷靜下來深入思考。對此,初涉互聯網的梁波也沒有一個清晰的答案。"我們幾個投資人原來都是做傳統行業的,不懂互聯網。"

一年下來,淘家的合夥股東支撐不下去了,有了放棄的打算。梁波的妻子也不忍心看到丈夫承受如此巨大壓力,一度為此抑鬱。但梁波卻做了完全相反的選擇——買下合夥人的股份,獨自肩負起淘家發展的未來,這也意味着承擔起淘家所有可能的損失和風險。

梁波重拾淘家的"蝸牛"精神。一方面,他暫且將平台的發展放緩,先從培訓員工抓起,不斷摸索標準化家裝。另一方面,他圍繞"家"的概念投入家裝產品的研發,專心打磨優質產品。

如果說互聯網家裝是時勢所趨,那麼標準化家裝和產品研發則是梁波從事家裝行業二十年來的初心。

(三)四地求學充實提升自我

裝修行業的許多從業者往往有一種"小富即安"的心態。尤其是跟着梁波十年以上的老員工,收入至少翻了五倍,最多甚至能達到月薪三四萬元。因此,許多員工已經非常知足了。

梁波則不以為然:"這樣哪裏行!我要求員工一定要走出去,去北京、上海出差學習。"他堅持認為,學習應該始終放在首要位置,所以公司出錢將員工送去培訓學習,還為員工編輯了一本《員工學習手冊》。

事實上,小時候的梁波比較調皮,進入到社會後,才慢慢認識到自己錯過了讀書的大好時光。心有遺憾之下,他努力創造一切條件學習。過去幾年,他在清華大學攻讀了 EMBA 課程,在復旦大學攻讀了金融學課程,還前往瑞士維多利亞大學、美國北佛吉尼亞大學攻讀學位。學習期間,梁波也十分樂意與其他企業家溝通交流,學習優秀企業家的成功經驗。

通過進入高校學習,梁波吸收了關於商業、管理、金融、市場等各種理論知識,進一步思考着如何將這些理論知識與泛家居模式結合,運用到自己的企業運營

---

39 柴喬杉:〈獨家 | 2019 年家居破產企業超 100 家,互聯網家裝出路在哪?〉,新浪家居,2019 年 11 月 1 日。

與發展中。

有個曾跟了梁波十幾年的電工師傅，後來自己出來開公司將電工安裝分拆成具體的穿線、裝面板等等，實現了電工安裝的流水化作業，大幅提高了工作效率，也保證了質量，如今公司年產值高達三千多萬元。梁波對此佩服不已："這不就是學校裏講的精細化管理嘛，真是高手在民間。"

二 案例分析：逐步深化互聯網家裝運營模式

（一）O2O 打通線上線下家裝

據中國建築裝飾協會統計，2017 年我國家裝行業市場規模達首次超過二萬億元，包括主材、軟飾、家具、家電等在內的大家裝行業有四萬億的市場。但家裝行業一直沒有出現龍頭企業，甚至市場份額 1% 的企業都沒有。裝修公司跟消費者之間的信息不透明，相互間溝通成本高，難以建立信任關係，這些令大部分裝修公司很難做大做強。

"淘家的出現就是為家裝企業做個加法，形成規模經營。"梁波說。淘家在創立之初希望打造一個誠信的家裝交易平台，未來如果有 10% 的市場交易在淘家的平台上產生，那麼就能形成一個巨大的資金池，在此基礎上推出金融服務，並以此盈利。

淘家是基於佛山泛家居企業聯合會的背景以及政府的支持與參股而成立。佛山市泛家居企業聯合會成立於 2014 年 1 月，首批會員企業達六百多家，涉及房地產、陶瓷、家具等多個行業。淘家平台以眾籌融資的方式建立，十五個股東創新領域分別涉及到陶瓷、照明、衛浴、工程等。

因此，淘家成立的目標一是整合服務泛家居企業聯合會會員，二是助力佛山裝修行業做大做強。也就是說，淘家平台在誕生之初已經有了家裝企業入駐的基礎。梁波作為泛家居企業聯合會的會長，保證了淘家平台和入駐企業之間的緊密聯繫，對家裝企業和用戶之間的信息不對稱和行業痛點把握亦更清晰。

（二）探索家裝全流程運營管理

由於家裝行業涉及環節多、工序複雜，加之行業本身缺乏標準的體系和監管，消費者談到裝修往往有許多不滿。即便消費者提前跟設計師、裝修公司仔細溝通，也很難獲得廉價又優質的服務，甚至可能遇上貨不對板的情況。

為保證家裝產品和業務的質量，真正解決消費者的痛點，淘家對裝修的各個環節及相關材料進行了整合。用戶在淘家平台上只需短短幾分鐘就可以完成設計圖紙和選擇材料。施工團隊由平台直接指派，做到一站式服務，全屋裝修價格較市場價能便宜 15% 至 20%。

淘家平台雲集了一批高端的設計師資源，對當地常見戶型進行方案設計，用戶可以通過模塊化的自由組合選擇自己喜愛的裝修風格。此外，淘家還通過 3D 仿真技術將裝修設計呈現在用戶眼前，實現 "所見即所得"。

為解決家裝材料以次充好，偷工減料影響裝修質量等問題，淘家則採取與裝修公司合作的模式。裝修公司通過平台負責客戶的一站式裝修，而淘家作為平台商向消費者提供 "先行賠付" 的保險制度、質量監督和檢測服務等，以全方位保證裝修質量。

（三）產學合作培養家裝專業人才

裝修質量的提升離不開裝修行業人才的培養。為支撐淘家平台的長遠持續發展，未雨綢繆，梁波探索了產學合作培養裝修人才的模式。梁波牽頭整合裝修行業優質資源與佛山科學技術學院、廣東輕工學院達成戰略合作，於 2017 年成立廣東淘家商學院。這是全國唯一一家只專注於家裝行業專業人才培養的實戰型行業教育機構。

據淘家官網介紹，淘家商學院的成立實現了企業經驗與大學理論相結合的教育模式。所有師資均是來自於從事多年家裝業且具實戰經驗的人士，以及對家裝業人才綜合能力與技術提升有研究的專業人士。課程主要包括家裝高級總裁蛻變研修、家裝精英精進研修、家裝電商運營技巧、家裝爆破行銷裂變、家裝自主運營系統等。

在梁波的未來規劃中，淘家商學院將為淘家平台下一步標準化、專業化運營提供人才儲備，從而真正提升行業人才素養，讓家裝行業成為深受社會尊重與嚮往的事業。

三 啟示：服務標準化奠定行業創新基礎

（一）完善傳統行業的標準化、模塊化

談及創新，人們往往更多關注新科技、新技術的 "硬創新"。事實上，提升產品質量、創造消費新體驗、改善行銷方案等方面的 "軟創新" 也不容忽視。軟創新是一種改良，它可能源自市場或消費者的需求，以及工藝流程或商業模式的創新。尤其對於傳統行業來說，"軟創新" 可能是亟待發掘的價值窪地。

在裝修及泛家居領域，傳統裝修工期冗長，環節眾多等行業亂象層出不窮，成為消費者一直以來的最大痛點。近年來，《國務院辦公廳關於大力發展裝配式建築的指導意見》和《建築業發展 "十三五" 規劃》等一系列文件相繼發佈，提出各城

市中心城區新出讓或劃撥國有土地上的新建住宅，原則上實行住宅全裝修，推行成品交房。這不僅對建築裝修行業提出了更高的規範要求，也為裝修及泛家居領域的創新突圍指明了方向。

互聯網家裝平台的誕生在某種程度上解決了裝修市場的信息不對稱，有助於消費者找到物美價廉的裝修服務，也為眾多中小裝修公司提供了更穩定集中的獲客渠道。但裝修行業仍然沒有建立起統一的行業規範，裝修服務質量參差不齊，這導致互聯網家裝平台上的消費者維權事件頻頻出現，平台品牌度不夠，用戶粘性不高。

"誰能制定標準誰就是老大。"互聯網家裝的下半場需要有擔當的互聯網家裝平台整合提供設計、建材、物流、施工、交付及售後服務等完整的家裝供應鏈，在提高議價能力和實現規模效應的基礎上，牢牢把握成品控制、服務質量的標準化、規範化和模塊化。

（二）深度整合供應鏈體系創新盈利模式

許多互聯網裝修平台在設立之初都是以打造裝修市場的"淘寶"為目標，為裝修公司和消費者提供交易和信息的中介平台，而對裝修公司的服務質量並未加以監管。一旦發生糾紛，客戶只能自己與裝修公司協調解決。在此商業模式下，互聯網裝修平台的發展潛力有限，尤其隨着互聯網紅利逐漸進入瓶頸期，"萬物皆可互聯網＋"不再是萬能靈藥，僅僅靠"平台流量"難以支撐平台的可持續發展。

事實上，互聯網裝修不同於只是簡單"買賣關係"的淘寶賣貨。作為服務行業，裝修涉及的流程長、工序多。從裝修材料、裝修設計、裝修施工到裝修維護的各個環節，平台如若把控不到位，便可能發展裝修糾紛，損害消費者的利益。這對互聯網裝修平台來說將是一次次的信譽打擊。因此，為保障消費者的利益，互聯網家裝平台不僅要為家裝行業制定成品控制、服務質量的標準，還應釐清裝修行業的供應鏈體系，深入裝修行業的上下游進行整合。

對此，已經嗅到商機的互聯網家裝平台已經開始行動。包括淘家網、齊家網等互聯網裝修平台都在嘗試加強泛家居上下游的合作，積累豐富的品牌資源和集採渠道，為供應鏈的整合奠定基礎。具體來說，齊家網通過構建從 F 端到 C 端的完整 F2C（Factory-to-Customer，廠商對消費者）供應鏈，並以入股的形式直接切入產業上游。淘家網則更加側重於家裝產品的打磨，與家裝廠家合作創新產品的研發和設計，打造了萬格麗不銹鋼櫥櫃等家裝品牌。

互聯網家裝平台對供應鏈上下游的介入將帶來新的盈利模式。平台得以擺脫收取平台入駐費用和平台流量收益的中介模式，而是依託對上下游的整合獲取更高的差價，通過提升產品和服務質量讓客戶為之願意"買單"。

（三）以裝修人才加強對互聯網裝修的管控

隨着二三線城市商業地產的推進和二次裝修量的擴大，裝修市場的人才需求日益擴大，相反裝修行業人才老齡化現象日益嚴重，越來越少的年輕人願意從事裝修工作，這對裝修行業的轉型升級形成一定程度的制約。

裝修人才的短缺一方面是職業教育的不足，另一方面是行業本身對年輕人缺乏吸引力。傳統裝修往往被看作是"髒活累活"，對裝修工人的技術要求高，但未能提供相應足夠的社會保障。許多裝修工人仍然以"打零工""打短工"的形式存在，沒有固定工資，甚至沒有"五險一金"等保障福利。

在裝修行業摸爬滾打了多年的梁波對此深有體會。因此，淘家網在不斷摸索裝修行業標準化，加強裝修專業人才培訓的同時，也致力於提高裝修工人的社會保障，創新性地將裝修工人納入公司化管理制度，保證裝修工人能夠獲得穩定的收入和相應的社會保障。對於有意願從事裝修行業的年輕人，淘家網加強對他們在市場行銷、互聯網運營、商業管理等方面的培訓，給年輕人更多進入管理層的選擇機會，同時也可補齊公司的短板。

四 有待進一步研究的問題

當前互聯網裝修平台對信息化技術的掌握仍顯不足。如何在裝修公司的施工監管中嘗試應用信息化技術，細化裝修各個環節的管理流程，實現互聯網裝修平台內部運營效率的升級，從而進一步吸引年輕人才進入裝修行業，全方位實現傳統行業的升級改造？這仍有待進一步的深入研究。

五 大事記

2003 年，創立佛山市佳億裝飾有限公司。

2015 年，創立廣東淘家科技有限公司。

（訪談整理：張豔）

第二十八章
V-fit 維體健身：香港 "陀槍師姐" 回鄉推動創新健身理念普及

訪談人物：	何禹霏
擔任職務：	V-Fit 維體健身機構創始人
所在城市：	惠州
所處領域：	健身機構
創新類型：	專業服務創新
關鍵詞：	健身機構、健身理念、生活方式
訪談時間：	2020 年 7 月

社會每一天都在變化，每一天都在進步，我們要如何選擇比別人更快一步，就是要不斷地學習，不滿足眼前的安逸。

—— 何禹霏

一 人物故事：從香港女特警到惠州健身教練

（一）嘗試以抖音與粉絲互動

2020 年的春節，受新冠疫情影響，何禹霏的健身機構一度陷入停滯。自 2017 年從香港來到惠州創業，何禹霏的健身機構一路發展，在惠州逐步扎穩腳跟，且在中高端健身領域積累了一定的口碑。如今，何禹霏不得不讓自己再度嘗試新事物——抖音短視頻和直播。

3 月 14 日，何禹霏在抖音發佈了第一條短視頻，標題為 "如何從零開始"。視頻中，何禹霏講述了自己的創業歷程，每天早上起來坐最早班的公車，開始十幾個小時的工作，從沒有經驗沒有人脈，每個月頻繁出差學習、交流，起初健身機構包括她自己只有三名教練，到如今團隊規模不斷壯大，會員粉絲持續增長。何禹霏對創業的艱辛展現了積極樂觀的心態，"沒有人會一帆風順"。

許多人通過抖音了解到何禹霏經營的 V-fit 維體健身機構，也通過視頻了解到一個香港人到內地真實接地氣的生活以及她奉行的健康生活理念。有粉絲留言 "從最新的視頻刷到第一個視頻，讓我更清楚接下來要做什麼，更加堅定。" 也有人留言 "向優秀的人學習讓自己變的更優秀。" 還有人說 "做一個不輕易垮塌的成年人。生活，永遠不會虧待用心經營它的人。"

到現在，何禹霏共發佈了一百一十一條抖音作品，每週一晚上八點還會準時直播，粉絲也已經積累到 12.7 萬個，收穫的視頻點讚數多達 105.3 萬個。其中單條視頻最高曾收穫十五萬個點讚，這對於僅僅 "營業" 半年左右的抖音賬號來說算是一個不錯的成績。

為了經營抖音賬號，何禹霏每天要花五小時研究拍攝視頻、回覆粉絲評論等等。起初兩個月，粉絲增長緩慢，何禹霏就專門成立了新媒體推廣部，招聘專門負責社交媒體推廣的員工。她希望，藉助抖音吸引關注，鞏固粉絲粘性，再進一步轉化變現，推廣能夠體現她健康生活理念的產品。

（二）十年香港女特警生涯

很難想像笑容溫暖、充滿正能量的何禹霏曾經是一名香港女特警，每天睜開眼打交道的都是罪犯、吸毒人員、黑社會各色人等，常常出入魚龍混雜的娛樂場所，查案、搜證、抓人，每天的生活緊張而刺激。

1990 年，何禹霏八歲那年，父親送她去香港讀書。到 2003 年，何禹霏本已考進香港理工大學心理學系，但因當時家裏面臨破產，無力供她讀書，何禹霏只好放棄。那時，何禹霏恰巧看到香港警隊的招考信息，從小對員警充滿崇拜的她，便一鼓作氣前去報考，順利穿上了警服。此後，何禹霏還利用每天下班的時間，在香港大學攻讀了刑事執法的本科。

十年間，何禹霏形容是 "提着腦袋在工作"。因為她負責的片區，如西九龍、油麻地、旺角、尖沙咀等都是犯罪高發地段，她每天都處在精神高度緊張的工作生活狀態。尤其在 G4 保護要人組（專職負責各國首腦、重要領袖人物的警衛和保安工作）、保護證人組、緝毒組、重案組等任職期間，何禹霏的經歷了許多女警員可能都不會接觸的任務。

在緝毒組任職期間，何禹霏為深入毒品圈子，查到製毒人員或大毒販，常常要去做臥底。為此她還特地染了金髮，成為經常出入娛樂場所的 "壞女孩"。在保護證人組中，何禹霏是二十名警員中唯一的女性，為此警隊還專門為她搭建了臨時衛生間。而訓練則完全沒有特殊化，強度都是一視同仁，例如舉着十五磅（約七公斤）的啞鈴跑步。

何禹霏的抖音賬號昵稱叫 "香港師姐"。偶爾她在抖音上會講述在香港的特警生活，她談到自己曾經懷揣着夢想，在香港警隊從青澀走向成熟，讓她學會了堅持，學會了面對挫折永不氣餒。在香港時，曾有市民送她一塊"破案神速"的小牌匾，何禹霏說這是她為警十年最好的獎勵。

（三）決心回惠州定居發展

2013 年 5 月，何禹霏脫掉警服來到了惠州。何禹霏的父親在惠州經營一家冷氣工程公司，一直以來都希望她能夠回到自己身邊，慢慢接手家裏的生意。結束香港警隊的工作和熟悉的香港生活，何禹霏並沒有太多遺憾，她想要嘗試全新的生活，探索全新的自己。

惠州，地處粵港澳大灣區東岸，背靠羅浮山，南臨大亞灣，距離香港僅近百公里的路程。在《粵港澳大灣區發展規劃綱要》中，惠州市被提及六次，進一步明確了惠州的定位，是粵港澳大灣區城市群中的"生態擔當"。優越的地理位置也讓惠州有望承接深圳和廣州等城市的產業外溢。

何禹霏在惠州出生，小時候曾在這裏生活過一段時間，這次回來既熟悉又陌生。"我很喜歡惠州這座城市的安靜，一回來就有安靜踏實的感覺。惠州是個小地方，但是想要的都有，大海、綠草和山水，讓人感覺很舒服。沒有香港那種'天天咬着麵包坐地鐵，在大巴裏補覺'的緊張。"何禹霏談到。

儘管如此，這次回到惠州，何禹霏要為新事業做準備，肩負的壓力也不小。回到父親身邊後，何禹霏開始學習如何經營好一家公司。兩年裏，她依舊像在香港一樣過着忙碌的生活，直到幫助父親順利完成新老交接，家族生意平穩過渡。

"你要在這裏發展你的事業，你就要喜歡這座城市。我很喜歡惠州，這座城市很好，感覺很舒服。"何禹霏說。

（四）創辦私教健身機構

在香港時，何禹霏除了工作，將剩餘的時間都投入到運動中。中學時期，何禹霏便熱愛運動，曾擔任籃球隊隊長、長跑隊隊長。在警隊裏，她也是十公里跑紀錄的保持者，週末和休息時間常常被派去代表警隊參加比賽。2007 年，她還考取了專業健身證書，成為警隊的健身教練。

健身與運動早已成為何禹霏生活的一部分。回到父親身邊後，何禹霏在商業摸索中逐漸有了自己的想法——她並不滿足於接手父親的傳統生意，而是想在惠州獨立創業，將自己熱愛的健身與運動發展成為一項事業。

為此她先後到香港、加拿大等地學習，考取了多項國際健身資格證，還將惠州所有健身場館跑了個遍，調查市場，了解所需。據何禹霏調研了解，一方面現在惠州單車、游泳、跑步等運動雖然已經開始普及，但是專門的戶外活動場所還是偏少，如香港有很多籃球、網球、曲棍球、壁球等專門的運動場地，而惠州則尚缺乏。另一方面，她與朋友一起去鍛煉時，發現惠州缺的不是有健身需求人，而是欠缺專業健身教練。很多教練沒有證書，全靠個人健身經驗。

2016 年 3 月，何禹霏投資近三百萬在惠州創辦了一家私教健身機構開業，這是惠州首家針對中高端人群的私教健身機構，佔地五百多平方米，兩層空間。到現在，何禹霏已在惠州開了四家健身機構及一家瑜伽會所。

對何禹霏來說，健身是件"很酷很帥的事情"，通過健身傳遞的是積極健康的生活方式和生活理念。惠州雖然不是一線城市，但對健身的需求仍然有很大空間，因此何禹霏一面將香港的專業教練請到惠州，另一面推動惠州戶外健康設施的普及化。

二 案例分析：注入香港健身理念及標準

（一）轉變健身機構經營模式

中國健身房的誕生最早是在二十世紀八九十年代，由香港老闆帶入內地，以售卡為主要經營模式，延續至今已有三十年左右的時間。這種模式起源於美國的加州健身，是國際上歷史最為悠久的健身房，也成為全球傳統健身機構的主要經營標準。

但實際上，隨着一線城市房租成本越來越高，一個一千平方米左右的健身房，一次最多容納兩三百人，預付健身卡的會員費用很難完全覆蓋經營成本。因此，國內健身房老闆要想提高經營收入，往往會讓業務員和私教背上銷售指標，同時想盡各種辦法增加會籍時長，如以優惠的價格提供更長時間的會籍。這對於健身房來說，等於提早預支了未來的錢。

健身機構行業收費亂象，"跑路""倒閉"事件頻頻曝光媒體。甚至在 2016 年 7 月，全球知名的健身機構加州健身香港總部也被曝陷入財務危機，其北京分公司先以"統一內部整頓"為由暫停開放，最終走向倒閉。[40]

對此，何禹霏認為原因有三點：一是人的問題，即健身機構投資人或老闆是否真心將健身運動當作自己熱愛的事業；二是投資問題，即有無足夠且持續的資金投入；三是經營不善，即健身服務和經營質量是否存在問題；四是財務機制，即健身機構的經營是否遵循企業思維。

在 V-fit 創立以來，何禹霏憑藉跟隨父親學習到的企業經營和財務知識，平穩

---

40 宋少卿：〈一兆韋德 CEO 胡國雄離職，"銷售為王"的傳統健身房終於求變？〉，億歐網，2019 年 6 月 3 日。

地推進了健身機構的發展：為嚴格控制成本，將健身機構的位址選擇在了非鬧市區；同時健身機構定位中高端市場，通過提升服務質量提高會員及授課價格。

在此次疫情中，傳統的健身機構模式更加艱難。何禹霏決心進行品牌升級，探索 2.0 版本的輕資產社區模式，進一步降低運營成本，加快回報率。未來，3.0 模式則將依託現有的健身機構作為孵化基地，集中針對專業、服務、文化、機制等方面精準定製，探索全國加盟結合線上平台的變現。

（二）提升健身教練專業素養

教練是健身房的核心競爭力。然而，目前國內普遍存在健身教練專業人才匱乏、服務水平層次不齊、教練流失率高等現象。這集中體現在健身教練隊伍持證率低，參與職後培訓的人員比例不足 10%，且健身教練年齡和學歷普遍偏低。[41] 甚至有無證人員給自己貼上"國家級健身教練""指導師級健身教練"牌子，健身指導不規範、缺乏科學性和實效性，導致健身訓練存在較大安全隱患。

按照行業標準，目前健身行業主要有兩類較受認可的資質證書：一類是"國職證"，即由國家體育總局人力資源開發中心與職業技能鑑定指導中心培訓、考核後頒發的相應等級的健身教練國家職業資格證書；另一類是民間機構認證的資質證書或比賽獲獎證書，比如亞洲體適能私人教練證書（AASFP）、美國體適能四大認證等等。[42]

但是，"國職證"並非強制性的要求，健身教練即便沒有通過國職考試，也能夠從業上崗。這反映了目前整個健身行業對於私教的上崗資質並沒有統一的標準。私教的從業門檻的決定權完全在各家健身機構自己手中。

對比之下，香港健身教練則普遍更加規範，教練不僅均具備相關的執業證書，且文化水平普遍較高，真正做到將陽光、健康、向上的健身理念貫穿到健身訓練之中。何禹霏對教練的挑選同樣是按照香港標準，招聘的都是素質高、專業度高、服務意識強的教練。此外，每個月還會對健身機構的教練進行四次培訓，自掏腰包設立"學習基金"，鼓勵機構的健身教練去參加各類課程學習或職業資質考試。

在何禹霏的帶領下，其健身機構的教練收入提高了好幾倍，教練的自我價值得以提升，團隊氛圍積極愉快，對客戶的服務也更加富有人情味。相較健身行業普遍 50% 至 60% 的教練流失率，V-fit 維體健身機構每年離職的教練僅兩三人。

---

41 楊嶺：〈提高健身教練"含金量"激發全民健身新活力〉，《湖南日報》，2020 年 9 月 29 日。
42 戴天驕、徐軼汝、林欣瑤、李若楠、周春晟：〈健身未果卻"傷身" 健身房私教亂象引爭〉，新民網，2016 年 7 月 12 日。

（三）挖掘三四線城市健身需求

健身作為一種潮流時尚，在一線城市的市場需求較大，健身房的分佈也主要集中在一線城市。這也意味着，未來一線城市健身市場的競爭將愈加激烈，新開健身房的邊際效用將逐漸降低。

與之相對應的是，健身市場的下沉趨勢明顯，下沉人群的健身需求越來越高。尤其隨着城鎮化進程加快，二三線城市消費升級，近年來二三線線城市的健身市場發展迅猛，健身房數量保持平穩增長，包括俱樂部和私教工作室。

根據三體雲動發佈的《2018中國健身行業數據報告》，部分健身房正在向武漢、成都、杭州、重慶等非一線城市發展，成都私人健身工作室達到一千二百三十一家，數量僅次於北京、上海、廣州、深圳。

通過對惠州健身市場的深入調研，何禹霏也注意到這類非一線城市的健身需求和市場潛力。下一步，何禹霏計劃在粵港澳大灣區繼續拓展佛山、東莞、中山等非一線城市的健身市場，同時逐步探索中端客戶的健身消費需求，在保證健身服務質量的前提下，降低健身會員費用，真正將積極向上的健身理念普及推廣，推動實現全民健身。

三 啟示：致力打造"健康灣區"

（一）建設粵港澳大灣區健康生活圈

隨着社會大眾的健身意識越來越高，商業健身房也如雨後春筍般遍佈在城市的大街小巷，一些國內健身俱樂部逐漸形成自身的口碑與品牌。《2018中國健身行業數據報告》數據顯示，中國健身俱樂部數量有四萬零五十家，總體規模與美國基本持平，但中國健身人口滲透率仍遠不及美國，美國健身人口滲透率為20.3%，中國則僅為3.1%，其中香港地區的滲透率為6.2%。

2014年10月，國務院印發了《關於加快發展體育產業促進體育消費的若干意見》，將全民健身上升為國家戰略，提出"要廣泛開展全民健身運動，促進群眾體育和競技體育全面發展""推動全民健身和全民健康深度融合"等要求。

作為建設優質生活圈的先鋒隊，打造健康灣區是提升粵港澳大灣區居民生活質量的重要層面之一。一方面粵港澳大灣區尤其是內地九市要加強公共健身設施的建設，加大健康生活理念的普及；另一方面也要促進粵港澳大灣區健身市場的良性發展，提升專業健身服務的水平。

（二）借鑑吸收港澳服務業經驗

長期以來，香港以發達成熟的服務業而聞名。服務業對香港生產總值的貢獻逾九成，同時吸納了大部分香港就業人口。相比之下，內地服務業水平仍有較大的提升空間，亟待引進更加先進的服務理念和服務標準。

在粵港澳大灣區建設的背景下，大灣區內地城市可以充分借鑑吸收港澳服務業經驗，加快粵港澳三地的融合，不但要加強基礎設施、科技創新、教育、社會保障等方面的緊密合作，還應借鑑或引進港澳社會優秀的生活服務經驗和理念，全面提升大灣區內地城市的服務行業發展水平。

此外，鼓勵港澳青年來大灣區內地城市從事服務業領域的創業或就業，有望進一步助力港澳青年拓展職業發展空間。港澳青年來內地創新創業，不僅可以發揮港澳在科技創新方面的優勢，還可以利用內地服務業的廣闊市場和對高端服務的需求，將港澳先進的服務理念和服務標準在內地推廣，由此探索具有商業前景的事業。

四 有待進一步研究的問題

港澳青年將港澳社會先進的服務理念和服務標準在內地推廣時，可能會面臨與內地市場和生活方式"水土不服"的問題。如何幫助港澳青年來內地創新創業時熟悉內地市場？大灣區內地城市如何對接港澳服務標準？如何全方位打造粵港澳大灣區宜居宜業宜遊的優質生活圈？這些仍有待進一步深入的研究。

五 大事記

2003 年，考入香港警校，畢業後成為女特警。

2013 年，從香港警隊辭職回到惠州發展。

2017 年，在惠州創辦第一家健身機構。

2020 年，以"香港師姐"開通抖音賬號。

（訪談整理：張豔）

政策平台創新

廣州

賀勵平 · 廣州開發區外籍政府僱員

涂子沛 · 數文明政策諮詢

林惠斌 · 天河區港澳青年創新創業基地

珠海

李偉輝 · 橫琴新區人才政策

王彥 · 橫琴新區發改政策

韋東慶 · 港珠澳大橋黨建管理

第二十九章

廣州開發區外籍政府僱員：突破政府選人用人機制，不拘一格招攬全球人才

訪談人物：賀勵平

擔任職務：廣州開發區投資促進局全球招商總監

所在城市：廣州

所處領域：政策部門

創新類型：政策創新

關鍵詞：政府僱員、國際化人才、文化譯者、對外開放

訪談時間：2019 年 5 月

用外資企業可理解、可接受的方式介紹粵港澳大灣區的發展機遇。

——賀勵平

一 人物故事：廣州開發區來了"洋"僱員

從德國人 Peter Helis 到"中國迷"賀勵平，如今他又多了一個新身份——廣州開發區投資促進局全球招商總監。作為廣州開發區的首位外籍政府僱員，賀勵平期待着為中國政府工作中的每個新體驗和挑戰。

（一）應聘開發區僱員迎接新挑戰

2018 年 10 月，廣州開發區為體現"人才是第一資源"，推進建設廣州國際科技創新樞紐核心區和粵港澳大灣區的"灣頂明珠"工作，開啟了"全球特聘政府僱員"工作。為此廣州開發區創新性地放開了應徵者的國籍限制，原則上不限國籍，"敞開大門"歡迎企業高端管理人才、歸國優秀留學生、外籍頂尖人才等海內外精英報名。

經過全球公開遴選，賀勵平的名字出現在了廣州開發區政府僱員的聘用名單上。他在開發區的工作職責是搭建中國企業進入歐洲市場、歐洲企業進入中國市場的橋樑。這對於賀勵平來說已經"駕輕就熟"——他在珠三角工作、生活十五年有

餘，對粵港澳大灣區對外貿易非常熟悉。此外，賀勵平還曾先後擔任過中國歐盟商會華南董事會副主席、德中經濟聯合會廣東省副代表、德國工商大會廣州代表處總經理、Helis & Associates 運營總裁、佛山市賀勵仕商務顧問有限公司總裁等。

十五年期間，賀勵平為推動德國和中國珠三角間的雙向貿易做了不少工作，促成了諸多中德間的工業服務、工業城市聯盟、工商業對話等項目落戶珠三角地市。賀勵平積累的國際客戶資源和長期從事中歐間的雙向貿易工作經驗，對於需要負責開發區外貿和對外招商工作的全球招商總監一職來說無疑是最佳人選。

為中國政府工作聽起來着實有些"不可思議"。最初得知廣州開發區公開全球招聘的信息，賀勵平對開發區政府展現的開放精神感到興奮，"我不知道這是不是中國政府第一次公開招聘外籍僱員，但這真的是非常勇敢的事情。"賀勵平對中國的一切向來充滿了好奇，一直希望能夠有更多機會深入了解中國，因此他非常期待這次進入到中國政府團隊中工作能夠有不一樣的收穫。

在廣州開發區，賀勵平有一間獨立的辦公室，屋外是他的中國同事們。正式入職幾個月以來，賀勵平主要幫忙調整完善開發區對外招商的推介材料，給開發區的中國同事做對外招商的培訓等。他將自己現在的工作狀態形容為"蜜月期"。"因為剛入職不久，目前工作都進展比較順利。同事們都非常友好，工作上非常支持配合，我也可以發揮一些小作用。"

挑戰也接踵而至。賀勵平應聘開發區政府僱員就是希望不斷地推動自己進入新的領域，迎接各種各樣的挑戰，比如在開發區賀勵平第一次全程用中文做了一個半小時的培訓。他非常清楚，他和開發區政府未來還需要許多努力，不斷地磨合適應彼此，共同做好第一個吃螃蟹的人。"但這並不是一場'革命'，只是需要一些'改變'，循序漸進的改變。欲速則不達。"賀勵平說。

（二）從發揮語言天賦到結緣中國

能說普通話，閱讀中文是賀勵平的優勢，這讓他幸運地抓住了應聘開發區政府僱員的機會。當初朋友向他推送廣州開發區的中文招聘信息時，他還有些疑惑，"如果開發區的招聘是面向外國人，為什麼只有中文版而沒有英文版招聘信息呢？"賀勵平調侃說："可能也是這個原因，我沒有太多競爭對手。"

在來到中國前，賀勵平在倫敦大學亞非學院主修的專業正是中文。學習中文對許多外國人來說無疑是件非常艱難的事情，但語言天賦幫了賀勵平大忙。學習語言對於賀勵平一直是件輕鬆且有趣的事情。在東德出生的賀勵平起初自學了英語，於是便想到挑戰更有難度的中文。"1992 年鄧小平發表'南方談話'後，中國迅速崛起，全世界都在關注中國。我也想更多地了解中國。"賀勵平談到。

因為學習中文，賀勵平開始接觸中國文化。在語言學習中，他意識到，語言的本質是交流，交流相比於語言本身更加重要。為了讓自己浸潤在中國文化的環境中，賀勵平開啟了中國之旅的首站——香港。

作為國際化的港口城市，外國人在香港生活完全可以不必與中國文化有太多接觸，因此賀勵平身邊不乏有朋友在香港繼續過着西方式的生活。但是賀勵平做出了完全不一樣的選擇。起先他在香港供職於一家美國公司，但他是公司六百多名員工裏唯一的“老外”。他的上司是位台灣人，平常與賀勵平的交流全部都是用中文。

起初賀勵平對真正踏上中國土地還感到有些不適應。儘管他能用中文進行交流，但要融入中國人的生活仍是非常大的挑戰。賀勵平始終保持一個開放、學習的姿態，不斷地克服語言和文化的障礙。“這是我自己的選擇。因為我對中國文化充滿了好奇，我希望能夠深入中國文化，理解中國文化。”

（三）香港十年主動深入中國文化

賀勵平不斷地給自己深入中國文化加大挑戰難度。

此後，他又來到一家德資企業擔任大中華區銷售總裁。這家企業是一家典型的德資中小型企業，在行業細分領域是佼佼者，即是通常所稱的“隱型冠軍”。“我的第一份工作是在美國公司的中國團隊，主要接觸的是中國文化，而美國方面接觸的很少。後來我供職於德資企業，但負責的是中國業務，因此經常要同時接觸中國和德國兩種文化。”為此賀勵平不得不努力去協調兩種文化之間產生的碰撞。一方面他要向德國人解釋中國文化，另一方面他又要向中國人解釋德國精神，以讓雙方達成相互的了解。

從長期的工作經驗中，賀勵平發現，文化和語言差異的障礙讓許多外資企業或商會組織與中國夥伴的聯繫並不十分緊密，這在某種程度上制約了外資企業在中國的發展和擴大。為此賀勵平還成立了一家諮詢公司，致力為中國與歐洲政界、商界牽線搭橋，促成雙方開展有效對話，達成合作。

如今來到廣州開發區工作，可以說延續了他一直以來的追求和目標。“我希望盡可能地幫助更多有意願來中國、來開發區的外國人或外資企業，給他們一些有用的建議。”他非常理解，對於大部分外國人來說這都是一項非常艱巨的挑戰，尤其是要理解中國文化的精髓。

“了解中國文化最重要的還是耐心，讓自己沉浸於其中，更加深入地融入到當地的文化中。為此，你需要經常與中國同事交流，結交中國朋友，並且確實下功夫學好語言。”賀勵平總結自己的經驗說。

（四）"讓外資企業來廣州開發區"

2010 年以前，賀勵平曾來過廣州，不過那時候他真心不太喜歡廣州及珠三角。"那時候大部分珠三角城市看着都很亂，廣州也沒現在整潔。"但是 2018 年，當他以德國工商大會廣州代表處總經理的身份重回廣州時，看到了廣州和珠三角發生的巨大變化。"廣州經濟發展特別快，城市富裕程度非常高，難得的是，廣州人很實在，一點兒也不虛榮。"

"以前外企在華投資的首站都喜歡選擇北京、上海，如今有了粵港澳大灣區，這對廣州、對黃埔開發區來說都是很大的機遇。我們要用外國企業可接受、可理解的方式去介紹這裏的機遇。"賀勵平非常看好粵港澳大灣區的發展潛力，"這裏跨城際交通非常方面，空氣質量比北京好，而且離東南亞也比較近，非常方便外資企業的貿易往來。"

但賀勵平也指出，相比於北京、上海和香港，廣州顯得還不夠國際化。許多外國人喜歡生活在香港，即便來內地，也是更傾向於去北京或上海。為什麼？北京和上海為外國人提供了非常便利化的生活，香港更是隨處可見的雙語標籤，甚至計程車司機也可以用英語交流，而且香港保留了西方式思維，外國人在香港毫無障礙地進行交流。

"比如我在廣州商業中心的一家超市，雖然我也可以買到進口食物、進口酒，但很多情況下都只有中文標籤。人們也不怎麼說英語，即便是在英國、美國或加拿大留過學的人，還是習慣用中文和我交流"，賀勵平談到，"我在廣州出門可能走很久才能看到英文標識，對於中文不好的外國人來說會有種恐慌感，因為他可能都不知道自己在哪兒，要怎麼做。我的朋友們甚至常常覺得自己在廣州是不受歡迎的，是被忽略的。"

二 案例分析：全球招募政府僱員提升國際化水平

（一）政府創新全球招募對外招商僱員

政府系統引進外籍人才在國外並不少見。不管是否納入政府編制，國外政府都會積極通過聘用非公務員或者委託社會企業提供政策諮詢，且對國籍沒有任何限制。例如在英國、韓國、新加坡等國家，外籍人士都擁有申請政府公務員的資格。在香港，律政司、警隊和廉政公署等機構中也保留了數百名的外籍人才，甚至外籍公務員和政府非公務人員成為香港行政系統的特色之一。

內地探索外籍政府僱員興起於近些年，此前還曾掀起過對如何依法引入外籍政府僱員的討論。據公開報導的情況，首開先河通過非正式公務員編制招聘外籍政府僱員的案例來自 2014 年的廣東佛山。隨後 2017 年，成都高新自貿區管理局也突破性地招聘了一位美國人擔任國際項目的負責人。2018 年，浙江杭州餘杭區開出五十萬高額年薪面向全球招聘 "雙十" 政府僱員，最終引入了分別來自美國、俄羅斯、法國的三位外籍人才進入政府系統效力。

在廣州，第一個喝頭啖湯的便是廣州黃埔開發區政府。

2018 年 10 月，黃埔區以年薪最高二百萬啟動全球重金攬才，並在招聘條件的第一條便聲明 "不限國籍"。據了解，自公告發佈之日起，黃埔區全球招聘吸引了超過一百名精英報名，其中不僅有大陸及港澳台的頂尖人才外，還有來自歐洲、非洲的精英。這些人才絕大部分畢業於國內名校，個別還有歐美頂尖學院教育經歷。工作背景則囊括了國內外各大知名企業，既有國企背景的，又有就職民營企業的，甚至還有美洲、歐洲等境外企業的中高層管理人員。[43]

鑑於崗位的重要性以及對於人才的高要求，黃埔區的全球公開遴選除了將外籍人才納入 "攬才" 範圍，在選人用人機制等許多方面都有着創新突破，例如由原來以考試為主的常規模式，改為引進專業獵頭公司，依託國際化招聘平台，通過人才推介大會、人才定向挖掘等形式，吸納海內外人才。對於通過資格審查的應聘人員，黃埔區則有着嚴格的遴選程序，全方位進行履歷分析、能力評估和專家面談，重點考察應聘人員的過往履歷以及是否具備履職能力等。

黃埔區政府創新性地從體制外招攬全球人才精英，讓高精尖人才作為承擔部分公共事務的主體，是面對新時代、新產業的發展需求，能以更高的標準推進隊伍建設，提升政府決策的前瞻性和科學性，提供更高水平的公共服務，持續優化國際營商環境。

（二）搭建大灣區對外交流 "文化媒介"

"用外資企業可理解、可接受的方式介紹粵港澳大灣區的發展機遇"，這是黃埔區聘用外籍人才勝任政府招商工作的初衷，也是賀勵平為中國政府和外國企業增加交流、達成理解、促進合作的核心原則。

為了吸引更多外資企業落戶黃埔開發區投資落地，賀勵平首先做的工作就是擴大與外資企業的交流範圍。雖然來開發區時間不久，但他已經走訪過開發區的所有外資企業，與外資企業進行交流和溝通。在此基礎上，為吸引更多的外資企業落戶開發區，賀勵平計劃聯繫已在其他城市落戶的外資企業，它們可能在北京、天津、上海、蘇州等城市設有分公司，了解這些企業是否可能來廣州開發區設立第二分公司或分支機構。

接下來，賀勵平認為還應該與國外的高校研究機構、企業協會、第三方組織機構建立聯繫，溝通交流，通過協會組織推薦找到可能在開發區落戶的外資企業。例如廣州當前重點加快發展 IAB 產業（新一代信息技術、人工智能、生物醫藥），可以嘗試與德國 IAB 相關的研究機構或企業協會等建立聯繫，通過這些組織機構牽線搭橋，獲取推薦企業的名單信息。

其次賀勵平着手展開的工作就是閱讀整理開發區對外招商的推介材料和演講稿，調整不適合的表達方式，修改其中令外國人費解的內容。例如，中國政府在招商推介材料中常常喜歡用很長的抽象名詞，如“三大重點”“五大項目”，這對外國人來說可能就“不知所云”。比如我去買車，你告訴我有“三個系列”，但其實你只要告訴我具體是什麼品牌的車，哪裏生產的車，有什麼功能的車就非常清楚了。再如，很多政府的推介材料中往往會展示設計圖或展望圖，但西方人更加希望看到的是真實的照片。“西方人首先關注是中國過去的成績，然後是正在作出的努力和改變。這樣大家才會覺得中國真的有發展前景，因為過去已經取得了那麼多成功。但如果你呈現的都是對未來的暢想，西方人可能就會產生質疑。”賀勵平說。

“招商推介會的現場就好比是一場國際音樂會，這些國際公司儘管可能不會彈奏樂器，但是他們去過全球各地，聽過非常多的音樂會，他們知道什麼是最好的”，賀勵平打比方，“所以我現在就是給大家彈奏美妙的西方音樂，即便我現在還不用上台演奏，我也可以幫忙判斷上台演奏的人有沒有出錯。”

（三）推動信息對外開放走向國際化

廣州開發區是廣州重點打造的國際科技創新樞紐核心區，佔據廣州市 40% 的工業總產值。作為珠三角國家自主創新示範區，建設粵港澳大灣區的“灣頂明珠”和廣深科技創新走廊的“引力地帶”，廣州開發區積極鏈接國際高端要素，已成功搭建了中新、中以、中歐、中沙等國際合作平台。[44]

目前，廣州開發區已經擁有來自一百多個國家超過三千六百家企業，其中一百七十家是世界五百強企業，是華南地區跨國公司最為密集的地區。西門子、拜耳、雀巢、飛利浦、默克等歐洲領軍企業都已在黃埔區落戶。

但要真正提升開發區的國際化水平，還需進一步推動信息的對外開放。賀勵平注意到，包括廣州開發區在內的粵港澳大灣區建設中有許多對高層次人才的稅收激勵政策，這些政策是對國外所有高層次人才普遍適用的，但這些政策到目前為止卻

44 陳思勤：〈黃埔 19 個政府崗位全球公開招聘 應聘攻略在這裏〉，南方網，2018 年 10 月 30 日。

只有中文版，外國人很難獲取相關信息。

相比之下，國外信息更容易獲取，中國則顯得更加"低調"。賀勵平談到，自己曾在微信讀到朋友分享的一篇中文文章，詳細介紹分析了德國的汽車行業，但他卻從來沒有讀到過歐洲人寫的文章能夠如此詳細介紹中國的汽車或其他產業。所以，如果中國不想被誤解，就應該開放更多信息渠道，讓世界能夠了解中國。

因此，廣州開發區亟需給外國企業或人才提供更多無障礙的政策信息，切實通過政策支持便利營商環境，幫助企業降低經營成本。"即便政府信息不一定有實際作用，也可以讓企業感到是'被關心'的"，賀勵平認為，"廣州是一座非常優秀的城市，但廣州對外交流的能力尚有欠缺，很多外國人可能都不知道廣州也有許多知名的國際公司。所以廣州應該進一步擴大對外開放，向世界表達自己，推介自己，讓更多外國人才和企業了解自己。"

三 啟示：以開放心態廣納全球人才精英

（一）對外開放吸納全球高端人才

粵港澳大灣區要打造國際一流灣區，國際化人才將發揮重要作用。全球化智庫（CCG）發佈的的《2018粵港澳大灣區人才發展報告》顯示，大灣區人才國際化程度仍然偏低，國際競爭力不強。廣州和深圳作為灣區內地城市創新及開放程度最高的城市，其外籍人才佔總人口的比例分別僅為0.36%和0.2%，低於北京（1%）、上海（0.73%）。

作為政府系統，對外籍人才的開放程度則更加有限。內地政府聘用外籍僱員要嚴格按照國家的相關法律法規行事。現行《中華人民共和國公務員法》第二章第十一條規定，公務員必須具備中華人民共和國國籍。因此，此前從佛山到成都、杭州和廣州都是採取更加靈活的形式，即非正式公務員編制的形式招攬全球人才。

外籍政府僱員可以提升政府整體的行政與對外交流水平，助力政府對多元文化群體的管理、以及對國際先進技術和管理理念的吸收。粵港澳大灣區要打造國際科技創新中心，建立與國際接軌的開放型經濟新體制，建設高水平參與國際經濟合作新平台等，這些都需要國際化人才參與，提升粵港澳大灣區的國際化水平。相應地，粵港澳大灣區政府也要提升其對國際化城市的治理水平，對國際化人才的服務水平，以發揮全球智慧大腦的作用。

（二）對外交流需要雙方共同努力

如今中國與世界的聯繫越來越緊密，但中國與世界的交流對話仍然存在許多誤解。世界如何以"中國視角"來理解中國？中國又該怎樣"與世界對話"？我們需要更多像賀勵平一樣的"文化譯者"，解釋不同文化之間的差異，將不同文化轉換翻譯為對方可理解、可接受的表達方式。

作為一個跨文化交際者，賀勵平深刻體會到，中國與西方文化、思維方式之間的巨大差異，真正理解彼此的文化是非常困難的。例如，中國人可能很難理解為什麼德國擁有眾多非常出色的中小企業。

保持交流是達成理解的第一步。"交流好比是婚姻。"中國與世界之間的對話需要雙方的共同努力，外國人需要付出更多的努力和耐心來了解中國，中國也需要更多地去展現自己，讓自己能夠被世界所認識和理解。正如賀勵平的解釋："好比你有一個朋友，你們有段時間不聯繫。可能你會想，她是不是不喜歡我。但事實上，90% 的可能是她真的太忙了或者其他什麼原因。"所以，我們需要更多地主動交流，更多地自我表達。

第二步則是如何交流。當我們進行交流時，目的是讓對方能夠理解。比如中國對外招商的推介材料往往非常乏味，儘管都是用英文表達，但依然很難讓外國人理解。問題就在於這些材料並不符合西方人的思維方式，換句話說，不合西方人的口味。

（三）國際化建設需提供生活便利

在改革開放初期，中國對世界最大的吸引力是廉價勞動力，但是隨着內地勞動力成本越來越高，中國在勞動力上已經不十分具備競爭力，大量的外資企業轉向東南亞等地區。近年來，中國憑藉龐大的消費市場再次受到外資企業的青睞，繼而成為中國獨一無二的優勢。但是中國如何在軟實力上吸引外資企業、留住外國人才，而非僅僅作為外資的"淘金夢"？

賀勵平建議，中國首先要進一步加大基礎設施的配套建設，提升教育、醫療等國際化水平，為來自全球各地的高端人才提供更加便利的生活。其次，應着手搭建更多的國際交流平台，提升文化交流環境，方便外國人獲取相關信息，促進更多交流與合作。最後，還應學習香港的經驗，提升外國人在中國生活的配套服務水平。例如長期以來，外國人在香港連續工作七年以上，便可以獲得永久居留權。而內地對向外國人才發放綠卡設置了很高的"門檻"。因為拿不到"綠卡，外國人在中國無法享有基本的社保、養老等社會保障，生活非常不便，尤其是退休後便面臨不得不回到母國的處境。

四 有待進一步研究的問題

政府系統吸納外國人才是非常具有突破性、包容性、開放性的政策創新。如何讓外國人才能夠在政府系統內真正發揮價值，彼此磨合適應，從而發揮外國人才的優勢，提升政府的國際化治理水平，推動國際化城市建設？這仍然有待進一步的深入研究。

五 大事記

2003 年，前往香港工作。

2014 年，德國工商大會廣州代表處總經理。

2015 年，創辦自己的賀勵仕商務顧問公司。

2018 年，中國歐盟商會華南董事會副主席。

2019 年，擔任廣州開發區投資促進局全球招商總監。

（訪談整理：張豔）

第三十章

數文明政策諮詢：構建數據生態，中國大數據之父的 "出格人生"

訪談人物：涂子沛

擔任職務：《大數據》《數據之巔》《數文明》作者，數文明科技公司創始人

所在城市：廣州

所處領域：大數據治理分析及諮詢

創新類型：政策理念創新

關鍵詞：大數據、數據思維、數文明、政策諮詢

訪談時間：2019 年 9 月

數據是土壤。開放的數據即為土地上的河流，流經之處，就會孕育起發達的數據文明。

——涂子沛

一 人物故事：突破自我為大數據 "轉身"

（一）點燃國內大數據變革的火種

2012 年，中國大數據領域的開山之作《大數據》出版面世。該書作者涂子沛猶如古希臘神話中的普羅米修士，播下了中國邁入大數據時代的火種。

彼時，涂子沛在美國矽谷一家科技公司擔任數據庫程序員。大數據的理念還未在矽谷盛行，中國的大數據意識剛剛萌芽。涂子沛在工作之餘，通過《南方都市報》《時代週報》、艾瑞網等媒體途徑開設專欄，向遠在大洋彼岸的國內讀者介紹推廣大數據理念，最終促成《大數據》的成稿。這本書比美國第一本大數據的專著早了整整半年。

先行者總是獨行人。由於理念太過超前，《大數據》的出版也幾經波折。2011年，涂子沛滿懷期許地將《大數據：正在到來的數據革命》書稿拿給國內一家知名出版社，不想卻被編輯直接退回，對方直言 "抱歉涂先生，沒看懂什麼是大數據"。

大數據的 "子彈" 飛了一會兒，最終遇到了自己的機緣。一年後，涂子沛的書

稿在廣西師範大學出版社編輯的"不明覺厲"中得以正式出版，大數據也因此在中國大地上點燃了星星之火。

為完成書稿出版，涂子沛白天工作寫代碼，晚上查資料碼文字，其中的辛苦不足與外人道。而涂子沛對大數據的付出乃至"癡狂"，或許誰也無法真正理解。涂子沛形容自己常常"夜半起彷徨"，孤獨地走在一條"本沒有人走過的路"。但他相信，"為人類做出貢獻的人，往往是不為現實所理解、受到孤立、甚至打壓的人"。從古至今，從不被妻子理解的蘇格拉底，到被姐姐不看好的扎克伯格、屢吃閉門羹的馬雲等等，涂子沛從前人的身上得到了鼓舞。

投身於大數據理念的思考與佈道，涂子沛有"苦不堪言，更有"妙不可言"。涂子沛筆耕不輟，此後又相繼出版了《數據之巔》《數文明》等一系列著作，不斷向人們揭示着大數據將如何變革人類文明。隨着"數文明""數力""數權""數紋""數治""數商"等等大數據概念的形成，大數據時代的人類文明版圖在涂子沛腦海中逐漸清晰。

（二）跳出體制開拓發展之路

涂子沛第一次與"大數據"觸電是在十幾年前的廣東。

1996 年，涂子沛從華中科技大學計算機系畢業，入伍廣東邊防總隊從事反偷渡工作。1997 年香港回歸，粵港澳三地邊防頻繁會晤。會晤時，港澳方總會拿出詳盡的數據分析表：抓了多少走私、在哪個海域、價值多少、什麼人、什麼時間等等；而中方能出手的數據寥寥。

在此背景下，廣東邊防總隊希望能自主開發一個反偷渡系統，這項任務就落在了計算機科學專業出身的涂子沛身上。涂子沛不負眾望，成功開發了全國第一個反偷渡遣返信息管理系統，技術很快與香港拉平。

在武警部隊和政府部門工作的十年間，涂子沛不僅多次立功受獎，而且以全市第一的優異成績轉業到廣東外經貿局規劃財務處。但涂子沛並不滿足於眼前的生活和成績。在職期間，他在中山大學攻讀了碩士研究生學位，也因此迎來了改變他人生的一個抉擇。

一天，涂子沛的研究生老師給他提出一個大膽的建議——去哈佛留學。這是涂子沛在原本的人生"格子"裏從未考慮過的事情，極大地激發了涂子沛"出格"的衝動。

當時，涂子沛在廣州市外經貿局規劃財務處表現優異，已被任命為副科長。他的父母也都做了一輩子的公務員，完全無法理解已過而立之年的兒子放棄"鐵飯碗"，要去異國他鄉求學的決定。為此，他的父親甚至一度與他爭吵、翻臉。

都說陪伴是最長情的告白，艱難時刻，涂子沛得到了妻子的無條件支持。英語專業出身的妻子，彼時已有身孕，卻每天堅持和涂子沛一起背單詞。有一天，涂子沛和挺着大肚子的妻子出門，在公車上還不忘拿着筆記背單詞。和妻子一問一答，一唱一和。這一幕被廣州電視台的新聞記者抓拍到，見此專注的場景，以為倆人是在公車上胎教。當這一幕在電視台作為新聞播出，涂子沛一時還被身邊人喻為廣東建設文化大省的愛學習代表。

一切似乎是命運的安排。因為錯過了申請日期，涂子沛未能順利申請到哈佛大學，來到了卡內基・梅隆大學。這對於涂子沛來說可能並不是"最好的"，但卻是"最合適"的選擇。卡內基・梅隆大學擁有享譽全球的計算機學院和公共管理學院，這為涂子沛之後從事大數據研究，尤其是基於政策決策的"數字治理"研究做了很好的鋪墊。

家庭與學業終究是無法平衡。涂子沛出國的前一天，也是他女兒出生的第三天，臨行前的晚上，涂子沛一個人在廚房裏放聲大哭。縱使萬般不捨，也只能噙淚前行，最終，涂子沛踏上了異國的土地，他不斷給自己的人生調高難度係數，在兩年半的時間同時拿到了信息技術和公共政策兩個學位。

（三）重返大灣區開啟創業之路

"念念不忘，必有迴響。"2006 年，涂子沛從廣州踏上前往矽谷的飛機。時隔十二年之後，涂子沛輾轉多地，從匹茨堡求學到矽谷工作，從美國到杭州，最終還是落腳在了廣州。而這次歸來，涂子沛的身份不僅是"中國大數據之父"，還是阿里巴巴前副總裁。

2014 年，涂子沛的著作《數據之巔》出版後獲得了國內的眾多擁躉，也吸引了馬雲的關注。兩人見面後相談甚歡，涂子沛受邀加入阿里巴巴，擔任集團副總裁，主管數據科學和技術研究院，數據新商業模式的研究與應用，諸如無人駕駛汽車、數據醫療應用、開展政府及公共領域的大數據項目等。

在阿里短暫停留兩年後，涂子沛選擇去踐行自己的大數據理念。離開阿里的涂子沛，繼續自己第三本著作《數文明》的寫作，同時在杭州創立了"觀數智庫"，為政府機構及企業提供大數據諮詢和技術服務。

2018 年，涂子沛經過斟酌考量，決定回到曾經的出發地廣州，繼續他的大數據之路。他以《數文明》的書名，在廣州註冊了數文明科技公司，面向政府、機構和企業，深度挖掘社會數據，提供信息化設計、城市級數據治理和大數據分析建模服務。

對涂子沛來說，廣州曾經是他走向另一條人生之路的起點，如今他希望廣州成為自己創業扎根的土壤。"出國前，我在廣州生活多年，廣州對我來說有一種親切感。更為重要的是，無論在生活氛圍還是營商環境等方面，廣州都是一個包容性很強的城市。"涂子沛說。

作為中國改革開放的前沿城市，廣州不僅對創新展現了極大的鼓勵與包容，而且近年來不斷加大體制機制改革力度，傾力改善營商環境，給予了涂子沛這樣的時代引領者廣闊的創新發展空間。

二 案例分析："數據是文明的土壤"

很多人說，大數據是黃金，是石油。但涂子沛認為，數據是土壤。開放的數據即為土地上的河流，流經之處，就會孕育起發達的數據文明。

（一）政府層面：實施"數治"，利用數據建設智慧城市

2016年，"十三五規劃"明確提出實施大數據戰略，把大數據作為基礎性戰略資源，全面實施促進大數據發展行動，助力產業轉型升級和社會治理創新。2017年，廣東省啟動"數字政府"改革，並在2018年10月份印發《廣東省"數字政府"建設總體規劃（2018—2020年）》和《廣東省"數字政府"建設總體規劃（2018—2020年）實施方案》，這是全國首個"數字政府"總體規劃和實施方案。經過足足兩年的努力，廣東逐步建立"數字政府"管理建設的新格局。

廣東省"數字政府"的建設與涂子沛對大數據的思考不謀而合。早在2012年，涂子沛就在《大數據》一書中介紹了美國政府數據開放、數據管理等歷程，在《數文明》一書中涂子沛又提出"數治"一詞，明確數據在城市治理中的重要意義。2019年初，涂子沛在接受媒體採訪時提出，"未來政府的一切決策都應當基於數據"。

涂子沛認為，智慧城市的建設要統籌兩個輪盤：以數據融通為核心的數聯網和以人工智能為主體的城市大腦。智慧城市的建設需要推動這兩個輪盤同時旋轉起來。實施的最大挑戰就是突破跨地域、跨部門的信息孤島。雖然人們逐漸有了數據共用的意識，但是數據聯通與政府部門分割設立的利益是天然抵觸的。目前，一些地方的市級政府通過行政強制力量推動數據共用，一些委辦局則可能靠私人關係層面實現零星的數據共用，這些距離最終要達到的"體制性共用"仍有很長的距離。

在具體項目上，涂子沛的數文明科技公司曾參與"南京智慧城市"的頂層設計、九寨溝智慧旅遊大數據綜合管理平台規劃、蘇州工業園區城市大腦規劃設計，以及成都市智慧水務頂層設計。以"智慧南京"的項目為例，涂子沛及團隊提出，推進城市物聯網建設，實現設備感知全城，通過完善共用機制和考核機制，全面打造數據維度上的"整體性政府"，建立全面感知人口動態、企業動態、車輛動態和時空信息系統的城市大腦，實現線上線下融合，打造合理佈局、優化環境、富有競爭力的產業發展生態。

（二）商業層面：尊重"數權"，推動數據產權的保護

在商業領域，大數據則顯露出"雙刃劍"的兩面性。一方面，大數據助力企業實現對用戶的精準畫像，從而更高效地展開行銷，但另一方面數據隱私權的保護一直無法得到重視。自 2018 年以來，關於"大數據殺熟"的問題頻頻被媒體曝光。如何保護人們的數據隱私權？數據的產權究竟是屬於個人還是平台？這些問題亟待一一解答。

在涂子沛看來，對數據無徵求收集、無授權使用，是當下互聯網的"原罪"。互聯網企業通過收集人們在網絡上的點擊、瀏覽、消費、社交、交通等行為數據，深度分析每一個人的動態和偏好，以此給每一個人推送量身定製的廣告。這就是大數據在互聯網廣告中的成功應用，但也對人們的數據隱私造成一定程度的侵犯。

因此，涂子沛呼籲尊重"數權"。數據的產權，應該屬於個人。互聯網公司在收集數據、分析數據、使用數據時，應該徵求人們的同意和授權。"數據，也應該像物品一樣，我們可以帶着走。"為此，涂子沛曾經還提議，用戶在互聯網平台上的所有消費記錄，應該可以由用戶選擇自由下載，並決定是否上傳到另外一個平台。

"好比就醫，我們之所以離不開一家醫院，因為我們病歷在那裏，我們的 X 光片在那裏。"涂子沛舉例說，"這些數據應該在雲端，只要我輕輕地點擊，我就可以分享給一個新的醫生，一家新的醫院。也就是說，數據應該跟着人走，而不是人跟着數據走。"

涂子沛認為，未來人們在互聯網平台上的消費、支付和社交等數據，不應該全部保留在互聯網平台上，而是將數據分佈式地保留在互聯網或區塊鏈上。企業想要使用這些數據，必須經過用戶的授權，並且用戶可以追蹤這些數據怎麼被查詢、拷貝和交易的。

（三）個人層面：培養"數商"，加強數據素養的提升

對於個體來說，身處大數據時代要提高"數商"。所謂"數商"，涂子沛定義為，在不同的時間、地點獲得不同數據的能力，記錄的能力、組織的能力、保存、搜索、洞察、控制的能力。

在涂子沛看來，數商就像智商一樣影響個體的成功。"人們想要打造數商就需要提高自己的搜索能力。今天每個人都要面對信息的海洋，必須在信息的海洋裏知道自己的方向，"他表示，在大數據時代，人們有能力去追蹤自己的數據，更好地了解自己。

首先，數據是尊重事實的，是對客觀世界的記錄和測量，所以培養數據思維的第一要義就是尊重事實。其次，數據文化和數據精神是追求精確，每個人都必須學會利用數據進行精細化思考，而不能當"差不多"先生。

如今大數據已經走進大學的課堂，發展為一門新興學科。據教育部公佈的2018年大學專業備案和審批結果，當年數據科學與大數據技術是新增備案最多的專業，已有二百八十三所高校開設相關專業，包括北京大學、中國人民大學、北京師範大學等。

如果說智商是邏輯分析的能力，能從信息和數據裏做出正確決策，那麼數商就是獲得有價值數據的能力。數據科學不是數學，是一門交叉科學，涉及統計、圖形學等等，需要在觀察記錄中發現規律。缺乏"數商"，你可能就會成為時代的犧牲品。

涂子沛還強調，"數據思維應該從孩子抓起"。目前涂子沛正在寫作一套給孩子講大數據和人工智能的書，用生動、真實的故事來解釋數據科學和人工智能，說明白數據思維的重要性。

三 啟示：創新起步階段需要更多包容

（一）創新就要勇敢突破人生的邊界

不斷打破邊界，突破自我是涂子沛一路走來的註腳。對於涂子沛來說，創新就是要敢於去做沒有人做過的事。甚至越是沒做過，越會讓他感到興奮。他始終對新事物抱着開放的態度，並不太在乎別人的眼光。"什麼是創新？在別人吃飯的時候，你敢站起來跳舞就是一種創新。"涂子沛舉例說。

回顧涂子沛的人生軌跡，從辭去公職出國留學，到在國外知名高校同時攻讀兩個學位，到離開矽谷回國發展，再到放棄阿里高管職位自謀創業，他的每一步都在突破自己的人生邊界，也因此不斷打開新的命運之門。

當然並不是每次創新都能獲得成功，也並不是每個先行者都能夠得到認可。"但問耕耘，莫問收穫"。創新者既要有"我命由我不由天"的氣魄，也要有朝着自己篤定的方向百分百投入的堅持。

（二）結交良師益友，擴大人際圈層

一個人對世界的認識和理解是有限的。涂子沛喜歡跟不同的人打交道，結交生活事業中的"良師益友"，從而快速形成新的人際圈層。他將這個過程比作"出格"，從原來的方格中跳出，融入新的方格，或許就能夠開拓一番新的事業。

除了現實生活中結交朋友以外，涂子沛每當陷入瓶頸或困惑的時候，還喜歡去

"翻書"，尤其是與自己專業無關的"跨界"書，在其他領域中尋找靈感和啟發。從涂子沛的談話及其著作中也可以看到，他的知識儲備量極高，對中外歷史、名人傳記、公共管理及信息技術等多個領域的故事和知識信手拈來，而創新的靈感可能就在每一次的跨界中迸發。

（三）營造對創新更加包容的環境

在日常生活中，總有人提倡中規中矩，主張跟風保守。涂子沛也常常面對各種所謂"約定俗成"的規範約束，例如寫作時被編輯要求每個章節的篇幅大體一致，這些在涂子沛看來並不合理，形成了一種約束。

創新需要包容的社會環境，創新的前提是對失敗的寬容。正如涂子沛《大數據》一書最終付梓出版，也得益於出版社編輯所給予的極大支持與包容，基於這份包容，中國大數據的星星火種才得以播下。

四 有待進一步研究的問題

2020 年 3 月，中共中央、國務院出台《關於構建更加完善的要素市場化配置體制機制的意見》，明確提出加快培育數據要素市場，將數據要素正式提升為與土地、人力、技術、資本並重的第五生產要素，數據要素成為國家戰略。數據如何進一步在政府決策、城市治理和市場應用中發揮更大的效用和價值，同時兼顧數據產權、數據隱私的保護？這仍然有待進一步深入的研究。

五 大事記

1996 年，畢業於華中科技大學計算機系。

1997 年，投筆從戎加入武警廣東邊防部隊，期間參加香港澳門回歸工作，開發全國第一個反偷渡遣返信息管理系統。

2004 年，轉業到廣州市外經貿局規劃財務處工作。

2006 年，赴美國卡內基梅隆大學攻讀公共管理碩士和信息科學碩士學位。

2012 年，在美工作期間，出版中國大數據領域開山之作《大數據》。

2014 年，出版《數據之巔》，同年回國，擔任阿里巴巴副總裁，主管數據科學和技術研究院。

2016 年，離職阿里，成立觀數諮詢公司。

2018 年，出版《數文明》，同年回到廣州，成立數文明科技公司。

（訪談整理：張豔）

第三十一章
天河區港澳青年創新創業基地：構建"朋友圈"，
助力港澳青年來粵發展

訪談人物：林惠斌

擔任職務：天河區港澳青年之家主任

所在城市：廣州

所處領域：港澳青年創新創業服務

創新類型：政策平台創新

關鍵詞：朋友圈、價值傳承、非商業化運營

訪談時間：2019 年 5 月

港澳青年在內地更需要的是資源。大家來內地創業要了解內地市場，我們就是給港澳青年提供一個平台，讓他們過來看看再做決定，而不是着急砸錢創業。

——林惠斌

一 人物故事：給港澳青年來粵建個"家"

（一）離港十九年，勇闖羊城"搵食"

曾經的林惠斌或許無法想像自己有一天會將廣州當作"家"。現在他不但在廣州創立了自己的事業，而且在廣州擁有了家人和朋友，甚至還為更多來內地創業生活的港澳年輕人創建了"港澳青年之家"，分享自己當初來廣州謀生創業的經驗。

林惠斌出生在福建，十歲跟隨父母去香港生活，但未曾想到的是，十五年後的2000 年，林惠斌卻和當初父母做了恰恰相反的選擇——重新回到內地發展。他在香港讀的是電子工程專業，而香港電子產業規模很小，大部分人畢業後都未從事相關行業。林惠斌很早就對"創業"感興趣，因哥哥在廣州有生意往來，於是便決定前往羊城創業。

儘管出生在內地，但林惠斌早已習慣香港的生活與文化，來到廣州後最大的感受就是"陌生感"。二十一世紀初，廣州與香港的現代化與國際化仍相去甚遠。當

年，地鐵一號線剛剛開通，天河區還在規劃開發中，崗頂、體育中心一帶甚至仍是一片荒蕪。因為人生地不熟，林惠斌出門逛街常常要隨身帶上一張地圖，才不會迷路。

伴隨"陌生感"而生的還有"不安全感"。在當時的香港新聞報導中，廣州往往是"很亂"的形象。林惠斌每次來廣州，父母都要叮囑他"小心錢包"。"以前我們在香港喜歡穿牛仔褲，褲兜還要插着很長的錢包才會顯得很酷嘛。媽媽就對我很不放心。"

背井離鄉，林惠斌在廣州起初除了工作交往，並沒有生活上的朋友。儘管當時內地和香港之間的交通遠不如現在方便，每到週末林惠斌還是迫不及待地跑回香港，和家人、朋友團聚，週一早上再回內地工作。

這種狀態隨着林惠斌慢慢熟悉內地的生活才逐漸改變。林惠斌說，如今他可能半年或很久才回一趟香港，廣州已經成為自己第二個家。

（二）多年打拼，在羊城站穩腳跟

經過多年的打拼，林惠斌的事業逐步在廣州站穩腳跟。回想 2000 年初，早年林惠斌來內地創業遇到不少困難。

林惠斌來廣州後主要是協助家人經營內地的食品原料生意，並從銷售開始做起。內地複雜的營商環境和市場環境對初來乍到的香港人來說很容易"水土不服。林惠斌說，以前要辦證件或手續，往往要填各種各樣的單，來回跑很多部門和機關單位。直到 2003 年《內地與香港關於建立更緊密經貿關係的安排》（簡稱 CEPA）落地，兩岸間貨物、資金、貿易往來逐步放開，手續也更加簡化。

開拓市場則要靠不斷擴大人際交往的圈子，了解內地市場，積累客戶資源。林惠斌談到，自己來內地後有大約六年時間在全國各地跑業務，逐步熟悉了內地銷售市場。與香港很大不同的是，"酒桌文化"在內地商業圈成為常態。

"雖然內地做生意首要也講誠信與專業，但很多時候談生意要先吃飯，建立私人的交往關係。香港人做生意就只是做生意，好朋友才會一起吃飯"林惠斌說。

起初，林惠斌對"關係"二字很有抵觸，但漸漸地有了新的理解認識。在他看來，關係並不完全是一個貶義詞。人與人打交道自然會涉及到"關係"，自然要經過相互的交往與了解，建立相互之間的信任。當然，做生意的核心仍然是產品的質量和性價。產品有問題，即便"關係"再好也無濟於事。

（三）"淡水"成立港澳青年之家

近年來，越來越多的港澳年輕人對來內地創業就業躍躍欲試，尤其是粵港澳大灣區的建設給港澳青年來粵發展提供了巨大的機遇。但因對內地的政策不了解、對內地的市場不熟悉，更沒有內地的人脈客戶資源，諸多港澳青年往往遲遲不敢行動。作為早期來到內地創業香港人士，林惠斌常常收到一些年輕人的諮詢與請教。

能否為港澳青年成立一個服務組織，專門幫助大家解決內地創業生活的問題？作為天河區政協委員，林惠斌將自己的想法與政府相關部門進行了交流溝通，並得到了大力支持。2017 年 10 月 20 日，天河區港澳青年之家正式揭牌成立，首任主任正是林惠斌。

針對港澳青年在天河區的創新創業，天河區專門出台了《廣州市天河區推動港澳青年創新創業發展實施辦法》，符合條件的港澳青年創業給予二十萬元的支持，除此之外還有天河區 "1+1+8" 的產業扶持政策。天河區委人才工作辦公室還發佈了《關於受理天河區人才公寓申請的公告》，面向轄區企業受理天河區人才公寓申請。

關於 "港澳青年之家" 的名字還曾有過一段小插曲。在內地，"之家" 的內涵是家人般的溫暖和關愛，但在香港，"之家" 往往用於救助弱勢群體的組織或機構。林惠斌擔心，"港澳青年之家" 會讓港澳青年產生誤解，因而不願意參加。但經過交流，林惠斌認可了 "海歸要放在淡水養殖" 這句話。

這句話最早是馬雲 2016 年在澳門大學舉行的浙商領袖青年分享會上提出的。港澳青年要來內地創新創業就要有觀念的轉換，接納內地的文化，才能真正適應內地市場，逐步在內地站穩腳跟。"港澳青年之家" 的名字由此敲定。

（四）特首親自考察，迅速發展壯大

天河區港澳青年之家成立後，其發展速度遠超出預想，得到了各方面的支持和重視。港澳青年之家也從林惠斌最初設想的提供港澳青年內地創新創業支持，擴大到港澳青年學習交流、實習就業、安居樂業等多個方面的服務。

尤其是 2018 年 5 月 17 日，時任香港特首林鄭月娥走訪參觀後，港澳青年之家逐漸變得 "小有名氣"，越來越多的港澳人士開始打聽並聯繫港澳青年之家。

壹品空間建築設計師陳賢翰是港澳青年之家成立後第一位 "上門" 的香港青年。作為土生土長的香港人，陳賢翰想要將業務拓展到內地市場，但對內地創業環境不熟悉，甚至連發票都不知為何物，普通話也還不是非常流利。正是在港澳青年之家的幫助下，他迅速適應了內地生活和市場環境，半年接到的空間設計面積總和就追上了在香港一年的業績。如今，陳賢翰已經成為港澳青年之家的副主任，他也將自己的經驗分享給其他來內地創業生活的港澳青年。

隨着港澳青年之家不斷擴大，林惠斌每週可能有將盡一半的時間都花在港澳青年之家的事務上。港澳青年之家提供的資料顯示，截至 2020 年上半年，港澳青年之家共服務接待港澳青年接近八千人次；港澳青年之家會員數量八百人；成功協助超過一百二十家港澳青年企業註冊落戶天河並投入運營。

二 案例分析：依託港澳青年運營港澳雙創基地

（一）人傳人模式志願服務擴大朋友圈

自粵港澳大灣區建設被提出以來，廣州、深圳、佛山、東莞等地首批港澳青年創新創業基地相繼成立。天河區港澳青年之家是在廣州市天河區委統戰部、天河區科工信局指導下成立的，其宗旨是為港澳青年在廣州天河進行創新創業、實習就業、學習交流和安居就業提供服務。

但與其他港澳青年創新創業基地不同的是，港澳青年之家從主任、副主任到各個部門的部長主要都是由港澳青年擔任，且這些人自身已有在內地創新創業的經驗。作為內地與香港交流的媒介，港澳青年以自身的實際經歷“現身說法”，向其他港澳青年介紹內地生活工作環境、針對性政策措施等信息。大多數加入港澳青年之家的會員都有一個“推薦人”或“介紹人”，和現有會員已有一定的私人交往或聯繫。

鑑於許多港澳青年都是通過“介紹”或“推薦”的形式加入港澳青年之家，港澳青年之家的服務也更有些“人情味”，並非宣傳單上生硬的物質補貼和優惠。港澳青年之家內部自然形成了港澳青年來內地創業的“朋友圈”，從不定期的聚餐、交流或集體活動，彼此在輕鬆的氛圍中相互了解後，再有針對性地提供實際的支持和服務。

（二）依託已有創新創業基地提供空間

為了給港澳創業青年提供人性化的後勤保障，各家港澳青年創新創業基地都致力於給港澳青年打造一站式的生活配套服務，包括人才公寓、路演空間、公共文化空間等。目前，天河區港澳青年之家採取“基地＋總部＋中心”的模式運營。其率先成立四大創新創業基地，分別包括位於 CBD 珠江新城等專創・眾創空間和 ATLAS 寰圖，TIMETABLE 精品聯合辦公、七客聯創（中信）國際社區等。2019年 10 月 20 日，天河區港澳青年之家總部正式揭牌，並聯合粵港澳青年創新創業社團聯絡中心、港澳青年公共服務中心和海內外青年文化交流活動中心。

這些創新創業基地通常已有服務創新創業青年的經驗，如今與天河區港澳青年之家以合作的形式，為港澳青年之家會員提供辦公、宣講、交流、以及運動、餐飲和文化場地等。港澳青年之家會員可根據自身的工作生活需要，自願選擇是否入駐這些創新創業基地，基地相應會提供三個月的免費體驗，以及後續的優惠項目和部分免費服務。

天河區港澳青年之家採取與現有創新創業基地合作的模式主要有兩大優勢：首先是減少了建設成本，更加有效地利用現有資源。2015 年以來，"大眾創業，萬眾創新"被提出以來，各種雙創基地、孵化器等大量湧現，但近年來已經出現入駐率低、大量工位閒置、缺少項目支撐等問題。港澳青年之家與這些既有的創新創業基地合作，一方面滿足了服務港澳青年的場地空間需求，另一方面也為這些創新創業基地引入項目和流量，充分利用了閒置資源。

其次是模式更加靈活、"小而美"地進行擴散。天河區港澳青年之家雖然成立時間不長，但是能夠迅速與五家創新創業基地建立合作關係。並且，這種擴散並不受到地理空間上的限制，可以根據實際條件在不同區域快速建立創新創業基地，更加方便港澳青年自由選擇入駐或辦公地點。

（三）非商業化運營以志願服務為原則

港澳青年之家最核心的特點是"非贏利性"，這是區別其他港澳創新創業基地最大的不同之處。港澳青年無需繳納任何會員費用，只要填寫相關基本資料，並預計在天河區就業或創業，即可申請加入港澳青年之家的會員。港澳青年之家本身與各個依託的創新創業基地之間沒有直接的利益關係，這些創新創業基地已有一定的運營經驗，有自身的盈利模式，港澳青年之家引流的港澳創業青年只是作為"增量"。

而且，港澳青年之家既沒有"指標性"的任務要求，也沒有商業化的經營壓力。對林惠斌來說，推動創建港澳青年之家只是他在自己的生意穩步之餘，身為港澳愛國青年為國家做點有價值的事，身為父親為自己的孩子做個榜樣。

港澳青年之家提供的服務正是出於發起人的"初心"，沒有強制性的制度約束，靠的是文化價值將大家團結在一起，在一個個赴內地創業的港澳青年中傳承。

如今不斷加入的會員或志願者也大多基於"抱團取暖"，加入港澳青年之家本身就意味着"人際資源"，建立能夠互幫互助、互利共贏的"朋友圈"。因此很多會員自己得到港澳青年之家幫助後，也主動承擔起幫助新會員的責任。

三 啟示：關注港澳青年來粵發展的自生能力

（一）港澳青年來內地須關注"生活圈"

從歷史淵源來看，香港、澳門與珠三角九市文化同源、人緣相親、民俗相近，這為粵港澳大灣區的共建與合作奠定了良好的基礎。但不得不承認的是，近代以來香港、澳門與內地已經形成生活、文化、制度等諸多方面的差異，即便大灣區已經實現"一小時生活圈"，各地政策支持、資金補助、配套服務以及生活保障層出不窮，不少港澳青年來內地後仍然會面臨"背井離鄉""水土不服"等許多現實問題。"陌生感"成為阻礙港澳青年來內地、來大灣區創業就業的重要因素之一。

港澳青年之家從成立之初就是由來粵創業的香港青年自發提出，並且至今秉持了港澳青年"代代傳承""互幫互助"的文化。在此前提下，首先，擁有赴粵創業經歷的港澳青年能夠為後來者"現身說法"，提供最切實際需要的經驗，解決"地不熟"的問題；其次，已經在內地擁有一定朋友圈子的港澳創業青年可以與後來者分享人脈資源，打破"人生"的困擾；最後，港澳青年彼此之間更容易建立信任互助關係，他們也很樂意將內地、大灣區的最新情況分享給其他有想法來創業的朋友。

目前很多港澳創新創業基地無論是在創業支持還是在生活配套方面，多注重"硬件"服務與配套，而很少關注到港澳青年來內地後的情感聯繫和文化適應需求。豐厚的優惠和服務保障可能會吸引港澳青年進入基地創業，但是卻很難真正"留住"港澳青年，因此常常出現港澳青年來內地工作，每到週末又回到香港、澳門生活和社交。

（二）注重港澳創業青年的自生能力

若想要港澳青年真正能夠在大灣區扎根發展，港澳創業得具備獨立發展的自生能力。換句話說，港澳青年要在內地生活，要有獨立的生活能力；港澳初創企業在內地發展，也要有獨立的經營能力。

港澳青年之家在實際接納港澳青年來內地創新創業時顯得更加"務實"和"周到"。對於港澳青年之家來說，鼓勵港澳青年來內地創新創業並不是一項以數量衡量的"指標"，而是切實從港澳青年的自身發展考慮是否適合來內地發展。

在林惠斌看來，最適合來內地創業的港澳青年是已經在香港或澳門有創業經驗，且香港事業已基本穩定的這部分人。如果其在香港沒有創業經驗，那麼來內地創業可能也會比較艱難；如果其在香港的事業還在上升期，那麼可能暫時也不會考慮來內地發展。"香港人的生活成本很高，每天睜開眼就有很高的成本，如果沒有把握，我並不會草率地建議他們來內地創業。"

為讓港澳青年熟悉內地市場，港澳青年之家還為港澳青年提供三個月免費辦公空間的使用體驗。港澳青年決定是否來內地創業，要先了解內地的市場環境，那麼親身的考察和體驗無疑是最切實有效的。三個月的免費辦公體驗正是意欲讓港澳青年在低成本的開支下熟悉內地環境，了解內地市場，然後再根據自身的實際情況判斷是否要落腳內地，從而避免日後一味地依賴政策補貼的"溫室"。

既然要獨立發展成長，那麼港澳青年在大灣區就應充分發揮自身的比較優勢。相比於內地青年，港澳青年更加具有國際化的理念和視角、具備國際化的專業水平，也更加熟悉國際市場和規則，但香港本土的市場和機會有限。因此，港澳青年來內地創業發揮專業所長，利用好廣闊的內地市場，自然不愁企業生存發展問題。

（三）模式化運作機制仍待探索

自 2017 年 10 月以來，港澳青年之家已運行有一年半的時間。期間，從林惠斌到其他各個部門部長都是由港澳創新創業青年志願承擔。這種模式雖然擺脫了商業化運營的利益和壓力，但主要依靠每個會員或志願者的個人價值理念，而未形成較為成熟的運作模式也是港澳青年之家當前面臨的主要問題之一。

由於港澳青年之家服務都是出於自願，現有的互助模式更多是會員之間靠資源、人際關係的互利，以及個人價值理念的驅動。沒有商業化運營帶來的激勵和回報，可能很難保證每個人都能夠有足夠的時間和精力付出，且訴諸的目標和訴求一致。

四 有待進一步研究的問題

目前港澳青年之家仍在摸索系統的運作機制，由此港澳青年之家模式的複製和推廣可能存在一定的難度和不確定性。未來如何總結港澳青年之家的經驗，調動更多的資源配套，形成更為成熟的運作機制，以服務更多來粵港澳大灣區創新創業的港澳青年？這仍有待進一步的研究。

五 大事記

2017 年 10 月 20 日，成立天河區港澳青年之家。

2018 年 5 月 17 日，香港特別行政區行政長官林鄭月娥到青年之家創業基地——寰圖雅居樂眾創空間視察參觀。

2019 年 5 月，經廣東省人民政府港澳事務辦公室與香港特區政府民政事務局評定，天河區港澳青年之家三個創業基地。

2019 年 7 月，天河區港澳青年之家入選 2018 年度《廣州城市治理榜》灣區政策創新案例，被評為廣州市統戰工作實踐創新成果。

（訪談整理：張豔）

第三十二章
橫琴新區人才政策：高看一眼，厚愛一層；但學周公，萬勿好龍

訪談人物：李偉輝	
擔任職務：橫琴新區黨委副書記	
所在城市：珠海	
所處領域：政府政策	
創新類型：政策創新	
關鍵詞：人才政策，產業扶持，橫琴新區	
訪談時間：2019 年 6 月	

橫琴作為新區，最需要的是產業的引進和培育，而產業的發展又和人才緊密相關。立足橫琴，面向澳門，在人才工作上，要加大政策扶持，豐富合作內涵，擴展合作空間，發展新興產業。

——李偉輝

一 人物故事："半張紙"的橫琴人才創新政策

"但得人才即治安。"千百年來，選賢舉能、任人唯才已融進中華民族的骨血，成為泱泱大國斯文在滋的堅實根基。"為政之要，莫先於用人。"時至今日，人才工作依然是政策制定及落實的重中之重。

在黨中央、國務院的決策和領導下，在廣東省、珠海市政府的大力推進下，橫琴新區作為粵澳合作的示範區和交流窗口，從掛牌成立至今，在人才政策、人才管理及人才創新等方面做出了斐然的成績。2018 年度，橫琴在人才獎勵和補貼方面，為一萬二千九百四十六名符合條件的特殊人才發放獎勵；在人才引進方面，落實 "先落戶，後就業" 的政策，僅 2018 年一年內，共吸引四千四百七十一人落戶橫琴；累積引進院士五名，建立博士後研究者、創新實踐基地八家，國家特聘專家項目十三個，培育廣東省級創新創業團隊一個，廣東省領軍人才兩名。[45]

---

45 楊川：《2019 年橫琴新區（廣東自貿試驗區橫琴片區）工作報告》，2019 年 1 月 29 日。

從一個僻遠漁村到國家新區，橫琴不但實現了經濟的飛速躍升，還成為了人才聚集高地。橫琴新區黨委副記李偉輝是人才工作政策創新負責人，他說："關於（橫琴）人才政策的文件，打出來只有半張紙。"但這半張紙裏，有政策決策者的人才觀，有政策實施的目標；而剩下的半張白紙，則等待填上橫琴人才政策創新的成績單，描畫未來橫琴人才工作的新圖景。

（一）"給錢、給房、給資源"：各級政府相關人才政策重點觀

頂層決策明確提出要培養、引進、善用人才，並且建立起對人才的制度保障，實現"人盡其才，才盡其用，用有所成"。[46] 省級政府以豐厚的資金補助大力推進人才計劃，給予每年最高一百萬元的生活補貼 [47]，與此同時，還按照不同人才類型制定了不同的實施細則，為建設創新人才隊伍提供有力保障。政策文件中對"高層次人才範圍和對象""珠江人才計劃"等範圍的界定清晰明確，在落實過程中依據性強。遵循上層政策及方針，珠海市政府於 2013 年 7 月 26 日通過《珠海經濟特區人才開發促進條例》，其中第八條規定：珠海市各級財政每年財政支出，用於人才的支出不少於 1%。"不少於 1%"是一個最低原則，即對人才支出的要求只有下限，不設上限，明確了對人才的幫扶力度。這份市級文件也是橫琴新區制定人才政策時的重要參考。

各級政府的人才政策及具體辦法都十分重視資金保障以及各項配套政策，結合稅收優惠、社會服務優化等工作為人才建設、人才培養和人才管理保駕護航。"給錢、給房、給資源"是各級政府人才政策中的三大重點。此類政策文件在制定和實施的過程當中，往往主要舉措相似，範圍不夠廣泛，不容易打開人才格局的創新面和突破口。以政策精神與文件辦法為依據，橫琴新區在具體工作中，根據具體情況、具體需要，實行了有針對性地、有包容性地採取具體人才辦法。

（二）"快給、多給、都給、必給"：橫琴人才政策實施辦法創新觀

合作與交流是橫琴工作重要部分，人才的自由流動、互聯互通則是合作交流的必要基礎。2012 年 3 月，廣東省人民政府出台了《關於加快橫琴開發建設的若干意見》，明確提出支持橫琴構建人才儲備庫，率先建成粵港澳一體化的人才合作示範區這一目標，着力打造人才政策融合、營商環境融合、生活環境融合、文化氛圍融合的"人才生態島"，為全國人才管理改革試驗區建設提供示範。2013 年，橫琴制定了《橫琴人才管理改革試驗區中長期人才發展規劃》，以 2020 年為期限，分

---

46 以《國務院關於印發"十二五"國家自主創新能力建設規劃的通知》《國務院關於印發"十三五"國家科技創新規劃的通知》等檔為代表。

47 中共廣東省委辦公廳：《關於我省深化人才發展體制機制改革的實施意見》。

八大方面細緻、深入地做好了每一步的人才發展計劃。

李偉輝書記對人才工作十分重視，親自牽頭推動橫琴政府人才管理及人才政策創新。"橫琴和其他地方（人才政策）不一樣，體現在錢的給法不一樣。"李書記說。資金補貼是人才政策中非常基礎也非常主要的構成部分，在現有政策中，"最高""不低於""每人至少／至多"等限額是非常明確的。"我們的創新空間就是政策裏面'下限以上，上限以下'的空間，這是政策實施中的可控範圍。（既然在）可控範圍之內，就都是實現政策創新的合理餘地。"

李偉輝定下的"多給、快給、都給、必給"原則，成為橫琴人才工作政策創新中的一大亮點。"（原本在政策中關於撥給）人才的錢，（在規定範圍內）可以多，可以少；（在規定時間內）可以快給，可以慢給。那麼在橫琴，我們的做法是，往多的給，按快的給。符合條件的，都給；可給可不給的，照給；所有應該給的，必給。"

最早，橫琴的人才補助方式存在多方面的限制條件，獲取補貼的時間長、門檻高。儘管補貼數額不小，但重賞之下應者寥寥。過去的人才政策中規定，院士、國家級專家帶着項目、成果、人才團隊等入住橫琴，註冊公司並實地辦公，時間滿一年後，給予五百萬元（院士級）和二百萬元（國家級）的補貼。李偉輝書記指出，這種規定的問題癥結在於，"院士一級的人才，並不是真的缺補助的那一百萬，他們缺的是對政策落地的信心。"原規定中"到地一年後補貼"的表述，在實際操作裏是一個可長可短的時間，"如果（操作起來）只有下限，沒有上限，補貼在一年後的第五年、第八年、第十年……才下放的話，不管補貼了多少錢，這個補助本身已經失去了最初吸引人才的意義。"針對這個問題，李偉輝書記在開展橫琴新區人才工作時，創新政策落實形式，以"快給"的方式予以解決："只要是符合標準的人才，只要來到橫琴，補貼和福利都是'從快'的。"

這樣一來，政策的落地力度切實增強，引進人才的獲得感明顯提高，政策實施後的雙向促進效果明顯變好——更多的人才願意選擇橫琴、留在橫琴，更多的企業願意招納人才、培育人才，為產研結合、項目孵化等一系列環節注入了新血液、新活力。"多給、快給、都給、必給"是對政策的"活"用，也是對人才的善用。在橫琴新區的人才政策吸引下，橫琴已進駐一百多名院士、國家級專家，一萬多名高層次人才。

（三）"尊重規律，以才引才"：橫琴人才政策制定的科學觀

"歷史和現實都表明，千條萬條沒有人才就是白條，千招萬招不抓人才就是虛招，千忙萬忙不重人才就是瞎忙。培養人才是最大的德，推薦人才是最大的義，用

好人才是最大的功，應將人才意識始終裝進頭腦裏、落實到行動上。"[48]

橫琴人才政策的制定是基於對人才規律的理解，出於實實在在幫扶人才的本心。盡可能降低門檻，減少限制條件，同時提高落實程度，做到"言出必行"。李偉輝介紹說："有些時候，一些地區出於擔心引進的項目不賺錢、引進的人才走掉等等風險，在人才政策上設置了很多條件。這是不懂人才規律的表現。創新創業的成功率本來就低，有很大風險，很難成功。這些限制是不應該的，出了政策就一定要兌現，不僅要言出必行，還要一定能'容易'地兌現。很多限制在橫琴是直接被砍掉的，我們不需要那麼多條件，那麼多限制。"

獎項、榮譽或級別往往是人才申報時的硬門檻和基本要求。原本鼓勵人才向最高標準衝擊是一件好事，但必須成功，必須出成果，必須滿足多少獲獎條件，取得多少高級榮譽，甚至必須能夠拉動在地經濟，這些門檻對於處在發展初期階段的人才來說無疑強人所難。

而在橫琴，"一切可有可不有、可達可未達的目標與預期，都可以不有、不達，只要有技術、有專利、有公司，就足夠了。其他的門檻和條件，我們一律不要。其他的擔心、設卡，我們一律沒有。這就是我們制定政策時最基本的考慮。"十年樹木，百年樹人，對待人才，正應該像這樣理解寬容、尊重規律，高看一眼、厚愛一層，橫琴新區人才政策中對人才發展規律的重視，讓人才倍感溫暖、倍受鼓舞。

與此同時，橫琴在人才政策的制定過程中，李偉輝還加入了另一個重要環節——"以才引才"，充分發揮示範效應，充分利用圈層優勢，充分維護現有成果，充分開發可用資源。"院士的朋友，很多都是院士；專家的朋友，很多都是專家。以才引才，補貼是照樣給的。"通過人才自身的圈層效應，促使人才引進擴大化，這一措施實施的短短一年時間裏，橫琴高級專家數量已經增加了一百人。無論是正確認識人才規律，還是正確利用人才優勢，都是制定和實施人才政策時決策科學的體現。

"試玉要燒三日滿，辨材須待七年期。"在引進和扶持人才上，不能用"風控部門"隔絕未來的可能性，更不能為明日之失設今日之限。橫琴在人才政策中創新"盡撤門檻"和"以才引才"符合科學的認知和規律，真正做到了具備長遠眼光，具備戰略思維，做到了政策制定時從探索人才成長規律出發，做到了以人才需要為先，人才保障為先，該投入的不吝嗇、該保證的不缺失。

48 《人民日報》，2018 年 5 月 27 日，第 5 版。

（四）"周公吐哺，葉公好龍"：橫琴人才管理執行中的是非觀

在政策創新過程中，對人才具體情況及發展需求的深入了解，是政策制定和實施時的重要依據。橫琴"創意谷"是橫琴新區實現創新成果轉化的集中地之一，彙集了幾百位來自全國各地的專向高端人才。提起這些在橫琴的人才，李偉輝書記能夠快速準確地說出每個人的專業背景、技術領域、發展情況，"我經常和他們喝茶的啊。"李書記笑說。為了充分了解人才對政策的需求，李書記一直保持着與橫琴引進人才的密切接觸。

作為常年深入接觸人才工作的領導，李偉輝談起了人才政策的創新中必須認真思考的兩個人，即周公和葉公。周公禮賢下士，曾"一沐三捉，一飯三吐哺"，而葉公好龍，婦孺皆知。從這組對比出發，可以看出在當今的人才生態環境及人才工作現狀背後，存在着一些需要改變、需要解決的問題。

其一，是有姿態、無實際，有說法、無做法。對上、向外大談需要人才，而對內、向下則落實不到位。陽奉陰違早已是被官方點名的不可取行為，在一切貴真求實的人才工作領域，更是萬萬不該有的。

其二，是重擁有、輕使用，重數量、輕用場。求才若渴要為人才發揮作用提供平台，如果不能為人才營造可以施展才能的環境，則更談不上為人才積極工作搞好服務。"尊重人才、愛惜人才"更不能成為"面子工程"，如果引進的人才沒有發揮出應有作用，那麼既需要及時改善，更需要引以為戒。

其三，是過度追求新興領域人才，人才隊伍結構不夠科學合理。各學科、各領域同為組成社會發展的重要部分，不應該以一時一地、一種風氣、一股潮流的作為標準，更不該對學科劃分高低，加劇人才隊伍結構失衡問題。科技人才與哲學社會科學人才平齊，海歸人才和本土人才無異，應用型人才和基礎研究人才不分高低，高端人才與初中級人才海納百川，這才是決策、施政時應該牢牢把握、重點實現的標準。

李偉輝非常認真地說："周公一定要好好學，葉公一定要不得。誰要來，只要是人才要來，我一定放下吃飯，放下別的事情，歡迎你來；一定不能說，我平時說我多麼渴盼人才，人才真的要來了，我自己又躲起來了。"科學人才觀的核心應是"以用為本"。讓"人盡其才、才盡其用"，才是對人才的真正愛護。人才工作有法必依，言出必行，承諾必現，虛懷若谷，是橫琴一直以來的堅守和方向。

二 案例分析：政策"規定""依據"應適當放寬空間

廣納人才是社會所需，行業所亟，人才所望，各級政府對人才工作的重視，拓寬了人們發揮所學的渠道，給予了更多能者居任的機會，形成了"政府——用人單位——人才"之間的良性循環。但在目前的人才政策中仍然存在一些需要改善的問題。

第一，過分強調對高層次人才的成果要求，不利於人才的成長和培養，不利於良好科研風氣的樹立。目前，政府、高校、科研機構及各類引進、接收高層次人才的單位，大多以一定的科研成果為人才認定標準，如論文數量、課題數量、專利數量等。科研成果是證明人才自身實力的一個參考，但過分強調成果數量，或以成果數量為判定人才能力的唯一標準，一方面不利於人才全面發展與持續成長，另一方面可能導致不良風氣的衍生。

第二，結合地方人才供需結構，制定有針對性的人才政策。結合橫琴新區的特殊性，人才政策創新還應在以下幾方面繼續完善：首先是提高人才層次與行業分佈的匹配度，其次是加大對高層次人才，特別是主導產業、新興產業領軍人才的引進力度，再次是放寬外籍人才的居留權審批條件限制。

三 啟示：正視人才作用，給予人才空間，不與政績掛鉤

人才的作用，毫無疑問是要在專業領域發光發熱，形成帶頭效應和示範作用，帶動產業的發展、模式的變革與市場的繁榮。引進人才要發揮尖端優勢，決不能以人才作為噱頭、甚至是宣揚的資本，忽略了人才本身的價值。只有專注於才能、技術本身，才能實現尖端人才、專業人才的社會價值。

截至目前，許多部門、單位或組織在實施人才政策時多多少少地受到與政績掛鉤的困擾。隨着各地"創新創業基地""創新之谷"如雨後春筍般湧出，但落戶入駐的創新創業人員常常接到"任務"，如在接近截止日期的情況下，被要求代表該所在該區或基地參加相關的創新創業比賽，這顯然是不可取的。

人才政策何時與政績"脫鉤"，是未來努力的一大方向，也是實現"初心"的基本要求。如今令人目不暇接的人才政策，毫無疑問都具備良好的出發點和積極的影響力，但這種出發點和影響力，應該是為人才謀出路，為用人單位謀良將，為社會謀發展。

四 有待進一步研究的問題

為進一步推動社會發展，轉變政府服務模式，應考慮引入第三方專業評估機制，形成用人單位對人才的工作評價、人才對工作環境及政策獲得的回饋、社會對人才政策的建言，以及專業機構（如評估機構、智庫等）對各項人才指標的評估

"四位一體"的評價機制。這才能夠為政府制定人才政策、實施人才政策時提供較為全面、準確的參考，進一步完善政策創新的針對性，推動政府、社會和人才對政策創新的共同參與、共同建設。

五 大事記

2013 年，制定並頒佈《橫琴人才管理改革試驗區中長期人才發展規劃》。

2016 年，發佈並實行《珠海經濟特區橫琴新區特殊人才獎勵辦法》。

2018 年，發佈並實行《珠海經濟特區橫琴新區特殊人才獎勵辦法補充管理規定》。

（訪談整理：符愔暢）

第三十三章
橫琴新區發改政策：橫琴“新”政策，澳門“心”回歸

訪談人物：王彥

擔任職務：橫琴新區發展與改革局副局長

所在城市：珠海

所處領域：政府政策

創新類型：政策創新

關鍵詞：國家戰略、橫琴站位、對澳合作、協同發展

訪談時間：2019 年 6 月

以前內地的制度過不去，澳門的制度過不來，因此橫琴的制度和設計就是要在港澳和內地之間有一些貫通和融合。

——王彥

一 人物故事：服務澳門、配合澳門是橫琴的根本目標

橫琴新區掛牌至今，一直以制度創新為核心，以政策創新為突破，以促進和配合澳門經濟、產業適度多元發展為工作重點，向着“一年一小變、五年一中變、十年一大變”的目標加速邁進。

橫琴的重要站位和定位之一，是促進澳門、配合澳門、協同澳門；建設橫琴的初衷和使命，是絕不動搖地支持澳門產業多元化，促進澳門長期繁榮。面對“一個國家，兩種制度，三個法系”的複雜問題，在凝聚共識、規則銜接、空間協同、產業對接等方面，橫琴從政策認識、政策制定、政策實施和政策創新等多角度進行努力。橫琴新區發展與改革局副局長王彥結合自身工作經歷與橫琴發展歷程，講述了橫琴在制度創新中的嘗試與探索。

（一）今夕與昨昔：十年努力爭朝夕

“在過去的十年裏，橫琴始終牢牢扛起了制度創新、政策創新的大旗。”王彥說。有別於目前全國任何一個新區、功能區或開發區，由於面向澳門，橫琴的意義

是獨一無二、不可替代的。在"一國兩制"的方針指導下，在橫琴一地必須實行制度創新、政策創新，既是琴、澳兩地的實際需求，也是中央的明確要求。掛牌十年來，橫琴在對澳合作、促進澳門發展等方面，取得了不俗的成績，最主要的制度創新成果有以下七個方面：

第一是互聯互通。空間上的聯通是一切合作工作的基礎，以正在建設的橫琴口岸為例，計劃蓮花口岸進行整體搬遷，完成後，其不少於十六萬平方米的空間範圍將交由澳門管轄。

第二是通關便利。為解決澳門居民長久以來的通關不便問題，橫琴口岸已經實現二十四小時通關。橫琴—澳門通勤專線每日有二十四個班次往返兩地，方便澳門居民在橫琴的工作和生活。

第三是產業協同。橫琴與澳門簽署《關於促進橫琴支持澳門經濟適度多元發展加快建設大灣區澳珠極點的合作備忘錄》，橫琴劃撥土地作為空間資本，由澳門推薦、招引項目，成立珠澳共同評審團負責項目的審核與簽訂工作。目前已簽約二十八個項目，其中二十一項已開始施工建設。

第四是創新創業。根據總書記對澳門青年"成長、成功、成才"的希冀，橫琴‧澳門創意谷投入使用至今，已吸引 195 個在駐企業，其中澳門公司有一百四十八個。

第五是政策扶持。橫琴與澳門唇齒相依，橫琴所有的工作都要圍繞着澳門來做。很多政策看起來是給橫琴的，事實上是給澳門的。如跨境辦公、琴澳通勤車、產學研一體化合作等，對澳政策非常積極。

第六是服務一體。最大程度地為澳門居民提供便利服務，實現涉地方稅費業務的全國直辦，"零跑動"就能辦成要在橫琴辦的事情。全國首創的跨境電子稅票、遠端可視自助辦稅平台、小規模納稅人簡併徵期、稅務誠信報告免責體系等已經全部投放使用，橫琴與港澳的中國銀行、工商銀行已經達成合作協議，澳門執業者可以"足不出境"在澳門的銀行機構開戶、辦理公司、企業註冊；稅務繳交也無需親自前往橫琴稅務櫃檯，而可以以 V-tax 機器及其聯通的手機 App 代勞，還可直接打印電子稅單。

第七也是最重要的一點，是在文化認同上的努力。"一帶一路"的核心是"五通"——政策溝通、設施聯通、貿易暢通、資金融通、民心相通。民心相通是最基礎的一環、又是最深層的一環。2019 年是建國七十週年、改革開放四十週年、澳門回歸二十週年和橫琴新區成立十週年紀念，真正的回歸應該是心的回歸，是政權、領土之上的徹底的回歸。為此橫琴政府還推出"家庭日"計劃，為在橫琴辦公的澳門企業架設了更溫馨便捷的探親橋樑，讓橫琴和澳門之間的聯結更為親密化、人性化。

（二）困局與破局：產業多元不再遠

儘管十年來橫琴堅定不移秉承初心，制定和實施各項創新政策，持續開展和推進對澳合作，但澳門的經濟格局和產業結構仍未實現根本上的、實質性的改變。這就意味着，橫琴的工作成果與中央的期望要求之間，還存在着一定的距離。針對這一問題，橫琴發展改革局王彥副局長分析了以下幾點原因：

其一，橫琴過去發展基礎差，對"促進澳門產業多元"的認識和理解不夠深刻。從一窮二白到今天，濠江兩岸"一邊金碧輝煌，一邊荒草魚塘"的面貌成為了歷史，橫琴不斷克服自身發展的難題，為更深層次、更立體化地理解和促進澳門產業多元發展做好準備。

其二，澳門自身環境的制約和硬件短缺問題。由於複雜的歷史原因和社會情況，澳門產業多元化的主動性不足。澳門本地人才缺口較大，對本地新型產業發展的支撐能力不足。澳門對橫琴的配合度也不高，對通過琴澳合作促進澳門多元發展的共識理解不夠深刻，目前這已在朝好的方向轉變。

其三，制度有落差，機制有壁壘，思維有隔膜。琴澳之間許多溝通和合作的應有渠道沒有徹底打通，人流、物流、資金流、信息流的交互在一定程度上仍被抑制。建立對初心、使命的共識需要一定的時間。在建立和凝聚共識的過程中，對"產業多元"的理解，琴澳由於着眼點不同、理解度偏差，沒能朝着完全一致的方向前進。

王彥副局長強調："習近平總書記第四次來橫琴時說'建設橫琴新區的初心就是為澳門產業多元發展創造條件。橫琴有粵澳合作的先天優勢，要加強政策扶持，豐富合作內涵，拓展合作空間，發展新型產業，促進澳門經濟發展更具活力。'還要求橫琴必須不忘記促進澳門經濟適度度多元發展的初心和使命，維護港澳地區長期繁榮穩定。"

應對澳門產業多元化的困局，橫琴在政策方面繼續加強、加深、加壓，打開、打通、打破，最大程度地發揮"一百八十七米"的先天優勢（一百八十七米為橫琴、澳門相隔最近處的地理距離），下一步的政策創新主要方向是配合澳門產業多元發展，主要有以下幾方面：

首先，堅持初心、堅守使命，按照中央要求、港澳所需、灣區所向、橫琴所能，利用橫琴的空間做澳門新興產業的增量，利用橫琴的資源破解澳門產業結構單一難題，為澳門產業多元化發展創造條件。[49] 作為新區政府，要充分發揮市場對技術研發方向、路線選擇、要素價格等創新要素配置的主導作用。同時，更要發揮政府在創新驅動發展中的統籌協調、宏觀管理、政策扶持、監督引導以及環境營造等方面的服務引導作用，建設粵港澳大灣區科技創新高地、澳門信息產業發展主力平台以及科技體制改革的先行地區。

其次，緊緊圍繞習近平總書記的指示和精神，為澳門選好產業、領好產業、發展好產業。在科技創新、特色金融、中醫藥、醫療健康、文旅會展、商貿物流、專業服務人才等澳門能做好、想做好或已經做好的產業當中，結合澳門的實際情況，制定好切實可行的行業發展規劃。比如以橫琴先試先行的醫療政策為框架，以中醫藥產業園為試點，做大做強中醫藥及醫療健康產業；依託澳門大學國家級重點實驗室，伴隨產學研基地的加速建設和轉化，着力發展微電子產業；在橫琴、澳門同推"智慧城市"的風向下，加快發展人工智能產業；為建設粵港澳信息港打好基礎，未來探索針對特定人群、特定 IP、特定內容的"無牆網絡"，積極發展大數據產業等等，將產業多元化發展真正落到實處。

其三，主動協同澳門，實現雙方同向而行。在具體決策中，要把覆蓋面和着眼點放在更廣泛、更全面的六十五萬澳門人身上，要從過去的經濟協作和產業協同主戰場向實實在在的民生問題轉移，多做雪中送炭的事，解決民生的事，提高人民群眾切實幸福感、獲得感的事。

最後，加快、加緊橫琴的政策創新深度、力度。要認識到制度創新是橫琴發展改革開放實驗的重要任務，在規則銜接上，要下大功夫、實功夫、真功夫，要大膽闖、大膽試、自主改，建立起"澳門資源＋橫琴空間＋成果共用＋政策支撐"的新模式，多算政治賬、大局賬、長遠賬，舉全區乃至全市之力支持和促進新區與澳門的共同繁榮。

二 案例分析：深刻理解政策內涵，發現政策創新空間，加強政策溝通配合

王彥指出，有一個鮮少被人注意到的細節：對於橫琴定位的描述，在習近平第四次來橫琴前後，從"促進澳門經濟適度多元發展"，變成"促進澳門產業多元化發展"。憑藉多年政策工作積累的經驗，王彥敏銳地意識到，綱領性文件的用詞變化將成為地方政策制定時的方向和政策創新時的依據。"總書記的橫琴考察接近尾聲時，曾有一個長達五分二十九秒的講話，肯定了橫琴的成就，說橫琴非常努力，

49 資料來源：《橫琴建設珠澳科技創新合作區總體方案》。

但最後一句不斷重複的話，叫做‘選好產業’”。

王彥對“選好產業”四個字有着自己的理解。“十年前，橫琴的開發是總書記親自推行的，當時的用詞是大家非常熟悉的‘促進澳門經濟適度多元發展’”。在相當長的一段時間裏，澳門經濟格局一賭獨大，經濟格局單一。“促進澳門經濟適度多元發展”的要求提出已逾十年，但澳門經濟格局的根本現狀仍然沒有得到根本改變。“它的癥結在於城市的產業沒有多元”。這也是政策措辭之所以從“經濟多元”更新為“產業多元”的原因。“產業多元比經濟多元的高度要高，範圍要廣，對象要多，也更切中澳門的實際症候。”王彥對此給出了這樣的解讀。

在理解“產業多元”這一表述變化的基礎上，橫琴在政策創新上最需要的是中央的政策供給與頂層扶持。“因為涉及港、澳事權，超出區、市甚至省的級別，需要中央的特殊制度供給。這種特殊制度既是在最高的政治規矩內看問題，又是在最特殊的國家戰略下想問題，如果缺乏這一層制度與政策的最高支持，橫琴的許多目標都無法實現。中央決策、國家政策是橫琴政策對澳實施的保障，稍有不足，橫琴的資源空間很快就會被填滿。”王彥這樣總結道。

橫琴發展的機遇，是毗鄰澳門的區位優勢帶來的；橫琴開發的一大意義，是幫助、協同、促進、帶動澳門，成為澳門的“後花園”，為其解決空間問題。十年來，在中央、各級政府尤其是珠海市和橫琴新區大力推動下，澳門的配合度、積極性有所提高，但略顯緩慢。澳門需要重新建立起長遠的眼光和格局，充分意識到自身的發展必須包含在國家發展的大框架當中，特區應該“特”在自身優勢上，發揮自身長處來收穫多贏。澳門把“將自身發展融入國家發展”寫入施政規劃，是一次意識上的進步和行動上的突破。未來發展中，應抓住大灣區建設機遇，深化琴澳合作，積極溝通推進粵澳之間的制度創新。在深度合作的窗口單位、試驗田、示範區，橫琴和澳門應該共體同心，一齊上交一份高分答卷。用新的政策，迎心的回歸。

三 啟示：大勢潮流之下，同心協力前進

國家與地區的關係猶如一個大母集和若干子集，心朝一處想，勁往一處使，才能讓各方力量得到最完整的釋放。粵港澳大灣區是最為特殊的一個子集，灣區的各個組成部分既獨當一面，又共同組成一個整體，尤其是粵、港、澳三地，形成穩定的三角形結構。而澳門、珠海、橫琴也形成了一個三角形，內部結構與外部助力有機統一，奠定了新區發展、灣區發展、特區發展和國家發展的牢固基石。故而，在政策、民生、產業等“硬對接”之外，未來還應該注重民心、機制、意識甚至是文

化方面的"軟對接"，充分認識到兩地居民在推動具體合作事項過程中的輿論導向作用，抓住發展所需，傾聽民心民意，建起一座無形的"心靈之橋"。

四 有待進一步研究的問題

在政策新意之外，深度合作示範區的"深度"，不僅要在產業當中、經濟之內，更要在民意當中、民心之內。對於打通社會壁壘、認知壁壘，實現規則、體制、機制的融通、貫通和變通，人心向背才是一把"金鑰匙"。

五 大事記

2009 年，國務院批覆同意《橫琴總體發展規劃》，提出"分線管理"政策框架。

2011 年，《國務院關於橫琴開發有關政策的批覆》賦予橫琴"比經濟特區更特"創新政策。

2014, 年，印發經濟類政策獎勵文件《橫琴新區促進總部經濟發展辦法》《橫琴新區創新金融總部認定辦法》。

2018 年，印發促進科技創新政策文件《橫琴新區促進科技創新若干措施（暫行）》等。

（訪談整理：符愔暢）

第三十四章
港珠澳大橋黨建管理：黨建塑橋魂　人本鑄精神

訪談人物：韋東慶

擔任職務：港珠澳大橋管理局黨委副書記，行政總監

所在城市：珠海

所處領域：黨建管理

創新類型：政策創新

關鍵詞：港珠澳大橋、管理模式、黨務建設

訪談時間：2019 年 7 月

從管理上來說，港珠澳大橋的重心是大局觀，整體觀。港珠澳大橋是一個巨型複雜系統，是一個整體精品工程。精神層面的家國情懷和國家意識，體現了核心管理者的使命感責任感。

——韋東慶

一　人物故事：技術與精神並行的世紀工程管理者

在改革開放四十週年之際，2018 年 10 月，一個時代的見證、一個國人的驕傲、一個舉世的焦點——"超級工程"港珠澳大橋建成通車。港珠澳大橋彙聚了新科學技術、新建設方法，在建設過程中相應需要新管理模式、新合作制度。港珠澳大橋的建設不僅是橋樑技術攻關的過程，更是不斷探索嘗試政策創新的過程。

港珠澳大橋管理局黨委副書記韋東慶早年在廣東省體制改革辦公室工作，擁有豐富的體制改革探索經驗。任港珠澳大橋管理局行政總監至今，在大橋建設管理模式上做了許多創新嘗試。他強調，政策改革必須同時重視"上"和"下"。在政策與管理的探索和實踐過程中，往"上"看，是必須緊扣、必須執行的國家戰略、執政目標、指示精神；往"下"看，是一刻也不能忘記、一刻也不能違背的民心民意、群眾基礎、基層主體。

在港珠澳大橋的管理模式中，韋東慶在黨建工作及大橋文化兩大領域取得了驕

人的創新成就。如今連通粵港澳三地的是一座實實在在的橋樑，而在這座"有形的橋"的建設過程中，靠的是上萬名大橋人通過一座"無形的橋"來架通部門、架通地區、架通人心。這座"無形"的橋，是建設者的精氣神，是港珠澳大橋的橋魂。

"港珠澳大橋的精神有三個層面的內涵，一是'理性客觀'，即要講科學，不能蠻幹，實事求是，不能感情用事；二是'敢於擔當'，就是遇事不能推諉，不能半途而廢，好的概念和想法一定要讓它落地生根；三就是'無私奉獻'，港珠澳大橋是一場曠日持久的馬拉松，沒有堅強的意志，沒有奉獻的精神，就不能堅持到最後。只有心無旁騖、專心致志，做事達到忘我的境界，才能造就傳世工程、精品工程。這是大橋的精神，也是'橋的哲學'。"韋東慶說。

（一）信念為棟、精神為樑：基於人本思維的管理創新

1. 工地即戰地，化零為整煉士氣

港珠澳大橋的建設過程充滿艱難困苦，自然環境的惡劣程度是常人難以想像和無法接受的。曾有施工者在改造的宿舍裏養了一隻小狗，人狗一船，同吃同住。有一天，工人忽然發現狗不在船上，卻在海裏撲騰。大家都以為是船舶晝夜搖晃導致狗意外落水。但隨着"落水狗事件"一次又一次地重演，人們才明白，哪有什麼失足墜海，分明是狗都對這"與世隔絕"的浩淼汪洋也感到了寂寞。

在大橋建設的十年時間裏，環境差、時間緊、任務重、難度高，海上作業無論對參建者的身體還是心靈都是一個極大的考驗，別說下班抑或週末，就連節假日的概念都似乎被空曠的大海和緊迫的進度吞噬了。為了幫助一百多家參建方克服客觀條件帶來的困難，也為了兼顧質量和效率，更為了鼓舞大家的士氣、堅定各方的信心，2011年，港珠澳大橋勞動競賽在施工總營地上拉開帷幕，共有三個建設主體、十個賽區、四十多家主要參加單位參與。

各工區圍繞建設任務，以建設質量為第一標準，以建設效率為目標，在相互激勵、相互幫扶的汗水與奔逐中，遠海汪洋上的工地既成了新的"家"，又成了新"戰場"。既有家人一般的日夜相伴、團結一心，也有戰場一樣的爭分奪秒、全力以赴。"每一個工地，就是一處要攻下的山頭"，韋東慶指揮着這一場有一百多個乙方的"百團大戰"。面對不可預知又難以解決的各樣難題，化零為整的戰地文化極大程度上起到了緩解和疏通的作用，穩定了情緒，鼓舞了士氣。

2. "比、學、趕、幫、超"，論功行賞樹典型

超級工程彙聚了來自五湖四海的建設力量。在具體崗位上，他們各司其職，分段分標。在總體工程中，他們的中心任務和終極目標，高度一致：為了完成港珠澳大橋而不畏艱難，努力奮鬥。在施工過程中，為了最大限度地調配人力、最大可能

地取得進展，韋東慶提出了以各個標段之間進行"六比六賽"為主要形式的"比、學、趕、幫、超"建設管理模式。

六比六賽分別是：比科學管理，賽工程質量；比精打細算，賽成本控制；比開拓進取，賽科技創新；比工作效率，賽工程進度；比規章制度，賽安全環保。由此形成一種"比、學、趕、幫、超"的營地氛圍，目標明確，權責清晰，梯級合理，方法得當，而且非常"接地氣"，成效非常明顯。不僅技術和效率在競爭中得到提升，幹勁和信心也在高漲的熱情下被最大限度地激發出來。

在熱火朝天的競爭中，湧現出一大批優秀集體、先進個人。作為大橋的行政總監，韋東慶說："對英雄論功行賞是很重要的。"這些優秀集體、先進個人的名字，每月都會出現在港珠澳大橋的內部刊物上，報導深入，詳實生動。每月出版的《港珠澳大橋》雜誌如今已走過四十五期，大橋管理局編輯的《風采錄》定格超過二百四十位建設者的風貌，公會聯合會負責的《工地書記》敘述了近三十位代表及團隊故事。與此同時，一批又一批的優秀建設者頻獲全國工程先鋒號、"五一"勞動獎章、獎狀，被評為全國勞模、優秀共產黨員等榮譽。

韋東慶書記在管理工作中，一直強調"人"的價值，也強調及時肯定、及時激勵、及時宣傳"人"的價值。對於在工程建設中有貢獻的個人和集體，港珠澳大橋在管理工作中注重"論功行賞"，獎勵、榮譽、宣傳，一個也不能少。這樣一個個、一批批不斷成長的代表、模範，一方面凸顯了榜樣的力量，另一方面也讓奮戰在一線的工程建設者們有強烈的成就感。"（我們一定）要給他們戴大紅花，（讓）全世界的聚光燈都打在他們身上。"韋東慶說這句話的時候帶着驕傲和自豪，這既是為建設過程中的每一位英模而驕傲，也更為宣傳管理的得法和奇效而自豪。他明言"這是管理上的一個絕招。"

管理局黨委對推出典型、宣傳風貌、肯定成就的工作幾乎貫穿大橋建設的始終。可以說，建設者的每一滴汗水，都被採寫者一一收集整理，從萬人之中走到萬人面前。2013 年 1 月，管理局黨委發出編輯《港珠澳大橋黨員讀本》的建議並形成初本，切實增強了團隊內部的"四個自信"；2019 年 2 月，交通運輸部、國務院國資委、中華全國總工會聯合印發了《關於開展向港珠澳大橋建設者學習的決定》，號召廣大勞動者、建設者學習港珠澳大橋建設者忠誠擔當、堅守夢想的奮鬥精神；開放融合、勇於創新的奮鬥精神；攻堅克難、勇創一流的奮鬥精神；堅忍不拔、團結奉獻的奮鬥精神。[50]

---

50 韋東慶：〈戰地文化、廉潔文化、黨建文化——港珠澳大橋的先鋒力量〉，《港珠澳大橋》，2019年第 1 期（總第 45 期），第 35 頁。

（二）凝聚建設信念、提供生活保障：基於黨建工作的管理創新

《井岡山的鬥爭》有一句話至今仍為眾人熟知："紅軍之所以艱難奮戰而不潰散，支部建在連上是一個重要原因。"港珠澳大橋是粵港澳三地在一國兩制的框架之下進行的首次合作共建，面對這個超大型工程項目在建設期中的精神建設問題，黨委書記韋東慶帶領大橋管理局進行了一場"形而上"的探索之路。用黨務建設工作的創新，完成了一個"形而上的超級工程"——大橋建設過程中始終奮戰在一線、發揮定心丸和指揮棒作用的黨建工程。

港珠澳大橋建設工地上的黨務建設工作相當不易，設在小小作業島上的臨時黨支部，有時候一個支部只有一個人，那就是支部書記。當工程建設遇到阻礙時，工人們最喜歡去"書記茶莊"，和書記聊天、喝茶、商量問題的解決辦法。港珠澳大橋建設期間，無論多麼偏遠、艱苦，支部書記都在工地、營地駐場辦公。通過這種"支部建在連隊上"的方式，在工程建設第一線協調工作，幾十名優秀、先進的黨員身先士卒，以身作則，在工地支部崗位上發揮自己的光和熱，"工地支部""工地書記""書記茶莊"也因此成為大橋黨建工作最亮眼的管理創新焦點。

如果說"書記茶莊"是汪洋孤島中一座座信念燈塔，那麼"大橋講堂"則是建設過程中的技術加油站。大橋建設隊伍中不乏專業高工、大學教授，"大橋講堂"在工地上定時開講，在許多業內方家和管理領導的親授下，建設隊伍的技術素質與精神高度提升很大，許多工人在短時間內都成為了業務骨幹。儘管工期漫長、任務艱巨，但仍有許多參建者一邊在海上揮灑建設汗水，一邊在良師的講堂授課幫助下完成了自己的"考證長跑"。

除了茶莊、講堂，大橋黨委還創新了一系列組織活動形式：為緩解思鄉煎熬而開展的"綠島夜話"，為豐富業餘活動而設立的"職工小家活動室"，甚至還在條件艱苦的孤島上開展了多次相親聯誼活動、並為喜結良緣的新人舉行集體婚禮，更為了照顧建設們的飲食需求，專門請來了做家鄉菜的廚師……在工程建設期內，在有限的外部條件下，大橋黨建工作在鼓舞團隊士氣、培育技術人才、激發建設積極性等方面起到了穩定劑、催化劑、強心劑的作用。

在港珠澳大橋主體工程的一百七十多家參建單位中，黨部組織與黨建工作還發揮了合同之外的銜接作用，在合同與合同的交叉點、條款與權責的空白處，以精神力量的姿態把基數龐大的對象團結起來，成為了大橋上格外受人矚目的精神標杆。實際上，港珠澳大橋黨組織在"超級工程"中發揮的作用，一方面能夠給黨建工作的深入和加強提供新素材、新標本，甚至擴展新領域，探求新方法；更加能夠作為現代工程管理的一個全新案例，值得學習借鑑和深入研究。

"黨是工程前進的後盾與旗幟，黨員是建設的核心力量。"[51] 大橋黨建的基礎建立在對時代發展的理念上，對共同目標的團結上，也建立在建設工地一線上，在每一位黨員的雙肩上。黨建與橋建同呼吸、共發展，大橋的所有建設點，都是黨建工作的覆蓋範圍。韋東慶說："在長達九年的建設期裏，上萬名建設者奮戰在伶仃洋，篳路藍縷，艱苦奮鬥，湧現出了許多可歌可泣的傳奇故事和英雄人物。我們不僅打造了一座舉世矚目的超級工程，也打造了具有鮮明時代特徵的港珠澳大橋文化。"[52]

二 案例分析：大橋黨建案例帶來管理創新的借鑑意義

（一）合理發揮信仰的精神力量能最大限度地實現管理效能

在港珠澳大橋漫長的建設工期內，一個個平凡而偉大、普通又傑出的參建者，從基層自下而上地撐起了整座建築；一個個工地支部、黨群組織從精神乃至信仰的層面，自上而下地凝聚了所有力量。港珠澳大橋工程建設過程中的黨建管理與黨建創新，能夠為許多單位提供一個範本，有助於實現黨建在工作中的推助力，發揮黨建在管理中的凝聚力，為團隊樹立良好示範，達到最終的管理目標。

（二）細緻入微的人文關懷才能打磨出放大鏡下的精品工程

港珠澳大橋作為新時代的新奇蹟，"十年辛苦無人問，一朝成名天下知"。奇蹟的背後，靠的是締造奇蹟的人，以及維繫人、激勵人的精神。在超級工程的建設背後是一群"超級的人"，在超級的人背後，離不開管理工作中細緻入微的人文關懷。

在跨單位、跨制度的工作前提下，政策與管理的創新為一切奇蹟的誕生提供了可能。史無前例的三地合作，以包容為先，前無例鑑的"百團共戰"，以黨情為旗。"大型化、工廠化、標準化、裝配化"的政策理念，是一切實體創新與技術；創新的政策支撐發揚"戰地文化"，提倡勞動競賽，是管理到人、激勵到人的有效制度；以黨組織協調替代報三地委協商的方法，不僅為工程節省出了大量寶貴的時間，還湧現出一批先進黨員、支部書記發揮帶頭作用，與所有參建者一齊用行動詮釋了習近平新時代中國特色社會主義思想，詮釋社會主義核心價值觀，展現了黨建工作帶來的強大精神動力，激發出了工人階層偉大的創造力量。

我國素有"基建狂魔"的稱號。面對基礎建設工作，信仰堅定而拿出"狂"勁，

---

51 港珠澳大橋建設工程公會聯合會編：《工地書記》，2017 年 12 月，第 4 頁。

52 韋東慶：〈戰地文化、廉潔文化、黨建文化——港珠澳大橋的先鋒力量〉，《港珠澳大橋》，2019年第 1 期（總第 45 期），第 35 頁。

以人為本收穫十倍、百倍的"魔"力。黨建工作在超級工程中的管理模式、管理意義及管理成效，融合了現代最新科學技術與政策理念，成為了一個新案例，也成為了一張新名片。

三 啟示：大橋精神與大橋格局將無限延伸

港珠澳大橋從提出構想、經年論證，到開工建設，經歷十幾年"蟄伏"。在建設過程中，政策管理創新與工程技術創新共同鑄成了這一座"世紀工程"。如今，港珠澳大橋建設工程中的管理創新成果——大橋文化、大橋橋魂，將繼續閃耀在伶仃洋上。

在管理和實踐中，港珠澳大橋有兩方面亮點，其一是大橋形成的"兩級協調、三級治理"的三地共建共管機制和實操模式，其二是前期和建設期所形成的工程管理模式和技術標準體系。粵港澳城市群的進一步發展融合、中國三大海峽通道（渤海、瓊州、台灣海峽）的立項和實施，都能夠援引港珠澳大橋的寶貴經驗。從這個層面上說，港珠澳大橋的意義、港珠澳大橋的精神代表了一個新的起點，並將伴隨着國家和社會的發展進程，繼續發揮不畏艱難、堅定信念的先行者作用。

四 有待進一步研究的問題

港珠澳大橋連接三地，讓大灣區形成了周邊的閉環，進一步實現了粵港澳大灣區的互聯互通。如何把港珠澳大橋真正打造成粵港澳大灣區標識建築，在品牌打造、運營、養護中創新三地合作模式、對接統一標準？未來仍有待進一步研究。此外，還應借鑑港珠澳大橋政策管理的創新經驗，以便進一步推進三地合作、促進制度創新。

五 大事記

1988 年，進入廣東省人民政府體制改革辦公室工作。

1994 年，美國哈佛大學文理學院經濟系、加州大學伯克利分校東亞研究所訪問學者。

2010 年，任港珠澳大橋管理局黨委副書記、行政總監。

（訪談整理：符愔暢）

附錄

創新政策支持 · 政府管理創新

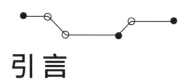

引言

依據創新人才支持政策出台單位及適用範圍的不同，本部分從中央政府、廣東省政府、港澳特區政府、廣東省三大重要城市、廣東三大自貿區五個層面對創新人才支持政策進行梳理。其中，廣東省三人重要城市為廣州市、深圳市和珠海市；廣東三大自貿區是廣州南沙新區片區、深圳前海蛇口片區和珠海橫琴新區片區。本部分政策分析對每個層級政府的相關政策進行歸納比較，探究政府在創新人才支持方面多方位、立體式、差異化的政策支持。

在分析範式上，每一層級政府的政策分析都涵蓋三個層次：一是梳理由相關政府部門出台的創新人才支持相關政策文件；二是對所有政策文件進行文本分析，歸納出政策支持類型；三是針對每一政策支持類型，進一步提煉細化的支持方式，並呈現每一支持方式涉及的具體支持措施。

根據政策支持類型的實質，本部分把創新人才支持政策劃分為人力資本支持、價值實現支持、物質資本支持、服務保障支持、社會資本支持五大類型。進一步地，人力資本支持又可細分為人才引進與培養、人才交流與合作、人才流動三種支持方式，具體包括柔性引才、聯合培養、國際交流、雙向流動等政策支持措施。價值實現支持又可細分為知識產權、成果轉化、收入分配、職稱評審四種支持方式，具體包括知識產權保護、發明專利獎補、成果轉化利益分享與人事支持、兼職兼薪、股權期權激勵等支持措施。物質資本支持又可細分為財政與金融支持、創新人才創業扶持兩種支持方式，具體包括創新人才資助、科研經費補助、稅收優惠、創業場地支持、創業項目投資等支持措施。服務保障支持又可細分為一般性公共服務和行政與商事制度改革兩種支持方式，具體包括人才簽證、安居保障、家屬就業、子女教育、醫療保健、註冊登記便利化、優化行政審批制度等支持措施。社會資本支持又可細分為科技創新資源開放共用、創新平台、創新創業活動三種支持方式，具體包括科研設施與科學數據開放、創新平台建設、舉辦創新創業大賽、創新資源對接等支持措施。

附錄 1
中央政府：頂層設計，關注創新人才

中央政府出台的相關政策文件，起到了統領全局、頂層設計的作用，在內容上主要有三個方面特點：一是適用性。中央政府對內地的創新人才政策均適用於粵港澳大灣區內地城市。二是針對性。中央政府在涉及粵港澳地區發展的規劃、協議與安排中，均特別強調對粵港澳地區創新人才在創新活動上的支持。三是全面性。中央政府關於創新人才的政策覆蓋了理論創新、實踐創新等各類創新群體，並涉及對創新投入、創新過程、創新成果轉化等各創新環節的全方位支持。

中央政府關於創新人才的政策，可以分為人力資本支持、價值實現支持、物質資本支持、服務保障支持、社會資本支持五大類（見表1）。

表 1　中央政府政策類型分析

政策類型	具體內容
人力資本支持	人才引進與培養； 人才交流與合作； 人才流動
價值實現支持	知識產權； 成果轉化； 收入分配
物質資本支持	財政與金融支持； 創業扶持
服務保障支持	公共服務； 行政與商事制度改革
社會資本支持	科技創新資源開放共用； 創新平台； 創新創業活動； 其他政策

資料來源：根據相關政策文件整理。

附錄 1.1　人力資本支持：柔性引才、國際交流、雙向流動

（一）人才引進與培養：柔性引才、人才工程

面向全球引進高層次創新人才：圍繞國家重大需求，面向全球引進首席科學家等高層次創新人才，對國家急需緊缺的特殊人才，開闢專門渠道，實行特殊政策，實現精準引進。支持引進人才深度參與國家計劃項目、開展科技攻關，建立外籍科學家領銜國家科技項目的機制。開展高等學校和科研院所部分非涉密崗位全球招聘試點。完善國際組織人才培養推送機制。

——國務院《"十三五"國家科技創新規劃》（國發〔2016〕43 號）

深入實施重大人才工程：更大力度實施國家"千人計劃"、國家"萬人計劃"等重大科技人才工程，落實好配套支持政策。對三十五歲以下具有研究潛力的優秀青年科技人才給予重點支持；給予女性科技人才適當的傾斜性支持。

——科技部《"十三五"國家科技人才發展規劃》（國科發政〔2017〕86 號）

加快建設科技創新領軍人才隊伍：圍繞重要學科領域和創新方向造就一批世界水平的科學家、科技領軍人才、工程師和高水平創新團隊，注重培養一線創新人才和青年科技人才，對青年人才開闢特殊支持渠道，支持高校、科研院所、企業面向全球招聘人才。

——中共中央、國務院《國家創新驅動發展戰略綱要》（2016）

柔性引才：各地區可根據實際需要制定靈活的引才引智政策，採取不改變人才的戶籍、人事關係等方式，以用為本，發揮實效，解決關鍵領域高素質人才稀缺等問題。

——國務院《關於強化實施創新驅動發展戰略進一步推進大眾創業萬眾創新深入發展的意見》（國發〔2017〕37 號）

充分發揮《引才目錄》指導作用：國家"千人計劃"等重大人才工程將對重點領域方向人才和列入《引才目錄》的全球知名專家優先引進、重點支持。對列入《引才目錄》的全球知名專家，中央人才工作協調小組辦公室將採用任務委派方式重點引進。各地各有關部門要圍繞《引才目錄》確定的重點領域方向加大引才力度，提前瞄準和鎖定重點領域方向的潛在引進對象，有的放矢加強聯繫對接和跟進服務，適時加以引進。鼓勵通過建立海外研發機構、來華短期工作服務、任務項目制聘用等多種方式，柔性引進重點人才為我所用。用人單位要採取"一事一議，量身定做"的方式，為重點人才提供特殊支持。

——中共中央組織部辦公廳《國家引進海外高層次人才參考目錄》（組廳字〔2016〕60 號）

加強重點領域海外高層次人才引進：圍繞國家科技創新重點領域和發展方向，大力引進能夠引領國際科學發展趨勢的戰略科學家。着力引進具有推動重大技術創新能力的科技領軍人才。重視港澳台傑出科技人才的引進和使用，注重引進青年人才。更大力度實施國家"千人計劃"，吸引萬名海外高層次人才回國（來華）創新創業。對有助於解決長期困擾我國關鍵技術、核心部件難題的國家急需緊缺人才，開闢專門渠道，實行特殊政策，實現精準引進。率先在國家實驗室等重大科研基地開展人事制度改革試點，開展科研機構和高等學校非涉密部分崗位全球招聘試點，提高科研機構負責人全球招聘比例，吸引海外高層次科技人才全職工作。鼓勵科研機構、高等學校設立短期流動崗位，聘用國際高層次科技人才開展合作研究。

——科技部《"十三五"國家科技人才發展規劃》（國科發政〔2017〕86號）

培養造就具有國際水平的戰略科技人才和科技領軍人才：更大力度推進實施國家"千人計劃""萬人計劃"等高層次人才引進和培養計劃。在我國優勢科研領域設立一批科學家工作室，培養一批具有前瞻性和國際眼光的戰略科學家群體。

——國務院《關於全面加強基礎科學研究的若干意見》（國發〔2018〕4號）

加強中青年和後備科技人才培養：建立國際通行的訪問學者制度，完善博士後制度，吸引國內外優秀青年博士在國內從事博士後研究。

——國務院《關於全面加強基礎科學研究的若干意見》（國發〔2018〕4號）

探索建立以創新創業為導向的人才培養機制，完善產學研用結合的協同育人模式：支持高校與企業、研究院所聯合建立學生實習實訓和研究生科研實踐等教學科研基地，提高學生創新創業實踐能力。推動國家大學科技園為學生創新創業提供力所能及的場地、信息網絡和商事、法律服務，建立微創新實驗室、創新創業俱樂部等，發展眾創、眾包、眾扶、眾籌空間等新型孵化模式。鼓勵國家大學科技園組織有創業實踐經驗的企業家、高校科技人員和天使投資人開展志願者行動，為學生創新創業提供創業輔導以及技術開發合作援助，編寫高校師生創新創業成功案例作為高校創新創業教輔材料，支持高校創新創業教育。加強知識產權相關學科專業建設，對學生開展知識產權保護相關法律法規的教育培訓。鼓勵高校通過無償許可專利的方式，向學生授權使用科技成果，引導學生參與科技成果轉移轉化。

——教育部、科技部《關於加強高等學校科技成果轉移轉化工作的若干意見》（教技〔2016〕3號）

培養青年英才：實施青年英才開發計劃，在重點學科領域培育扶持一批青年拔尖人才；在高水平研究型大學和科研院所優勢基礎學科建設一批國家青年英才培養基地。

——科技部辦公廳《落實〈中長期青年發展規劃（2016—2025 年）〉實施方案》（國科辦黨委〔2017〕53 號）

建設創新型科技人才隊伍：突出“高精尖缺”導向，加強戰略科學家、科技領軍人才的選拔和培養。加強創新團隊建設，形成科研人才和科研輔助人才的梯隊合理配備。建立適合青年科技人才成長的用人制度，增強科技創新人才後備力量。大力弘揚新時期工匠精神，加大面向生產一線的實用工程人才、卓越工程師和專業技能人才培養。培養造就一大批具有全球戰略眼光、創新能力和社會責任感的企業家人才隊伍。優化佈局各類創新型科技人才計劃，加強銜接協調。統籌安排人才開發培養經費，調整和規範人才工程項目財政性支出，提高資金使用效益。

——國務院《“十三五”國家科技創新規劃》（國發〔2016〕43 號）

探索建立以創新創業為導向的各層次人才培養機制：開展啟發式、探究式教學方法改革試點，改革基礎教育培養方式，尊重個性發展，強化興趣愛好和創造性思維培養，提高創新實踐能力。加快部分普通本科高等學校向應用技術型高等學校轉型，開展校企聯合招生、聯合培養試點，促進企業和職業院校成為技術技能人才培養的“雙主體”。推行產學研聯合培養研究生的“雙導師制”。改革博士後制度，發揮高等學校、科研院所、企業在博士後研究人員招收培養中的主體作用，為博士後從事科技創新提供良好條件保障。完善高端創新人才和產業技能人才“二元支撐”的人才培養機制。

——科技部《“十三五”國家科技人才發展規劃》（國科發政〔2017〕86 號）

改革本科和研究生培養模式：以人才培養為中心，着力提高本科教育質量，加快部分普通本科高等學校向應用技術型高等學校轉型，開展校企聯合招生、聯合培養試點，拓展校企合作育人的途徑與方式。分類改革研究生培養模式，探索科教結合的學術學位研究生培養新模式，擴大專業學位研究生招生比例，增進教學與實踐的融合。

——中共中央、國務院《關於深化體制機制改革加快實施創新驅動發展戰略的若干意見》（2015）

搭建國際人才服務平台，落實國家海外高層次人才引進計劃：搭建“送出去”和“引進來”的國際人才服務平台，引進和培養一批具有國際領先水平的科學家、學科帶頭人及創新團隊。主動融入國家“一帶一路”發展戰略，建設好海外高層次人才創新創業基地，加大對高層次留學回國人才的支持力度。做好突出貢獻中青年專家選拔工作，培養造就一批高素質的中青年學術帶頭人。加強新型醫學智庫建設，注重綜合性醫學智庫和專業化醫學智庫的結合，充分發揮相關高校和科研院所醫學智庫的作用，鼓勵支持醫藥衛生行業民間智庫的發展。

——國家衛生和計劃生育委員會《關於印發"十三五"全國衛生計生人才發展規劃的通知》（國衛人發〔2016〕69號）

完善"二元支撐"人才培養體系：完善高端創新人才和產業技能人才"二元支撐"的人才培養體系，加強普通教育與職業教育銜接。

——中共中央、國務院《國家創新驅動發展戰略綱要》（2016）

高等學校創新創業教育改革：深入實施系列"卓越計劃"、科教結合協同育人行動計劃等，多形式舉辦創新創業教育實驗班，探索建立校校、校企、校地、校所以及國際合作的協同育人新機制，積極吸引社會資源和國外優質教育資源投入創新創業人才培養。高校要打通一級學科或專業類下相近學科專業的基礎課程，開設跨學科專業的交叉課程，探索建立跨院系、跨學科、跨專業交叉培養創新創業人才的新機制，促進人才培養由學科專業單一型向多學科融合型轉變。

——國務院辦公廳《關於深化高等學校創新創業教育改革的實施意見》（國辦發〔2015〕36號）

加強民營企業創新創業人才培育：結合實施創新人才推進計劃，加大對民營企業中青年科技創新領軍人才、重點領域創新團隊的培育和支持。建設全國科技創新創業人才聯盟，促進民營企業創新創業人才跨界交流、合作、互助。通過創新方法專項，在民營企業培育一批創新工程師、創新諮詢師和創新培訓師。舉辦民營企業科技創新培訓班，通過專家講授、政策解讀、案例分析和實地調研等方式，加強對民營企業科技創新知識和能力的系統培養，鼓勵支持更多具有創新創業能力的人才脫穎而出。

——科技部、全國工商聯《關於推動民營企業創新發展的指導意見》（2018）

培育青年科技創新人才：鼓勵和支持青年人才參與戰略前沿領域研究，着力培育一批青年科技創新領軍人才。堅持自主培養開發與海外引進並舉，用好國內優秀人才，吸引海外高層次青年人才和急需緊缺青年專門人才。

——科技部辦公廳《落實〈中長期青年發展規劃（2016—2025年）〉實施方案》（國科辦黨委〔2017〕53號）

壯大基礎研究人才隊伍：

培養造就具有國際水平的戰略科技人才和科技領軍人才。把握國際發展機遇，圍繞國家重大需求，創新人才培養、引進、使用機制，更大力度推進實施國家"千人計劃""萬人計劃"等高層次人才引進和培養計劃，多方引才引智，廣聚天下英才。在我國優勢科研領域設立一批科學家工作室，培養一批具有前瞻性和國際眼光的戰略科學家群體。建立健全人才流動機制，鼓勵人才在高校、科研院所和企業之間合理流動。

加強中青年和後備科技人才培養。建立國際通行的訪問學者制度，完善博士後制度，吸引國內外優秀青年博士在國內從事博士後研究。鼓勵科研院所與高校加強協同創新和人才聯合培養，加強基礎研究後備科技人才隊伍建設，支持具有發展潛力的中青年科學家開展探索性、原創性研究。

穩定高水平實驗技術人才隊伍。建立健全符合實驗技術人才及其崗位特點的評價體系和激勵機制，提高實驗技術人才的地位和待遇。加大實驗技術人才、專職工程技術人才和開放服務人才培養力度，優化科研隊伍結構。加強實驗技術人員培訓，提升技術能力和水平。

建設高水平創新團隊。發揮國家重大科技基礎設施、國家重點實驗室等研究基地的集聚作用，穩定支持一批優秀創新團隊持續從事基礎科學研究。聚焦科學前沿，支持高水平研究型大學和科研院所選擇優勢基礎學科建設國家青年英才培養基地，組建跨學科、綜合交叉的科研團隊，加強協同合作。

——國務院《關於全面加強基礎科學研究的若干意見》（國發〔2018〕4號）

培養拔尖創新人才：堅持立德樹人，突出人才培養的核心地位，着力培養具有歷史使命感和社會責任心，富有創新精神和實踐能力的各類創新型、應用型、複合型優秀人才。加強創新創業教育，大力推進個性化培養，全面提升學生的綜合素質、國際視野、科學精神和創業意識、創造能力。合理提高高校畢業生創業比例，引導高校畢業生積極投身大眾創業、萬眾創新。完善質量保障體系，將學生成長成才作為出發點和落腳點，建立導向正確、科學有效、簡明清晰的評價體系，激勵學生刻苦學習、健康成長。

——國務院《關於印發統籌推進世界一流大學和一流學科建設總體方案的通知》（國發〔2015〕64號）

（二）人才交流與合作：國際交流、協同創新

完善博士後國際交流計劃：加大博士後國際交流計劃實施力度，大力吸引海外博士來華（回國）從事博士後研究，加大博士後研究人員參加國際學術交流力度。支持有條件的地方、部門和設站單位設立博士後國際交流項目，與國際一流大學、科研院所等簽訂博士後研究人員交流協議，定期或不定期開展學術交流活動，進一步提升學術水平，深入推進全國博士後學術交流活動。

——國務院辦公廳《關於改革完善博士後制度的意見》（國辦發〔2015〕87號）

科技人才交流與合作：推動內地與港澳台科技人才交流與合作。

——科技部《"十三五"國家科技人才發展規劃》（國科發政〔2017〕86號）

高等教育國際合作與協同創新：加強與世界一流大學和學術機構的實質性合作，將國外優質教育資源有效融合到教學科研全過程，開展高水平人才聯合培養和科學聯合攻關。加強國際協同創新，積極參與或牽頭組織國際和區域性重大科學計劃和科學工程。營造良好的國際化教學科研環境，增強對外籍優秀教師和高水平留學生的吸引力。積極參與國際教育規則制定、國際教育教學評估和認證，切實提高我國高等教育的國際競爭力和話語權，樹立中國大學的良好品牌和形象。

——國務院《關於印發統籌推進世界一流大學和一流學科建設總體方案的通知》（國發〔2015〕64號）

（三）人才流動：柔性流動、雙向流動

完善科研人員崗位管理制度：改進科研人員薪酬和崗位管理制度，破除人才流動障礙，研究制定高等學校、科研院所等事業單位科研人員離崗創業的政策措施，允許高等學校、科研院所設立一定比例的流動崗位，吸引具有創新實踐經驗的企業家、科技人才兼職，促進科研人員在事業單位和企業間合理流動。

——國務院《"十三五"國家科技創新規劃》（國發〔2016〕43號）

健全科研人才雙向流動機制：建立健全科研人才雙向流動機制，改進科研人員薪酬和崗位管理制度，破除人才流動的體制機制障礙，促進科研人員在事業單位和企業間合理流動。符合條件的科研院所的科研人員經所在單位批准，可帶着科研項目和成果、保留基本待遇到企業開展創新工作或創辦企業。

——中共中央、國務院《關於深化體制機制改革加快實施創新驅動發展戰略的若干意見》（2015）

完善博士後制度：博士後研究人員作為國家有計劃、有目的培養的高層次創新型青年人才，在站期間是具有流動性質的科研人員。博士後研究人員在站時間一般為二年，根據項目需要可在二至四年內靈活確定；對進站後承擔國家重大科技項目的，應當根據項目資助期限和承擔的任務及時調整在站時間，最長不超過六年。博士後研究人員享受設站單位職工待遇，設站單位應按單位性質與博士後研究人員簽訂事業單位聘用合同、企業勞動合同或工作協議，並按有關規定為博士後研究人員繳納社會保險費。

——國務院辦公廳《關於改革完善博士後制度的意見》（國辦發〔2015〕87號）

破除人才流動障礙：打破戶籍、地域、身份、學歷、人事關係等制約，促進人才資源合理流動、有效配置。建立高層次人才、急需緊缺人才優先落戶制度。加快人事檔案管理服務信息化建設，完善社會保險關係轉移接續辦法，為人才跨地區、跨行業、跨體制流動提供便利條件。

　　—— 中共中央《關於深化人才發展體制機制改革的意見》（中發〔2016〕9 號）

　　引導高技能人才合理流動：完善高技能人才合理流動和社會保障機制，提高高技能人才配置和保障水平。引導高技能人才按需合理流動。堅持以市場為導向，依法維護用人單位和高技能人才的合法權益，保證人才流動的規範性和有序性。……建立健全高技能人才流動服務體系，完善高技能人才信息發佈制度，定期發佈高技能人才供求信息和工資指導價位信息，引導高技能人才遵循市場規律合理流動。探索引進國內緊缺、企業急需的海外高技能人才。高技能人才跨統籌地區流動，基本養老保險個人賬號基金按規定轉移。

　　—— 中共中央辦公廳、國務院辦公廳《關於進一步加強高技能人才工作的意見》（中辦發〔2006〕15 號）

　　人才柔性流動機制：創新雙向掛職、對口支援、短期工作、項目合作、兼職等靈活多樣的人才柔性流動政策，組織各類人才到基層創新創業和開展服務活動。深入實施萬名專家服務基層行動計劃、科技特派員、萬名醫師支援農村衛生、城市教師支援農村教育等制度項目，建立服務基層長效機制。

　　—— 人力資源社會保障部《關於加強基層專業技術人才隊伍建設的意見》（人社部發〔2016〕57 號）

　　推進社會保障制度改革，破除人才自由流動制度障礙：加快推進社會保障制度改革，破除人才自由流動制度障礙，實現黨政機關、企事業單位、社會各方面人才順暢流動。

　　—— 國務院《關於大力推進大眾創業萬眾創新若干政策措施的意見》（國發〔2015〕32 號）

附錄 1.2　價值實現支持：知識產權、成果轉化、收入分配

（一）知識產權：法律保護、人才建設

　　加大對創新人才的知識產權培訓和指導：加大對各類創新人才的知識產權培訓力度。……鼓勵各地引進高端知識產權人才，並參照有關人才引進計劃給予相關待遇。……選拔培訓一批知識產權創業導師，加強青年創業指導。

　　—— 國務院《關於新形勢下加快知識產權強國建設的若干意見》（國發〔2015〕71 號）

　　創新人才維權援助機制：建立創新人才維權援助機制。建立人才引進使用中的知識產權鑑定機制，防控知識產權風險。完善知識產權質押融資等金融服務機制，

為人才創新創業提供支持。

——中共中央《關於深化人才發展體制機制改革的意見》（中發〔2016〕9號）

商業模式創新知識產權保護：研究商業模式等新形態創新成果的知識產權保護辦法。

——國務院《關於大力推進大眾創業萬眾創新若干政策措施的意見》（國發〔2015〕32號）

加強新業態新領域創新成果的知識產權保護：加強互聯網、電子商務、大數據等領域的知識產權保護規則研究，推動完善相關法律法規。制定眾創、眾包、眾扶、眾籌的知識產權保護政策。

——國務院《關於新形勢下加快知識產權強國建設的若干意見》（國發〔2015〕71號）

網絡知識產權保護：加大網絡知識產權執法力度，促進在線創意、研發成果申請知識產權保護，研究制定四眾領域的知識產權保護政策。運用技術手段加強在線創意、研發成果的知識產權執法，切實維護創業創新者權益。

——國務院《關於加快構建大眾創業萬眾創新支撐平台的指導意見》（國發〔2015〕53號）

運用信息技術加強知識產權保護：運用大數據、雲計算、物聯網等信息技術，加強在線創意、研發成果的知識產權保護，提升預警防範能力。

——國務院《關於新形勢下加快知識產權強國建設的若干意見》（國發〔2015〕71號）

深入實施知識產權戰略，提高知識產權的創造、運用、保護和管理能力：深化知識產權領域改革，深入實施知識產權戰略行動計劃，提高知識產權的創造、運用、保護和管理能力。引導支持市場主體創造和運用知識產權，以知識產權利益分享機制為紐帶，促進創新成果知識產權化。充分發揮知識產權司法保護的主導作用，增強全民知識產權保護意識，強化知識產權制度對創新的基本保障作用。健全防止濫用知識產權的反壟斷審查制度，建立知識產權侵權國際調查和海外維權機制。

——中共中央、國務院《國家創新驅動發展戰略綱要》（2016）

加強知識產權人才隊伍建設：加強知識產權相關學科建設，完善產學研聯合培養模式，在管理學和經濟學中增設知識產權專業，加強知識產權專業學位教育。加大對各類創新人才的知識產權培訓力度。鼓勵我國知識產權人才獲得海外相應資格證書。選拔培訓一批知識產權創業導師，加強青年創業指導。

——國務院《關於新形勢下加快知識產權強國建設的若干意見》（國發〔2015〕71號）

加強商業秘密保護：推動完善商業秘密保護法律法規，加強人才交流和技術合作中的商業秘密保護。

——國務院《關於新形勢下加快知識產權強國建設的若干意見》（國發〔2015〕71號）

（二）成果轉化：利益分享、人事支持

科技成果轉化獎勵支持：以技術轉讓或者許可方式轉化職務科技成果的，應當從技術轉讓或者許可所取得的淨收入中提取不低於 50% 的比例用於獎勵。以科技成果作價投資實施轉化的，應當從作價投資取得的股份或者出資比例中提取不低於 50% 的比例用於獎勵。在研究開發和科技成果轉化中作出主要貢獻的人員，獲得獎勵的份額不低於獎勵總額的 50%。對科技人員在科技成果轉化工作中開展技術開發、技術諮詢、技術服務等活動給予的獎勵，可按照促進科技成果轉化法和本規定執行。

——國務院《實施〈中華人民共和國促進科技成果轉化法〉若干規定》（國發〔2016〕16號）

科技成果轉化人事支持：國家設立的研究開發機構、高等院校科技人員在履行崗位職責、完成本職工作的前提下，經徵得單位同意，可以兼職到企業等從事科技成果轉化活動，或者離崗創業，在原則上不超過 3 年時間內保留人事關係，從事科技成果轉化活動。

——國務院《實施〈中華人民共和國促進科技成果轉化法〉若干規定》（國發〔2016〕16號）

支持粵港澳共建科技成果轉化平台：支持粵港澳在創業孵化、科技金融、成果轉化、國際技術轉讓、科技服務業等領域開展深度合作，共建國家級科技成果孵化基地和粵港澳青年創業就業基地等成果轉化平台。在珠三角九市建設一批面向港澳的科技企業孵化器，為港澳高校、科研機構的先進技術成果轉移轉化提供便利條件。支持珠三角九市建設國家科技成果轉移轉化示範區。

——中共中央、國務院《粵港澳大灣區發展規劃綱要》（2019）

完善科技成果轉化利益分享機制：完善職務發明制度，推動修訂專利法、公司法，完善科技成果、知識產權歸屬和利益分享機制。高等學校、科研院所對科技成果轉化中科技人員的獎勵應不低於淨收入的 50%，在研究開發和科技成果轉化中作出主要貢獻的人員獲得獎勵的份額不低於獎勵總額的 50%。對於擔任領導職務的科技人員獲得科技成果轉化獎勵，按照分類管理的原則執行。

——國務院《"十三五"國家科技創新規劃》（國發〔2016〕43 號）

科技成果轉化財政經費：科技成果轉化財政經費，主要用於科技成果轉化的引導資金、貸款貼息、補助資金和風險投資以及其他促進科技成果轉化的資金用途。

——《中華人民共和國促進科技成果轉化法》（2015 年修訂）

發揮中央財政對科技成果轉移轉化的引導作用：發揮國家科技成果轉化引導基金等的槓桿作用，採取設立子基金、貸款風險補償等方式，吸引社會資本投入，支持關係國計民生和產業發展的科技成果轉化。通過優化整合後的技術創新引導專項（基金）、基地和人才專項，加大對符合條件的技術轉移機構、基地和人才的支持力度。

——國務院《關於全面加強基礎科學研究的若干意見》（國發〔2018〕4 號）

鼓勵銀行業金融機構為科技成果轉化提供金融支持：國家鼓勵銀行業金融機構在組織形式、管理機制、金融產品和服務等方面進行創新，鼓勵開展知識產權質押貸款、股權質押貸款等貸款業務，為科技成果轉化提供金融支持。

——《中華人民共和國促進科技成果轉化法》（2015 年修訂）

運用創新創業新理念，探索科技成果轉移轉化新模式：充分運用眾創、眾包、眾扶、眾籌等基於互聯網的創新創業新理念，建立創新要素充分融合的新機制，充分發揮資本、人才、服務在科技成果轉移轉化中的催化作用，探索科技成果轉移轉化新模式。

——國務院辦公廳《關於印發促進科技成果轉移轉化行動方案的通知》（國辦發〔2016〕28 號）

對科技成果轉移轉化業績突出的高校人員給予獎勵：高校要建立科技成果轉移轉化績效評價機制，對科技成果轉移轉化業績突出的機構和人員給予獎勵。

——教育部、科技部《關於加強高等學校科技成果轉移轉化工作的若干意見》（教技〔2016〕3 號）

（三）收入分配：兼職兼薪、股權激勵

推動形成激勵科技人才創新創業的收入分配機制：推進科研機構實施績效工資，並建立績效工資穩定增長機制。重點向關鍵崗位、業務骨幹和做出突出貢獻的人員傾斜，對從事基礎性研究和社會公益研究的人員，適當提高基礎工資收入，對青年人才根據工作任務和實際貢獻等因素加大激勵力度。允許科研人員從事兼職工作獲得合法收入，加大重大科技創新成果獎勵，建立健全後續科技成果轉化收益回饋機制，推行科技成果處置收益和股權期權激勵制度，使科技人員潛心研究。改變個人收入與項目經費過度掛鈎的評價激勵方式，加強對科研人員的長期激勵。提高科技人才成果轉化收益分享比例，讓各類主體、不同崗位的創新人才都能在科技成果產業化過程中得到合理回報，全面激發科研機構、高等學校、企業的科技人才創新創業的積極性。

——科技部《"十三五"國家科技人才發展規劃》（國科發政〔2017〕86號）

增加科研人員的成果性收入：財政資助科研項目所產生的科技成果在實施轉化時，應明確項目承擔單位和完成人之間的收益分配比例。逐步提高稿費和版稅等付酬標準，增加科研人員的成果性收入。

——中共中央辦公廳、國務院辦公廳《關於實行以增加知識價值為導向分配政策的若干意見》（廳字〔2016〕35號）

允許科研人員和高校教師依法依規適度兼職兼薪：允許科研人員從事兼職工作獲得合法收入。科研人員在履行好崗位職責、完成本職工作的前提下，經所在單位同意，可以到企業和其他科研機構、高校、社會組織等兼職並取得合法報酬。允許高校教師從事多點教學獲得合法收入。高校教師經所在單位批准，可開展多點教學並獲得報酬。鼓勵利用網絡平台等多種媒介，推動精品教材和課程等優質教學資源的社會共用，授課教師按照市場機制取得報酬。

——中共中央辦公廳、國務院辦公廳《關於實行以增加知識價值為導向分配政策的若干意見》（廳字〔2016〕35號）

完善激發創新創造活力的收入分配政策：完善科研人員收入分配政策，健全與崗位職責、工作業績、實際貢獻緊密聯繫的分配激勵機制。健全科技人才流動機制，鼓勵科研院所、高等學校與企業創新人才雙向交流，完善兼職兼薪管理政策。

——國務院《關於改進加強中央財政科研項目和資金管理的若干意見》（國發〔2014〕11號）

創新人才股權期權激勵：優化人才成長環境，實施更加積極的創新創業人才激勵和吸引政策，推行科技成果處置收益和股權期權激勵制度，讓各類主體、不同崗位的創新人才都能在科技成果產業化過程中得到合理回報。

——中共中央、國務院《國家創新驅動發展戰略綱要》（2016）

對股權激勵等實施遞延納稅優惠：對符合條件的股票期權、股權期權、限制性股票、股權獎勵以及科技成果投資入股等實施遞延納稅優惠政策，鼓勵科研人員創新創業，進一步促進科技成果轉化。

——中共中央辦公廳、國務院辦公廳《關於實行以增加知識價值為導向分配政策的若干意見》（廳字〔2016〕35號）

附錄 1.3　物質資本支持：經費補助、稅收優惠、創業扶持

（一）財政與金融支持：創投機構、引導基金

"外專千人計劃"科研經費補助："外專千人計劃"科研經費補助來源於中央財政撥款，用於從事科研工作、特別是從事基礎研究的"外專千人計劃"專家的科研工作經費補助。補助經費連續支持三年，補助總額三百萬至五百萬元人民幣。

——國家外國專家局《"外專千人計劃"科研經費補助管理辦法》（外專發〔2012〕70 號）

外國專家科研經費補助：中央財政給予"外專千人計劃"長期項目專家每人人民幣一百萬元的一次性補助，並根據工作需要，經用人單位向從事科研工作、特別是從事基礎研究的外國專家提供總計三百萬至五百萬元科研經費補助。

——中共中央組織部、人力資源和社會保障部、國家外國專家局《"千人計劃"高層次外國專家項目工作細則》（組通字〔2011〕45 號）

支持創投機構發展：發揮財稅政策作用，支持天使投資、創業投資發展，培育發展天使投資群體，推動大眾創新創業。

——國務院《關於大力推進大眾創業萬眾創新若干政策措施的意見》（國發〔2015〕32 號）

優化創業創新財稅政策支持：加大財政資金支持和統籌力度。支持有條件的地方政府設立創業基金，扶持創業創新發展。在確保公平競爭前提下，鼓勵對眾創空間等孵化機構的辦公用房、用水、用能、網絡等軟硬件設施給予適當優惠，減輕創業者負擔。完善普惠性稅收措施。落實科技企業孵化器、大學科技園有關研發費用加計扣除、固定資產加速折舊等稅收優惠政策。對符合條件的眾創空間等新型孵化機構適用科技企業孵化器稅收優惠政策。按照稅制改革方向和要求，對包括天使投資在內的投向種子期、初創期等創新活動的投資，統籌研究相關稅收支持政策。

——國務院《關於大力推進大眾創業萬眾創新若干政策措施的意見》（國發〔2015〕32 號）

科研經費補助：中央財政給予青年項目、外國專家項目、新疆西藏項目入選專家一定額度的科研經費補助。經費額度一次性核定，分三年撥付，用於支持專家自主選題研究，不得用於有工資性收入的人員工資、獎金、津補貼和福利支出。青年拔尖人才支持經費由財政部設立專項予以支持，中央組織部負責具體撥付。用人單位不得截留挪用，不得提取管理費用。

——中共中央組織部《國家海外高層次人才引進計劃管理辦法》《國家高層次人才特殊支持計劃管理辦法》（組通字〔2017〕9 號）

科研經費管理制度改革：完善符合人才創新規律的科研經費管理辦法。……進一步改革科研經費管理制度，探索實行充分體現人才創新價值和特點的經費使用管理辦法。

　　——中共中央《關於深化人才發展體制機制改革的意見》（中發〔2016〕9號）

深化科研項目和經費管理改革：突出以人為導向，深化科研項目和經費管理改革，營造寬鬆科研環境，使科研人員潛心、長期從事基礎研究。

　　——國務院《關於全面加強基礎科學研究的若干意見》（國發〔2018〕4號）

通過各類基金引導社會資本投入創新：充分發揮科技成果轉化、中小企業創新、新興產業培育等方面基金的作用，引導帶動社會資本投入創新。

　　——中共中央、國務院《國家創新驅動發展戰略綱要》（2016）

（二）創業扶持：科研人員、高端人才

支持科研人員創業：加快落實高校、科研院所等專業技術人員離崗創業政策，對經同意離崗的可在三年內保留人事關係，建立健全科研人員雙向流動機制。

　　——國務院《關於大力推進大眾創業萬眾創新若干政策措施的意見》（國發〔2015〕32號）

支持境外高端人才來華創業：發揮留學回國人才特別是領軍人才、高端人才的創業引領帶動作用。繼續推進人力資源市場對外開放，建立和完善境外高端創業創新人才引進機制。進一步放寬外籍高端人才來華創業辦理簽證、永久居留證等條件，簡化開辦企業審批流程，探索由事前審批調整為事後備案。引導和鼓勵地方對回國創業高端人才和境外高端人才來華創辦高科技企業給予一次性創業啟動資金，在配偶就業、子女入學、醫療、住房、社會保障等方面完善相關措施。加強海外科技人才離岸創業基地建設，把更多的國外創業創新資源引入國內。

　　——國務院《關於大力推進大眾創業萬眾創新若干政策措施的意見》（國發〔2015〕32號）

支持粵港澳青年和企業創新創業：加快國家自主創新示範區與國家雙創示範基地、眾創空間建設，支持其與香港、澳門建立創新創業交流機制，共用創新創業資源，共同完善創新創業生態，為港澳青年創新創業提供更多機遇和更好條件。鼓勵粵港澳企業和科研機構參與國際科技創新合作，共同舉辦科技創新活動，支持企業到海外設立研發機構和創新孵化基地，鼓勵境內外投資者在粵港澳設立研發機構和創新平台。

　　——中共中央、國務院《粵港澳大灣區發展規劃綱要》（2019）

為高校畢業生創業創新提供資金支持：發揮財政、信貸、創投以及社會公益等各類資金的作用，為高校畢業生創業創新提供多渠道資金支持。

——中共中央辦公廳、國務院辦公廳《關於進一步引導和鼓勵高校畢業生到基層工作的意見》（中辦發〔2016〕79 號）

支持以核心技術為源頭的創新創業：支持企業、高校和科研院所發揮科研設施、專業團隊、技術積累等專業領域創新優勢，為創業者提供技術研發服務。吸引更多科技人員、海外歸國人員等高端創業人才入駐眾創空間，重點支持以核心技術為源頭的創新創業。

——國務院辦公廳《關於印發促進科技成果轉移轉化行動方案的通知》（國辦發〔2016〕28 號）

附錄 1.4　服務保障支持：特殊待遇、人才簽證、商事改革

（一）公共服務：人才簽證、配套服務

"千人計劃"政策待遇："外專千人計劃"專家在出入境、居留、醫療、保險、住房、稅收、薪酬等方面享受"千人計劃"特定政策和待遇。

——中共中央組織部、人力資源和社會保障部、國家外國專家局《"千人計劃"高層次外國專家項目工作細則》（組通字〔2011〕45 號）

人才簽證：制定人才簽證實施細則，明確外國人申請和取得人才簽證的標準條件和辦理程序；全面實施外國人來華工作許可制度，簡化外國高層次人才辦理工作許可證和居留證件的程序。開展外國高層次人才服務"一卡通"試點，建立安居保障、子女入學和醫療保健服務通道。進一步完善外國人才由工作居留向永久居留轉換機制，實現工作許可、簽證和居留有機銜接。

——國務院《關於強化實施創新驅動發展戰略進一步推進大眾創業萬眾創新深入發展的意見》（國發〔2017〕37 號）

完善人才引進配套服務：解決引進人才任職、社會保障、戶籍、子女教育等問題。對外國人才來華簽證、居留，放寬條件、簡化程序、落實相關待遇。整合人才引進管理服務資源，優化機構與職能配置。

——中共中央《關於深化人才發展體制機制改革的意見》（中發〔2016〕9 號）

放寬外國人才申請永久居留的條件：聚焦國家人才戰略，突出"高精尖缺"重點，在積極服務重點引才計劃基礎上，建立以市場為導向的人才認定機制，放寬外國人才申請永久居留的條件，吸引和集聚更多優秀人才。

——中共中央辦公廳、國務院辦公廳《關於加強外國人永久居留服務管理的意見》（中辦發〔2015〕62 號）

（二）行政與商事制度改革：准入負面清單、工商登記便利化

為創業創新提供便利的工商登記服務：加快實施工商營業執照、組織機構代碼證、稅務登記證"三證合一""一照一碼"，落實"先照後證"改革，推進全程電子化登記和電子營業執照應用。支持各地結合實際放寬新註冊企業場所登記條件限制，推動"一址多照"、集群註冊等住所登記改革，為創業創新提供便利的工商登記服務。

——國務院《關於大力推進大眾創業萬眾創新若干政策措施的意見》（國發〔2015〕32 號）

市場准入負面清單：建立市場准入等負面清單，破除不合理的行業准入限制。

——國務院《關於大力推進大眾創業萬眾創新若干政策措施的意見》（國發〔2015〕32 號）

附錄 1.5　社會資本支持：資源分享、創新平台、雙創大賽

（一）科技創新資源開放共用：基礎設施、科學數據

推動創新資源向創新創業者開放：引導高校、科研院所、大型企業、技術轉移機構、創業投資機構以及國家級科研平台（基地）等，將科研基礎設施、大型科研儀器、科技數據文獻、科技成果、創投資金等向創新創業者開放。依託 3D 打印、大數據、網絡製造、開源軟硬件等先進技術和手段，支持各類機構為創新創業者提供便捷的創新創業工具。

——國務院辦公廳《關於印發促進科技成果轉移轉化行動方案的通知》（國辦發〔2016〕28 號）

推動國家科技資源向各類創新主體開放：加強國家科技資源分享服務平台建設和科學數據管理，統籌國家科技創新基地規劃佈局，推進國家科學數據中心、國家種質資源庫、人類遺傳資源和實驗材料庫（館）建設，促進國防科技資源開放共用。……完善國家科技報告制度，推動更多國家重大科技基礎設施、科學數據和儀器設備向各類創新主體開放。

——國務院《關於全面加強基礎科學研究的若干意見》（國發〔2018〕4 號）

數據、科研基礎設施、科研平台向社會開放：加強政府數據開放共用，推動大型互聯網企業和基礎電信企業向創業者開放計算、存儲和數據資源。積極推廣眾包、用戶參與設計、雲設計等新型研發組織模式和創業創新模式。建立科技基礎設施、大型科研儀器和專利信息資源向全社會開放的長效機制。完善國家重點實驗室等國家級科研平台（基地）向社會開放機制，為大眾創業、萬眾創新提供有力支撐。

——國務院《關於大力推進大眾創業萬眾創新若干政策措施的意見》（國發〔2015〕32號）

高校科技創新資源向在校學生開放：各高校要加強專業實驗室、虛擬仿真實驗室、創業實驗室和訓練中心建設，促進實驗教學平台共用。各地區、各高校科技創新資源原則上向全體在校學生開放，開放情況納入各類研究基地、重點實驗室、科技園評估標準。

——國務院辦公廳《關於深化高等學校創新創業教育改革的實施意見》（國辦發〔2015〕36號）

（二）創新平台：孵化機構、科研機構

構建高水平研發機構，集聚高端創新人才：鼓勵行業領軍企業構建高水平研發機構，形成完善的研發組織體系，集聚高端創新人才。

——中共中央、國務院《國家創新驅動發展戰略綱要》（2016）

建設一批支撐高水平創新的基礎設施和平台：適應大科學時代創新活動的特點，針對國家重大戰略需求，建設一批具有國際水平、突出學科交叉和協同創新的國家實驗室。加快建設大型共用實驗裝置、數據資源、生物資源、知識和專利信息服務等科技基礎條件平台。研發高端科研儀器設備，提高科研裝備自給水平。建設超算中心和雲計算平台等數字化基礎設施，形成基於大數據的先進信息網絡支撐體系。

——中共中央、國務院《國家創新驅動發展戰略綱要》（2016）

搭建科技人才創新創業平台：構建"互聯網＋"創新創業人才服務平台，提供科技諮詢、人才計劃、科技人才活動、教育培訓等公共服務，實現人才與人才、人才與企業、人才與資本之間的互動和跨界協作。圍繞支撐地方特色產業培育發展，建立一批科技領軍人才創新驅動中心，支持有條件的企業建設院士（專家）工作站，為高層次人才與企業、地方對接搭建平台。建設海外科技人才離岸創新創業基地，為引進海外創新創業資源搭建平台和橋樑。

——國務院辦公廳《關於印發促進科技成果轉移轉化行動方案的通知》（國辦發〔2016〕28號）

為高校畢業生搭建創新創業平台：落實國家關於清障減負各項政策，為高校畢業生創新創業營造良好環境。加快發展眾創空間，依託大學生創業園、國家農業科技園區、創業孵化基地等，為高校畢業生搭建低成本、全方位、專業化的創新創業平台。

——中共中央辦公廳、國務院辦公廳《關於進一步引導和鼓勵高校畢業生到

基層工作的意見》（中辦發〔2016〕79 號）

　　積極推進港澳青年內地創新創業就業基地建設：支持港澳青年和中小微企業在內地發展，將符合條件的港澳創業者納入當地創業補貼扶持範圍，積極推進深港青年創新創業基地、前海深港青年夢工廠、南沙粵港澳（國際）青年創新工廠、中山粵港澳青年創新創業合作平台、中國（江門、增城）"僑夢苑"華僑華人創新產業聚集區、東莞松山湖（生態園）港澳青年創新創業基地、惠州仲愷港澳青年創業基地等港澳青年創業就業基地建設。

　　——中共中央、國務院《粵港澳大灣區發展規劃綱要》（2019）

　　建設離岸創新創業平台：建設離岸創新創業平台，允許科技企業區內註冊、國際經營。

　　——中共中央、國務院《粵港澳大灣區發展規劃綱要》（2019）

　　建設創業創新區域平台：依託自由貿易試驗區、國家自主創新示範區、戰略性新興產業集聚區等創業創新資源密集區域，打造若干具有全球影響力的創業創新中心。……鼓勵有條件的地方出台各具特色的支持政策，積極盤活閒置的商業用房、工業廠房、企業庫房、物流設施和家庭住所、租賃房等資源，為創業者提供低成本辦公場所和居住條件。

　　——國務院《關於大力推進大眾創業萬眾創新若干政策措施的意見》（國發〔2015〕32 號）

　　建設國際化科技創新基地和世界級科學研究中心：圍繞國家重大任務，有效整合優勢科研資源，建設綜合性、高水平的國際化科技創新基地，在若干優勢領域形成一批具有鮮明特色的世界級科學研究中心。

　　——中共中央、國務院《國家創新驅動發展戰略綱要》（2016）

　　加快構建眾創空間：總結推廣創客空間、創業咖啡、創新工廠等新型孵化模式，充分利用國家自主創新示範區、國家高新技術產業開發區、科技企業孵化器、小企業創業基地、大學科技園和高校、科研院所的有利條件，發揮行業領軍企業、創業投資機構、社會組織等社會力量的主力軍作用，構建一批低成本、便利化、全要素、開放式的眾創空間。

　　——國務院辦公廳《關於發展眾創空間推進大眾創新創業的指導意見》（國辦發〔2015〕9 號）

　　形成一批大學高水平科技創新基地：引導大學加強基礎研究和追求學術卓越，組建跨學科、綜合交叉的科研團隊，形成一批優勢學科集群和高水平科技創新基地，建立創新能力評估基礎上的績效撥款制度，系統提升人才培養、學科建設、科技研發三位一體創新水平。

　　——中共中央、國務院《國家創新驅動發展戰略綱要》（2016）

　　支持科技企業孵化機構發展：國家支持科技企業孵化器、大學科技園等科技企業孵化機構發展，為初創期科技型中小企業提供孵化場地、創業輔導、研究開發與管理諮詢等服務。

　　——《中華人民共和國促進科技成果轉化法》（2015 年修訂）

　　（三）創新創業活動：創新創業大賽、創業培訓活動

　　舉辦創新創業大賽：組織開展中國創新創業大賽、中國創新挑戰賽、中國"互聯網+"大學生創新創業大賽、中國農業科技創新創業大賽、中國科技創新創業人才投融資集訓營等活動，支持地方和社會各界舉辦各類創新創業大賽，集聚整合創業投資等各類資源支持創新創業。

　　——國務院辦公廳《關於印發促進科技成果轉移轉化行動方案的通知》（國辦發〔2016〕28 號）

　　舉辦青年創新創業大賽：建設青年創業項目展示和資源對接平台，搭建青年創業信息公共服務網絡，辦好青年創新創業大賽、展交會、博覽會等創業品牌活動。完善互聯網創新創業政策，實施青年電商培育工程。

　　——科技部辦公廳《落實〈中長期青年發展規劃（2016—2025 年）〉實施方案》（國科辦黨委〔2017〕53 號）

　　舉辦大學生創新創業大賽：舉辦全國大學生創新創業大賽，辦好全國職業院校技能大賽，支持舉辦各類科技創新、創意設計、創業計劃等專題競賽。支持高校學生成立創新創業協會、創業俱樂部等社團，舉辦創新創業講座論壇，開展創新創業實踐。

　　——國務院辦公廳《關於深化高等學校創新創業教育改革的實施意見》（國辦發〔2015〕36 號）

　　豐富創新創業活動：鼓勵社會力量圍繞大眾創業、萬眾創新組織開展各類公益活動。繼續辦好中國創新創業大賽、中國農業科技創新創業大賽等賽事活動，積極支持參與國際創新創業大賽，為投資機構與創新創業者提供對接平台。建立健全創業輔導制度，培育一批專業創業導師，鼓勵擁有豐富經驗和創業資源的企業家、天使投資人和專家學者擔任創業導師或組成輔導團隊。鼓勵大企業建立服務大眾創業的開放創新平台，支持社會力量舉辦創業沙龍、創業大講堂、創業訓練營等創業培訓活動。

　　——國務院辦公廳《關於發展眾創空間推進大眾創新創業的指導意見》（國辦

發〔2015〕9號）

附錄 1.6　其他政策：創新管理、創新文化

鼓勵人人創新：支持企業員工參與工藝改進和產品設計，鼓勵一切有益的微創新、微創業和小發明、小改進，將奇思妙想、創新創意轉化為實實在在的創業活動。

——中共中央、國務院《國家創新驅動發展戰略綱要》（2016）

推進開放式創新：圍繞"互聯網＋"戰略開展企業技術難題競標等"研發眾包"模式探索，引導科技人員、高校、科研院所承接企業的項目委託和難題招標，聚眾智推進開放式創新。

——國務院辦公廳《關於印發促進科技成果轉移轉化行動方案的通知》（國辦發〔2016〕28號）

健全保護創新的法治環境：加快創新薄弱環節和領域的立法進程，修改不符合創新導向的法規文件，廢除制約創新的制度規定，構建綜合配套精細化的法治保障體系。

——中共中央、國務院《國家創新驅動發展戰略綱要》（2016）

宣導創新文化：宣導創新文化，強化知識產權創造、保護、運用。

——習近平總書記《在中國共產黨第十九次全國代表大會上的報告》（2017）

繁榮創業創新文化：設立"全國大眾創業萬眾創新活動週"，加強政策宣傳，展示創業成果，促進投資對接和互動交流，為創業創新提供展示平台。繼續辦好中國創新創業大賽、中國農業科技創新創業大賽等賽事活動。引導各類媒體加大對四眾的宣傳力度，普及四眾知識，發掘典型案例，推廣成功經驗，培育尊重知識、崇尚創造、追求卓越的創新文化。

——國務院《關於加快構建大眾創業萬眾創新支撐平台的指導意見》（國發〔2015〕53號）

營造創新創業文化氛圍：積極宣導敢為人先、寬容失敗的創新文化，樹立崇尚創新、創業致富的價值導向，大力培育企業家精神和創客文化，將奇思妙想、創新創意轉化為實實在在的創業活動。加強各類媒體對大眾創新創業的新聞宣傳和輿論引導，報導一批創新創業先進事蹟，樹立一批創新創業典型人物，讓大眾創業、萬眾創新在全社會蔚然成風。

——國務院辦公廳《關於發展眾創空間推進大眾創新創業的指導意見》（國辦發〔2015〕9號）

創新文化建設：在全社會形成鼓勵創造、追求卓越的創新文化，推動創新成為民族精神的重要內涵。宣導百家爭鳴、尊重科學家個性的學術文化，增強敢為人先、勇於冒尖、大膽質疑的創新自信。重視科研試錯探索價值，建立鼓勵創新、寬容失敗的容錯糾錯機制。

——中共中央、國務院《國家創新驅動發展戰略綱要》（2016）

鼓勵創新、寬容失敗：推動形成鼓勵創新、寬容失敗的體制機制和社會環境，更好激發青年創新潛能和創業活力。

——科技部辦公廳《落實〈中長期青年發展規劃（2016—2025 年）〉實施方案》（國科辦黨委〔2017〕53 號）

建立高層次創新決策諮詢機制，轉變政府創新管理職能：建立國家高層次創新決策諮詢機制，定期向黨中央、國務院報告國內外科技創新動態，提出重大政策建議。轉變政府創新管理職能，合理定位政府和市場功能。強化政府戰略規劃、政策制定、環境營造、公共服務、監督評估和重大任務實施等職能。對於競爭性的新技術、新產品、新業態開發，應交由市場和企業來決定。建立創新治理的社會參與機制，發揮各類行業協會、基金會、科技社團等在推動創新驅動發展中的作用。

——中共中央、國務院《國家創新驅動發展戰略綱要》（2016）

附錄 1.7　中央政府創新人才支持政策文件概覽

中央政府各部委從 2006 年開始共出台三十四份適用於創新人才的政策文件（見表 2）。

表 2　中央政府政策文件彙總

出台時間	出台部門	文件名稱
2006	中共中央辦公廳、國務院辦公廳	關於進一步加強高技能人才工作的意見
2011	中共中央組織部、人力資源和社會保障部、國家外國專家局	"千人計劃" 高層次外國專家項目工作細則
2012	國家外國專家局	"外專千人計劃" 科研經費補助管理辦法
2014	國務院	關於改進加強中央財政科研項目和資金管理的若干意見

出台時間	出台部門	文件名稱
2015	中共中央辦公廳、國務院辦公廳	關於加強外國人永久居留服務管理的意見
2015	國務院	關於大力推進大眾創業萬眾創新若干政策措施的意見
2015	中共中央、國務院	關於深化體制機制改革加快實施創新驅動發展戰略的若干意見
2015	國務院辦公廳	關於改革完善博士後制度的意見
2015	國務院辦公廳	關於發展眾創空間推進大眾創新創業的指導意見
2015	國務院	關於新形勢下加快知識產權強國建設的若干意見
2015	國務院	關於加快構建大眾創業萬眾創新支撐平台的指導意見
2015	國務院辦公廳	關於深化高等學校創新創業教育改革的實施意見
2015	國務院	關於印發統籌推進世界一流大學和一流學科建設總體方案的通知
2015		中華人民共和國促進科技成果轉化法（2015 年修訂）
2016	國務院	實施〈中華人民共和國促進科技成果轉化法〉若干規定
2016	人力資源社會保障部	關於加強基層專業技術人才隊伍建設的意見
2016	國務院辦公廳	關於印發促進科技成果轉移轉化行動方案的通知
2016	國務院	"十三五"國家科技創新規劃
2016	中共中央組織部辦公廳	國家引進海外高層次人才參考目錄
2016	教育部、科技部	關於加強高等學校科技成果轉移轉化工作的若干意見
2016	中共中央	關於深化人才發展體制機制改革的意見
2016	中共中央辦公廳、國務院辦公廳	關於進一步引導和鼓勵高校畢業生到基層工作的意見
2016	中共中央、國務院	國家創新驅動發展戰略綱要
2016	國家衛生計生委	關於印發"十三五"全國衛生計生人才發展規劃的通知
2016	中共中央辦公廳、國務院辦公廳	關於實行以增加知識價值為導向分配政策的若干意見
2017	中共中央組織部	國家海外高層次人才引進計劃管理辦法
2017	中共中央組織部	國家高層次人才特殊支持計劃管理辦法

出台時間	出台部門	文件名稱
2017	國務院	關於強化實施創新驅動發展戰略進一步推進大眾創業萬眾創新深入發展的意見
2017	科技部	"十三五"國家科技人才發展規劃
2017	習近平總書記	在中國共產黨第十九次全國代表大會上的報告
2017	科技部辦公廳	落實〈中長期青年發展規劃（2016—2025 年）〉實施方案
2018	國務院	關於全面加強基礎科學研究的若干意見
2018	科技部、全國工商聯	關於推動民營企業創新發展的指導意見
2019	中共中央、國務院	粵港澳大灣區發展規劃綱要

資料來源：根據相關政策文件整理。

附錄 2
廣東省政府：承上啟下，區域協同

　　廣東省政府相關部門出台的政策在貫徹落實中央政策的同時，也為下級政府提供政策實施意見，具有承上啟下的作用。一方面，廣東省政府提供了具有引導性的實施意見，明文規定可全省執行的政策，更詳細的實施措施和辦法則由下級政府根據地方情況靈活制定並且落實。另一方面，廣東省政府尤其關注粵港澳在創新人才方面的區域性合作，為三地的人才流動、人才培養、人才服務和創新資源分享等方面提供了具有針對性的政策支持。

　　廣東省關於創新人才的政策可以分為人力資本支持、價值實現支持、物質資本支持、服務保障支持、社會資本支持五大類（見表 3）。

表 3　廣東省政府政策類型分析

政策類型	具體內容
人力資本支持	人才引進與培養； 人才交流與合作； 人才流動
價值實現支持	知識產權； 收入分配； 職稱評審
物質資本支持	財政與金融支持； 創業扶持
服務保障支持	公共服務； 行政與商事制度改革
社會資本支持	科技創新資源開放共用； 創新平台； 創新創業活動

資料來源：根據相關政策文件整理。

附錄 2.1　人力資本支持：人才引進、人才培養、人才流動

（一）人才引進與培養：人才開發目錄、人才培養工程

博士後培養工程：實施博士後培養工程。支持符合條件的高新技術企業申請設立博士後科研工作站，鼓勵暫未設站的企業與高校共建博士後科研基地，聯合招收項目博士後。五年內新增博士後科研流動站四十個、工作站八十個，新增進站博士後二千名。適當提高博士後日常經費標準，加強博士後進站、在站和出站管理，提高博士後培養質量和管理水平。各級政府要對所屬在站企業博士後給予相應的科研經費補貼。招收單位要按照不少於財政經費補貼的三分之一比例給予科研啟動經費。用人單位要積極創造條件，鼓勵掌握核心技術、具有自主知識產權或具有高成長項目的博士後，出站後繼續留在我省工作。

——中共廣東省委、廣東省人民政府《關於加快吸引培養高層次人才的意見》（粵發〔2008〕15 號）

南粵傑出人才培養工程：實施百名南粵傑出人才培養工程。打造我省高層次人才培養品牌工程，着力培養一批有實力競爭中國科學院、中國工程院院士的候選人才。2009 年至 2013 年，組織人事部門會同有關部門通過競爭擇優的辦法，每年遴選二十名以上優秀中青年高層次科研人才進入培養工程。省財政每年安排專項資金，用於補助用人單位培養經費。為入選對象提供科研平台，配備工作助手，推薦承擔國家和省重大科研項目、重大科研課題的主要負責人，推薦進入國際性或全國性學術團體和各級評價、評審、評獎機構專家委員會及諮詢委員會。五年為一個培養週期，每年考核一次，實行淘汰制。每培養一名兩院院士、相同等級擔任省級重大科技項目首席科學家、重大工程項目首席工程技術專家、管理專家，省財政一次性提供五百萬元專項工作經費和一百萬元（稅後）住房補貼。

——中共廣東省委、廣東省人民政府《關於加快吸引培養高層次人才的意見》（粵發〔2008〕15 號）

加強創新型人才引進培養：地級市以上人民政府應當定期制定創新型人才發展規劃和緊缺人才開發目錄，加強創新型人才的培養和引進工作。縣級以上人民政府應當優先保證對創新型人才建設的財政投入，保障人才發展重大項目的實施。

——廣東省人民代表大會常務委員會《廣東省自主創新促進條例》（2016 年修訂）

建立完善針對高層次人才的引才引智機制：加快培育發展高層次人才市場，構建統一開放的人才市場體系。建立由省人才工作協調小組統籌領導的海內外引才引智工作機制，探索設立海外引才引智工作站。建立海外來粵工作的高層次人才信息

庫，編制我省高層次緊缺人才開發目錄，定期向海內外發佈需求信息，引導供需對接。依託粵港澳緊密合作，創建粵港澳人才交流平台，充分利用港澳地區人才資源優勢。出台形式多樣、靈活便捷的引才引智政策，鼓勵國內外高層次人才來粵從事兼職、諮詢、講學、科研活動，開展技術合作、技術入股、投資辦企業或從事其他專業工作；鼓勵用人單位以崗位聘用、項目聘用、任務聘用、項目合作等方式引進高層次人才。爭取國家政策支持，建立引進“海外高層次人才綠卡制度”。

——中共廣東省委、廣東省人民政府《關於加快吸引培養高層次人才的意見》（粵發〔2008〕15 號）

吸引國（境）外優秀博士來粵從事博士後研究：優化“珠江人才計劃”海外青年人才引進博士後資助項目，採取“核實認定、不限名額”的方式，面向業內公認全球排名前二百的高校引進國（境）外博士畢業生來粵從事博士後工作。省財政給予進站博士後每人每年三十萬元生活補貼，資助期限為兩年；出站後留在我省工作的，省財政給予每人四十萬元住房補貼。

——中共廣東省委組織部等十三部門《關於加快新時代博士和博士後人才創新發展的若干意見》（粵組通〔2017〕46 號）

建立全球博士和博士後人才招募機制：整合我省海外工作站點資源，建立海外人才工作站，收集當地人才信息，發佈我省人才政策和人才需求，舉薦海外人才，省財政對每個人才工作站給予五十萬元建站補貼。打造離岸研發中心、海外孵化基地及人才創新創業基地，就地吸納優秀博士和博士後，省財政給予每人十萬元生活補貼。舉辦海外博士、博士後招聘活動，加強人才政策宣傳，開展與“一帶一路”國家博士和博士後人才交流。每年面向國（境）外知名高校、科研機構和龍頭企業邀請一百名代表來粵交流，每人給予五萬元補貼。

——中共廣東省委組織部等十三部門《關於加快新時代博士和博士後人才創新發展的若干意見》（粵組通〔2017〕46 號）

引進人才經費補貼：實施領軍人才引進計劃。重點引進中國科學院院士、中國工程院院士和相同等級擔任省級重大科技項目首席科學家、重大工程項目首席工程技術專家、管理專家。每引進一名兩院院士、相同等級擔任省級重大科技項目首席科學家、重大工程項目首席工程技術專家、管理專家，省財政一次性提供五百萬元專項工作經費和一百萬元（稅後）住房補貼。凡引進本意見第三條所列的其他高層次人才，可由同級政府或用人單位一次性給予適當的經費補貼。

——中共廣東省委、廣東省人民政府《關於加快吸引培養高層次人才的意見》（粵發〔2008〕15 號）

引進和培養高層次人才專項資金：完善高層次人才投入管理機制。建立以用人單位為主，省、市、縣（市、區）各級財政共同分擔，社會力量廣泛支持的多渠道、多層次經費投入機制。省財政設立"引進和培養高層次人才專項資金"，用於引進、獎勵和培養三大項目。凡引進本意見所列科研和創新團隊、領軍人才，用人單位須提出申請，經有關主管部門按程序審核確定，報省政府批准後，所需經費從預留專項資金中列支。各地要加大高層次人才投入力度，對本意見第四條所列項目，除省財政投入資金外，珠三角地區和其他地區有關市政府要分別按照不少於省財政支持專項工作經費額度二分之一、三分之一的比例提供配套資金。

——中共廣東省委、廣東省人民政府《關於加快吸引培養高層次人才的意見》（粵發〔2008〕15 號）

加強高層次人才培養載體建設：發揮高等學校培養高層次人才的基礎作用，調整優化高等學校專業結構和培養方向。繼續辦好高新技術產業園區、工業園區和留學人員創業園區，完善配套政策和設施。鼓勵企業自辦或與高等學校、科研院所聯合組建工程技術研究中心和企業技術中心，重點扶持一批學科基礎較好的高等學校、科研院所、公共管理部門與海外研發機構組建聯合實驗室或研發中心。鼓勵國內外著名高等學校、國家級重點科研院所、大型企業、跨國公司、培訓諮詢機構、中介機構來粵設立分支機構。支持企事業單位"走出去"，在境內外人才密集地區設立研發機構，力爭在優勢產業建成一批具有世界先進水平的研發機構。

——中共廣東省委、廣東省人民政府《關於加快吸引培養高層次人才的意見》（粵發〔2008〕15 號）

實施先進製造業和高新技術產業高層次人才引進計劃：重點引進一批裝備製造、汽車、鋼鐵、石化、船舶製造等先進製造業和電子信息、生物醫藥、新材料、環保、節能與新能源、海洋生物等高新技術產業頂尖級人才。有關地區和部門要盡快拿出一批重大科技項目面向國內外公開招標，依託項目引進先進製造業和高新技術產業的高層次人才。

——中共廣東省委、廣東省人民政府《關於加快吸引培養高層次人才的意見》（粵發〔2008〕15 號）

引進創新團隊專項經費：實施創新和科研團隊引進計劃。重點引進我省優先發展產業急需的創新和科研團隊。引進世界一流水平、對我省產業發展有重大影響、能帶來重大經濟效益和社會效益的創新和科研團隊，省財政給予八千萬元至一億元的專項工作經費；引進國內頂尖水平、國際先進水平的創新和科研團隊，省財政給予三千萬元至五千萬元的專項工作經費；引進國內先進水平的創新和科研團隊，省財政給予一千萬元至二千萬元的專項工作經費。

　　——中共廣東省委、廣東省人民政府《關於加快吸引培養高層次人才的意見》（粵發〔2008〕15 號）

　　引進與資助創新創業團隊：大力實施"珠江人才計劃"，加大企業引才力度，繼續引進創新創業團隊，給予單個團隊最高一億元資助。

　　——中共廣東省委辦公廳《關於我省深化人才發展體制機制改革的實施意見》（粵發〔2017〕1 號）

　　引進與資助人才：大力引進領軍人才、企業家、金融人才和青年拔尖人才，對引進高層次人才實施更加優惠的補貼政策，根據當年申報公告規定的准入條件和工資薪金收入及相應個稅標準直接認定引進人才資助對象，對符合條件的人才按實際年工資薪金收入的一倍提供生活補貼，每年最高不超過一百萬元。

　　——中共廣東省委辦公廳《關於我省深化人才發展體制機制改革的實施意見》（粵發〔2017〕1 號）

（二）人才交流與合作：面向港澳、創新聯盟

　　支持粵港澳合作設立產學研創新聯盟：深入開展粵港澳科技合作發展研究計劃，支持有條件的示範基地聯合港澳設立產學研創新聯盟，建設面向港澳的科技成果孵化基地和粵港澳青年創業基地。

　　——廣東省人民政府辦公廳《關於印發廣東省建設大眾創業萬眾創新示範基地實施方案的通知》（粵府辦〔2016〕108 號）

　　（三）人才流動：簡化手續、完善政策

　　選派優秀博士、博士後參加"博士服務團"與"科技專家服務團"：選派優秀博士、博士後參加中組部"博士服務團"到西部地區服務。面向省內外選派優秀博士、博士後參加"科技專家服務團"，到粵東西北地方開展掛職服務，服務期限一至兩年。對接粵東西北產業發展需求，組織一批博士和博士後到粵東西北地方柔性服務。鼓勵支持專業性較強的機關、參公事業單位從緊缺急需專業的優秀博士、博士後人員中選拔考錄公務員。

　　——中共廣東省委組織部等十三部門《關於加快新時代博士和博士後人才創新發展的若干意見》（粵組通〔2017〕46 號）

　　簡化人才流動手續：簡化流動手續。取消現行各種限制人才流動的規定，有條件的地區可建立引進人才"一站式"服務平台。凡引進本意見第三條所列的高層次人才，黨委組織部門、政府人事部門應隨報隨批，及時辦結調動手續，其配偶、子女、父母均可隨遷來粵，公安部門憑上述部門簽發的調動通知辦理入戶手續，可在本人工作所在地或居住地選擇入戶，不受戶口指標和年齡等條件限制。本人不願意遷移戶口的，可辦理《廣東省居住證》，享受戶籍居民同等待遇。

——中共廣東省委、廣東省人民政府《關於加快吸引培養高層次人才的意見》（粵發〔2008〕15 號）

完善科研人員流動社保關係轉移接續政策：制定貫徹落實國家機關事業單位基本養老保險關係轉移接續實施意見，完善科研人員在企業與事業單位間流動時社保關係轉移接續政策。

——廣東省人民政府《關於強化實施創新驅動發展戰略進一步推進大眾創業萬眾創新深入發展的實施意見》（粵府〔2018〕74 號）

附錄 2.2　價值實現支持：知識產權、收入分配、職稱評審

（一）知識產權：完善法規、中介機構

高層次人才知識產權保護：加強知識產權服務與保護。為高層次人才申請國外專利提供幫助。為高層次人才創新、創業活動提供知識產權政策和有關信息的諮詢與服務。繼續做好"廣東省專利獎"評選工作，鼓勵和調動高層次人才發明創造的積極性。加大知識產權保護力度，為高層次人才知識產權的生成與保護提供良好環境。

——中共廣東省委、廣東省人民政府《關於加快吸引培養高層次人才的意見》（粵發〔2008〕15 號）

完善知識產權法規政策體系：加強"互聯網＋"、電子商務、大數據等領域知識產權保護規則研究，探索制定新商業模式等新形態創新成果的知識產權保護辦法。研究知識產權行政保護與司法保護優勢互補和相互銜接機制。完善省市財政專利申請資助和獎勵政策，建立健全深化知識產權管理體制機制改革。

——廣東省人民政府知識產權辦公會議辦公室《廣東省知識產權事業發展"十三五"規劃》（粵府知辦〔2016〕21 號）

（二）收入分配：創新分配機制、提高獎勵比例

創新高層次人才分配機制：探索人才資本產權激勵辦法，推進生產要素按貢獻大小參與分配的改革，建立健全重實績、重貢獻，向優秀人才和關鍵崗位傾斜的薪酬機制。各地各部門可選擇有條件的單位在職務科技成果轉化的收益中，提取一定比例獎勵項目完成人員和有貢獻的人員，建立完善人才資本與科研成果有償轉移制度，也可採取協議方式高薪聘用拔尖人才，實行一流人才、一流業績、一流報酬。

——中共廣東省委、廣東省人民政府《關於加快吸引培養高層次人才的意見》

（粵發〔2008〕15號）

提高科技成果轉化收益獎勵比例：加快制定廣東省科技成果轉化促進條例。推進科技成果處置權管理制度改革，探索試行高等學校和科研機構科技成果公開交易備案管理制度。提高高等學校和科研機構科技成果轉化收益用於獎勵科技人員及團隊的比例。

——中央廣東省委、廣東省人民政府《關於全面深化科技體制改革加快創新驅動發展的決定》（粵發〔2014〕12號）

完善科研人員收入分配制度：加大對高校、科研院所科研人員的績效激勵力度及收入分配傾斜，建立健全科技成果轉化內部管理與獎勵制度，探索完善績效工資總量核定辦法並建立動態調整機制，科技成果轉化轉讓收益用於科研團隊（個人）的激勵部分、單位承擔的各類財政資助科研項目的間接費用於科研人員的績效支出部分暫不列入單位績效工資總量調控管理，橫向課題經費給予科技人員的報酬及結餘經費可以全部獎勵項目組，科技人員的報酬及項目結餘經費獎勵支出不納入單位績效工資總量管理。進一步完善科研人員兼職取薪、離崗創業、工資待遇等政策，落實國家相關社保政策。

——廣東省人民政府《關於強化實施創新驅動發展戰略進一步推進大眾創業萬眾創新深入發展的實施意見》（粵府〔2018〕74號）

對科技人員實施股權激勵：提高科技成果轉化積極性，高校獨資設立的資產管理公司可將高校委託或劃撥的科技成果自主作價投資，對科技人員實施股權激勵，所持企業國有股份收益分配及退出由高校自主審批，收益可部分留歸公司使用。

——廣東省人民政府《關於進一步促進科技創新若干政策措施的通知》（粵府〔2019〕1號）

（三）職稱評審：許可權下放、創新導向

建立激勵科技成果轉化的職稱評價制度：科技人員作為第一主持（責任）人研發具有市場發展前景和應用價值的高新技術並成功實現轉化和產業化，單個技術轉讓項目技術交易額累計達到五十萬元或三年內多個技術轉讓項目技術交易額累計達到一百萬元的，在參與職稱評審時每個項目或每一百萬元可替代一項縱向課題要求。技術轉讓合同以地級以上市科技部門登記為準。技術作價入股可參照執行。獲得國家傑出青年科學基金、省（自治區、直轄市）人民政府科學技術獎（不含集體獎）、主持管理企業的技術創新工作且研發技術創新產品（項目）近三年年均銷售收入八百萬元以上或年均繳稅一百萬元以上、作為新型研發機構的主要技術負責人並完成兩項技術創新並實現成果轉化等條件之一的，可以一篇專業技術分析報告（由本人單獨撰寫並與工作崗位相關，含施工方案、設計方案、技改方案、技術方案等，每篇字數不少於三千字，由單位組織專家做出鑑定意見）代替一篇論文要求。

——廣東省人力資源和社會保障廳、廣東省科學技術廳《關於進一步改革科技人員職稱評價的若干意見》（粵人社規〔2015〕4 號）

健全職稱評審分類評價機制：有關專業技術資格評審委員會應根據本系列（專業）實際發展需求、專技人才的職業特點以及人才成長規律，及時修訂有關資格條件，將技術創新和創造、高新技術成果轉化等方面取得的業績及所創造的經濟效益和社會效益等因素作為職稱評審的重要條件。

——廣東省人力資源和社會保障廳、廣東省科學技術廳《關於進一步改革科技人員職稱評價的若干意見》（粵人社規〔2015〕4 號）

高層次人才可直接認定正高職稱資格：獲國家最高科學技術獎、國家自然科學獎或技術發明獎或科學技術進步獎一等獎以上、中國發明專利金獎發明人排名前二位、入選國家"千人計劃"的個人、百千萬工程國家級人選、百名南粵傑出人才培養工程人選、入選"廣東引進領軍人才"的個人或"廣東引進科研創新團隊"帶頭人的，可直接認定相應專業最高級別專業技術資格。省突出貢獻評審委員會負責認定的組織實施工作。

——廣東省人力資源和社會保障廳、廣東省科學技術廳《關於進一步改革科技人員職稱評價的若干意見》（粵人社規〔2015〕4 號）

妥善解決高層次人才專業技術職務資格認定和崗位聘用問題：抓緊建立健全科學的人才評價機制，解決職稱評聘和認定問題，按照科學人才觀和有利於吸引人才的原則，修訂完善來粵高層次人才專業技術職務資格認定制度。制定廣東省特級專家聘任辦法，推行首席專家、大師工作室等制度。事業單位引進高層次人才，因崗位職數不足的，可向政府人事部門申請追加職數。引進首席專家、學科帶頭人的，因不同制度沒有職稱的，可設置特聘崗位予以解決，享受相同崗位人員待遇。

——中共廣東省委、廣東省人民政府《關於加快吸引培養高層次人才的意見》（粵發〔2008〕15 號）

職稱評審許可權下放：激發科研人員創新創業活力。落實我省深化職稱制度改革實施意見，加大創新成果轉化評價權重，下放職稱評審許可權。

——廣東省人民政府《關於強化實施創新驅動發展戰略進一步推進大眾創業萬眾創新深入發展的實施意見》（粵府〔2018〕74 號）

附錄 2.3　物質資本支持：人才資助、稅收優惠、創業扶持

（一）財政與金融支持：稅收優惠、天使投資

"廣東特支計劃"專項資金："廣東特支計劃"專項資金是指經省委、省政府同意，由省財政安排用於組織實施"廣東特支計劃"傑出人才（百名南粵傑出人才）、科技創新領軍人才、科技創業領軍人才、教學名師、百千萬工程領軍人才、科技創新青年拔尖人才、百千萬工程青年拔尖人才培養計劃的專項資金。專項資金主要用於支持受資助人開展科研活動、人才培養、團隊建設、自主創業等。具體資助標準為：（一）"傑出人才"每人一次性補助一百萬元，如培養成功當選中國科學院、中國工程院院士，省財政再給予新當選院士每人五百萬元工作經費和一百萬元（稅後）住房補貼。（二）"科技創新領軍人才""科技創業領軍人才"每人一次性補助八十萬元。（三）"百千萬工程領軍人才"每人一次性補助五十萬元。（四）"教學名師""科技創新青年拔尖人才"每人一次性補助三十萬元。（五）"百千萬工程青年拔尖人才"每人一次性補助十萬元。

——廣東省財政廳、中共廣東省委組織部《廣東省實施"廣東特支計劃"專項資金管理辦法》（粵財教〔2014〕172 號）

珠江人才計劃創新創業團隊資金資助：省財政給予每個團隊不低於一千萬元的資助資金，其中一百萬元為住房補貼，其餘部分為科研工作經費。

——廣東省財政廳《珠江人才計劃專項資金管理辦法》（粵財教〔2014〕323 號）

珠江人才計劃個人資金資助：領軍人才。省財政給予每人不超過六百萬元的資助資金，其中含不超過五百萬元的科研工作經費和不超過一百萬元的住房補貼。"千人計劃"入選者。可按中央財政一次性補助額度 1：1.5 的標準，獲得省財政資助資金。創新長期、創業、溯及既往、外專千人項目資助資金為每人一百五十萬元，其中含一百萬元科研工作經費、五十萬元住房補貼；創新短期、青年千人項目資助資金為每人七十五萬元，其中含五十萬元科研工作經費、二十五萬元住房補貼；頂尖人才與創新團隊項目採取一事一議的方式確定資助資金額度。

——廣東省財政廳《珠江人才計劃專項資金管理辦法》（粵財教〔2014〕323 號）

突出貢獻人才獎勵：重獎有突出貢獻的人才。建立健全以政府獎勵為導向、用人單位和社會力量獎勵為主體的人才獎勵體系。抓緊制定南粵功勳獎、南粵創新獎評選辦法，設立南粵功勳獎兩名，每名獎金三千萬元；設立南粵創新獎五名，每名獎金五百萬元。繼續做好南粵友誼獎評選工作，加大對貢獻突出的外國專家表彰獎勵的力度。上述獎項每兩年評選一次。

——中共廣東省委、廣東省人民政府《關於加快吸引培養高層次人才的意見》

（粵發〔2008〕15 號）

揚帆計劃創新創業團隊資金資助：優化提升粵東西北地方人才發展幫扶計劃（揚帆計劃）。支持粵東西北地方引進創新創業團隊，按檔次分別給予八百萬元、五百萬元、三百萬元資助；入選"珠江人才計劃"的創新創業團隊，免於評審、自動入選並享受該項目資助。

——中共廣東省委辦公廳《關於我省深化人才發展體制機制改革的實施意見》（粵發〔2017〕1 號）

創業創新大賽獲獎項目資助：對於在廣東省人力資源和社會保障廳牽頭舉辦的創業創新大賽有關單項賽中獲得金、銀、銅獎的創業項目：企業組（或相應組別）金、銀、銅獎（或相當獎級）分別按二十萬元、十五萬元、十萬元標準給予資助。團隊組（或相應組別）實行分段資助，金、銀、銅獎（或相當獎級）第一階段分別按十萬元、八萬元、五萬元標準給予資助；項目兩年內在廣東省行政區域內登記註冊後，可參照本辦法第十二條有關規定，分別申請第二階段十萬元、七萬元和五萬元資助。

——廣東省人力資源和社會保障廳《關於省級優秀創業項目資助的管理辦法》（粵人社規〔2016〕10 號）

（二）創業扶持：提供融資渠道、強化政策吸引

高層次人才創辦企業投融資服務：提供暢通的投融資渠道。拓寬融資方式，探索多元化、多層次的高新技術項目融資渠道，吸引高層次人才來粵開辦高新技術企業。提高風險投資資金使用效率，推動風險投資向高層次人才來粵創辦高新技術企業傾斜，發揮風險投資對高新技術產業的催化作用。

——中共廣東省委、廣東省人民政府《關於加快吸引培養高層次人才的意見》（粵發〔2008〕15 號）

博士和博士後創新創業基金：省財政投入十億元，設立博士和博士後創新創業基金，委託專業機構運營，引導撬動社會資本投入，不斷擴大基金規模，通過股權投資、貸款擔保貼息、風險補償等市場化機制，支持博士和博士後創新創業項目，加快科研成果轉化。有條件的市可參照設立博士和博士後創新創業基金。

——中共廣東省委組織部等十三部門《關於加快新時代博士和博士後人才創新發展的若干意見》（粵組通〔2017〕46 號）

吸引高層次留學人員來粵創業：實施留學人員來粵創業服務計劃。進一步辦好廣州留交會、深圳高交會和國際人才交流大會以及各類留學人員創業園，拓寬引才引智渠道。修訂《關於鼓勵出國留學高級人才來粵創業若干規定》，以更加優惠的政策、更加開放的態度、更加優越的工作條件和更加寬鬆的人文環境，吸引高層次留學人員來粵創業。

　　——中共廣東省委、廣東省人民政府《關於加快吸引培養高層次人才的意見》（粵發〔2008〕15號）

　　設立省級創業引導基金：設立省級創業引導基金，通過階段參股、跟進投資、風險補償等方式，重點支持以初創企業為主要投資對象的創業投資企業發展以及大學生創業創新活動。

　　——廣東省人民政府《關於大力推進大眾創業萬眾創新的實施意見》（粵府〔2016〕20號）

附錄 2.4　服務保障支持：安居保障、子女教育、商事改革

（一）公共服務：安居保障、子女教育

　　創新型人才公共服務：地級市以上人民政府應當制定和完善培養、引進創新型人才的政策措施，並為創新型人才在企業設立、項目申報、科研條件保障和出入境、戶口或者居住證辦理、住房、子女入學、配偶安置等方面提供便利條件。

　　——廣東省人民代表大會常務委員會《廣東省自主創新促進條例》（2016年修訂）

　　高層次人才住房補貼：高層次人才安居可以採取貨幣補貼或實物出租等方式解決。

　　——廣東省人民政府《關於加快科技創新的若干政策意見》（粵府〔2015〕1號）

　　優化博士和博士後人才公共服務：制定落實博士和博士後購房補貼、租房補貼或租住人才公寓等優惠政策，引導建立博士和博士後購房新機制，妥善解決博士和博士後的安居問題。博士畢業生報到證辦理時限延長為五年。博士和博士後隨遷子女入讀幼兒園、各級各類學校享受與當地戶籍人口子女同等待遇，由實際居住地或用人單位所在地的市、縣（市、區）教育部門妥善安排就讀。允許博士和博士後配偶和未成年子女隨其遷移入戶，在各級人才市場設立博士和博士後集體專戶。博士和博士後配偶願意在粵就業的，由用人單位通過雙向選擇協調安排工作。來（留）粵工作的博士和博士後，在限牌地區購車可享受一次性小型汽車免費上牌指標。

　　——中共廣東省委組織部等十三部門《關於加快新時代博士和博士後人才創新發展的若干意見》（粵組通〔2017〕46號）

　　高層次人才公寓：支持各級政府在引進人才相對集中的地區統一建設人才周轉公寓或購買商品房出租給在當地無房的高層次人才居住。支持高等學校、科研機構

參照所在地政府有關規定，利用自有存量國有建設用地建設租賃型人才周轉公寓。

——廣東省人民政府《關於加快科技創新的若干政策意見》（粵府〔2015〕1 號）

家屬就業和子女教育：努力解決家屬就業和子女讀書問題。引進高層次人才的家屬就業和子女上學由用人單位會同政府有關部門妥善解決。其子女參加高考不受戶口年限限制，對戶籍沒有遷入的可免借讀費。

——中共廣東省委、廣東省人民政府《關於加快吸引培養高層次人才的意見》（粵發〔2008〕15 號）

外籍高層次人才子女入學保障：在示範基地所在地市率先實施外籍高層次人才補貼政策，推進外籍高層次人才永久居留政策與子女入學、社會保障等有效銜接。

——廣東省人民政府辦公廳《關於印發廣東省建設大眾創業萬眾創新示範基地實施方案的通知》（粵府辦〔2016〕108 號）

妥善解決高層次人才居住問題：採取多種渠道解決引進人才的住房問題。鼓勵政府在引進人才相對集中的地區統一建設人才周轉公寓出租給高層次人才。鼓勵企業租用商品住房給高層次人才居住，或通過發放住房貨幣補貼支持高層次人才購買商品住房。

——中共廣東省委、廣東省人民政府《關於加快吸引培養高層次人才的意見》（粵發〔2008〕15 號）

頂尖人才特殊保障：提供特殊人才特殊保障服務。研究制定為頂尖級高層次人才實行專項投保制度辦法。同級政府和用人單位要共同為頂尖級高層次人才購買專項保險，解決其後顧之憂。

——中共廣東省委、廣東省人民政府《關於加快吸引培養高層次人才的意見》（粵發〔2008〕15 號）

高層次人才醫療待遇：提供醫療保障。實行政府投保高級專家醫療保險制度。建立高層次人才健康檔案制度，提供個性化醫療服務，享受相當級別人員同等醫療待遇，實行每年體檢制度，落實帶薪休假制度。

——中共廣東省委、廣東省人民政府《關於加快吸引培養高層次人才的意見》（粵發〔2008〕15 號）

出入境便利化：

外籍高層次人才：（一）符合廣東自貿試驗區外籍高層次人才認定標準的外國人及其配偶、未成年子女，經廣東省自貿辦推薦，可以申請在華永久居留。（二）經廣東省人才主管部門認定的外籍高層次人才，廣東省科技創新主管部門和廣東省自貿辦認可企業聘僱並擔保的行業高級專業外籍人才，以及廣東省高等院校、科研院所聘僱的外籍高層次人才，申請之日前持加註“人才”的工作類居留許可連續在廣東省工作滿三年，經工作單位推薦，可以申請在華永久居留。

創新創業團隊外籍成員：根據廣東自貿試驗區外籍人才積分評估標準，達到七十分的廣東自貿試驗區創新創業團隊外籍成員和自貿試驗區企業選聘的外籍技術人才可以申請在華永久居留。

外籍華人：具有博士研究生以上學歷且持工作類居留許可在廣東自貿試驗區工作的外籍華人；或在廣東自貿試驗區企業連續工作滿四年、每年在中國境內實際居住累計不少於六個月的外籍華人，可以申請在華永久居留。

——廣東省公安廳出入境管理局《支持廣東自貿試驗區建設和創新驅動發展出入境政策措施》（2016）

（二）行政與商事制度改革：清單管理、多證合一

提高政務服務效率：機關單位應當深化行政審批制度改革，依法精簡涉企審批事項，減少審批環節；建立健全權責清單管理制度，開展市場准入負面清單制度改革，實行企業投資項目負面清單管理；深化商事制度改革，加快實行多證合一、登記全程電子化和電子營業執照應用等，方便企業准入；實行首辦責任、一次性告知、限時辦結、結果回饋制，提高服務企業辦事效率；開展明查暗訪，加強行政效能監督。

——省紀委、省監察廳《關於推動構建新型政商關係的若干意見（試行）》（粵紀發〔2016〕2號）

附錄 2.5　社會資本支持：資源分享、創新平台、創業大賽

（一）科技創新資源開放共用：基礎設施、兩權分離

重大科技基礎設施建設與共用：構建重大科技基礎設施建設與共用機制。加快中國（東莞）散裂中子源、國家超級計算廣州中心、國家超級計算深圳中心、江門中微子實驗室、深圳國家基因庫等大科學工程建設，加快推動“天河二號”超級計算機系統應用，推動國家重大基礎設施落戶，圍繞大科學工程引進相關的應用型科研機構，建立全面支撐產業技術創新的大平台。加快制定大型科學儀器設備開放共用管理辦法，逐步實現全省大型儀器設備開放共用。

——中央廣東省委、廣東省人民政府《關於全面深化科技體制改革加快創新驅動發展的決定》（粵發〔2014〕12號）

推進高校、科研院所創新創業資源分享：推動重大科技基礎設施開放共用，深入推進科研儀器設施開放共用，探索建立儀器設備所有權和經營權分離機制，加強

第三方運營機構建設，構建政府指導與市場運行、線上與線下服務有機結合的共用服務體系。全面實施創新券補助政策，支持中小微企業購買科技成果、技術創新服務，共用儀器設施。

——廣東省人民政府《關於強化實施創新驅動發展戰略進一步推進大眾創業萬眾創新深入發展的實施意見》（粵府〔2018〕74號）

雙創示範基地科技資源分享：支持示範基地所在地市積極承接重大科技基礎設施建設，加大示範基地內科研基礎設施、大型科研儀器向社會開放力度。

——廣東省人民政府辦公廳《關於印發廣東省建設大眾創業萬眾創新示範基地實施方案的通知》（粵府辦〔2016〕108號）

大力發展分享經濟：組織開展共用經濟示範平台建設，鼓勵企業、高校和科研機構分享人才智力、儀器設備、實驗平台、科技成果等創新資源。推動交通出行、無車承運物流、快件投遞、旅遊、醫療、教育等領域利用互聯網技術優化組織運營模式，促進傳統生活服務行業分享經濟發展。大力推進"互聯網＋汽車"發展，加快車聯網建設。加快建設互聯網教育關鍵技術及應用國家工程實驗室，打造面向基礎教育、職業教育、在線培訓等領域的互聯網教育平台。鼓勵打造平台型醫院，發展遠端醫療協作網，實現優質醫療服務開放共用，促進共用醫療規範發展。

——廣東省人民政府《關於強化實施創新驅動發展戰略進一步推進大眾創業萬眾創新深入發展的實施意見》（粵府〔2018〕74號）

（二）創新平台：協同創新、全鏈條孵化

支持博士和博士後創新平台建設：對新增博士後科研流動站、博士後科研工作站、博士後創新實踐基地的設站單位分別給予不少於五十萬元、五十萬元、三十萬元建站補貼，省博士後科研流動站、省屬博士後科研工作站、省屬博士後創新實踐基地由省財政負責，其餘由各地市財政負責。推進國家和省重點實驗室、企業技術中心、工程（技術）研究中心、博士後公共實驗室、博士工作站等創新平台協同發展。支持省實驗室、省重點實驗室和其他創新平台在對社會開放共用的基礎上優先對博士、博士後人才開放使用，優惠減免相關費用。支持全國博士後創新（江門）示範中心建設。

——中共廣東省委組織部等十三部門《關於加快新時代博士和博士後人才創新發展的若干意見》（粵組通〔2017〕46號）

支持地市組建創新平台：優先支持示範基地所在地市組建工程實驗室、工程中心等創新平台，開展"互聯網＋"創業創新示範市等工作。

——廣東省人民政府辦公廳《關於印發廣東省建設大眾創業萬眾創新示範基

地實施方案的通知》（粵府辦〔2016〕108 號）

加快建設科技成果轉化平台：加快建設一批高水平國際聯合創新基地或園區，推動粵港澳合作共建科技成果轉化和國際技術轉讓平台。深入推進粵港創新走廊建設，加快引進香港科學園、應用科技研究院、高校等機構的先進科技成果並實施轉化。

——廣東省人民政府辦公廳《關於進一步促進科技成果轉移轉化的實施意見》（粵府辦〔2016〕118 號）

設立科技企業孵化器風險補償金：省市共建面向科技企業孵化器的風險補償金，對天使投資失敗項目，由省市財政按損失額的一定比例給予補償。對在孵企業首貸出現的壞賬項目，省市財政按一定比例分擔本金損失。省財政對單個項目的本金風險補償金額不超過二百萬元。

——廣東省人民政府《關於加快科技創新的若干政策意見》（粵府〔2015〕1 號）

構建全鏈條創新創業孵化育成體系：實施孵化育成體系提質增效行動，加快構建"眾創空間—孵化器—加速器—科技園"全鏈條孵化育成體系。大力建設專業孵化器群，引導孵化器、眾創空間建立專業化服務體系，支持骨幹企業、高校、科研院所圍繞細分領域建設平台型眾創空間。推動創業投資機構與孵化器、眾創空間全面對接，實現全省孵化器和眾創空間科技金融服務的"全覆蓋"。深入實施省科技企業孵化器、眾創空間後補助試行辦法，支持創投孵化器享受科技企業孵化器的相應扶持政策。開展全省大型骨幹企業"雙創"示範建設，製造業企業利用存量工業房產發展生產性服務業以及興辦創客、創新工廠等眾創空間的，可在五年內繼續按原用途和土地權利類型使用土地，五年期滿涉及轉讓需辦理相關用地手續的，可按新用途、新權利類型及市場價以協議方式辦理。

——廣東省人民政府《關於強化實施創新驅動發展戰略進一步推進大眾創業萬眾創新深入發展的實施意見》（粵府〔2018〕74 號）

大中型企業研發機構全覆蓋行動：強化大型企業創新骨幹作用。實施大中型企業研發機構全覆蓋行動，到 2020 年，大型骨幹企業普遍建有企業研究開發院，高新技術企業普遍建有省級以上工程（技術）研究中心、工程實驗室、企業技術中心、企業重點實驗室等研發機構。

——中央廣東省委、廣東省人民政府《關於全面深化科技體制改革加快創新驅動發展的決定》（粵發〔2014〕12 號）

加強協同創新平台建設：加快廣州南沙、深圳前海、珠海橫琴和中新（廣州）知識城、中德（揭陽）金屬生態城、中德（佛山）工業服務區、中以（東莞）國際科技合作產業園、東莞兩岸生物技術產業合作基地、珠海航空產業園、湛江南方海谷等重大平台建設。實施產學研協同創新平台覆蓋計劃，培育一批市場化導向的高等學校協同創新中心、產業研究開發院、行業技術中心等新型研發組織。支持大型骨幹企業牽頭組建產業技術創新聯盟和產業共性技術研發基地，加強產業共性技術研發和成果推廣運用。制定新型科研機構管理辦法，出台扶持新型科研機構發展的政策措施，運用市場化機制新建一批新型科研機構，在項目、人才、資金等方面給予重點扶持。

——中央廣東省委、廣東省人民政府《關於全面深化科技體制改革加快創新驅動發展的決定》（粵發〔2014〕12 號）

新型創業孵化平台：重點在創新資源集聚區域，依託行業龍頭企業、高校、科研院所，大力發展創客空間、創業咖啡、創新工廠等成本低、便利化、開放式新型創業孵化平台，建設一批以科技成果轉移轉化為主要內容、專業服務水平高、創新資源配置優、產業輻射帶動作用強的專業化眾創空間。吸引更多科技人員、海外歸國人員等高端創業人才入駐眾創空間，重點支持以核心技術為源頭的創新創業。

——廣東省人民政府辦公廳《關於進一步促進科技成果轉移轉化的實施意見》（粵府辦〔2016〕118 號）

（三）創新創業活動：項目展示、資源對接

1. "創青春" 廣東青年創新創業大賽

"創青春" 廣東青年創新創業大賽由廣東省十二家廳局單位共同主辦，發動百家創業服務機構和超過二百位知名投資人、企業家、學者協同辦賽，致力於整合省內資源，自 2014 年首次舉辦以來已服務近六千個創新創業項目，涵蓋互聯網、文化創意、現代服務、新能源、新材料等多個領域[53]，為廣東各個地市以及港澳地區、留學歸國創新創業青年搭建一個展示交流、資源對接、項目孵化的平台。

比賽為參賽者提供豐富獎勵，包括逾百萬元現金獎勵；知名投資人、創業導師提供的跟進輔導；優先獲得中國青創板資本市場對接服務；中國青創板項目落地示範區（禪城）一對一的定製孵化服務；優先享受二十億元創業貸款授信額度；優先獲得廣東省創業引導基金及其子基金資金支持等。

2. 廣東 "眾創盃" 創業創新大賽

自 2016 年啟動的廣東 "眾創盃" 創業創新大賽由廣東省人力資源和社會保障

---

53 〈廣東 "創青春" "中國青創板" "粵港澳青年創新創業基地" 等品牌項目亮相香港創業日〉，搜狐網，2017 年 5 月 19 日。

廳、廣東省發展和改革委員會、廣東省教育廳、廣東省科學技術廳、廣東省財政廳等單位主辦，由廣州市人力資源和社會保障局、珠海市人力資源和社會保障局等單位承辦，大賽分科技（海歸）人員領航賽、大學生啟航賽、技能工匠爭先賽、殘疾人公益賽、大眾創業創富賽、農村電商賽六個單項賽事進行。

重點鼓勵新材料、新能源及節能環保、生物醫藥、文化創意、電子信息、高端裝備製造、互聯網和移動互聯網、現代農業、生活服務業、社會公益等領域創業項目參賽。參賽對象不限戶籍、地域並面向港澳台和海外人員，有意向在廣東創業和已經在廣東創業的均可報名。

參賽團隊可分為創業組和企業組，參賽獎勵按金獎、銀獎、銅獎分別獎勵五至二十萬元不等的省級優秀創業項目資助。除獎金資助外，符合條件的大賽獲獎項目和優秀項目可相應享受"10 + N"支持措施。其中包括孵化場地保障（申請入駐人力資源社會保障、科技、台辦、團委等部門建設認定的創業孵化載體，享受一定年限的減免費場地和孵化服務）、創業融資支持（獲得廣東省創業引導基金旗下子基金及大賽合作投資機構股權投資。有意願且符合條件的，可由承辦單位推薦到廣州股權交易中心"中國青創板"、廣東金融高新區股權交易中心"科技板"掛牌展示）等。

附錄 2.6　廣東省政府創新人才支持政策文件概覽

廣東省政府及其下屬單位從 2008 年開始共出台十八份適用於創新人才的政策文件（見表 4）。

表 4　廣東省政府政策文件彙總

出台時間	出台部門	文件名稱
2008	中共廣東省委、廣東省人民政府	關於加快吸引培養高層次人才的意見
2014	廣東省財政廳	珠江人才計劃專項資金管理辦法
2014	中央廣東省委、廣東省人民政府	關於全面深化科技體制改革加快創新驅動發展的決定
2014	廣東省財政廳、中共廣東省委組織部	廣東省實施"廣東特支計劃"專項資金管理辦法
2015	廣東省人民政府	關於加快科技創新的若干政策意見
2015	廣東省人力資源和社會保障廳、廣東省科學技術廳	關於進一步改革科技人員職稱評價的若干意見

出台時間	出台部門	文件名稱
2016	廣東省人民政府	關於大力推進大眾創業萬眾創新的實施意見
2016	廣東省人力資源和社會保障廳	關於省級優秀創業項目資助的管理辦法
2016	廣東省人民政府辦公廳	關於印發廣東省建設大眾創業萬眾創新示範基地實施方案的通知
2016	廣東省人民政府知識產權辦公會議辦公室	廣東省知識產權事業發展"十三五"規劃
2016	廣東省人民政府辦公廳	關於進一步促進科技成果轉移轉化的實施意見
2016	省紀委、省監察廳	關於推動構建新型政商關係的若干意見（試行）
2016	廣東省人民代表大會常務委員會	廣東省自主創新促進條例
2016	廣東省公安廳出入境管理局	支持廣東自貿試驗區建設和創新驅動發展出入境政策措施
2017	中共廣東省委辦公廳	關於我省深化人才發展體制機制改革的實施意見
2017	中共廣東省委組織部等十三部門	關於加快新時代博士和博士後人才創新發展的若干意見
2018	廣東省人民政府	關於強化實施創新驅動發展戰略進一步推進大眾創業萬眾創新深入發展的實施意見
2019	廣東省人民政府	關於進一步促進科技創新若干政策措施的通知

資料來源：根據相關政策文件整理。

附錄 3
香港政府：協同內地政府，注重戰略規劃

香港特區政府頒佈的有關創新人才的政策具有以下三個特點：一是注重與內地政府的政策協同，制定了與內地政府共同推動落實的政策措施。二是重視戰略規劃，在多個方面出台了方向性、戰略性的政策。三是致力於聚集人才，制定了若干針對性的人才計劃，以推動創新人才集聚香港。

香港特區政府關於創新人才的政策可以分為人力資本支持、價值實現支持、物質資本支持和社會資本支持四大類（見表 5）。

表 5　香港特區政府政策類型分析

政策類型	具體內容
人力資本支持	人才引進與培養； 人才交流與合作
價值實現支持	知識產權
物質資本支持	財政與金融支持
社會資本支持	科技創新資源開放共用； 創新平台； 創新創業活動

資料來源：根據相關政策文件整理。

附錄 3.1　人力資本支持：人才引進、人才交流

（一）人才引進與培養：人才清單、人才計劃

"科技人才入境計劃" 吸引科技人才來港工作："科技人才入境計劃" 是一項為期三年的先導計劃，旨在透過快速處理安排，為合資格科技公司 / 機構輸入海外和內地科技人才來港從事研發工作。香港科技園公司（科技園公司）和香港數碼港管理有限公司（數碼港）的租戶及培育公司，若從事生物科技、人工智能、網絡安

全、機械人技術、數據分析、金融科技或材料科學的業務，便符合申請資格。

——香港特別行政區政府創新科技署《科技人才入境計劃》（2018）

"優秀人才入境計劃"吸引高技術人才來港定居：優秀人才入境計劃是一項設有配額的移民吸納計劃，旨在吸引高技術人才或優才來港定居，以推動香港創新科技中心建設，提升香港的經濟競爭力。獲批准的申請人無須在來港定居前先獲得本地僱主聘任。所有申請人均必須首先符合基本資格的要求，才可根據計劃所設兩套計分制度的其中一套獲取分數，與其他申請人競爭配額。兩套計分制度分別是"綜合計分制"和"成就計分制"。獲批准的申請人可帶同其配偶或其根據締結當地有效的法律締結的同性民事伴侶關係、同性民事結合、"同性婚姻"、異性民事伴侶關係或異性民事結合的另一方，而該身份是締結當地機關合法和官方承認的，及十八歲以下未婚及受養的子女來港，惟其必須能自行負擔受養人在香港的生活和住宿，不需依賴公共援助。

——香港特別行政區政府入境事務處《優秀人才入境計劃》（2018）

人才清單聚焦十一類高素質人才：制訂香港人才清單，旨在更有效及聚焦地吸引高質素人才，以配合香港經濟高增值及多元化的發展。現時清單內十一項專業的人才是香港經濟發展當前至中期最需要的人才。

——香港特別行政區政府《香港人才清單》（2018）

"優秀人才入境計劃"將配合首份香港人才清單：由2018年8月28日起"優秀人才入境計劃"將配合首份香港人才清單，向合資格申請人提供入境便利。符合人才清單相關專業規格並能提供有關證明文件的申請者，可在計劃的"綜合計分制"下額外獲得三十分。入境事務處會以便利的方式處理已接收和正在處理中而可能符合人才清單資格的申請；已遞交申請的申請人如認為自己符合人才清單的資格，歡迎聯絡入境處，以提交證明文件。計劃繼續歡迎其他行業及界別的優才申請來港。

——香港特別行政區政府入境事務處《優秀人才入境計劃》（2018）

"輸入內地人才計劃"吸引內地優秀人才和專業人才前往香港工作：本計劃旨在吸引一些具有認可資歷的內地優秀人才和專業人才來港工作，以滿足本港人才的需要，提高香港特區在國際市場的競爭力。這些內地人才必須具備香港特區所需而又缺乏的特別技能、知識或經驗。輸入的人才必須能為本地企業的日常運作及有關的行業作出貢獻，以促進香港特區的經濟發展。

——香港特別行政區入境事務處《輸入內地人才計劃》（2018）

（二）人才交流與合作：參與國家科技發展、聯合創新

鼓勵和支持香港專家參與國家科技發展：鼓勵和支持香港專家加入國家科技專家庫，推動入庫專家更多參與國家科技發展及諮詢工作，加大參與國家科技計劃的諮詢、評議頻次，創造更多與內地交流合作的空間及機會；研究建立入庫專家與內地相關部門的交流機制，通過多種形式提升入庫專家對國家科技發展政策、制度、規劃等的了解，為創新型國家建設和香港國際創新科技中心建設提供智力支撐。鼓勵和支持香港科研人員代表國家參與國際大科學計劃和大科學工程，充分發揮其國際化優勢，在國際科技組織中發揮積極作用。

——中華人民共和國香港特別行政區政府、中華人民共和國科學技術部《內地與香港關於加強創新科技合作的安排》（2018）

推進內地與香港創新科技的全面合作與協同發展，支持香港建設國際創新科技中心：全面準確貫徹“一國兩制”方針，推進內地與香港創新科技的全面合作與協同發展，進一步加快香港融入國家創新體系，支持香港建設國際創新科技中心，提升粵港澳大灣區創新科技和國際化能力，助力香港經濟發展，支撐粵港澳大灣區建設。……主要合作內容包括七點：（一）深化內地與香港科研合作。（二）協同推進內地與香港科技合作平台與基地建設。（三）加強內地與香港科技人才的培養和發展。（四）加快內地與香港科技成果轉移轉化及創新科技產業培育。（五）推動香港發揮創新科技優勢，配合國家發展戰略。（六）促進在港營造良好創新科技氛圍。（七）其他推進內地與香港創新科技合作的內容。

——中華人民共和國香港特別行政區政府、中華人民共和國科學技術部《內地與香港關於加強創新科技合作的安排》（2018）

完善內地與香港人才合作交流機制，拓展青年創業創新合作的領域和深度：鼓勵和支持內地科研人員積極參與香港創新科技發展，完善內地與香港科技人才交流機制，每年共同支持一定數量的科研人員，特別是優秀的青年科研人員交流合作。鼓勵和支持內地與香港相關機構聯合創新創業活動，拓展內地和香港青年創新創業合作的領域和深度。

——中華人民共和國香港特別行政區政府、中華人民共和國科學技術部《內地與香港關於加強創新科技合作的安排》（2018）

鼓勵內地和香港聯合創新創業活動：鼓勵和支持內地與香港相關機構聯合創新創業活動，拓展內地和香港青年創新創業合作的領域和深度。

——中華人民共和國香港特別行政區政府、中華人民共和國科學技術部《內地與香港關於加強創新科技合作的安排》（2018）

附錄 3.2　價值實現支持：知識產權、制度保障

鼓勵專利申請，並將成果轉化為資產：本計劃旨在鼓勵本地公司及發明者申請專利以保障其智慧成果，並把成果轉化為其資產。……每項獲批申請的最高資助額可達港幣二十五萬元，或專利申請直接費用（包括專利檢索和技術評審費用）及由生產力局收取的行政費用（約相等於專利申請直接費用的 20%）總額的 90%，以金額較低者為準。因資助金額亦須用於支付生產力局收取的行政費用，所以在最高為港幣二十五萬元的資助金額中，用以支付專利檢索和技術評審及有關申請專利的其他直接費用的資助額最高約為港幣二十萬元。

——香港特別行政區政府創新科技署《專利申請資助計劃》（2018）

現代化與國際化的保護知識產權制度：為了推動創新、科技發展與交流，以及促進貿易和投資，香港特別行政區（香港特區）一直維持一個現代化及為國際接納的保護知識產權制度。香港特區的保護知識產權制度是獨立於中國內地的保護知識產權制度……包括訂明香港特區政府自行以法律保護科學技術的研究成果、專利和發明創造，以及作者在文學藝術創作中所獲得的成果和合法權益。

——商務及經濟發展局工商及旅遊科《保護知識產權》（2019）

附錄 3.3　物質資本支持：經費過境、聯合資助

"科技專才培育計劃"博士後津貼："科技專才培育計劃"在 2018 年 8 月推出，當中包括"博士專才庫"及"再工業化及科技培訓計劃"。在"創新及科技基金博士專才庫"計劃下，進行獲創新及科技基金資助的研究發展項目的機構／公司及獲創科創投基金共同投資的初創企業，可申請資助聘請博士後專才從事研發工作，每名博士後專才的每月最高津貼額為三萬二千港元。在"科技園公司及數碼港博士專才庫"下，科技園公司或數碼港的培育公司或從事創科工作的租戶可申請資助，以聘請博士後專才協助進行公司的研發項目，每名博士後專才的每月最高津貼額為三萬二千港元。

——香港特別行政區政府創新科技署《科技專才培育計劃》（2018）

從提供創投資金等八大方面加強創科發展：發展創科能為香港經濟增長提供龐大的動力，為企業帶來商機，為青年人提供優質工作。創科不是一個單一產業，而是一種新的發展模式。行政長官在施政報告提出在八大方面加強創科發展，包括：（一）增加研發資源；（二）彙聚科技人才；（三）提供創投資金；（四）提供科研基建；（五）檢視現行法例及法規；（六）開放政府數據；（七）由政府帶頭改變採購方法；以及（八）加強科普教育。這個全面的發展策略，可以將香港的創科發展推

上新的台階。

　　——香港特別行政區政府《行政長官 2017 年施政報告》（2017）

　　以資金鼓勵大學畢業生成為創科行業實習研究員：研究員計劃旨在鼓勵大學畢業生投身創科行業，以及培育更多創科人才。此計劃由創新及科技基金實習研究員計劃和科技園公司及數碼港實習研究員計劃組成。在創新及科技基金實習研究員計劃下，進行獲創新及科技基金資助的研究發展項目的機構及獲創科創投基金共同投資的初創企業，可以聘請本地大學畢業生為實習研究員，以協助進行有關的研發項目。取得本地大學學士學位的實習研究員的每月最高津貼額為一萬六千港元；至於取得本地大學碩士學位或更高學歷的實習研究員，每月最高津貼額為一萬九千港元。在科技園公司及數碼港實習研究員計劃下，為加強支持私營企業投資研發及培育更多創科人才，實習研究員計劃已擴展至香港科技園公司及香港數碼港管理有限公司的培育公司和所有從事創科工作的租戶。這些公司可以申請資助，以聘請實習研究員協助進行公司的研發項目。取得本地大學學士學位的實習研究員的每月最高津貼額為一萬六千港元；至於取得本地大學碩士學位或更高學歷的實習研究員，每月最高津貼額為一萬九千港元。

　　——香港特別行政區政府創新科技署《實習研究員計劃》（2019）

　　聯合資助研發項目：為推動內地與香港科研人員之間的科技交流與合作，促進兩地科技資源優勢互補，提升科技對社會經濟發展的驅動作用，助力香港建成國際創新科技中心，攜手合作為建設創新型國家貢獻力量，在內地與香港科技合作委員會機制下，科學技術部與香港特別行政區政府創新及科技局同意開展聯合資助研發項目合作……擬重點支持香港優先發展生物科技、人工智能、智慧城市、金融科技等領域……雙方將按各自的財務規定向獲得批准的研究課題組／項目撥款，並獨立監管各自所撥付的經費使用……內地申報單位應為在內地註冊的科研院所、高等院校和企業等（香港科研機構設立的分支機構除外），具有法人資格，有較強的科研能力和條件，運行管理規範。以企業為主體申報（或參加）的項目，要求企業必須有相關配套資金投入；香港申報單位應為創新科技署就聯合資助研發項目有關規定下符合資格的申請機構。

　　——香港特別行政區政府創新及科技局、中華人民共和國科學技術部《科學技術部與香港特別行政區政府創新及科技局關於開展聯合資助研發項目的協議》（2018）

　　支持香港成為國際創新科技中心，國家科研項目經費過境香港使用，科研儀器設備入境關稅優惠：2017 年 6 月，習近平強調，促進香港同內地加強科技合作，支持香港成為國際創新科技中心，支持香港科技界為建設科技強國、為實現中華民族偉大復興貢獻力量……根據習近平總書記重要指示精神，科技部、財政部高度重視、多次召開專門會議，將香港科技創新力量作為國家創新體系和創新實力的重要組成部分，從國家整體科研佈局和支撐香港自身發展兩個層面，研究加強內地與香港科技合作的相關舉措，並會同中央政府駐港聯絡辦充分聽取香港特區政府和科技界的意見建議，先行試點，特事特辦，堅決迅速做好貫徹落實工作。……目前，在港兩院院士來信反映的國家科研項目經費過境香港使用、科研儀器設備入境關稅優惠等問題已基本解決。國家重點研發計劃已對香港十六個國家重點實驗室港澳夥伴實驗室直接給予支持，並在試點基礎上，對國家科技計劃直接資助港澳科研活動作出總體制度安排。香港在內地設立的科研機構均已享受到支持科技創新的進口稅收政策，澳門兩個國家重點實驗室港澳夥伴實驗室也得到了國家科技計劃直接支持，香港、澳門科技界反響熱烈。下一步，國家有關部門還將系統落實習近平總書記重要指示精神，支持愛國愛港科研人員深入參與國家科技計劃，有序擴大和深化內地與香港科技合作。

————習近平《促進香港同內地加強科技合作》（2017）[54]

附錄 3.4　社會資本支持：資源分享、雙創活動

（一）科技創新資源開放共用：數據集、應用程序設計發展接口

提供數據集及應用程序設計發展接口讓公眾免費使用：目前，我們通過"數據一線通"網站，以數碼 / 機讀格式提供超過三千二百個數據集及一千二百個應用程序編程接口讓公眾免費使用。為了推動政府部門和鼓勵公私營機構在"數據一線通"開放更多數據，我們已於今年 9 月敲定新的開放數據政策及相關措施，在新的政策下，我們訂立了機制，要求政府部門每年發佈來年的年度開放數據計劃，並參考公眾的意見及建議，開放更多數據。所有部門須於 2018 年年底前發放首份年度開放數據計劃。

————香港特別行政區政府《行政長官 2018 年施政報告》（2018）

（二）創新平台：香港科技園、港深創新及科技園

吸引海外頂級科研機構來港落戶：政府一直致力吸引海外頂級科研機構來港落戶。去年，麻省理工學院和瑞典卡洛琳醫學院分別在香港成立中心。這些知名院校的到臨，說明香港有肥沃的土壤發展創新及科技。過去三個月，另外幾所國際知名

　54　習近平：〈促進香港同內地加強科技合作〉，新華網，2017 年 5 月。

院校便親自接觸我，表示有意在港建立重點科技合作平台。事實上，香港有足夠的科研實力，引進國際知名的大學、研發機構和科技企業，合作進行具前瞻性和惠及社會的研究項目。這些合作將把世界頂尖人才彙聚香港，並有助進一步提升本地科技人才水平。

　　——香港特別行政區政府《行政長官 2017 年施政報告》（2017）

　　香港科技園協助香港創新與科技企業擠身世界頂尖行列：香港科技園公司一直堅守信念，致力將香港打造為區域創科樞紐，營造有利創新及科技的環境，配合創新與科技產業需要，不斷提升支援和服務，旨在促進創科生態圈茁壯成長，協助本地創新與科技企業擠身世界頂尖行列⋯⋯重點發展五大科技領域：生物醫藥、電子、綠色科技、信息及通訊科技以及物料與精密工程，致力將香港打造成為新世代創科樞紐。並透過五大領域，促進創新研發，發展智慧城市、健康老齡化以及機械人技術三個與社會大眾息息相關的應用平台⋯⋯作為香港的科研重地，香港科技園擔當着重點培育機構及超級連絡人等角色，成為創科發展的龐大推動力。科學園區公司數目和工作人口不斷增加，園區公司取得眾多專利及獎項，籌募資金成績彪炳，而且成功創建多元夥伴關係。[55]

　　——香港科技園《成就故事》（2019）

　　深港雙方共同推進在落馬洲河套地區建設 “深方科創園區”、港深創新及科技園：為在落馬洲河套地區（以下簡稱 “河套地區”）打造 “港深創新及科技園”，香港特別行政區政府和深圳市人民政府（以下簡稱 “港深雙方”）同意共同發展河套地區。經港深雙方友好協商，簽署本合作備忘錄⋯⋯港深雙方同意在簽訂本合作備忘錄後，共同推廣將在河套地區建設的 “港深創新及科技園”，以吸引港深兩地以及海外企業、研發機構和高等院校進駐，推動 “港深創新及科技園” 的發展⋯⋯深方現正規劃把深圳河北側毗鄰河套地區約三平方公里區域打造成為 “深方科創園區”。深港雙方同意向國家爭取政策，支持此 “深方科創園區” 及 “港深創新及科技園” 的發展，以構建一個具有對應聚集力和協同效應的 “深港科技創新合作區”。

　　——香港特別行政區政府、深圳市人民政府《關於港深推進落馬洲河套地區共同發展的合作備忘錄》（2017）

　　旨在發展香港成為環球科研合作中心的 InnoHK 創新平台：InnoHK 是特區政府的重點項目，旨在發展香港成為環球科研合作中心，當中涉及於香港科學園成立

---

55 香港科技園：〈成就故事〉，2019 年 3 月。

世界級的創新平台，由國際知名機構及 / 或商業單位設立研發實驗室，進行科研合作。Health@InnoHK 創新平台會聚焦於與醫療相關的各種科技，包括藥物開發、個人化醫療、分子診斷、生物工程、化學生物學、生物信息、疫苗研發、醫療儀器及另類療法等。AIR@InnoHK 創新平台則會集中發展人工智能及機械人科技，適用於金融服務、智慧城市及先進製造等領域。科研焦點可涵蓋大數據分析、機器學習、認知系統、智能代理、診斷分類、醫療機械人、移動型機械人及輔助 / 服務 / 建造類型機械人等。[56]

——香港特別行政區政府創新科技署《InnoHK 創新平台》（2019）

（三）創新創業活動：創新領軍人物大獎、先進製造技術培訓

1. 香港創新領軍人物大獎（2018 年）[57]

"香港創新領軍人物大獎"旨在嘉許在科學及技術、商業營運或產品與服務創新上取得傑出成就的香港永久居民。……2018 年將首度舉辦"香港創新領軍人物大獎"，表揚在科技、商業營運、產品服務創新上取得傑出成就的企業家，藉此鼓勵新一代繼續接棒，不忘創新、認識創新、繼續創新，甚至闖出香港，天際飛翔。

2. 先進製造技術和工業 4.0 的培訓（2019 年）[58]

為支持製造業提升其制程技術，生產力學院舉辦多個公開的專業培訓課程，以協助學員掌握先進製造技術。課程包括：自動化及製造工程、汽車及零部件、電子、材料及製造技術、塑膠及金屬、紡織及成衣、玩具、食品技術、法規、傳感器及微製造、3D 打印技術、自動化及機器人、生物醫學工程及法規等。

3. 國際合作及業務發展小組（2019 年 3 月）[59]

國際合作及業務發展小組目標為建立及培育在香港科學園的國際群組，通過拓展連接，建立協作關係，達成業績以催化增值。……搜羅和吸引國際人才、創業公司、企業和研發機構來港；宣傳香港創新科技產業，對象包括本地及海外的國際業界、學界、商家和企業家。……促進國際創新科技持份者和科學園社區之間的聯合研發項目與國際創新科技持份者和科學園內國際社群建立關係……建立國際夥伴關係協議、引進新的國際高科技公司進駐科學園。

4. 政府政策

---

56 香港創新科技署：〈InnoHK 創新平台〉，2019 年 3 月。

57 團結香港基金：〈團結香港基金"香港創新領軍人物大獎"正式接受提名 表揚領軍人物 激勵創新不斷〉，2018 年 1 月 25 日。

58 生產力學院：〈先進及製造技術〉。

59 香港科學園：〈國際合作及業務發展〉，2019 年 3 月。

支持有助提升產業水平的活動和項目以及有助培養創新科技風氣的項目：創新及科技基金下的一般支持計劃專為非研發項目而設，旨在支持有助提升本港產業和推動其發展的項目，以及有助培養創新科技風氣的項目。一般支持計劃支持的項目包括會議、展覽會、研討會、工作坊、推廣活動、研究和調查、青少年活動等，支持建立平台和提升產業水平的活動或項目，而計劃通常不會支持特定商業機構的產品／服務的推廣項目。

——香港特別行政區創新科技署《一般支持計劃》（2019）

附錄 3.5　香港特區政府創新人才支持政策文件概覽

香港特別行政區政府從 2017 年開始共出台十四份適用於創新人才的政策文件（見表 6）。

表 6　香港特區政府政策文件彙總

出台時間	出台部門	文件名稱
2017	香港特別行政區政府 深圳市人民政府	關於港深推進落馬洲河套地區共同發展的合作備忘錄
2017	香港特別行政區政府	行政長官 2017 年施政報告
2018	香港特別行政區政府	行政長官 2018 年施政報告
2018	香港特別行政區政府創新科技署	科技人才入境計劃
2018	香港特別行政區政府創新科技署	科技專才培育計劃
2018	香港特別行政區政府	香港人才清單
2018	香港特別行政區政府創新及科技局、中華人民共和國科學技術部	科學技術部與香港特別行政區政府創新及科技局關於開展聯合資助研發項目的協議
2018	中華人民共和國香港特別行政區政府 中華人民共和國科學技術部	內地與香港關於加強創新科技合作的安排
2018	香港特別行政區入境事務處	輸入內地人才計劃
2018	香港特別行政區政府創新科技署	專利申請資助計劃
2018	香港特別行政區政府入境事務處	優秀人才入境計劃
2019	香港特別行政區政府創新科技署	實習研究員計劃
2019	商務及經濟發展局工商及旅遊科	保護知識產權
2019	香港特別行政區創新科技署	一般支持計劃

資料來源：根據相關政策文件整理。

附錄 4
澳門政府：注重財務支持，聯合社會組織

　　澳門特區關於創新人才的政策呈現出以下兩個特點：首先，注重財務支持。澳門特區政府在對創新人才的支持上，提供了範圍廣、層次深、合作性強的資助計劃。其次，社會組織發揮了重要作用。澳門科學技術協進會等社會組織參與出台了創新人才相關計劃，進一步豐富與完善了澳門的創新人才支持體系。

　　澳門特區關於創新人才的政策可以分為人力資本支持、物質資本支持和社會資本支持三大類（見表 7）。

表 7　澳門特區政府政策類型分析

政策類型	具體內容
一人力資本支持	人才引進與培養； 人才流動
二物質資本支持	財政與金融支持
三社會資本支持	創新平台； 創新創業活動； 其他政策

資料來源：根據相關政策文件整理。

附錄 4.1　人力資本支持：聯合培養、人才流動
（一）人才引進與培養：聯合培養、強化支持

　　聯合培養博士後研究人員：為有效結合內地與澳門的人才資源和研究資源優勢，培養高層次創新型青年人才，經全國博士後管委會辦公室和澳門科學技術協進會協商，決定共同實施聯合培養博士後研究人員計劃，簡稱"澳門青年學者計劃"。計劃執行初期，資助的計劃屬於澳門現有國家重點實驗室的相關專業領域。每名入選人員資助經費由內地承擔每年十五萬人民幣／人，澳門承擔每年十八萬澳

門幣／人，資助時間為兩年。博後辦資助經費性質為中央財政撥款，澳門資助經費由合作導師從其項目研究經費中支付。資助經費用於支付入選人員的生活開支、住房補助、在澳的醫療保險及往返旅費等。澳門培養單位協助提供自費的醫療服務計劃，除特殊情況外入選人員均需自費購買。

　　——澳門科學技術協進會、全國博士後管委會辦公室《澳門青年學者計劃》（2018）

　　（二）人才流動：回澳考察計劃、回流信息平台

　　回歸十五週年人才回澳考察計劃：澳門現時人口約有 65.3 萬人，當中外地僱員 18.2 萬人，"2016 年度現金分享計劃"合資格澳門居民約有 68 萬，若按上述數據簡單估算，現時旅居外地的澳門居民有逾十數萬人，由此可見，在外地的澳門人才為數不少，除了正在外地求學的澳門居民之外，在長期旅居外地的澳人中亦不乏專才和精英……該項目已於 2015 年 2 月 1 日至 5 日順利舉行，為期五天的活動中，十八位在澳門以外地區工作或創業的本澳居民先後訪問多個公共部門及高等院校、參觀本澳大型企業設施及澳門歷史城區，又與澳門社會各界進行交流座談，讓他們了解到更多特區未來發展機遇。

　　——澳門人才發展委員會《鼓勵人才回澳》（2015）

　　構建澳人回流信息平台：為讓有意回流的澳門居民更好地全面了解澳門民生和發展的信息，特區政府構建了網上信息平台。該平台訊息包括：營商創業、工作就業、行業概況、社會保障、稅務、教育、衛生福利、交通運輸、基建房屋、文娛康體、回澳出入境手續，以及回流人才個案等，期望透過信息整合，讓有關人士更易獲取所需的信息。

　　——澳門人才發展委員會《鼓勵人才回澳》（2015）

　　附錄 4.2　物質資本支持：增加經費投入、設立專項資助

　　高等院校博士後專項資助計劃：為配合特區政府施政方針中有關大力促進科技創新以及加大力度培養人才的內容，並推動大灣區科技創新合作，本計劃對每名獲資助的全職博士後每月津貼金額為四萬澳門元，資助期最長為二十四個月，共五十人。

　　——澳門科學技術發展基金《高等院校博士後專項資助計劃》（2019）

　　科研資助：科學技術發展基金將提供科研資助服務。資助對象包括：本地大學、學院及其研發中心；在澳門從事研發的實驗室或實體；本地的非牟利私人機構；在澳門註冊從事研發的商業企業及企業家；在澳門從事研發的人員。全年申請金額不超過澳門幣五十萬元……下列開支視為可獲資助的開支：（一）為執行項目而產生的人員開支；（二）以任何方式取得、專為執行項目所需的新機器及設備的開支；（三）可消耗性材料、試劑、維修設備的開支，以及因執行項目而衍生的其他開支；（四）申請專利的直接成本開支。

　　——澳門科學技術發展基金《一般科研資助》（2019）

　　增加科技創新經費投入：行政長官於座談會上強調要保持澳門長期繁榮穩定，必須發展科技；並提出澳門特區將以融入大灣區發展、建設智慧城市為契機，特區政府會在科技創新投入經費。一是增加資助的廣度和深度，優化資助服務，全力支持澳門高校開展高質量科研、建設高水平科研基地、培養高素質科技人才。二是增加對科技成果轉化和產學研合作的投入，加大對成果產業化的支持，引導澳門科研機構及產業界與大灣區同行合作，推動以科技創新支撐澳門產業適度多元發展。三是繼續推動澳門智慧城市的建設，支持智慧城市相關技術的開發，促進先進技術在城市中的應用。四是大力支持科普，鼓勵澳門青年學習科技類科目和投身科研，為澳門未來科技升級發展儲備人才。[60]

　　——澳門特別行政區行政長官《澳門科技基金貫徹習主席指示推動澳門科技創新發展》（2018）

　　科普資助：①學校科普資助計劃：鼓勵學校開展更多科普活動和科普教育，吸引更多學生參與，從而更好地啟發他們的創新思維、激發他們對科學探索的興趣，培養"愛科學、學科學和用科學"的精神，全面提高學生的科學素質。具體內容包括：執行項目所需的機器及設備的開支、消耗性材料的開支和參考書及資料的開支等。②社團科普資助計劃：鼓勵社團／機構開展更多科普活動和科普教育，吸引更多社團／機構參與，從而更好地啟發他們的創新思維、激發他們對科學探索的興趣，培養"愛科學、學科學和用科學"的精神，全面提高會員的科學素質。

　　——澳門科學技術發展基金《科普資助》（2019）

　　專利資助：科學技術發展基金將為專利提供資助服務。資助對象包括：本地大學、學院及其研發中心；在澳門從事研發的實驗室或實體；本地的非牟利私人機構；在澳門註冊從事研發的商業企業及企業家；在澳門從事研發的人員。……對科技成果專利之資助原則為：（1）申請實體應先申請中國或本地的專利，而在未取得中國專利前，不批准其他國家／地區之專利資助申請；（2）如若考慮申請國際專利，應先申請國際 PCT 保護；（3）澳門地區之發明專利權可於中國內地專利獲批

60 科學技術發展基金：〈澳門科技基金貫徹習主席指示推動澳門科技創新發展〉，2018 年 6 月 16 日。

後，申請延伸澳門。

——澳門科學技術發展基金《專利資助》（2019）

構建"智慧城市"科研項目申請資助：為配合"澳門特別行政區五年發展規劃（2016—2020年）"以及落實政府施政對推動澳門智慧城市的工作計劃，重點支持構建澳門智慧城市密切相關的項目，如智能旅遊、智能交通、智能醫療和智能政府等，並以具應用性及產學研合作的項目為優先考慮。……申請金額不超過五十萬元澳門幣。審批尤其考慮以下內容：申請實體及其合作者是否具實力執行項目；研發成品的技術性、創新性及實用性；研發成品的市場前景、預期經濟產出與投入的比例；研發成本及經費預算的合理性。

——澳門科學技術發展基金《構建"智慧城市"科研項目申請資助》（2019）

高等院校科研儀器設備專項資助計劃：配合特區政府施政方針中有關大力促進科技創新的內容，重點支持本地高等院校新建的國家重點實驗室、新設立研究學科，以進一步提升本地高等院校科研創新能力。本計劃的預算金額為一億澳門元，供本地高等教育機構申請購置科研儀器設備。

——澳門科學技術發展基金《高等院校科研儀器設備專項資助計劃》（2019）

重點研發專項資助計劃：為配合特區政府施政方針中有關大力促進科技創新的內容，加強支持重點領域……科學技術發展基金制定本專項資助計劃，以進一步集成本澳科技資源，集中力量，實現跨學科優勢互補、集成創新，並爭取在集成基礎上形成具備轉化條件的科研成果。

——澳門科學技術發展基金《重點研發專項資助計劃》（2019）

附錄 4.3　社會資本支持：創新平台、雙創活動

（一）創新平台：國家重點實驗室、創新創業孵化空間

智慧城市物聯網國家重點實驗室：在澳門特區政府和科學技術發展基金的支持下，澳門大學獲國家批准設立智慧城市物聯網國家重點實驗室，是澳大第三間國家重點實驗室。實驗室的設立，將促進有關領域的人才培養和研究，逐步引領開展城市創新實踐，提供提升經濟效益、改善民生和社會管理的技術支持方案，推進澳門構建智慧城市，並為大灣區的發展注入新動力。澳大智慧城市物聯網國家重點實驗室將重點攻關構建智慧城市的新型物聯網基礎科學問題，突破目前智慧城市物聯網技術不足之處，使智慧城市物聯網基礎理論、基本方法、演算法體系、科學模型形成一種基礎資源，而充分發揮引領學科發展的作用；同時為服務澳門的相關應用領

域提供技術支持方案，從而提高經濟效益，改善民生和社會管理。[61]

月球與行星科學國家重點實驗室：月球與行星科學國家重點實驗室（澳門科技大學）（以下簡稱實驗室）由國家科技部批准，於 2018 年 10 月 8 日正式掛牌成立，是天文與行星科學領域首個國家重點實驗室……實驗室總體目標：建成具有國際影響力的行星科學研究中心，打造國際間行星科學高水平學術交流合作中心；參與國家深空探測重大項目，提供所需的科學支撐；培養國家所需的行星科學高質量人才，建成一支具有國際競爭力的研究團隊……實驗室前身為"澳門科技大學月球與行星科學實驗室——中國科學院月球與深空探測重點實驗室夥伴實驗室"……實驗室在國家大力發展深空探測的戰略指引下，已開展了多項月球與行星科學的基礎研究工作，取得了重要成果。2012 年，實驗室研究項目"嫦娥探月數據的分析與研究"獲得了澳門科學技術獎中的自然科學獎三等獎。2016 年 6 月，實驗室研究項目"嫦娥工程多波段探月數據的科學發現"獲得了澳門科學技術獎中的自然科學獎一等獎。[62]

中藥質量研究國家重點實驗室：中藥質量研究國家重點實驗室（澳門科技大學）由國家科技部批准，於 2011 年 1 月 25 日正式成立，是國家在中醫藥領域迄今唯一的國家重點實驗室，亦是北京大學天然藥物與仿生藥物國家重點實驗室的夥伴實驗室。2014 年 1 月通過了三年建設期驗收，獲得專家組的一致好評。中藥質量研究國家重點實驗室的成立是中央政府致力推進中醫藥國際化發展，促進澳門經濟發展適度多元化和提升澳門科技水平的重要舉措。實驗室以成為具有國際先進水平的中藥質量和創新藥物研究基地，獲取原始創新研究成果和自主知識產權，彙聚和培育中醫藥優秀人才，拓展國際間高水平學術交流與合作為目標，注重集成多學科的前沿技術，建立適合中藥質量及創新藥物研究的開放式科學技術平台，深入開展探索性、創新性和重大關鍵技術研究。[63]

模擬與混合信號超大型集成電路國家重點實驗室：2010 年 11 月，澳門大學順利通過由中華人民共和國科學技術部的嚴格評審；並獲得批准建立模擬與混合信號超大型集成電路國家重點實驗室。這是廣東省以及澳門第一個微電子的國家重點實驗室。模擬與混合信號超大型集成電路國家重點實驗室的目標是：創建一個符合國家和國際標準的優秀及領先模擬及混合信號集成電路研發平台；建立一支擁有先進納米集成電路研發及技術的本地團隊和人力基礎設施；舉辦模擬和混合信號超大型

61 澳門大學：〈智慧城市物聯網國家重點實驗室〉，2018 年 10 月。
62 澳門科技大學：〈月球與行星科學國家重點實驗室〉，2018 年。
63 澳門科技大學：〈中藥質量研究國家重點實驗室—實驗室概況〉。

集成電路學術課程；構建學院和企業之間的合作方案；推動研發成果及專利的商業化。實驗室的主及副研究組為大學、研究機構或合作企業提供了先進的納米集成電路設計的研發技術及行政管理支持。各研究組負責開展不同具前瞻性的研究項目，其中包括了以下幾種應用於各種電子系統的領域：數據轉換和信號處理、無線通訊、生物醫學工程、電力電子控制器芯片。[64]

構建創新創業孵化空間：大力推動本澳創新創業發展，營造青年創業氛圍，打造優質創業環境。引入國際先進的創業孵化理念，構建針對青年創業者、面向全體居民的創新創業孵化空間，鼓勵本地各類組織和機構利用自身有利條件積極參與；優化青年創業孵化中心現有的創新創業培訓、創業顧問和免費聯合辦公空間等服務，並引入優質新型企業孵化器，提供專業化、個性化和全程化的孵化服務，降低創新創業成本；引入有實力的種子投資群體和創業投資基金，強化政府現有的創業資助，有效調動市場和公共資源培育優質創業理念。

——澳門特別行政區政府《澳門特別行政區五年發展規劃（2016—2020）》（2016）

Manetic 為有創意的人士提供科技發展的機會，致力提升澳門於科學技術方面的發展：Manetic 位於澳門半島，提供設備齊全的辦公室，並配備多個適合各大小會議的會議室、文儀設施室及休閒室。自 2001 年成立以來，在澳門特區政府及澳門各主要企業的大力支持下，Manetic 十四年以來務實地執行孵化、扶助科技發展的工作任務，務求為澳門社會孕育出有潛力的科技公司。Manetic 除了在硬件配套上，例如辦公室設施，對孵化成員給予支持外，更會為孵化公司提供商業服務，如商業發展、市場研究及推廣等，使商業和產品概念在最短的時間內，發展成獨立的商業個體。[65]

（二）創新創業活動：創新創業大賽、科學普及活動

1.2019 年青年創業創新培育計劃 [66]

"青年創業創新培育計劃"由教育暨青年局、經濟局及青年創業創新培育籌備委員會合辦，該計劃的目標是培育多元人才，提升本澳青年對創業創新的培育，體驗生涯規劃，提升學生創業創新的基礎能力，鼓勵青年多思考和規劃個人發展，保持競爭力，實現向上流動。2019 年計劃繼續在原有基礎上擴展和創新，同時配合政府在參與粵港澳大灣區發展規劃綱要及澳門作為葡語系國家平台的政策推出。計

---

64 澳門大學：〈模擬與混合信號超大型積體電路國家重點實驗室〉。

65 澳門創新科技中心：〈Manetic〉，2017 年。

66 澳門科技大學：〈2019 青年創業創新培育計劃〉，2019 年 10 月。

劃分三個階段進行："初島尋夢篇""初島成長篇""初島追夢篇"，並以"重點宣傳＋培訓＋參觀交流＋比賽＋論壇及發展＋創業孵化"六位一體的形式展開。

2. 2019 年"澳中致遠"創新創業大賽[67]

為推動科技與產學研金結合經濟發展；推動澳門創新創業發展，促進澳門產業多元與升級；搭建創新創業者與投資機構之對接平台；發掘創新創業人才，選拔創業精英，拓展發展機遇；協助有志創業青年啟航，邁向全球為目的，澳中致遠投資發展有限公司與澳門青年創業孵化中心、澳門科學技術協進會聯合舉辦"澳中致遠"創新創業大賽。透過 2018 年首屆"澳中致遠"創新創業大賽，將優勝的澳門創業團隊推送至"京津冀—粵港澳青年創新創業大賽""復星 Protechting 全球創業大賽"和"阿里巴巴諸神之戰全球創客大賽—粵港澳賽區"，而澳門優秀項目更分別獲得"阿里巴巴諸神之戰全球創客大賽"全球總冠軍之殊榮以及其他獎項殊榮，為青年創業者取得更多機會。2019 年，三方將再度合辦第二屆"澳中致遠"創新創業大賽，繼續為創新創業團隊提供多渠道多方面的發展機遇。

大賽分初賽及總決賽兩個階段進行，總決賽將設冠亞季軍各一個獎項，且根據主題設"大學生組獎""火炬中心獎""IEEAC 獎""復星 Protechting 獎"和"阿里諸神之戰獎"五個獎項，每獎設最多兩個名額。獲獎團隊除獲得獎金及推介予投資人進行商業融資對接的機會外，以上各獎之得主將有機會獲主辦單位推薦代表澳門參加 2019 年"中國互聯網＋大學生創新創業大賽"、"中國創新創業大賽"、"京津冀—粵港澳青年創新創業大賽""復星 Protechting 全球創業大賽"決賽和"阿里巴巴諸神之戰全球創客大賽"粵港澳賽區之資格。

3. 第四屆中國"互聯網＋"大學生創新創業大賽（2018 年）[68]

"互聯網＋"大學生創新創業大賽旨在激發澳門地區大學生的創造力，培養造就"大眾創業、萬眾創新"的生力軍，並推動賽事成果轉化和產學研用緊密結合，促進澳門地區"互聯網＋"新業態形成，服務澳門經濟提質增效升級；以創新引領創業、創業帶動就業，推動高校畢業生更高品質創業就業。讓參會大學生和青年畢業生深入了解第四屆中國"互聯網＋"大學生創新創業大賽的內容、意義和參與方式。通過本次推介會建立大賽在澳門地區的影響力和口碑，吸引更多澳門地區大學生參賽。

67 澳門科技大學：〈"澳中致遠"創新創業大賽 2019——科大宣講會（2 月 21 日）〉，2019 年 2 月 21 日。
68 〈澳門 | 第四屆中國"互聯網＋"大學生創新創業大賽在澳門科技大學舉辦澳門地區推介會〉，全國大學生創業服務網，2018 年 5 月 10 日。

4.2018 科技週暨中華文明與科技創新展[69]

“科技週” 是澳門一年一度的公益性大型科學普及活動，在國家科技部的支持下，2018 年結合 “中華文明與科技創新展” 於 10 月 10 日至 14 日期間在氹仔威尼斯人金光會展 D 館一同展出，展場佔地約八千平方米。是次展出內容十分豐富，包括本地推動科普的工作成果，除科普競賽、講座、辯論比賽、創客節、虛擬實景技術論壇等項目外，亦有生動有趣的虛擬實景科普課堂及互動體驗、趣味科學表演、工作坊、科學遊戲樂園等項目。此外，同場展出的 “中華文明與科技創新展” 展示了我國古代和當今，在 “農” “工” “醫” 三方面的眾多科技創新和發明成果，以讓廣大澳門居民認識國家科技的進步和發展，特別是加強澳門年輕一代對國家科技事業的了解，是 2018 年澳門重大科普推廣活動之一。

附錄 4.4　其他政策：創新發展觀念、優化教育發展

以國際視野推動科技創新發展，打造創新型城市：行政長官崔世安表示，政府強調以國際視野推動科技創新發展，成立 “建設粵港澳大灣區工作委員會”，並下設 “科技創新和智慧城市工作小組”。政府將加強支持重點領域，例如中醫藥、芯片、物聯網與人工智能、太空科學與深空探測等。此外，充分利用澳門 “一中心、一平台” 的定位優勢，融入大灣區科技創新發展，共同打造國際化的創新型城市。

——澳門特別行政區政府《2019 施政報告》（2019）

增強創新發展觀念，形成合作創新網絡：為實現近期目標，澳門未來五年所選擇的發展戰略：以提高城市競爭力為主軸，全面提升澳門在區域合作與國際交往中的地位和影響，圍繞競爭力指標體系中人力資本、經濟實力、國際化程度、基礎設施、管理績效、生活素質等要素，制定主要發展戰略與部署。……第一，增強創新發展觀念，形成合作創新網絡。大力宣導勇於創新、善於創新，把創新作為經濟社會發展的基點。加快推進制度安排的創新，為深化建設 “一個中心” 創造良好的環境。高度重視推廣科普教育，促進科技進步，堅持把人才培養作為創新的支撐點。致力形成教育、科研、產業相互連接的創新網絡，促進信息科技的創新運用於都市發展，帶動關聯領域創新的興起。用創新強化自身競爭力，以創新驅動特區經濟社會可持續發展。

——澳門特別行政區政府《澳門特別行政區五年發展規劃（2016—2020）》（2016）

優化創新導向的教育發展與人才培養模式：迎接知識經濟時代的挑戰，優化教育發展與人才培養模式，着力宣導創新意識，培養創新素質，提升創新能力，努力激發學生的創新潛能，培育創新型人才，解決產業多元發展中人力資源不足的瓶頸。……在非高等教育方面，立足於澳門發展的長遠需要，利用澳門教育傳統的合理成分和有效機制，創新教育思維和教育內容，建立正規教育與持續教育相結合、教育素質和創新能力均得到明顯提升的教育體系，為澳門的可持續發展提供有力的人才保障。……未來五年，為保持高等教育持續、穩健發展，致力完善高等教育體制，配合澳門發展定位和產業適度多元化發展的需要，透過適當的政策引導和資源投入，激發創新活力，提高創新質量，提升創新能力，培育創新人才，藉以提升澳門的整體競爭力，推動社會不斷進步。

——澳門特別行政區政府《澳門特別行政區五年發展規劃（2016—2020）》（2016）

附錄 4.5　澳門特區政府創新人才支持政策文件概覽

澳門特區政府及相關機構從 2015 年開始共出台十一份適用於創新人才的政策文件（見表 8）。

表 8　澳門特區政府政策文件彙總

出台時間	出台部門	文件名稱
2015	澳門人才發展委員會	鼓勵人才回澳
2016	澳門特別行政區政府	澳門特別行政區五年發展規劃（2016—2020）
2018	澳門科學技術協進會 全國博士後管委會辦公室	澳門青年學者計劃
2019	澳門科學技術發展基金	一般科研資助
2019	澳門科學技術發展基金	科普資助
2019	澳門科學技術發展基金	專利資助
2019	澳門科學技術發展基金	構建"智慧城市"科研項目申請資助
2019	澳門科學技術發展基金	高等院校科研儀器設備專項資助計劃
2019	澳門科學技術發展基金	高等院校博士後專項資助計劃
2019	澳門科學技術發展基金	重點研發專項資助計劃
2019	澳門特別行政區政府	2019 施政報告

資料來源：根據相關政策文件整理。

附錄 5
廣州市政府：關注政策落地，重視制度優化

　　廣州市政府關於創新人才的政策具有以下兩個明顯特點：一是重視政策落地。除了在市級層面有相關政策規定之外，各區級政府相關部門均因地制宜地出台了針對本區的特定實施方案。二是政策覆蓋全面，注重從各個維度對創新人才進行全方位政策支持，為創新活動營造良好制度環境。

　　廣州市政府關於創新人才的政策可以分為人力資本支持、價值實現支持、物質資本支持、服務保障支持和社會資本支持五大類（見表 9）。

表 9　廣州市政府政策類型分析

政策類型	具體內容
人力資本支持	人才引進與培養； 人才交流與合作； 人才流動
價值實現支持	知識產權； 職稱評審； 收入分配
物質資本支持	財政與金融支持； 創業扶持
服務保障支持	公共服務； 行政與商事制度改革
社會資本支持	科技創新資源開放共用； 創新平台； 創新創業活動

資料來源：根據相關政策文件整理。

附錄 5.1　人力資本支持：人才引進、人才合作、人才流動

（一）人才引進與培養：人才支持計劃、完善引進機制

黃埔區全球納才獎勵：對本區新引進或新培養的傑出人才、優秀人才、精英人才，經認定分別給予安家費五百萬元、三百萬元、二百萬元。其中，對諾貝爾獎獲得者、院士給予安家費最高一千萬元。支持本區企事業單位設立院士（科學家、專家）工作站（室），傳幫帶培養創新人才，給予最高一百萬元開辦經費資助。新引進諾貝爾獎獲得者、院士、國家"千人計劃"創業人才和創新人才（長期項目）創辦的企業，承諾五年內累計淨利潤達到二千萬元，或獲得新藥證書（Ⅰ類新藥放寬到八年），或獲得Ⅲ類醫療器械註冊證且累計銷售收入達到二千萬元，經認定，五年內給予企業最高二千萬元場地補貼和研發設備購置補貼，或五年內按照其當年對本區地方經濟發展貢獻的 100% 予以獎勵。

　　——廣州市黃埔區人民政府辦公室、廣州開發區管理委員會辦公室《廣州市黃埔區廣州開發區聚集"黃埔人才"實施辦法》（穗開管辦〔2017〕23 號）

越秀區高端人才引進：重點引進和鼓勵四類高端人才。（一）創新創業領軍人才（團隊）。諾貝爾獎獲得者、院士、國家"千人計劃"創業人才和創新人才（長期項目）等掌握重大科技項目核心技術，具有自主研發能力和產業化經歷，具有學科優勢和行業領先地位，帶項目、帶技術、帶資金在本區創辦企業、領辦企業，或在研發機構實施科技成果轉化並取得實際成效的科技人才（團隊）。經評定，給予最高一千萬元的落地獎勵。（二）傑出產業人才。具有豐富的資本運作、項目規劃、企業管理經驗，具備先進的戰略理念和國際視野，熟悉國內外經濟政策，帶領企業作出較大稅收貢獻的高級管理人才，或所在行業屬於現代服務業範疇，帶領企業取得突出業績的高級管理人才。經評定，按照其年度應納稅工資薪金收入的一定比例給予獎勵，每人最高獎勵三百萬元。（三）產業發展創新人才。擁有相關產業、企業急需緊缺的關鍵技術或綜合素質，能夠促進相關產業及企業項目在自主創新、技術升級等領域取得重大成果的人才。經評定，給予最高十萬元的薪酬補貼。（四）社會領域精英人才。鼓勵教育、文體、衛生、民政等行政部門加快人文社科等領域的人才隊伍建設，對新引進或新培養的社會領域精英人才，經評定，給予最高二百萬元獎勵；對社會領域精英人才在區內新設工作室的，經認定，一次性給予最高一百萬元經費支持。

　　——廣州市越秀區人民政府辦公室《越秀區集聚高端人才暫行辦法》（越府辦〔2017〕63 號）

越秀區引才助才獎勵：（一）設立"越秀區招才引智突出貢獻獎"，對在本區

高端人才引進工作中作出突出貢獻的用人企業和人力資源服務機構給予獎勵。對通過獵頭公司等人力資源服務機構從市外引進高端人才的用人單位，按其引才費用的50% 給予費用補貼，最高每人五萬元；對用人單位累計引進市外高端人才五人以上（含五人）的，給予最高三十萬元費用補貼。人力資源服務機構每協助區內用人單位從市外引進一名高端人才，給予一萬元的薦才資助。（二）設立"越秀區高端人才服務貢獻獎"。依法成立的行業協會、服務機構或中介機構，為高端人才提供優質創新創業服務的，經認定給予最高十萬元 / 年的經費補貼。行業協會、服務機構在區內成功舉辦高水平人才交流活動的，視活動規模、成效等給予最高一百萬元的資金獎勵。

　　——廣州市越秀區人民政府辦公室《越秀區集聚高端人才暫行辦法》（越府辦〔2017〕63 號）

　　吸引人才來穗開展創新合作與服務：加快實施"羊城高層次創新創業人才支持計劃"，大力培養、引進支持創新創業領軍團隊和人才。組織實施"智匯廣州"高端人才對接服務行動，發揮中國留學人員廣州科技交流會的作用，吸引海內外高層次人才來穗開展聯合攻關、項目對接、成果轉化等創新合作與服務。

　　——中共廣州市委、廣州市人民政府《關於加快實施創新驅動發展戰略的決定》（穗字〔2015〕4 號）

　　完善海外高層次人才引進機制：切實發揮中國留學人員廣州科技交流會作用，通過與我駐外使（領）館、華僑華人專業人士社團、留學人員社團和海外著名獵頭公司建立密切合作關係，聘請專、兼職引智專員等多種形式，進一步拓展海外高層次人才聯繫渠道。建立健全海外高層次人才信息庫，編制我市高層次緊缺人才開發目錄，定期向海內外發佈需求信息，引導供需對接。

　　——中共廣州市委、廣州市人民政府《關於加快吸引培養高層次人才的意見》（穗字〔2010〕11 號）

（二）人才交流與合作：政策創新、載體建設

　　促進粵港澳人才合作：加快建設南沙"粵港澳人才合作示範區"、海外高層次人才創新創業基地，加快人才發展體制機制改革和政策創新，推動人才管理許可權下放、港澳和外籍人才出入境便利化、建立離岸創新創業基地等人才政策先行先試。

　　——中共廣州市委、廣州市人民政府《關於加快集聚產業領軍人才的意見》（穗字〔2016〕1 號）

（三）人才流動：離崗創業、基層流動

支持科研人員兼職或離崗創業：鼓勵高校、科研院所科研人員到企業兼職從事科技成果轉化、技術攻關，所得收入由個人、單位協商分配。經所在單位同意，科研人員可帶科研項目和成果離崗創業，三年內保留人事關係，同等享有參加職稱評聘、崗位等級晉升和社會保險等方面的權利。

　　——中共廣州市委、廣州市人民政府《關於加快集聚產業領軍人才的意見》（穗字〔2016〕1 號）

支持科技人員科技成果轉化工作和離崗創業：鼓勵高等學校、科研院所的科技人員到企業開展科技成果轉化活動。高等學校、科研院所選派到基層或者企業從事技術開發、技術轉化、技術培訓、技術推廣等科技活動的科技人員，選派期間在原單位的待遇不變，允許和鼓勵高等學校、科研院所的科技人員在完成本單位工作任務且不違反國家有關規定的前提下，兼職從事科技成果轉化活動並取得收益。對於離崗創業的，經原單位同意，可在三年內保留其原有身份，與原單位其他在崗人員同等享有參加職稱評聘、崗位等級晉升等方面的權利。高等學校、科研院所應當建立職稱評聘分類考核機制。對於從事科技成果轉化工作和離崗創業的科技人員，將其專利或技術轉讓、成果轉化產生的實際效益作為職稱評定的重要依據之一。

　　——廣州市人民政府辦公廳《廣州市促進科技成果轉化實施辦法》（穗府辦〔2015〕57 號）

附錄 5.2　價值實現支持：知識產權、職稱評審、收入分配

（一）知識產權：完善制度、聯合執法

番禺區專利申請、授權獎勵標準和範圍：（一）獎勵國內發明專利申請費和審查費實際發生額的 50%。（二）獎勵國內實用新型專利、外觀設計專利申請費。（三）發明專利獲得授權的獎勵三千元/件。（四）實用新型專利獲得授權的獎勵七百五十元/件。（五）外觀設計專利獲得授權的獎勵五百元/件。

　　——廣州市番禺區人民政府《廣州市番禺區專利發展資金管理辦法》（番府〔2015〕16 號）

荔灣區專利申請資助：對專利申請地址屬於荔灣區的企事業單位、社會團體及個人申請和授權的專利費用進行資助。港澳台歸為國內專利，每項專利最多資助一次；國外專利每項最多只能申請一個國家或地區的資助。專利申請資助標準如下：（一）2017 年 4 月 11 日—2017 年 12 月 31 日專利申請資助按照以下標準：國內發明專利資助一千元/件；實用新型專利資助五百元/件；外觀設計專利資助三百

元／件；國外發明專利或 PCT 國際專利資助三千元／件。（二）2018 年 1 月 1 日起專利申請資助按照以下標準：1．個人：國內發明專利資助五百元／件；實用新型專利資助三百元／件；外觀設計專利資助一百元／件；國外發明專利資助二千元／件；PCT 國際專利資助一千元／件。2．法人：國內發明專利資助一千元／件；實用新型專利資助四百元／件；外觀設計專利資助二百元／件；美國、日本、歐盟等國家或地區發明專利資助一萬元／件；其他國家或地區發明專利資助二千元／件；PCT 國際專利資助五千元／件。

——廣州市荔灣區人民政府《廣州市荔灣區專利工作專項資金管理辦法（試行）》（荔府規〔2018〕3 號）

黃埔區知識產權專項資金：知識產權專項資金主要用於以下情形：（一）職務發明專利資助。（二）非職務發明專利資助。（三）在本區企業工作的歸國留學人員申請國內或港澳台地區發明專利獲得授權的，額外資助二千五百元／件。（四）從未獲得發明專利授權的本區企業，前五件發明專利獲得授權的，額外資助一萬元／件。（五）向國家版權局申請電腦軟件著作權登記的，在獲得登記證書後資助三百元／件。（六）向國家知識產權局申請集成電路佈圖設計登記的，在獲得公告後資助三千元／件。（七）對區內農產品以地理標誌作為證明商標並註冊成功或者獲得“地理標誌產品保護”的，給予一次性十萬元資助。（八）對通過國家知識產權規範化管理標準認證的企業，一次性資助十萬元。（九）對專利代理機構或分支機構進行資助。（十）鼓勵區內孵化器管理機構發揮平台優勢，加大知識產權相關服務力度，共同推進知識產權工作。孵化器內入駐企業年申請發明專利總數滿二十件的，獎勵孵化器管理機構五萬元，每新增五件遞增一萬元，每年最高獎勵二十萬元。（十一）對發明專利數量排名靠前的企業予以獎勵。每年對區內當年發明專利申請數量排名前二十名的企業給予獎勵，第一名獎勵三十萬元，依次遞減一萬元；對當年發明專利授權數量排名前二十名的企業給予獎勵，第一名獎勵三十萬元，依次遞減一萬元；對當年 PCT 申請數量排名前十名的企業給予獎勵，第一名獎勵二十萬元，依次遞減一萬元。

——廣州市黃埔區人民政府、廣州開發區管委會《廣州市黃埔區廣州開發區知識產權專項資金管理辦法》（穗開管辦〔2016〕30 號）

完善創新保護機制：加強知識產權保護，建立知識產權保護高地，開展跨部門、跨地區聯合執法和協作，建立和完善知識產權維權援助網絡和涉外維權預警機制。通過政府購買服務方式支持知識產權保護諮詢和援助機構，為企業知識產權訴訟提供維權諮詢和援助服務。發揮廣州知識產權法院的作用，完善知識產權審判工作機制，大力引導扶持知識產權法律服務業發展。強化行政執法與司法銜接，將侵權行為信息納入社會信用記錄。

——中共廣州市委、廣州市人民政府《關於加快實施創新驅動發展戰略的決定》（穗字〔2015〕4號）

促進知識產權服務業發展：推進專利代理、專利導航和專利預警分析，促進知識產權服務業發展。

——中共廣州市委、廣州市人民政府《關於加快實施創新驅動發展戰略的決定》（穗字〔2015〕4號）

完善知識產權保護制度：實行嚴格的知識產權保護制度。（1）加強知識產權聯合執法和跨區域執法協作。（2）修訂完善知識產權保護相關地方法規，在推動南沙自貿區開展知識產權行政執法體制改革、維權援助機制建設和健全國際仲裁機制等方面先行先試。（3）推動知識產權信用監督體系建設，將知識產權侵權和假冒案件信息納入公共信用信息管理系統並公佈。（4）探索建立新業態新模式創新成果保護機制，推進電子商務領域知識產權保護制度建設。

——廣州市人民政府《廣州市系統推進全面創新改革試驗三年行動計劃（2016—2018年）》（穗府〔2017〕6號）

（二）職稱評審：突出創新導向、強調成果轉化

完善科技人才評價機制：完善科技人員的考核評價和技術職務聘用制度，將專利創造和科技成果推廣應用、產業化等指標作為科技人員考核評價和技術職務聘用的重要依據。對科技人員進行職稱評審與崗位考核時，發明專利轉化應用情況應與論文指標要求同等對待，技術轉讓成交額應與縱向課題指標要求同等對待。

——廣州市人民政府《關於加快科技創新的若干政策意見》（穗府〔2015〕10號）

（三）收入分配：股權獎勵、分期繳稅

科研人員股權獎勵：高等學校、科研院所轉化科技成果以股份或出資比例等股權形式給予個人獎勵，獲獎人在取得股份、出資比例時，暫不繳納個人所得稅。具體實施辦法由市科技創新委員會同市財政局、稅務部門另行制定。

——廣州市人民政府《關於加快科技創新的若干政策意見》（穗府〔2015〕10號）

股權獎勵個人所得稅分期繳納：對符合條件的高新技術企業轉化科技成果而給予本企業技術人員的股權獎勵，個人一次繳納個人所得稅稅款有困難的，可根據實際情況在不超過五個公曆年度內（含）分期繳納。

——中共廣州市委、廣州市人民政府《關於加快集聚產業領軍人才的意見》（穗字〔2016〕1號）

附錄 5.3　物質資本支持：人才資助、稅費優惠、場地支持

（一）財政與金融支持：人才資助、稅費優惠

增城區創新領軍團隊支持：創新領軍團隊可獲以下支持：（一）人才經費資助。給予一百萬元的人才經費資助，主要用於團隊成員的人才津貼、安家補助和生活補貼，撥付方式按本辦法第八條第（一）項執行。（二）項目經費資助。1. 資助額度原則上按評審通過的項目預算的 50% 確定，最高不超過三百萬元。若項目實際支出低於項目預算，則以實際支出計算。分三期撥付，團隊入選後且申報單位對該項目科研投入額的 20% 資金到位後撥付 20% 經費，項目中期評估通過且申報單位對該項目科研投入額的 50% 資金到位後撥付 30% 經費，項目驗收通過後撥付其餘 50% 經費。2. 對於新引進的頂尖創新團隊，經區委、區政府同意，可按一事一議方式開闢綠色通道引進，並給予最高一億元項目經費資助。（三）其他創新支持。1. 安家支持。創新領軍團隊不超過五名的帶頭人及核心成員在項目合同期內可申請免租入住人才公寓，總面積不超過三百平方米，共支持三年。2. 貢獻獎勵。在項目合同期內，按個人對本區地方經濟發展貢獻的 100% 獎勵給創新領軍團隊不超過五名的帶頭人及核心成員，共支持五年。3. 其他優惠。同等條件下，優先享受地方各項創新創業優惠政策。

——增城區科技工業和信息化局《廣州市增城區創新創業領軍團隊（人才）支持計劃實施辦法》（增科工商信規字〔2019〕1號）

海珠區創新人才獎：鼓勵產業人才創新創業。（一）經評定，給予在本區創新創業的產業領軍人才最高五百萬元安家費，統籌協調其直系親屬入讀本區義務教育階段學校。（二）對創新創業領軍團隊連續三年按不低於本區經濟社會貢獻的 50% 給予貢獻獎，並給予最高二千萬元的辦公用房補助、研發經費補助、配套資助。（三）支持設立院士工作站、博士後站、博士工作站、名家巨匠工作室，給予最高五十萬元啟動經費和最高一百五十萬元工作經費支持。（四）經本區企業推薦並評定為產業精英，其所在企業及其人才獲得的貢獻獎不低於 50% 獎勵個人，按個人納稅工資薪金收入一定比例進行獎勵。優先支持新一代信息技術產業精英。（五）評為產業精英的境外人才，按個人應納稅工資薪金收入一定比例給予獎勵；給予境外人才創新創業團隊最高一百萬元辦公用房補助。（六）上述人才可免租入住建築面積最高二百平方米的人才公寓，或申請最高二萬元 / 月的住房補貼；並享受專屬

醫療服務。

——廣州市海珠區發展和改革局等十三部門《海珠創新島"1+6+1"產業政策體系文件》（海發改規〔2019〕1號）

設立科學技術市長獎和科學技術進步獎：科學技術市長獎候選人，應當是從事自主創新工作，遵紀守法，具有良好的科學道德，現活躍在當代科學技術研究領域，為廣州建設創新型城市做出重大突出貢獻的科學技術工作者。候選人應在近五年內獲得了國家技術發明獎、國家自然科學獎、國家科技進步獎，且是該項目的前三位完成人之一；或者獲得了省（部）級科學技術獎一等獎，且是該項目的第一完成人；或者獲得了一項省（部）級科學技術獎二等獎和一項市科學技術進步獎一等獎，且是上述項目的第一完成人。市科學技術進步獎候選項目應當符合下列條件：（一）技術創新性突出。在技術上有重要的創新，特別是在高新技術領域進行自主創新，形成了產業的主導技術；或者應用高新技術對傳統產業進行裝備和改造，增加傳統產業的技術含量；或者技術難度較大，解決了行業發展中的共性技術、關鍵技術和技術難點問題。（二）經濟效益或者社會效益顯著。項目及技術成熟可靠，經過一年以上較大規模的實施應用，產生了顯著經濟效益或者社會效益，為經濟建設、社會發展做出了較大貢獻。（三）推動行業科技進步作用明顯。項目實施後，發揮了良好的示範、帶動作用，促進了產業結構的調整、優化、升級和產品的更新換代，提高了行業的技術水平、競爭能力和創新能力，對行業的整體發展具有推動作用。

——廣州市科技創新委員會《廣州市科學技術獎勵辦法實施細則》（穗科創〔2015〕3號）

創新領軍人才資助：五年內對具有良好科研背景和較強技術研發能力，在先進製造業、戰略性新興產業和生產性服務業領域內企業或新型研發機構擔任應用研究和技術、產品研發重要職位的約一百名高端創新人才，分別給予一百萬元人才經費資助。

——中共廣州市委、廣州市人民政府《關於加快集聚產業領軍人才的意見》（穗字〔2016〕1號）

番禺區高端創新人才經費資助：引進支持創新領軍人才。五年內引進並支持具有較強技術研發能力，在企業或新型研發機構擔任技術、產品研發重要職位的高端創新人才約五十名，分別給予五十萬元人才經費資助。

——中共廣州市番禺區委、廣州市番禺區人民政府《關於加快集聚產業領軍人才的實施意見》（番發〔2016〕11號）

（二）創業扶持：場地支持、雙創基金

海珠區創新創業領軍團隊專項扶持：創新創業領軍團隊專項扶持包括辦公用房補助、研發經費補助。（一）評定當年起，連續三年給予最高一千平方米的辦公用房補助，累計最高三百萬元。本細則所稱的辦公用房補助是指經評定的團隊在本區租賃場地用於生產、研發、行政等可享受的補助。辦公用房補助按市房地產租賃管理所公佈的上一年度房屋租金參考價、實際租賃合法建築面積計算（不含物管費、水電費等），採用後補助方式兌現。團隊享受辦公用房補助期間，不得將用房對外轉租、分租、閒置，不得擅自變更用途。（二）創新創業領軍團隊創辦企業的，按《廣州市科學技術局廣州市財政局廣州市統計局國家稅務總局廣州市稅務局關於修訂廣州市企業研發經費投入後補助實施方案的通知》（穗科規字〔2019〕2號）核定的該企業研發經費支出額度的95%給予補助，累計最高二百萬元。

——廣州市海珠區發展和改革局等十三部門《海珠創新島"1+6+1"產業政策體系文件》（海發改規〔2019〕1號）

設立粵港澳大灣區青年創新創業基金：設立十億元規模的粵港澳大灣區青年創新創業基金，重點投資各類優質港澳青年創新創業項目，提供天使投資、股權投資、投後增值等覆蓋各階段的多層次服務。對取得商業銀行機構貸款的港澳青年創辦企業或機構，按照實際貸款發生額的1.5%（年利率）給予補貼，補貼期限三年，每家企業每年最高補貼一百萬元。

——廣州市黃埔區人民政府、廣州開發區管委會《廣州市黃埔區廣州開發區支持港澳青年創新創業實施辦法》（穗埔府規〔2019〕11號）

越秀區高端人才項目扶持：對掌握世界前沿技術，擁有優質人才資源和科研資源的頂尖人才，到本區建設重大公共技術平台、實施高端產業化項目，經區委、區政府同意，給予最高一億元的專項扶持。凡入選的高端人才帶項目、帶技術、帶資金到本區創辦企業、領辦企業的，視所創辦、領辦企業的投資額度及發展前景給予最高一千萬元的跟進投資。

——廣州市越秀區人民政府辦公室《越秀區集聚高端人才暫行辦法》（越府辦〔2017〕63號）

番禺區港澳台青年創新創業項目免費經營場地支持：經區"青藍計劃"評審出的港澳台青年創新創業項目，且企業註冊在港澳台青年創新創業基地示範點的，可獲得最長一年、面積不高於五十平方米的免費經營場地支持。

——廣州市番禺區人民政府辦公室《建設廣州大學城港澳台青年創新創業基地實施方案》（番府辦〔2017〕11號）

天河區港澳青年創新創業項目支持：

（一）落戶獎勵：每個支持項目給予十萬元人民幣落戶獎勵。該獎勵採取前期資助方式，獲得支持的項目在天河區註冊成為獨立法人企業後可獲得落戶獎勵。

（二）租金補貼：該補貼採取事後一次性資助方式，企業成立時間滿十二個月後可申報租金補貼（須提供租賃合同和發票等有關材料）。自簽訂租賃合同之日起計算，前六個月對項目辦公場地給予 100% 租金補貼，後六個月給予 50% 租金補貼；單個項目補貼總金額最高不超過十萬元人民幣。

——廣州市天河區科技工業和信息化局《廣州市天河區推動港澳青年創新創業發展實施辦法》（穗天科工信規〔2017〕1 號）

宣傳推介創新創業基地及創業企業：政府有關部門在招商引資、赴港澳台交流、接待國內外考察團等活動中，積極宣傳推介港澳台青年創新創業基地及港澳台青年創業企業，為港澳台青年創新創業平台和企業牽線搭橋、創造商機。

——廣州市番禺區人民政府辦公室《建設廣州大學城港澳台青年創新創業基地實施方案》（番府辦〔2017〕11 號）

科技人員創辦科技型企業房租補助：鼓勵在穗新創辦科技型企業。鼓勵國內外科技人員以技術、成果在穗新創辦科技型企業。對在廣州市行政區域內新設立、註冊、登記並具有獨立法人資格，具有自主研發經費投入和研發活動，擁有一項科技成果（一項科技成果登記或一項發明專利），且有潛力轉化為具體產品或服務的企業，自成立之日起連續三年給予 50% 的房租補助，每個企業單一年度補助金額不超過五十萬元。已享受我市其他房租補助政策的不重複享受該補助。

——廣州市人民政府辦公廳《廣州市促進科技成果轉化實施辦法》（穗府辦〔2015〕57 號）

番禺區港澳台青年創新創業項目金融支持：在已獲得創業啟動資金扶持的港澳台青年創新創業項目中，對成長性較好、市場前景明朗、並獲得市場風投機構投資的項目，由區戰略性新興產業創業投資引導基金進行跟進投資，支持創業團隊做大做強。

——廣州市番禺區人民政府辦公室《建設廣州大學城港澳台青年創新創業基地實施方案》（番府辦〔2017〕11 號）

附錄 5.4　服務保障支持：人才綠卡、綠色通道、商事改革

（一）公共服務：人才綠卡、綠色通道

建立人才綠卡制度：暫無落戶意向的非廣州戶籍產業領軍人才，在購房、購

車、子女入學等方面可享受廣州市市民待遇；為外籍產業領軍人才提供入境和停居留便利，持人才綠卡可辦理二至五年長期居留證件；充分發揮 R 字簽證（人才簽證）政策作用，擴大 R 字簽證申請範圍，支持廣州地區外國留學生畢業後直接在廣州創新創業。為有意向落戶廣州的產業領軍人才及其配偶、子女優先辦理落戶手續。

　　——中共廣州市委、廣州市人民政府《關於加快集聚產業領軍人才的意見》（穗字〔2016〕1 號）

　　海珠區產業領軍人才健康醫療保障：持《海珠人才證書（產業領軍人才）》的人才住院治療時，在享受社會醫療保險、公費醫療的基礎上，個人負擔的醫療部分再補助 50%，每年最高十萬元。協調中山大學孫逸仙紀念醫院（南區）、廣州市紅十字會醫院、南方醫科大學珠江醫院、廣州醫科大學附屬第二醫院、廣東省第二人民醫院等五所三甲醫院為海珠人才定點服務醫院。每年集中組織一次體檢。體檢機構原則上在人才定點服務醫院中選擇。產業領軍人才體檢費用標準為最高五千元 /年 / 人。產業精英所在企業獲得貢獻獎的，該企業可按本細則第二十二條申請最多四名產業精英一次免費體檢，體檢費用標準為最高三千元 / 年 / 人。具體人員由所在企業提出並經產業精英評定部門書面同意。持《海珠人才證書》的人才自願不參加免費體檢的，可申請體檢費用補貼，產業領軍人才最高三千元 / 年、產業精英最高一千五百元 / 年。建立人才健康管理制度，完善健康體檢、健康評估、疾病預警、動態監測、追蹤服務等服務。人才可自主選擇區內星級家庭醫生，由簽約的家庭醫生團隊進行管理、監測、追蹤、指導，提供家庭病床、上門巡診等服務。

　　——廣州市海珠區發展和改革局等十三部門《海珠創新島 “1+6+1” 產業政策體系文件》（海發改規〔2019〕1 號）

　　海珠區產業領軍人才安家費：安家費發放標準。（一）本區新取得《海珠人才證書（產業領軍人才—傑出領軍人才）》並符合創業條件或長期創新條件的人才，符合安家費發放條件的，給予總額四百萬元安家費，按 2:2:1 的比例分三年發放。諾貝爾獎獲得者、中國科學院院士、中國工程院院士符合安家費發放條件的，安家費總額提高至五百萬元。（二）本區新取得《海珠人才證書（產業領軍人才—名家巨匠）》並符合創業條件或長期創新條件的人才，符合安家費發放條件的，由評定部門組織專家評審確定安家費金額，總額最高三百萬元，按 2:2:1 的比例分三年發放。

　　——廣州市海珠區發展和改革局等十三部門《海珠創新島 “1+6+1” 產業政策體系文件》（海發改規〔2019〕1 號）

海珠區人才住房補貼：住房補貼是對人才在本區租房實際支出的補貼，住房補貼額度不超過已辦理租賃備案證明的合同約定租金。補貼期最長三年，自首次提出申請之日起連續計算。持《海珠人才證書（產業領軍人才—傑出領軍人才）》的人才，可享受最高一萬五千元／月的住房補貼（諾貝爾獎獲得者、中國科學院院士、中國工程院院士可享受最高二萬元／月的住房補貼）；持《海珠人才證書（產業領軍人才—名家巨匠）》的人才，可享受最高一萬二千元／月的住房補貼。

——廣州市海珠區發展和改革局等十三部門《海珠創新島"1+6+1"產業政策體系文件》（海發改規〔2019〕1號）

越秀區高端人才公共服務保障：住房保障。凡入選的高端人才，其本人及配偶、未成年子女尚未在廣州市內購買住宅的，在管理期內可申請租住人才公寓；或在管理期內按最高一萬元／月的額度享受住房補貼。高端人才對越秀經濟社會發展貢獻特別巨大的，經區委、區政府批准，獎勵住房一套。優先入戶。凡入選的高端人才及其配偶、子女需在本區落戶的，在遵照廣州市有關戶籍政策的基礎上，給予優先協助解決。醫療保健。凡入選的高端人才，其本人納入區重點保健對象範圍，可享受由區保健辦定期組織安排健康體檢，建立健康檔案，提供健康促進及管理、特需醫療協助等服務。子女入學。每年安排一定數量的本區行政所屬學前教育階段和義務教育階段規範化學校的優質學位，為入選的高端人才子女提供優質的教育服務。

——廣州市越秀區人民政府辦公室《越秀區集聚高端人才暫行辦法》（越府辦〔2017〕63號）

"黃埔人才"福利配套保障：對未享受安家費的傑出人才、優秀人才，給予為期三年的人才津貼，每年最高二十萬元。對傑出人才、優秀人才、精英人才，按在本區企業年度所得個人收入應納稅所得額的10％予以獎勵，最高五百萬元。對傑出人才、優秀人才、精英人才發放萬能捷通卡，提供子女優先入學、本人及家屬落戶、實驗設備和原材料進出口便捷清關、機場貴賓服務、優先就醫、免費體檢等高端服務便利，按規定辦理科研教學等自用物品免稅進境手續。對經認定的外籍高層次人才，給予最高五年的居留許可，一般按人才用人單位公函申請年限予以批准。對持其他簽證來華的外籍高層次人才，入境後可申請變更為R（人才）簽證或者按規定辦理有效期五年以內的工作類居留許可。持萬能捷通卡人才子女入讀區屬公辦幼兒園、義務教育學校由區教育部門統籌安排，高中階段就讀按廣州市教育部門招生和轉學政策執行。加大國際學校建設力度，建設國際接軌的海歸子女學校，試點普通中小學特別是外國語學校、民辦學校開設專門招收外籍人才子女的國際部。

——廣州市黃埔區人民政府辦公室、廣州開發區管理委員會辦公室《廣州市黃埔區廣州開發區聚集"黃埔人才"實施辦法》（穗開管辦〔2017〕23號）

"黃埔人才"安居樂業工程：對新引進或新培養的諾貝爾獎獲得者、院士提供人才別墅，未享受安家費的，在本區工作滿十年後將獲贈別墅產權；對未享受安家費的其他傑出人才、優秀人才、精英人才分別給予每月最高一萬元、八千元、五千元的住房補貼，補貼期三年。對新引進入戶且在本區企業工作滿一年的人才發放住房補貼，其中博士研究生或副高級以上專業技術職稱人員五萬元、碩士研究生三萬元、全日制應屆本科畢業生二萬元。採取"競地價與競人才住房配建量相結合的招拍掛方式"，在本區房地產開發項目中配建比例5%以上的人才公寓，供人才優惠租住。

——廣州市黃埔區人民政府辦公室、廣州開發區管理委員會辦公室《廣州市黃埔區廣州開發區聚集"黃埔人才"實施辦法》（穗開管辦〔2017〕23號）

完善海外人才服務：建立服務綠色通道，對引進的海內外人才，實行特殊的居住政策。對符合條件的外國人才及其隨行家屬給予簽證和居留等便利，對持有外國人永久居留證的外籍高層次人才在創辦科技型企業等方面給予國民待遇。

——中共廣州市委、廣州市人民政府《關於加快實施創新驅動發展戰略的決定》（穗字〔2015〕4號）

（二）行政與商事制度改革：快捷服務、一址多照

提供工商註冊便利服務：區市場監管部門設置港澳台青年創新創業"綠色通道"，為港澳台青年創業提供快捷註冊登記服務。

——廣州市番禺區人民政府辦公室《建設廣州大學城港澳台青年創新創業基地實施方案》（番府辦〔2017〕11號）

註冊登記便利化：在科技園區（含分園）、孵化器、眾創空間、天河中央商務區（CBD）區域內實行"一址多照"，允許突破政策瓶頸，不受企業間須有投資關聯關係的限制；突破現行對同一位址內的企業數量和規模的限制，在上述區域內允許集群註冊；突破現行對住所需獨立封閉的物理空間間隔的限制，在上述區域內允許辦公卡位註冊。集群註冊是指在同一區域內多個企業以一家企業的住所位址作為自己的住所登記，並由該企業提供住所託管服務，組成企業集群的登記註冊模式。辦公卡位註冊是指在區域內同一辦公位址有多個經營者，提供集中辦公場所的單位突破對住所需獨立封閉的物理空間間隔的限制，採取排位編號等方式區分各經營者的辦公卡位，每一辦公卡位登記為一家企業住所的註冊登記模式。

——廣州市天河區人民政府辦公室《關於促進科技園區、孵化器、眾創空間

和天河中央商務區企業註冊登記便利化的意見》（穗天府辦規〔2017〕1號）

深化行政審批制度改革：將前置審批為主轉變為依法加強事中監管為主。深化行政審批制度改革，最大限度減少政府對微觀事務的管理，簡化企業註冊登記、稅務登記等辦事流程，實現網上一站式辦理。

——中共廣州市委、廣州市人民政府《關於加快實施創新驅動發展戰略的決定》（穗字〔2015〕4號）

附錄 5.5　社會資本支持：資源分享、創新平台、雙創大賽

（一）科技創新資源開放共用：儀器設備、實驗場所

鼓勵科研儀器設備和實驗場所向公眾開放：辦好系列科普活動，設立"科技開放日"，鼓勵高等學校、科研院所和企業的科研儀器設備和實驗場所向公眾開放。

——中共廣州市委、廣州市人民政府《關於加快實施創新驅動發展戰略的決定》（穗字〔2015〕4號）

創新資源開放共用：推進公共創新平台和大型科研儀器設備開放共用。加強科技創新平台的整合力度，加快構建網絡化、特色化、專業化的科技創新服務體系。支持各類創新平台、科研儀器設備、專用實驗（試驗）設施和場所等資源向社會共用，共用服務納入廣州市科技創新券服務範圍。

——廣州市人民政府辦公廳《廣州市促進科技成果轉化實施辦法》（穗府辦〔2015〕57號）

（二）創新平台：眾創空間、研發平台

海珠區博士後站扶持：（一）新設站（基地）扶持：1. 對本區新設立的博士後站，給予每站五十萬元的啟動經費扶持。2. 對本區新設立的省、市博士後創新實踐基地，分別給予二十萬元、十五萬元啟動經費扶持。設立級別提高，按扶持標準補齊差額部分。基地經批准設立工作站的，按工作站的扶持標準補齊差額部分。（二）對獲得上級評估優秀的博士後站、博士後基地分別給予二十萬元、十萬元工作經費扶持。（三）生活補助：1. 本區在站博士後研究人員（區內流動站與區外工作站或基地聯合招收的除外），給予每人每年十萬元的生活補助，補助期兩年。2. 入選"廣東特支計劃"科技創新青年拔尖人才項目和"珠江人才計劃"海外青年人才引進計劃（博士後資助項目）的在站博士後研究人員，分別給予每人二十五萬元、三十萬元生活補助，發放方式參照"廣東特支計劃"和"珠江人才計劃"相關規定。（四）安家補助：博士後研究人員從本區博士後工作站（分站）期滿出站一年內，留在本區企業工作並簽訂三年以上全日制用工勞動合同並通過用人單位在本區繳納

社保的，給予每人二十萬元安家補助，按照 2:2:1 的比例，分三年發放。上述博士後研究人員，入選 "珠江人才計劃" 海外青年人才引進計劃（博士後資助項目）的，安家補助可一次性發放。

　　——廣州市海珠區發展和改革局等十三部門《海珠創新島 "1+6+1" 產業政策體系文件》（海發改規〔2019〕1 號）

　　荔灣區研發機構及研發平台扶持：本辦法扶持對象為註冊地（住所）在荔灣區轄內的研發機構及研發平台，包括各級工程技術研究中心、重點實驗室、科技創新中心，新型研發機構，重點研發平台等。扶持標準：每年在區科技經費中安排專項資金，用於扶持本辦法研發機構建設與研發平台發展。對認定為區新型研發機構的，一次性給予一百萬元補助。對引入國內 "211 工程" 或 "985 工程" 知名高校或經區政府研究同意的國內外知名科研院所在荔灣區轄內建設培育新型研發機構，通過科技立項簽訂任務合同書，按分期撥付形式以不超過建設投入資金的 50% 給予總額不超過一千萬元經費支持。對國內 "211 工程" 或 "985 工程" 知名高校或經區政府研究同意的國內外知名科研院所在荔灣海龍科技創新產業區內建設省級以上新型研發機構，按不超過建設投入資金 100% 給予總額不超過二千萬元的財政經費建設補助。對上一年度認定為省級以上新型研發機構，一次性給予二百萬元獎勵。對上一年度經科技部門認定為工程技術研究中心、重點實驗室、科技創新中心等研發機構，分別給予國家級二百萬元、省級五十萬元的一次性獎勵。同一企業年度獲該項獎勵最高不超過二百五十萬。

　　——廣州市荔灣區人民政府《廣州市荔灣區扶持研發機構及研發平台發展實施辦法》（荔府規〔2019〕2 號）

　　港澳青年創新創業孵化載體資助：對被評選為國家、省、市級港澳青年創新創業孵化載體的，分別給予一百萬元、五十萬元、二十五萬元一次性獎勵。每年擇優支持不超過三個港澳青年創新創業孵化載體項目，按不超過項目建設經費 50% 的標準，給予最高五百萬元一次性資助。

　　——廣州市黃埔區人民政府、廣州開發區管委會《廣州市黃埔區廣州開發區支持港澳青年創新創業實施辦法》（穗埔府規〔2019〕11 號）

　　（三）創新創業活動：創新創業大賽、創新創業交流活動

　　1. 粵港澳台大學生創新創業大賽

　　粵港澳台大學生創新創業大賽（原兩岸四地大學生創新創業大賽）由廣州市番禺區人民政府等單位主辦，廣州大學城管理委員會等單位承辦。大賽自落戶廣州大學城起，在番禺區政府、廣州大學城管委會的領導與支持下一直致力於為兩岸創業青年搭建溝通橋樑。獲獎隊伍可獲得"大賽獎金＋政策扶持＋創投基金＋產業對接＋創新服務支持"。如今，過往三屆大賽已在兩岸打出響亮的賽事品牌、彙聚了一千二百多項優質的兩岸創新項目，扶持引導了六百多項港澳台創客項目對接市場[70]，成為一個企業尋找高校創新人才，創業青年對接市場的雙向車道。

2. "天英匯"港澳青年創新創業項目大賽

廣州"天英匯"港澳青年創新創業項目大賽即"天英匯"國際創新創業大賽，是由天河區政府、廣州市科技創新委聯合各大產業園區、孵化器、眾創空間以及各大投資機構、專業服務機構共同打造的創新創業服務平台。大賽始創於 2015 年 9 月，至今已連續舉辦兩屆，累計參賽項目和團隊達二千八百多個，挖掘培育出大批優秀項目。

該比賽不僅為港澳青年提供創新創業的平台，還是港澳青年申請天河區創業補貼的重要指標之一。根據《廣州市天河區推動港澳青年創新創業發展實施辦法》，同一項目可同時獲得落戶獎勵和租金補貼兩項支持，每個支持項目給予十萬元人民幣落戶獎勵。而申請上述補貼的最重要途徑，就是參與"天英匯"大賽，排名前 10% 的項目將獲相應補貼[71]。

3. 青藍計劃

2017 年，番禺區政府設立的"青藍計劃"創業項目重點對在番禺區創新創業和就業的廣州大學城青年人才、港澳台青年及海歸人才的約一百個創業項目進行扶持，計劃每年投入二千萬元。[72]根據《2017 年番禺區"青藍計劃"創業項目申報指南》，凡創業項目參與區"青藍計劃"評審，最高可獲二十萬元一次性扶持資金。項目可提供免費場地以及租房補貼、會展補貼、免費人才招聘等，此外，將在一百個扶持項目中選擇二十個以內跟進投資，這些項目將獲優先推薦註冊在番禺區的社會專業股權投資機構，為成熟項目提供市場融資支持。

4. "自貿向心力．青年同心圓"穗港澳青年創新創業交流活動

該活動由廣州市青年聯合會、廣州市人民政府港澳事務辦公室、廣州海外聯誼會主辦。來自穗港澳三地的青年專才代表、行業協會、青年團體代表共六十餘人參與。在為期三天的活動中，穗港澳三地青年一行先後參觀廣汽豐田汽車製造車間、南沙區明珠灣展覽中心和"創匯谷"粵港青年文創社區，並前往廣州眾創 5 號空

---

70 〈粵港澳台大學生創新創業大賽啟動〉，《廣東科技報》，2017 年 5 月 12 日。

71 〈2017 廣州天英匯國際創新創業大賽啟動：千萬獎金誠邀全球創客〉，《南方日報》，2017 年 4 月 27 日。

72 〈番禺：廣發青藍英雄帖迎來四海"雙創俠"〉，廣州人才工作網，2017 年 7 月 27 日。

間、UC 優視公司及 1918 青年創業社區等地進行交流學習。

活動以創新創業為主題彙聚穗港澳三地優秀青年創業者，通過青年人之間充分表達真知灼見，為推動三地合作和發展建言獻策，共同探索新領域和新機遇，將在南沙自貿區建設之機，開創穗港澳青年創業創新的新局面 [73]。

附錄 5.6　廣州市政府創新人才支持政策文件概覽

廣州市政府及其下屬單位從 2010 年開始共出台二十份適用於創新人才的政策文件（見表 10）。

表 10　廣州市政府政策文件彙總

出台時間	出台部門	文件名稱
2010	中共廣州市委、廣州市人民政府	關於加快吸引培養高層次人才的意見
2015	廣州市人民政府辦公廳	廣州市促進科技成果轉化實施辦法
2015	廣州市科技創新委員會	廣州市科學技術獎勵辦法實施細則
2015	廣州市番禺區人民政府	廣州市番禺區專利發展資金管理辦法
2015	中共廣州市委、廣州市人民政府	關於加快實施創新驅動發展戰略的決定
2015	廣州市人民政府	關於加快科技創新的若干政策意見
2016	中共廣州市番禺區委廣州市番禺區人民政府	關於加快集聚產業領軍人才的實施意見
2016	中共廣州市委、廣州市人民政府	關於加快集聚產業領軍人才的意見
2016	廣州市黃埔區人民政府、廣州開發區管委會	廣州市黃埔區廣州開發區知識產權專項資金管理辦法
2017	廣州市黃埔區人民政府辦公室、廣州開發區管理委員會辦公室	廣州市黃埔區廣州開發區聚集 "黃埔人才" 實施辦法
2017	廣州市天河區人民政府辦公室	關於促進科技園區、孵化器、眾創空間和天河中央商務區企業註冊登記便利化的意見
2017	廣州市越秀區人民政府辦公室	越秀區集聚高端人才暫行辦法

73　廣東工貿職業技術學院：〈廣東工貿學子參加穗港澳青年創新創業交流會〉，2017 年 1 月 5 日。

出台時間	出台部門	文件名稱
2017	廣州市天河區科技工業和信息化局	廣州市天河區推動港澳青年創新創業發展實施辦法
2017	廣州市人民政府	廣州市系統推進全面創新改革試驗三年行動計劃（2016—2018 年）
2017	廣州市番禺區人民政府辦公室	建設廣州大學城港澳台青年創新創業基地實施方案
2018	廣州市荔灣區人民政府	廣州市荔灣區專利工作專項資金管理辦法（試行）
2019	廣州市荔灣區人民政府	廣州市荔灣區扶持研發機構及研發平台發展實施辦法
2019	廣州市海珠區發展和改革局等十三部門	海珠創新島 "1+6+1" 產業政策體系文件
2019	廣州市黃埔區人民政府、廣州開發區管委會	廣州市黃埔區廣州開發區支持港澳青年創新創業實施辦法
2019	增城區科技工業和信息化局	廣州市增城區創新創業領軍團隊（人才）支持計劃實施辦法

資料來源：根據相關政策文件整理。

附錄 6
深圳市政府：深港合作，人才計劃

　　深圳市作為創新高地，出台了許多支持創新人才的相關政策。深圳在創新人才方面的政策具有兩個明顯特點：首先，在深港合作日益密切的背景下，深圳的相關政策更加強調深港在創新人才及相關資源方面的合作和共用，許多創新創業活動也致力於促進深港的創新人才交流。其次，深圳的創新人才政策依託人才計劃實施，不僅有市級層面的"孔雀計劃"，區級層面也有羅湖區"菁英計劃"、南山區"領航計劃"、龍崗區"深龍英才計劃"等人才計劃。

　　深圳市政府關於創新人才的政策可以分為人力資本支持、價值實現支持、物質資本支持、服務保障支持和社會資本支持五大類（見表 11）。

表 11　深圳市政府政策類型分析

政策類型	具體內容
一人力資本支持	人才引進與培養； 人才交流與合作
二價值實現支持	知識產權； 職稱評審； 收入分配
三物質資本支持	財政與金融支持； 創業扶持
四服務保障支持	公共服務； 行政與商事制度改革
五社會資本支持	科技創新資源開放共用； 創新平台； 創新創業活動

資料來源：根據相關政策文件整理。

附錄 6.1　人力資本支持：人才計劃、人才交流、人才合作

（一）人才引進與培養：人才計劃、引才獎勵

吸引境外人才來深創新創業：繼續實施"孔雀計劃"，進一步完善人才認定標準，強化信息化建設，持續吸引更多的海外高層次人才來深創新創業。建設海外人才"離岸創業"基地，充分發揮國家海外高層次人才創新創業基地、留學生創業園和產業園等吸納人才的作用。探索進一步放寬外籍高端人才來深創新創業居留條件，在子女教育、就業、社保、醫療、住房購置、融資貸款等方面給予支持。

——深圳市人民政府《關於大力推進大眾創業萬眾創新的實施意見》（深府〔2016〕61 號）

福田區人力資源服務機構引才獎勵：鼓勵轄區（指在福田區註冊及納稅，下同）人力資源服務機構為轄區引進高層次人才及團隊，凡為轄區從市外新引進 I 類"福田英才"的人力資源服務機構，給予十萬元的獎勵；為轄區從市外新引進廣東省創新科研團隊、深圳市"孔雀計劃"團隊的人力資源服務機構，分別給予三十萬元、十萬元的獎勵。

——福田區人力資源局《福田區人力資源服務機構引才獎勵辦理細則》（福人力〔2017〕10 號）

南山區高層次創新創業人才引進獎勵：鼓勵和支持人才服務機構和人才載體積極參與高層次創新創業人才的引進和服務工作，對作出貢獻者給予一定的獎勵（由區人力資源局組織實施）：1. 引進或推薦本單位人才入選國家"千人計劃"頂尖人才與創新團隊類的單位，每成功一個給予二十萬元的獎勵；引進或推薦國家"千人計劃"創新長期類、創業人才類、外專千人類的，每成功一人給予十萬元的獎勵；引進或推薦國家"千人計劃"創新短期類、"青年千人"類的，每成功一人給予五萬元的獎勵。每年度對同一人才引進機構獎勵最高不超過一百萬。2. 人才中介機構推薦南山區"領航人才"配偶就業並與用人單位簽訂兩年及以上勞動合同的，每成功推薦一人給予五千元獎勵，用人單位每接收一人給予五千元獎勵。

——深圳市南山區人民政府辦公室《南山區鼓勵和支持人才創新創業發展辦法（試行）》（深南府辦規〔2016〕2 號）

龍崗區人才培育載體建設：做優做強重點人才培育載體。支持院士（科學家、專家）工作站（室）建設，傳幫帶培養創新人才，符合條件的給予五十萬元至一百萬元資助。對工作站（室）柔性引進的院士（科學家、專家），符合條件的給予最高五十萬元獎勵補貼。支持博士後工作站（流動站）和博士後創新實踐基地建設，對符合條件的博士後工作站（流動站）和博士後創新實踐基地分別給予八十萬元和

五十萬元資助。對在站博士後人員，每人每年給予十二萬元生活補貼（總額不超過二十四萬元），可申請入住人才住房。對出站後在龍崗區工作服務的博士後，每人給予三十萬元科研和生活經費資助。支持技能大師工作室、技師工作站、高技能人才公共實訓基地建設，符合條件的分別給予最高二十五萬元、十五萬元、十萬元項目經費資助。

——中共深圳市龍崗區委、深圳市龍崗區人民政府《關於促進人才優先發展實施"深龍英才計劃"的意見》（深龍發〔2016〕4號）

龍崗區建立人才尋聘激勵機制：充分調動社會各方面力量，鼓勵企事業單位、人力資源服務機構、行業協會等引進和推薦人才。對成功引薦已入選或引進後二年內入選 A、B 類"深龍英才"或國家"千人計劃"頂尖人才與創新團隊、廣東省創新創業團隊、深圳市"孔雀計劃"團隊的，給予引薦單位最高五十萬元獎勵補貼。

——中共深圳市龍崗區委、深圳市龍崗區人民政府《關於促進人才優先發展實施"深龍英才計劃"的意見》（深龍發〔2016〕4號）

龍崗區高層次創新人才引進與培育：重點集聚高層次創新創業人才。依託深圳國際大學園等高端人才載體，積極引進培育諾貝爾獎獲得者、國家最高科學技術獎獲得者、兩院院士等傑出人才，給予每人一百萬元工作經費資助和六百萬元獎勵補貼。重點引進培養一批國家"千人計劃"和"特支計劃"專家、廣東省領軍人才和"特支計劃"人才、深圳市"孔雀計劃"人才和國家級領軍人才、地方級領軍人才、後備級人才。創業類人才按照上級獎勵補貼額度 1:1 給予最高三百萬元創業資助，創新類人才按照上級獎勵補貼額度 1:0.5 給予最高一百五十萬元創新資助。對高層次人才創辦的企業，按其所獲創業資助額度 1:1 給予最高三百萬元場地費用補貼。大力集聚海內外高層次人才團隊。大力引進和培育一批入選國家、省、市重點人才項目的海內外高層次人才團隊。對入選國家"千人計劃"頂尖人才與創新團隊項目、廣東省創新創業團隊、深圳市"孔雀計劃"團隊的，給予最高一千萬元資助。對入選深圳市高層次創新創業預備項目團隊的，直接認定為龍崗區創新創業團隊，給予最高二百五十萬元資助。對高層次人才團隊的帶頭人、核心成員、技術骨幹，分別給予二百萬元、一百六十萬元和人均四十萬元資助。對高層次人才團隊創辦的企業，給予最高六百萬元場地費用補貼。

——中共深圳市龍崗區委、深圳市龍崗區人民政府《關於促進人才優先發展實施"深龍英才計劃"的意見》（深龍發〔2016〕4號）

海外高層次人才團隊引進：團隊資助。加大對海外高層次人才團隊的引進和培養力度，對於我市產業發展急需、有重大影響、能帶來重大經濟效益和社會效益的海外高層次人才核心團隊，經評審後，可給予最高八千萬元的資助。團隊入選廣東省創新科研團隊的，按照不低於 50% 的比例給予配套資助。

——中共深圳市委、深圳市人民政府《關於實施引進海外高層次人才"孔雀計劃"的意見》（深發〔2011〕9 號）

（二）人才交流與合作：一簽多行、國際合作

"一簽多行"政策促進深港科技交流與合作便利化：優化我市科研人員赴港管理操作辦法，積極爭取赴港"一簽多行"政策，為開展科技交流與合作提供便利化服務。

——中共深圳市委、深圳市人民政府《關於促進科技創新的若干措施》（深發〔2016〕7 號）

支持創新主體開展國際合作交流：鼓勵和支持我市各類創新主體、社會團體和其他機構等與國（境）外機構開展人才、技術和項目合作交流，符合條件的給予一定的研修津貼和資助。積極培養推送優秀人才進入國際組織。

——中共深圳市委、深圳市人民政府《關於促進人才優先發展的若干措施》（深發〔2016〕9 號）

附錄 6.2　價值實現支持：知識產權、職稱評審、收入分配

（一）知識產權：深港合作、完善法規

深港知識產權交流與合作：加強雙方在知識產權管理、保護和使用方面的交流與合作，為自主創新提供有效保障。

——香港特別行政區政府、深圳市人民政府《關於"深港創新圈"合作協議》（2007）

修訂知識產權政策法規體系：修訂《深圳經濟特區加強知識產權保護工作若干規定》，健全侵權行為追究刑事責任機制和程序、調整損害賠償標準、建立舉證責任合理劃分和懲罰性賠償制度。

——中共深圳市委、深圳市人民政府《關於促進科技創新的若干措施》（深發〔2016〕7 號）

建設知識產權維權制度：支持建設申請、預警、鑑定、維權援助、糾紛調解、行政執法、仲裁、司法訴訟一體化的知識產權維權制度，逐步建立知識產權綜合執法體系、多元化國際化糾紛解決體系和專業化市場化服務體系。

——中共深圳市委、深圳市人民政府《關於促進科技創新的若干措施》（深發〔2016〕7 號）

（二）職稱評審：強調創新導向、突出成果轉化

建立激勵創新和科技成果轉化的職稱評審導向：將技術創新和創造、高新技術成果轉化、發明專利轉化等方面取得的成績，及所創造的經濟效益和社會效益等因素作為職稱評審的重要條件。探索建立符合國際慣例的工程師制度。專業技術類公務員在職稱評審、科研項目申報和經費保障等方面享受事業單位專業技術人員的相關政策。

——中共深圳市委、深圳市人民政府《關於促進人才優先發展的若干措施》（深發〔2016〕9號）

（三）收入分配：股權獎勵、分期繳稅

技術人員股權獎勵：鼓勵高新技術企業給予相關技術人員股權獎勵，個人一次繳納稅款有困難的，可根據實際情況自行制定分期繳稅計劃，在不超過5個年度內分期繳納；鼓勵企業減輕科研人員相應負擔並予以研發支持。

——中共深圳市委、深圳市人民政府《關於促進科技創新的若干措施》（深發〔2016〕7號）

附錄 6.3　物質資本支持：人才獎勵、場地支持、項目投資

（一）財政與金融支持：引導基金、人才獎勵

福田區創新人才獎配套資金：符合下列條件的人員，可申報配套資金：（一）獲得深圳市產業發展與創新人才獎；（二）所在單位註冊地及稅務登記地均在福田區。發放標準根據獲獎人員上年度對我區產業發展、自主創新等方面的貢獻確定。區財政根據創新人才獎的獲獎情況每年安排產業發展與創新人才配套資金。資金規模可根據創新人才獎的獲獎情況及我區經濟社會發展情況進行動態調整。

——福田區人民政府《福田區關於深圳市產業發展與創新人才獎配套資金實施方法的通知》（福府規〔2017〕1號）

創新人才獎：繼續設立深圳市產業發展與創新人才獎，獎勵我市在產業發展與自主創新方面作出突出貢獻的創新型人才。獎勵標準根據獲獎人員上年度對我市產業發展、自主創新等方面的貢獻確定。最高檔獎勵金額不超過一百五十萬元。市政府每年在市本級財政預算中安排十億元專項資金，作為獎勵資金。資金規模可根據獎勵申報情況及我市經濟社會發展情況進行動態調整。

——深圳市人民政府《深圳市產業發展與創新人才獎實施辦法》（深府〔2016〕81號）

福田區新認定人才配套獎勵：對在轄區（在福田區註冊及納稅，下同）創業就

業兩年以上、新認定為更高層次市級人才的"福田英才"給予配套獎勵，其中，新認定為深圳市傑出人才的給予一百二十萬元獎勵，新認定為國家級領軍人才（"孔雀計劃"A類人才）的給予六十萬元獎勵，新認定為地方級領軍人才（"孔雀計劃"B類人才）的給予三十萬元獎勵，新認定為後備級人才（"孔雀計劃"C類人才）的給予十萬元獎勵。

　　——福田區人力資源局《福田區新認定人才獎勵辦理細則（試行）》（福人力〔2017〕8號）

　　南山區人才資助：（一）對落戶南山的國家"千人計劃"頂尖人才與創新團隊項目，予以不超過上級資助經費50%、最高一千萬元的配套資助。（二）對新引進的國家"千人計劃"創新長期項目、外專千人項目，符合條件的給予五十萬元的配套資助；對新引進的國家"千人計劃"青年千人項目，符合條件的給予二十萬元的配套資助。（三）對新引進的國家"千人計劃"創業人才項目，符合條件的給予一百萬元的創業資助；對國家"千人計劃"專家在南山新創辦企業的，符合條件的給予一百萬的創業資助。（四）支持南山區"領航人才"在南山戰略性新興產業領域創辦企業，經相關核准和認定，符合條件的給予每個創辦企業最高五十萬元的資助。（五）對南山區"領航人才"進入當年度南山"創業之星"大賽總決賽十強，符合條件的給予最高五十萬元的資助。（六）對創新創業人才承擔新獲批國家重大項目的，符合條件的給予所在企業最高二百萬元的資助。（七）對創新創業人才新獲得國家、省科技獎勵的，符合條件的給予所在單位最高一百萬元的配套獎勵。（八）支持出國留學人員在南山創業發展，符合條件的給予最高三十萬元的資助。（九）採取一事一議的方式引進社會事業發展急需的科、教、文、衛、體等領域的高層次創新型人才，符合條件的可給予最高一百萬元的獎勵。（十）每兩年遴選一次南山區傑出人才，每次不超過十人，給予每人五十萬元的經費支持。

　　——深圳市南山區人民政府辦公室《南山區鼓勵和支持人才創新創業發展辦法（試行）》（深南府辦規〔2016〕2號）

　　完善創新創業人才獎勵辦法：加大人才創新創業獎勵力度。完善市長獎、自然科學獎、技術發明獎、科技進步獎、青年科技獎、專利獎、標準獎等獎勵辦法。市財政每年安排專項資金不少於十億元，對在產業發展與自主創新方面作出突出貢獻的人才給予獎勵。

　　——中共深圳市委、深圳市人民政府《關於促進人才優先發展的若干措施》（深發〔2016〕9號）

　　深龍英才計劃創新人才資助：對創新創業傑出人才，給予一百萬元工作經費資助和六百萬元獎勵補貼。工作經費資助一次性發放，獎勵補貼分五年平均發放。……對創新領軍人才，按照上級獎勵補貼額度 1:0.5 給予最高一百五十萬元創新資助，分五年平均發放……對其他青年創新人才，給予十萬元創新資助，分五年平均發放。

　　——深圳市龍崗區人才工作領導小組辦公室《深圳市龍崗區深龍創新創業英才計劃實施辦法》（深龍人才通〔2016〕4 號）

　　海外高層次人才獎勵補貼：（一）A 類人才可享受一百五十萬元的獎勵補貼。（二）B 類人才可享受一百萬元的獎勵補貼。（三）C 類人才可享受八十萬元的獎勵補貼。

　　——中共深圳市委、深圳市人民政府《關於實施引進海外高層次人才“孔雀計劃”的意見》（深發〔2011〕9 號）

　　鵬城學者創新支持：高等學校應當為聘任的鵬城學者提供組建創新團隊的必要條件及良好的工作、生活條件，為海外講座教授提供商業保險待遇。高等學校原則上應當為特聘教授提供配套科研經費，其中，人文社科不低於五十萬元，理、工、醫等其他學科不低於一百五十萬元，所需經費從學校部門預算中調劑解決。高等學校設崗學科可以通過接受社會組織、個人捐贈，或者接受委託攻關課題的資助資金等多種方式籌集經費，鼓勵社會參與，支持“鵬城學者計劃”的實施。

　　——深圳市人民政府《深圳市高等學校鵬城學者計劃實施辦法》（深府規〔2018〕6 號）

（二）創業扶持：場地支持、項目投資

　　引導社會資金扶持海外高層次人才創新創業：市創業投資引導基金出資二億元與相關創業投資機構共同設立針對海外高層次人才創新創業的引導基金子基金，鼓勵創業投資機構和產業投資基金投資海外高層次人才創辦企業及項目，鼓勵、引導金融機構支持海外高層次人才創新創業，支持信用擔保機構提供貸款擔保，支持知識產權質押貸款。

　　——中共深圳市委、深圳市人民政府《關於實施引進海外高層次人才“孔雀計劃”的意見》（深發〔2011〕9 號）

　　龍華區創新人才創業扶持：研發投入激勵、房租（包括物業管理費，下同）扶持。1. 對國家“千人計劃”頂尖人才和創新團隊、廣東省“珠江計劃”和深圳市“孔雀計劃”創新創業團隊創辦的企業，給予最長五年累計不超過一千萬元研發投入激勵；給予一次性場地裝修費 50% 的扶持及最長五年的實際租用辦公用房全額房租扶持，累計不超過八百萬元（其中場地裝修費不超過實際扶持總額的 20%，場地裝修費包括固定資產購置支出，下同）。2. 對國家“千人計劃”創新人才長期項目、創業人才長期項目、高層次外國專家項目入選者、深圳市傑出人才、深圳市國家級領軍人才和海外高層次 A 類人才、深圳市“孔雀計劃”預備項目團隊創辦的企業，經評審通過的，給予一次性三百萬元研發投入資助，另給予最長五年累計不超過七百萬元研發投入激勵；給予一次性場地裝修費 50% 的扶持及最長五年的實際租用辦公用房全額房租扶持，累計不超過八百萬元。3. 對國家“千人計劃”青年項目入選者、深圳市地方級領軍人才和海外高層次 B 類人才創辦的企業，經評審通過的，給予最長五年累計不超過五百萬元研發投入激勵；給予實際租用辦公用房房租 50%、最長五年累計不超過四百萬元的扶持。4. 對深圳市後備級人才和海外高層次 C 類人才創辦的企業，經評審通過的，給予最長五年累計不超過四百萬元研發投入激勵；給予實際租用辦公用房房租 50%、最長五年累計不超過二百萬元的扶持。

——深圳市龍華區人民政府辦公室《深圳市龍華區科技創新專項資金實施細則》（深龍華府辦規〔2018〕2 號）

吸引社會資本支持創新創業：市、區人民政府可以發揮政府投資引導資金的引導作用，吸引社會資本參與，設立人才創新創業基金，通過階段性持有股權等多種方式，支持海內外創新創業人才在本市創新創業。

——深圳市人民代表大會常務委員會《深圳經濟特區人才工作條例》（2017）

為創新創業者、創新型企業完善產業配套：產業配套全程化：為創新創業者提供工業設計、檢驗檢測、模型加工、知識產權、專利標準、中試生產、產品推廣等研發製造服務，實現產業鏈資源開放共用和高效配置。產業配套服務個性化：整合專業領域的技術、設備、信息、資本、市場、人力等資源，為創新型企業提供高端化、專業化和定製化的增值服務。

——中共深圳市委、深圳市人民政府《關於促進科技創新的若干措施》（深發〔2016〕7 號）

附錄 6.4　服務保障支持：人才安居、子女入學、醫療保健

（一）公共服務：醫療保健、子女入學

傑出人才安居支持：本人及共同申請人在本市未享受過購房優惠政策的傑出人才，可以通過用人單位向市住房保障部門申請免租金租住建築面積二百平方米左右的住房。傑出人才租住免租金住房應當簽訂租賃合同，免租金期限累計不超過十年。免租金期限屆滿後可以續租三年，但應當按照公租房租金標準繳交租金。

——深圳市人民政府《深圳市人才安居辦法》（深圳市人民政府令〔第 273

號〕）（2014）

　　南山區“領航人才卡”：制定南山區“領航人才卡”綜合服務辦法，向高層次人才發放“領航人才卡”，為人才提供政務快捷服務、醫療保健、住房保障、學術研修津貼、金融服務、配偶就業、子女入學等服務。完善區領導聯繫服務專家制度。

　　——中共深圳市南山區委、深圳市南山區人民政府《關於加快實施“領航計劃”打造人才創新創業發展生態先行區的意見》（深南發〔2016〕2號）

　　海外高層次人才子女入學：（一）引進人才子女接受小學和初中教育，由教育部門結合人才本人意願和實際情況安排入學，並享受免費義務教育待遇。（二）引進人才子女接受高中教育，減免學雜費、借讀費和擇校費等費用；報考我市高校的，在政策範圍內優先錄取。

　　——中共深圳市委、深圳市人民政府《關於實施引進海外高層次人才“孔雀計劃”的意見》（深發〔2011〕9號）

　　海外高層次人才醫療保障：（一）A類人才中的傑出人才可享受市政府一級保健待遇，其他A類人才可享受政府二級保健待遇。（二）B類人才可享受市政府三級保健待遇。

　　——中共深圳市委、深圳市人民政府《關於實施引進海外高層次人才“孔雀計劃”的意見》（深發〔2011〕9號）

　　海外高層次人才落戶：（一）具有中國國籍的海外高層次人才願意落戶深圳的，可辦理本人及配偶、子女的隨遷落戶手續。（二）願意放棄外國國籍並申請加入或恢復中國國籍的，可辦理本人及配偶、子女的加入中國國籍並落戶深圳手續。

　　——中共深圳市委、深圳市人民政府《關於實施引進海外高層次人才“孔雀計劃”的意見》（深發〔2011〕9號）

　　領軍人才安居支持：本人及共同申請人在本市未享受過購房優惠政策、未擁有商品住房、未領取過領軍人才租房補貼的領軍人才，可以申請租住免租金住房三年，其中地方級領軍人才、後備級人才應當具有本市戶籍。領軍人才免租金住房建築面積標準為：（一）國家級領軍人才不超過一百五十平方米；（二）地方級領軍人才不超過一百平方米；（三）後備級人才不超過八十平方米。本人及共同申請人在本市未享受過購房優惠政策、未租住過免租金住房、未擁有商品住房的領軍人才，可以申請累計不超過三年的租房補貼，其中地方級領軍人才、後備級人才應當具有本市戶籍。領軍人才租房補貼標準為：（一）國家級領軍人才四千八百元／月；（二）地方級領軍人才三千二百元／月；（三）後備級人才二千五百六十元／月。本人及共同申請人在本市未享受過購房優惠政策、在本市擁有不超過一套商品住房的領軍人才，可以向市住房保障部門申請購房補貼，其中地方級領軍人才、後備級人才應當具有本市戶籍。領軍人才購房補貼由用人單位和政府按照１１的比例分擔，政府根據用人單位實際補貼情況確定補貼金額，但政府補貼金額不超過以下標準：（一）國家級領軍人才每年十五萬元，總額七十五萬元；（二）地方級領軍人才每年十萬元，總額五十萬元；（三）後備級人才每年八萬元，總額四十萬元。

——深圳市人民政府《深圳市人才安居辦法》（深圳市人民政府令〔第273號〕）（2014）

為外籍人才來深工作提供出入境和停居留便利：簡化外國專家短期來華相關辦理程序，對來深停留不超過九十天（含）的外國專家，免辦工作許可，憑我市外國專家主管部門發的邀請函，可辦理多次往返Ｆ字（訪問）簽證。外籍人才憑工作許可證明入境後可直接申請辦理五年內的工作居留證件。對我市認定的外籍高層次人才持其他證件來華的，入境後可申請變更為Ｒ字（人才）簽證或者按照規定辦理居留證件。探索市場化認定外籍人才，放寬其申請辦理簽證和永久居留證件方面的資格條件。開設外籍人才停居留特別通道，推行外籍人才代轉口岸簽證服務。在人才集聚區域增設出入境服務站，為外籍人才在深工作提供全面的出入境和居留便利服務。

——中共深圳市委、深圳市人民政府《關於促進人才優先發展的若干措施》（深發〔2016〕9號）

"深龍英才"交通出行保障：對在我市小汽車總量調控政策實施後未辦理過粵Ｂ牌照小汽車登記的Ａ、Ｂ、Ｃ類"深龍英才"（機關事業單位在編人員除外），通過競拍方式取得上牌指標的，或者對通過租賃小汽車解決交通出行的，分別發放三萬元、二萬元、一萬元拍牌補貼或者租車補貼。

——中共深圳市龍崗區委、深圳市龍崗區人民政府《關於促進人才優先發展實施"深龍英才計劃"的意見》（深龍發〔2016〕4號）

人才公寓房提供：大力建設人才公寓。未來五年市區兩級籌集提供不少於一萬套人才公寓房，提供給海外人才、在站博士後和短期來深工作的高層次人才租住，符合條件的給予租金補貼。推廣建設青年人才驛站。

——中共深圳市委、深圳市人民政府《關於促進人才優先發展的若干措施》（深發〔2016〕9號）

高層次人才子女入學便利：我市高層次人才的非本市戶籍子女在本市就讀義務教育階段和高中階段學校，享受本市戶籍學生待遇。對在我市投資並對經濟社會發展作出貢獻的外籍和港澳台投資者，其子女入學享受我市高層次人才子女入學待遇。

　　——中共深圳市委、深圳市人民政府《關於促進人才優先發展的若干措施》（深發〔2016〕9號）

　　高層次人才醫療保健待遇：傑出人才可享受一級保健待遇，國家級領軍人才、地方級領軍人才和除傑出人才外的其他海外 A 類人才、B 類人才可享受二級保健待遇，後備級人才和海外 C 類人才可享受三級保健待遇。對不願享受保健待遇的高層次人才，可通過支持其購買商業醫療保險等方式提供相應醫療保障。

　　——中共深圳市委、深圳市人民政府《關於促進人才優先發展的若干措施》（深發〔2016〕9號）

　　羅湖區"菁英人才"子女入學待遇："菁英人才"的非深圳戶籍子女在羅湖區就讀義務教育階段學校，享受深圳市戶籍學生同等待遇。

　　——深圳市羅湖區人民政府《關於實施高層次產業人才"菁英計劃"的意見及三個配套文件的通知》（羅府〔2015〕19號）

　　羅湖區菁英人才健康管理和養老服務：建立就醫綠色通道制度，為區"菁英人才"及其配偶、子女、父母及岳父母的就醫提供綠色通道。相關服務由區衛生和計生局及區屬醫院提供。將"菁英人才"納入區級健康管理，按照區相關規定給予保健待遇和每年一次的免費高端體檢，所需經費納入區財政預算。根據"菁英人才"實際需要，在其任期內為其在羅湖區居住的六十五歲以上父母及其配偶父母提供居家養老服務，解決人才的後顧之憂。所需經費及服務由區民政局妥善安排。

　　——深圳市羅湖區人民政府《關於實施高層次產業人才"菁英計劃"的意見及三個配套文件的通知》（羅府〔2015〕19號）

（二）行政與商事制度改革：網上商事登記、行政審批清理

　　深化商事登記制度改革：簡化申辦企業的流程，貫徹推廣"多證合一、一照一碼"、企業名稱自主申報登記、企業簡易註銷等政策試點，開展全流程網上商事登記，打造"互聯網＋商事登記"新模式，降低大眾創業門檻。開展住所（經營場所）登記改革，放寬登記條件限制，推動"一址多照"、集群註冊等住所登記改革。

　　——深圳市人民政府《關於大力推進大眾創業萬眾創新的實施意見》（深府〔2016〕61號）

　　加大行政審批清理力度：加大涉及創客活動的行政審批清理力度，保留的行政審批應當依法公開，公佈目錄清單。

　　——深圳市人民政府《關於促進創客發展若干措施（試行）》（深府〔2015〕

46 號）

附錄 6.5　社會資本支持：資源分享、創新平台、雙創交流

（一）科技創新資源開放共用：科研基礎設施、科學儀器設備

開放科技基礎設施：政府建設的科技基礎設施，以及利用財政資金購置的重大科學儀器設備按照成本價向創客開放。支持企業、高等院校和科研機構向創客開放其自有科研設施。

　　——深圳市人民政府《關於促進創客發展若干措施（試行）》（深府〔2015〕46 號）

整合深港創新資源，支持深港創新合作：加強兩地創新人才、設備、項目信息資源的交流與共用，雙方合作建立統一的深港科技資源信息庫；整合創新資源，支持創新合作。在粵港科技合作的框架下，雙方政府共同出資支持兩地企業和科研機構合作開展創新研發項目，實行共同申報、共同評審，並共同促進其產業化；充分利用雙方現有公共技術平台，雙方企業和單位可平等共用這些公共技術平台資源；鼓勵和支持雙方機構建立聯合實驗室。鼓勵和支持雙方科技中介服務機構的合作，並赴對方設立分支機構。

　　——香港特別行政區政府、深圳市人民政府《關於"深港創新圈"合作協議》（2007）

（二）創新平台：研發機構、雙創示範基地

鼓勵眾創空間建設：鼓勵龍頭骨幹企業建設眾創空間。鼓勵高等院校、科研機構建設眾創空間。鼓勵行業組織在重點產業領域建設眾創空間。

　　——中共深圳市委、深圳市人民政府《關於促進科技創新的若干措施》（深發〔2016〕7 號）

南山區創新載體支持：（一）對新建設的投資主體多元化，建設模式國際化，運營機制市場化，管理制度現代化的新型研發機構，符合條件的給予最高一千萬元的資助。（二）對新獲批建設國家級重點實驗室、工程實驗室、工程（技術）研究中心、企業技術中心等創新載體的，給予承建單位三百萬元的資金支持。（三）支持企業建設工業設計中心，對認定的國家級工業設計中心給予每個二百萬元的資金支持；省級工業設計中心給予每個一百萬元的資金支持。（四）支持各類院士工作站、博士後流動站、工作站和博士後創新實踐基地建設，對正常開展工作的給予上級資助經費 50% 的配套資助。

　　——深圳市南山區人民政府辦公室《南山區鼓勵和支持人才創新創業發展辦

法（試行）》（深南府辦規〔2016〕2號）

寶安區創新平台資助：對國家、省、市各類創新平台及新型研發機構給予市資助額 50%、最高五千萬元的配套獎勵。對國內外高校院所在寶安設立的科研機構提供啟動經費六百萬元、從第二年起連續四年每年六百萬元且不超過實際投入的運營經費資助。對經區相關主管部門評審認定的基礎研究項目給予最高五十萬元的資助，對經區相關主管部門評審認定的重點實驗室給予一百萬元的獎勵，對新設立研發機構的上一年度主營業務收入五億元以上工業企業給予十萬元的獎勵。

——深圳市寶安區人民政府辦公室《寶安區關於創新引領發展的實施辦法》（深寶規〔2018〕3號）

福田區創新載體支持：支持承擔國家（重點）實驗室、工程實驗室、工程（技術）研究中心、技術創新中心、企業技術中心、臨床醫學研究中心、製造業創新中心等國家級重大創新載體建設任務，經審核，按照項目上年度獲得市級及以上主管部門支持總額的 50% 給予支持，最高二千萬元。支持承擔國家地方聯合創新平台、國家級重大創新載體福田分支機構、省級（重點）實驗室、工程實驗室等重大創新載體建設任務，經審核，按照項目上年度獲得市級及以上主管部門支持總額的 50% 給予支持，最高一千萬元。支持承擔省級工程（研究）中心、企業技術中心、公共技術平台等創新載體建設任務，經審核，按照項目上年度獲得市級及以上主管部門支持總額的 50% 給予支持，最高五百萬元。支持承擔市級重點實驗室、工程實驗室、工程（研究）中心、企業技術中心、公共技術平台等各類創新載體建設任務，經審核，按照項目上年度獲得市級及以上主管部門支持總額的 50% 給予支持，最高三百萬元。由市級升級為省級、省級升級為國家級的，給予差額部分支持。

——福田區人民政府辦公室《深圳市福田區產業發展專項資金系列政策》（福府辦規〔2019〕2號）

龍華區區級研發機構扶持：對區級研發機構，經評審通過的，給予以下扶持：1.給予研發機構啟動經費六百萬元扶持，可用於開辦費、人員費和科研項目費等用途。對研發機構的依託單位為高等院校、科研機構、事業單位的，從通過評審之日第二年起連續四年另外每年給予研發機構六百萬元的運營經費扶持，可用於科研設備平台建設費用、人員費、科研項目費等用途。2.對獲得深圳市科技主管部門立項的科技計劃項目，或獲得深圳市其他部門立項的科技計劃項目且經評審通過的，給予深圳市級扶持金額 50%、每年不超過一千萬元的配套扶持，最長扶持五年。3.按照研發機構建設已投入（扣除上年度區科技創新專項資助額）的 50%，給予研發機構最長五年累計不超過三千萬元的研發投入扶持。4. 給予研發機構一次性場地裝修費 50% 的扶持及最長五年的實際租用辦公用房全額房租扶持，累計不超過一千萬元。

——深圳市龍華區人民政府辦公室《深圳市龍華區科技創新專項資金實施細則》（深龍華府辦規〔2018〕2 號）

推進兩地青年創新創業基地建設，深化深港創新圈合作：推進兩地青年創新創業基地建設，支持兩地青年創新創業團隊在深發展。積極推進深港邊界地區開發，打造深港科技走廊。

——中共深圳市委、深圳市人民政府《關於促進科技創新的若干措施》（深發〔2016〕7 號）

推進南山區雙創示範基地建設：按照國家和廣東省工作部署，加快推進南山區"雙創"示範基地建設，推進創新鏈、資金鏈、產業鏈、政策鏈的"四鏈融合"，打造創新成本低、創新效率高、創新氛圍濃的雙創生態體系，建設一批功能齊全的眾創空間，扶持一批服務完善的支撐平台，集聚一批創新活躍的高端創客，培育一批活力迸發的創新型企業，建成全國"雙創"示範基地新標杆。

——深圳市人民政府《關於大力推進大眾創業萬眾創新的實施意見》（深府〔2016〕61 號）

技能大師工作室建設項目：建設技能大師工作室，充分發揮高技能人才領軍人物在解決技術技能難題、組織重大技術技能革新、技術攻關項目以及帶徒傳技等方面的關鍵作用並將高技能人才技術革新成果和絕技絕活加以應用推廣。鼓勵各級政府、行業、企業選拔生產、服務一線的優秀高技能人才，依託其所在單位建設一批技能大師工作室，開展培訓、研修、攻關、交流等活動。從 2016 年開始，每年新建市級技能大師工作室四個左右，到 2020 年全市建成市級技能大師工作室三十個左右，基本形成覆蓋重點行業、特色行業的技能傳承與推廣網絡。

——深圳市人力資源和社會保障局、深圳市財政委員會《深圳市高技能人才創新培養計劃重點項目實施方案》（深人社規〔2016〕15 號）

（三）創新創業活動：創新創業大賽、創新創業交流

1. 創新創業大賽

中國深圳創新創業大賽由深圳市人民政府、科技部火炬高技術產業開發中心主辦，由深圳市科技創新委員會（深圳市高新技術產業園區管理委員會）、深圳廣播電影電視集團承辦。截至 2018 年 3 月，大賽已成功舉辦九屆。大賽旨在更好發揮政府作用，引導、整合、聚集科技資源與服務資源支持創新創業，搭建科技、金融、產業深度融合的大賽平台，不斷激發社會創新創業熱情[74]。大賽設立獎金，給予獲獎者獎勵。在第十屆中國深圳創新創業大賽中，總決賽分為企業組和團隊組，每組一、二、三等獎各設一、二、三名，分別獲得五十萬元、四十萬元、三十萬元獎勵。行業決賽分六大行業，每行業獲獎選手十二名，獎金五至十五萬元不等。此外，落戶深圳的大賽優秀項目，可參照各區相關政策獲得資金、場地等配套支持。在 2017 年第九屆中國深圳創新創業大賽中，全市十個區和前海管理局、深大以及哈工大、武漢大學均舉辦了預選賽，報名總量達四千二百二十個。其中，企業組報名達二千三百二十二個，同比增長 132.9%。[75]

2. 創業交流活動

（1）深港澳台（兩岸四地）青年創新創業交流營：

深港澳台（兩岸四地）青年創新創業交流營是由深圳市科學技術協會、共青團深圳市委員會、龍崗區委區政府，清華大學深圳研究生院主辦，共青團龍崗區委員會、共青團清華大學深圳研究生院委員會承辦的大型兩岸青年創新交流活動。2012 年第一屆深港交流營在清華大學深圳研究生院舉辦，規模與影響力漸大。交流營邀請兩岸四地知名高校同學參加，面向數萬學生進行宣傳和招募。通過創業導師分享會、創新創業論壇、創新創業挑戰賽等一系列活動帶領青年學子探討創新創業問題，打造創業青年學習和交流平台。[76]

（2）深港青年創新創業交流日：

"深港青年創新創業交流日"是深圳港澳辦基於香港特區政府民政事務局及青年事務委員會每年開展的"粵港暑期實習計劃"打造的品牌交流活動，旨在促進香港青年對深圳創業就業環境的了解，吸引香港青年來深創業就業，鼓勵和促進香港青年來深成長發展，為香港青年拓展未來發展空間奠定基礎。2017 年 8 月 5 日深圳港澳辦舉辦"深港青年創新創業交流日"活動，組織超過一百二十名在深實習的香港大學生、香港優秀青年代表，共同參觀考察騰訊、海能達等深圳知名企業及深港青年創新創業基地，促進香港青年與在深的香港年輕創客進行交流。[77]

（3）深港青年（坪山）創新創業交流活動：

2017 年 7 月，坪山區委、區政府舉辦"東部中心、築夢未來"深港（坪山）青年創新創業交流活動。來自香港和坪山的三百名青年圍繞深港兩地互融互通、創

74　深圳市科技創新委員會：《關於第十屆中國深圳創新創業大賽報名的通知》，2018 年 3 月 19 日。

75　深圳市科技創新委員會：〈2018 年第十屆深創賽正式啟動，總獎金 1020 萬元等你搏〉，2018 年 3 月 16 日。

76　清華大學深圳研究生院：〈第五屆深港澳台（兩岸四地）青年創新創業交流營〉，2016 年 9 月 20 日。

77　〈深港青年創新創業交流日：百餘名香港青年共赴雙創之約〉，讀特新聞客戶端，2017 年 8 月 6 日。

新合作等主題進行交流。活動中，深港青年（坪山）創新創業交流平台正式啟動，意為實現深港兩地（坪山）創新創業政策、資訊互通，促進青年交流合作常態化、固定化。[78]

附錄 6.6　深圳市政府創新人才支持政策文件概覽

深圳市政府及其下屬單位從 2007 年開始共出台二十二份適用於創新人才的政策文件（見表 12）。

表 12　深圳市政府政策文件彙總

出台時間	出台部門	文件名稱
2007	香港特別行政區政府、深圳市人民政府	關於 "深港創新圈" 合作協議
2011	中共深圳市委、深圳市人民政府	關於實施引進海外高層次人才 "孔雀計劃" 的意見
2014	深圳市人民政府	深圳市人才安居辦法
2015	深圳市人民政府	關於促進創客發展若干措施（試行）
2015	深圳市羅湖區人民政府	關於實施高層次產業人才 "菁英計劃" 的意見及三個配套文件的通知
2016	深圳市南山區人民政府辦公室	南山區鼓勵和支持人才創新創業發展辦法(試行)
2016	中共深圳市南山區委、深圳市南山區人民政府	關於加快實施 "領航計劃" 打造人才創新創業發展生態先行區的意見
2016	中共深圳市委、深圳市人民政府	關於促進人才優先發展的若干措施
2016	深圳市人民政府	關於大力推進大眾創業萬眾創新的實施意見
2016	深圳市人力資源和社會保障局、深圳市財政委員會	深圳市高技能人才創新培養計劃重點項目實施方案
2016	深圳市人民政府	深圳市產業發展與創新人才獎實施辦法
2016	中共深圳市龍崗區委、深圳市龍崗區人民政府	關於促進人才優先發展實施 "深龍英才計劃" 的意見
2016	深圳市龍崗區人才工作領導小組辦公室	深圳市龍崗區深龍創新創業英才計劃實施辦法
2016	中共深圳市委、深圳市人民政府	關於促進科技創新的若干措施
2017	福田區人民政府	福田區關於深圳市產業發展與創新人才獎配套資金實施方法的通知

78　〈深港（坪山）青年交流活動舉行〉，東方網，2017 年 7 月 9 日。

出台時間	出台部門	文件名稱
2017	福田區人力資源局	福田區人力資源服務機構引才獎勵辦理細則
2017	福田區人力資源局	福田區新認定人才獎勵辦理細則（試行）
2017	深圳市人民代表大會常務委員會	深圳經濟特區人才工作條例
2018	深圳市龍華區人民政府辦公室	深圳市龍華區科技創新專項資金實施細則
2018	深圳市人民政府	深圳市高等學校鵬城學者計劃實施辦法
2018	深圳市寶安區人民政府辦公室	寶安區關於創新引領發展的實施辦法
2019	福田區人民政府辦公室	深圳市福田區產業發展專項資金系列政策

資料來源：根據相關政策文件整理。

附錄 7

珠海市政府：創新平台，區域合作

　　珠海市創新人才政策具有以下三個特點：一是重視多渠道、多方式引進人才，為珠海集聚創新人才，實現創新發展提供人才保障；二是注重創新平台建設，為珠海集聚創新人才提供平台支撐；三是部分政策和活動向澳門人才傾斜，並致力於建設珠港澳在創新人才方面的合作機制。

　　珠海市政府關於創新人才的政策可以分為人力資本支持、價值實現支持、物質資本支持、服務保障支持和社會資本支持五大類（見表 13）。

表 13　珠海市政府政策類型分析

政策類型	具體內容
一、人力資本支持	人才引進與培養； 人才交流與合作； 人才流動
二、價值實現支持	知識產權
三、物質資本支持	財政與金融支持； 創業扶持
四、服務保障支持	公共服務； 行政與商事制度改革
五、社會資本支持	創新平台； 創新創業活動

資料來源：根據相關政策文件整理。

附錄 7.1　人力資本支持：柔性引才、學術交流、人才流動

（一）人才引進與培養：柔性引才、名校人才直通車

　　柔性引才：支持企業通過開展項目合作、技術指導、聯合技術攻關、協同創新等方式，引進市外專家短期來我市工作，符合條件的給予最高四十萬元薪酬資助。

支持我市企業在國（境）外設立研發中心、解化載體等離岸創新中心，就地吸引使用人才，經評審認定，給予最高六百萬元資助。

　　——中共珠海市委、珠海市人民政府《關於實施“珠海英才計劃”加快集聚新時代創新創業人才的若干措施（試行）》（珠字〔2018〕6號）

　　多渠道引進創新創業人才：通過創新創業大賽渠道發掘引進高端人才和優質項目，定期在海內外科技人才密集地舉辦創新創業大賽，鼓勵支持我市人才和項目積極參與國家、省級創新創業大賽，經國內外創新創業大賽選拔的人才，引進我市後直接認定為市高層次人才或青年優秀人才，並享受相關政策待遇。重點聯繫一批高校，每年組織企業走進內地和港澳知名高校開展“珠海‧名校人才直通車”活動，吸引優秀畢業生來珠海發展。

　　——中共珠海市委、珠海市人民政府《關於實施“珠海英才計劃”加快集聚新時代創新創業人才的若干措施（試行）》（珠字〔2018〕6號）

（二）人才交流與合作：學術交流、珠港澳合作

　　鼓勵學術交流活動：鼓勵支持國內外知名學術機構、專業組織和我市各類創新主體，在珠海舉辦或永久性落地具有影響力的學術會議、專業論壇、技術研討會等活動，對符合條件的給予經費支持，最高不超過六百萬元。

　　——中共珠海市委、珠海市人民政府《關於實施“珠海英才計劃”加快集聚新時代創新創業人才的若干措施（試行）》（珠字〔2018〕6號）

　　健全珠港澳人才深度合作機制：圍繞推進珠澳協同發展和構建珠港合作夥伴關係的目標，以港珠澳大橋和橫琴新區開發為動力，健全珠港澳人才深度合作機制。探索在珠工作、居住的港澳人士社會保障與港澳有效銜接。繼續深化珠港澳地區職業教育培訓、職業技能鑑定、勞動監察等領域的交流合作。

　　——珠海市人力資源和社會保障局《珠海市人力資源和社會保障事業發展“十三五”規劃》（珠人社〔2018〕133號）

（三）人才流動：公共服務一體化、智力資源分享

　　建立珠港澳三地高層次智力資源分享整合機制：推進粵港澳人才合作示範區建設，探索建立珠港澳三地智力資源分享整合機制。探索建立跨區域人才使用、流動交流和協調機制，推動三地人才交流工作規範化、制度化。探索引進國際職業標準和認證體系，實行三地專業技術人才和技能人才學歷和職業（執業）資格互認。探索共同打造專門人才培訓培養基地和世界級創新中心，推進高層次人才、博士後工作站等智力資源分享。探索推進三地高等教育和職業教育資源的共用和整合。探索共建共用人才市場、人才服務平台、人才數據庫等人才發展基礎設施，加快三地人才公共服務一體化，促進人才自由流動。

　　——珠海市人力資源和社會保障局《珠海市人力資源和社會保障事業發展"十三五"規劃》（珠人社〔2018〕133 號）

附錄 7.2　價值實現支持：知識產權保護、發明專利獎補

　　設立發明專利最低獎補標準：（1）國內發明專利：企事業單位、高校（含校區）和社會團體及其他組織獲得授權的國內發明專利每件獎補一萬三千元；個人獲得授權的國內發明專利五千元；專利代理機構代理本市發明專利申請並取得授權，對該機構每件獎補一千元。（2）國外發明專利：美國、日本、歐洲國家或歐盟的發明專利獲得授權的每件獎補三萬元，其他國家獲得授權的每件獎補二萬元；同一項發明創造在二個以上國家授予專利權的，僅獎補二個國家的專利申請費用。

　　——珠海市知識產權局、珠海市財政局《珠海市專利促進專項資金管理辦法》（珠知〔2018〕76 號）

附錄 7.3　物質資本支持：人才獎勵、研發補貼、場地支持

（一）財政與金融支持：創新人才獎勵、創新創業基金

　　"英才計劃"創新創業團隊資助：圍繞我市重點發展的戰略性新興產業和未來產業，經評審，給予創新創業團隊最高一億元資助；建立創新創業團隊培育庫，給予尚不具備創新創業團隊條件但具有良好發展潛力的入庫團隊最高五百萬元資助；給予高層次人才創業項目最高二百萬元資助。對優秀團隊予以持續支持，根據團隊項目驗收時所達到的經濟效益給予獎勵或補助。各區（經濟功能區）對市創新創業團隊項目按不低於市財政資助額度 1：0.5 的比例予以配套。經我市申報入選"珠江人才計劃"團隊項目，根據省資助額度，按 1：1 的比例配套資助。

　　——中共珠海市委、珠海市人民政府《關於實施"珠海英才計劃"加快集聚新時代創新創業人才的若干措施（試行）》（珠字〔2018〕6 號）

　　以項目啟動補貼支持高層次人才和創新科研團隊：充分利用我市加強高層次人才隊伍建設"1+8"政策，對引進的海內外高層次人才和創新科研團隊給予重點支持。鼓勵高層次人才來珠海從事項目研發、技術創新和自主創業，最高可享受一百萬元的項目啟動補貼。

　　——珠海市科技和工業信息化局《關於加快我市高新技術產業發展的若干政策意見》（珠科工貿信〔2013〕721 號）

　　"藍色珠海高層次人才計劃"創新創業團隊項目經費扶持：創新創業團隊項目

通過評審，可享受包括項目啟動補貼、項目投資和擔保貸款等最高二千萬元的項目經費扶持；高層次人才的創業項目通過評審，可享受包括創業補貼、創業投資和擔保貸款等最高二百萬元的項目經費補貼。創業團隊和創業人才所辦企業自註冊成立起的三年內，按企業當年對地方財政的貢獻給予相應的研發費用補貼。

——中共珠海市委、珠海市人民政府《關於"藍色珠海高層次人才計劃"的實施意見》（珠字〔2013〕8 號）

青年優秀創新創業人才獎勵：通過創新創業大賽評選、專家評審和企業自評相結合的方式，選拔現代產業領域企業技術研發和經營管理類青年優秀人才，給予每人二十萬元獎勵。

——中共珠海市委、珠海市人民政府《關於實施"珠海英才計劃"加快集聚新時代創新創業人才的若干措施（試行）》（珠字〔2018〕6 號）

創新人才獎勵：對符合珠海產業發展導向，在我市產業發展與自主創新方面作出突出貢獻的現代產業企業高層管理人員、總部型企業（大型骨幹企業、全市納稅五十強企業）中層以上管理人員、技術研發骨幹人員、新型研發機構高管和市級以上立項科研課題團隊成員等，根據其上一年度工資薪金、股權轉讓等個人收入對地方貢獻情況給予獎勵，獎勵額度上不封頂。

——中共珠海市委、珠海市人民政府《關於實施"珠海英才計劃"加快集聚新時代創新創業人才的若干措施（試行）》（珠字〔2018〕6 號）

產業發展與創新人才獎勵：市、區政府（管委會）每年在市、區人才專項資金中安排產業發展與創新人才獎勵工作專項經費，對在我市現代產業發展與自主創新方面作出突出貢獻的創新創業人才予以獎勵，鼓勵人才進行學習進修、科技攻關，促進創新創業。凡是在珠海市現代產業體系領域中的企業工作且依法繳納個人所得稅連續一年以上，在管理與技術創新等方面有突出貢獻的有關人員，均可申報珠海市產業發展與創新人才獎勵。年度獎勵標準由市產業發展與創新人才獎勵工作聯席會議根據獲獎人對我市產業發展、自主創新貢獻程度等因素統籌制定。個人最高獎勵金額為五十萬元。

——珠海市人民政府辦公室《珠海市產業發展與創新人才獎勵辦法》（珠府〔2013〕25 號）

（二）創業扶持：場地支持、研發費用補貼

高層次人才創新創業補助：對符合條件的高層次創業人才和青年優秀人才（創業類），以創業項目經費資助、工作場地租金補貼和研發費用補貼的形式給予扶持；對高層次創新人才和青年優秀人才（創新類），以工作津貼補助的形式給予扶持。創業項目經費資助：高層次人才和青年優秀人才創業項目的實施企業，且企業具有與項目實施相匹配的場地需求、研發設備和工作人員，可享受包括創業補貼、創業投資和擔保貸款等最高二百萬元的項目經費資助。工作場地租金補貼：高層次人才和青年優秀人才所創辦的企業，按每月每平方米三十元標準給予工作場地租金補貼，低於每月每平方米三十元的按實際租金補貼，補貼面積不超過五百平方米，補貼期限為三年。研發費用補貼：高層次人才和青年優秀人才所創辦的企業，創業項目實施企業當年對地方財政的貢獻不超過十萬元的給予全額補貼；超過十萬元的，除全額補貼十萬元外，超出部分按 50% 的比例給予補貼，每企業每年補貼額最高不超過二十萬元。工作津貼補助：在管理服務期內的高層次創新人才和在培養期內的青年優秀人才（創新類），高層次創新人才一級，每人每年可享受十萬元的工作津貼補助；高層次創新人才二級，每人每年可享受六萬元的工作津貼補助；高層次創新人才三級，每人每年可享受四萬元的工作津貼補助。青年優秀人才（創新類），每人每年可享受二萬元的工作津貼補助。2012、2013 年評定的青年優秀人才，享受原政策待遇不變，即在三年培養期內，每人每年可享受六千元的工作津貼。

——中共珠海市委組織部、珠海市科技工貿和信息化局、珠海市財政局、珠海市人力資源和社會保障局《珠海市高層次人才創新創業扶持辦法》（珠人社〔2014〕126 號）

人才工作場地與住房補貼：創新創業團隊和高層次創業人才可按每月每平方米三十元標準享受工作場地租金補貼，低於每月每平方米三十元的按實際租金補貼，補貼面積不超過五百平方米，期限為三年。創新創業人才可優先申請入住人才公寓，或選擇自行租住房屋並享受每月一千四百至二千元的租房補貼（期限最長為五年）。高層次人才（一級）選擇在珠海購房的，可享受一百萬元的購房補貼。此外，創新人才可享受每年三萬至十萬元的工作津貼補助，期限為五年。

——中共珠海市委、珠海市人民政府《關於"藍色珠海高層次人才計劃"的實施意見》（珠字〔2013〕8 號）

設立市人才創新創業基金：利用市屬國有科技創業投資平台的創投工具，設立首期規模二億元的市人才創新創業基金，通過股權投資、可轉債等方式，主要投向符合珠海市認定標準人才創辦的企業，重點支持種子期、初創期項目。堅持政策性基金定位，為人才創新創業提供精準金融支持，最大力度吸引高端人才在珠海創新創業。

——中共珠海市委、珠海市人民政府《關於實施"珠海英才計劃"加快集聚

新時代創新創業人才的若干措施（試行）》（珠字〔2018〕6號）

港澳青年高新技術項目研究開發補貼：扶持港澳青年在特定領域從事的高新技術項目研究開發，按港澳青年出資額的 15% 給予一次性補貼，最高不超過十五萬元。補貼範圍是港澳青年首次創辦或首次入股並具有與申請項目相符的研發人員、設備和場地的企業。

——珠海高新技術產業開發區管理委員會、珠海市港澳事務局、珠海市財政局《珠海市港澳青年創業基地管理規定》（珠高〔2012〕52號）

附錄 7.4　服務保障支持：安居保障、子女教育、醫療保健

（一）公共服務：安居保障、子女教育

為優秀人才提供優質公共服務保障：為頂尖人才、高層次人才、港澳人才、重點產業急需緊缺人才、青年優秀人才等發放"珠海英才卡"，在落戶、工商登記、稅收、停居留和出入境、子女入學、購房、醫療、公共文化等方面提供優質服務。妥善解決人才子女教育問題，為高層次人才子女就讀學前、義務和高中教育階段學校提供優質學位保障，非本市戶籍的港澳人才、青年優秀人才、博士後研究人員、博士、留學回國人才、"珠海工匠"等人才子女在義務和高中教育階段可享受戶籍學生待遇。建立統等協調機制，妥善解決我市大型骨幹企業、重點企業和重大項目高管子女和重點產業緊缺人才子女入學問題。搭建高層次人才醫療保健服務平台，為高層次人才及直系親屬開闢綠色通道，每年組織高層次人才進行健康體檢。協助做好高層次人才配偶在珠海就業的聯繫協調工作。

——中共珠海市委、珠海市人民政府《關於實施"珠海英才計劃"加快集聚新時代創新創業人才的若干措施（試行）》（珠字〔2018〕6號）

優化人才安居政策，解決人才安居需求：成立珠海市安居集團，通過整合現有人才住房資源及新建、購買、租賃、配建等方式，未來五年籌集不少於三萬套人才住房，用於妥善解決各類人才安居需求。一、二、三類高層次人才除享受住房補貼、共有產權房、公積金貸款優惠等安居政策，還可申請免租金入住人才公寓用於周轉過渡。四類人才和五類人才，可根據類別、層次申請共有產權房、人才公寓或政府公共租賃住房。四類人才中重點產業緊缺人才可享受每人二十萬元的住房補貼。在我市創新創業的港澳台和外籍人才，以及非本市戶籍的優秀企業家、高層次人才、博士後、博士、青年優秀人才、重點產業發展急需的專業技術和管理人才等，可在本市購買住房，不需提供納稅和社保證明。

——中共珠海市委、珠海市人民政府《關於實施"珠海英才計劃"加快集聚

新時代創新創業人才的若干措施（試行）》（珠字〔2018〕6 號）

（二）行政與商事制度改革：審批綠色通道、全程電子化商事登記

提高高新技術項目審批效率：全面落實行政審批事項的承接、取消、轉移及下放、委託工作。建立高新技術重點項目綠色通道，提高審批效率。加強涉企收費清理和監管，確保減輕企業負擔的有關政策落實到位。

——珠海市科技和工業信息化局《關於加快我市高新技術產業發展的若干政策意見》（珠科工貿信〔2013〕721 號）

商事登記全程電子化：申請人申請"一照一碼"商事登記時，登錄珠海市商事主體"一照一碼"登記全程電子化服務系統——珠海易註冊，按照珠海易註冊的提示和要求填寫、上傳相關申請信息，並提交申請材料，商事登記機關將申請人的申請信息記載於商事登記簿並予以公示。

——珠海市人民政府辦公室《珠海市商事主體"一照一碼"登記服務全程電子化暫行辦法》（珠府辦函〔2017〕133 號）

附錄 7.5　社會資本支持：創新平台、雙創活動

（一）創新平台：院士工作站、重大研發機構

院士工作站建站經費資助：院士工作站是指以市內企、事業單位為依託，以產業發展的技術需求為導向，以院士及其創新團隊為技術核心，以雙方自願為原則，共同簽署雙方合作協議，聯合攻克產業關鍵、共性技術，培養科技人才，促進科技成果轉化及產業化的一種組織形式和載體。對初次認定的市級院士工作站，一次性給予最高一百五十萬元建站經費資助，具體分 A、B、C 三類：（一）A 類：建站時與三名及以上院士簽約合作的，給予一百五十萬元資助。（二）B 類：建站時與兩名院士簽約合作的，給予一百萬元資助。（三）C 類：建站時與一名院士簽約合作的，給予八十萬元資助。對於經省科技行政主管部門初次認定的廣東省院士工作站，按照與市級院士工作站相同的標準給予資助；一家建站單位只能以省級或市級院士工作站名義享受一次建站經費資助。

——珠海市科技和工業信息化局、珠海市財政局《珠海市院士工作站管理辦法》（珠科工信〔2018〕1334 號）

重大研發機構財政支持：重大研發機構專指我市與國內外知名高校、科研院所、知名大型科技企業合作，引進建設對我市產業發展有重大支撐作用的集技術研發、公共技術服務等功能的新型研發機構。重大研發機構的財政支持資金由市政府按"一事一議"的方式決定。所支持的重大研發機構可以為事業單位，也可以為

企業。對重大研發機構可採取連續支持的方式，一般不超過十年。財政扶持資金額度應充分考慮其對我市產業貢獻程度，同類型研發機構原則上遵循同一扶持標準。……財政資助經費一般用於支持重大研發機構的科研條件建設、設備採購、科學技術研發、平台建設、創業投資、機構運營等。

　　——珠海市科技和工業信息化局、珠海市財政局《珠海市引進建設重大研發機構扶持資金管理辦法》（珠科工信〔2017〕1189 號）

　　支持孵化器與加速器建設：支持和鼓勵高等院校和社會各界建立初創型、專業型和綜合型孵化器和加速器，加快建設“產學研”和“政孵投”六位一體的大孵化體系。經認定、評估的孵化器，可獲得一次性科技經費補助一百萬元，用於對入孵企業的場地租金給予減免優惠，或者資助相關的增值服務（含必要的科研儀器設備的添置費用）。

　　——珠海市科技和工業信息化局《關於加快我市高新技術產業發展的若干政策意見》（珠科工貿信〔2013〕721 號）

　　支持公共創新服務平台建設：鼓勵企業、大學和行業協會等社會機構共同參與公共技術服務平台建設。探索建立公共創新服務平台的投入、建設和服務模式，形成可持續發展的平台運營機制。對公共平台開展法定資質檢測和技術服務，根據其服務量給予最高五十萬元補貼。新引進國家重點實驗室分支機構和由市本級財政性資金資助建設的公共平台，經充分論證，可事前給予一定額度支持。以研發為主的公共平台聯合企業開展科技項目研發的，可給予事前資助。每個項目資助額度不超過五十萬元，每個公共平台年度資助總額不超過一百五十萬元。

　　——珠海市科技和工業信息化局《關於加快我市高新技術產業發展的若干政策意見》（珠科工貿信〔2013〕721 號）

（二）創新創業活動：創新創業嘉年華、創新創業大賽

1. 珠港澳台青年創新創業嘉年華 [79]

2016 年 12 月 3 日，由珠海市發展和改革局、共青團珠海市委員會主辦，北京理工大學珠海學院及北京大學創業訓練營等七家單位承辦的珠港澳台創新創業嘉年華系列活動在北京理工大學珠海學院、珠海海灣大酒店等地舉辦。本次嘉年華以“青春同夢，創業同行”為主題，是珠海“菁創薈”青年就業創業綜合服務平台的重要品牌活動，也是珠海首個兩岸四地青年齊聚的創新創業交流盛會。活動吸引了六百五十餘名兩岸四地的創業青年代表、金融行業精英和知名投資機構負責人等。

---

79 〈珠海舉辦珠港澳台青年創新創業嘉年華〉，光明網，2016 年 12 月 4 日。

主辦方圍繞 "雙創" 主題和 "青年同心圓計劃"，為兩岸四地青年打造創新創業、合作發展的追夢舞台。

2. 珠海（國家）高新區創新創業大賽

珠海（國家）高新區創新創業大賽由珠海（國家）高新技術產業開發區管委會舉辦，珠海高新技術創業服務中心、創業家傳媒等承辦，於 2015 年舉辦首屆大賽，2016 年舉辦了第二屆大賽。大賽主要關注智能硬件、人工智能、智能醫療、先進製造、電子信息等行業，提供 "獎金支持＋賽後培訓支持＋高新區天使投資意向支持" 的獎勵。大賽着力挖掘並培育國內及港澳台、新加坡等地區的創業項目，在對優秀項目進行幫扶、融資、培訓、孵化的同時，還將凝聚珠海青年創業勢能，通過大賽形成本地創新創業資源要素集聚，以打造具有全國影響力的創業服務賽事平台。[80]

附錄 7.6　珠海市政府創新人才支持政策文件概覽

珠海市政府及其下屬單位從 2012 年開始共出台十一份適用於創新人才的政策文件（見表 14）。

表 14　珠海市政府政策文件彙總

出台時間	出台部門	文件名稱
2012	珠海高新技術產業開發區管理委員會、珠海市港澳事務局、珠海市財政局	珠海市港澳青年創業基地管理規定
2013	中共珠海市委、珠海市人民政府	關於 "藍色珠海高層次人才計劃" 的實施意見
2013	珠海市科技和工業信息化局	關於加快我市高新技術產業發展的若干政策意見
2013	珠海市人民政府辦公室	珠海市產業發展與創新人才獎勵辦法
2014	中共珠海市委組織部、珠海市科工貿和信息化局、珠海市財政局、珠海市人力資源和社會保障局	珠海市高層次人才創新創業扶持辦法
2017	珠海市人民政府辦公室	珠海市商事主體 "一照一碼" 登記服務全程電子化暫行辦法
2017	珠海市科技和工業信息化局、珠海市財政局	珠海市引進建設重大研發機構扶持資金管理辦法

---

80 〈以夢為馬，不負韶華：2016 珠海（國家）高新區創新創業大賽正式啟動〉，環球網，2016 年 9 月 23 日。

出台時間	出台部門	文件名稱
2018	中共珠海市委、珠海市人民政府	關於實施"珠海英才計劃"加快集聚新時代創新創業人才的若干措施（試行）
2018	珠海市人力資源和社會保障局	珠海市人力資源和社會保障事業發展"十三五"規劃
2018	珠海市知識產權局、珠海市財政局	珠海市專利促進專項資金管理辦法
2018	珠海市科技和工業信息化局、珠海市財政局	珠海市院士工作站管理辦法

資料來源：根據相關政策文件整理。

附錄 8
廣東三大自貿區：對接港澳，制度創新

廣東三大自貿區出台的政策文件，因地制宜、各具特色，是對中央、廣東省政策文件的有益補充和重要延伸，主要有兩個方面特點：第一，三大自貿區出台的政策重視與港澳對接。廣東自貿區致力於推動粵港澳深度合作，因此創新人才政策也十分重視與港澳的對接與融合。第二，三大自貿區出台的政策具有先行先試、積累經驗的作用，對創新人才在工作、生活等方面提供力所能及的最便利條件，成為創新人才支持的政策高地。

三大自貿區針對創新人才的政策措施分為人力資本支持、價值實現支持、物質資本支持、服務保障支持、社會資本支持五大類（見表 15）。

表 15　三大自貿區政府政策類型分析

政策類型	具體內容
人力資本支持	人才引進與培養； 人才交流與合作
價值實現支持	知識產權； 收入分配
物質資本支持	財政與金融支持； 創業扶持
服務保障支持	公共服務； 行政與商事制度改革
社會資本支持	科技創新資源開放共用； 創新平台； 創新創業活動

資料來源：根據相關政策文件整理。

附錄 8.1　人力資本支持：柔性引才、引才獎勵、跨境交流

（一）人才引進與培養：人才引薦獎、柔性引才

南沙高端領軍人才創新創業團隊引進：

（一）高端領軍人才創業團隊主要依託產業化項目引進；引進後重點圍繞產業發展的核心關鍵技術問題進行研究，具有快速產業化潛力和廣闊市場前景。

（二）高端領軍人才創新團隊主要依託重大研發平台、重點學科和重大項目引進；引進後重點圍繞產業發展的戰略性、前瞻性、基礎性、原創性問題進行研究。

——廣州南沙區委組織部、區工科信局等九部門《廣州南沙新區（自貿片區）集聚人才創新發展若干措施實施細則》（穗南開組發〔2018〕1號）

南沙柔性引進高層次教育人才：如果引進的高層次教育人才不符合廣州市人口准入條件，或者本人選擇不入編，可以柔性引進，人事關係不轉入用人單位。柔性引進的人才的年齡一般不超過六十五週歲。按有關規定簽訂勞動合同或勞動協議，期限一般不低於一年。柔性引進人才不享受安家補貼；可按梯次給予薪酬待遇，參照教育領軍人才、教育傑出人才、教育重點人才、教育優秀人才標準給予工作室經費補助，具體執行方案另行制訂。

區教育部門可根據工作需要，引進符合教育領軍人才、教育傑出人才、教育重點人才和教育優秀人才條件的已退休人員為高級教育顧問。高級教育顧問不享受安家補貼；可按梯次給予薪酬待遇，參照教育領軍人才、教育傑出人才、教育重點人才、教育優秀人才標準給予工作室經費補助，具體執行方案另行制訂。

——廣州南沙區委組織部、區工科信局等九部門《廣州南沙新區（自貿片區）集聚人才創新發展若干措施實施細則》（穗南開組發〔2018〕1號）

南沙實施人才引進引薦獎勵：鼓勵人才中介組織引進和引薦人才，對成功引進諾貝爾獎獲得者、國家最高科學技術獎獲得者、中國兩院院士及發達國家院士、國家"千人計劃"專家、省（市）創新創業領軍人才及團隊的，給予最高三百萬元獎勵。

——南沙開發區黨工委組織部《廣州南沙新區（自貿片區）集聚人才創新發展的若干措施》（2017）

南沙引進高層次人才補貼：引進享受國務院特殊津貼人員，國家、省（部）級有突出貢獻中青年專家，國內某一學科、技術領域的帶頭人，擁有自主知識產權並具有科學性、創新性和效益性的技術或科技成果的人才或博士生導師可享受一次性安家補貼十五萬元，任職期間政府特殊津貼每月二千元。駐區企業、科研單位、社會組織、中介機構引進這些高層次人才一次性安家補貼由單位負責，政府特殊津貼由區人才發展專項資金支付。

——廣州市南沙區人事局《廣州市南沙區中高級人才引進暫行辦法》（2008）

前海搭建境外高端人才和緊缺人才引進平台：依託中央"千人計劃"、廣東省創新科研團隊和領軍人才、深圳市海外高層次人才"孔雀計劃"，圍繞前海的金融、現代物流、信息服務、科技服務和其他專業服務四大產業領域的發展需求，研究制定前海境外高端人才和緊缺人才認定辦法以及標準；與有關國際組織和行業協會加強合作，研究構建前海四大產業領域國際人才評價體系。充分利用中國國際高新技術成果交易會、中國國際人才交流大會等國際性、國家級招才引智平台和深圳駐海外人才聯絡機構以及有關外事資源，全方位、寬領域、多渠道引進國際優秀人才到前海創新創業。依託國際獵頭機構，發揮智庫效應，延攬國際現代服務業高端人才和緊缺人才，搭建政府、社會、市場三方良性互動的國際人才引進平台。2015 年底，為前海引進和集聚中央"千人計劃"、廣東省領軍人才三十名左右。

——深圳市委、市政府《前海深港人才特區建設行動計劃（2012—2015）》（2012）

前海建立深港跨境高端人才培養機制：支持在前海的企業通過項目合作、聯合攻關、掛職鍛煉、定向培養等方式，與香港高校、科研機構合作培養人才。鼓勵在前海的企業獨立設置或與香港企業、有關行業協會聯合創辦行業人才培訓機構或特色學院。會同香港有關機構引進國際品牌人才培訓機構，支持香港高校和國際教育培訓機構在前海合作辦學，推動境內外人才聯合培養，力爭將前海打造成為國內現代服務業高層次人才的培訓基地和搖籃。

——深圳市委、市政府《前海深港人才特區建設行動計劃（2012—2015）》（2012）

橫琴實施更加積極的創新人才引進和激勵政策：按照國際通行做法探索人才評價方法，實施更加積極的創新人才引進和激勵政策，建設人才管理改革試驗區。

——珠海市人民政府《珠海經濟特區促進中國（廣東）自由貿易試驗區珠海橫琴新區片區建設辦法》（珠海市人民政府令第 106 號）（2015）

橫琴人才引進租房和生活補貼：

用人單位須符合以下條件：（一）在橫琴、保稅區、洪灣片區等一體化區域內實際辦公和運營。（二）在橫琴新區經營納稅且年納稅額在五十萬元以上。（三）登記註冊時間不超過三年且符合以下情形之一的，可不受納稅額度限制：

1. 經認定的國家高新技術企業。

2. 兩院院士、國家科學技術獎獲得者、國家"千人計劃"專家、廣東省"珠江人才計劃"入選者及創新創業團隊帶頭人、珠海市高層次人才及創新創業團隊帶頭人等高層次人才創辦的企業機構。

3. 經區管委會批准引進的重大新型研發機構、國家級眾創空間、省級以上孵化器等科技創新平台基地以及教育醫療服務機構。

——橫琴新區管委會辦公室《橫琴新區引進人才租房和生活補貼暫行辦法》（2018）

（二）人才交流與合作：交流合作平台、跨境交流機制

前海成立深港博士後交流驛站：掛牌成立"前海深港博士後交流驛站"，支持前海企業建立博士後網站和引進博士後人才，打造深港博士後的交流合作平台。

——前海管理局《前海博士後扶持政策》（2015）

前海建立深港跨境人才交流機制：鼓勵深港相關科研機構積極開展科技管理人員及研究人員互派學習活動。支持國內企業、社會組織、高校和科研機構，在前海舉辦國際交流活動，與香港和其他國（境）外同行廣泛開展同業交流。

——深圳市委、市政府《前海深港人才特區建設行動計劃（2012—2015）》（2012）

附錄 8.2　價值實現支持：知識產權保護、股權分紅激勵

（一）知識產權：專項資金、協作保護

南沙專利申請授權資助：對專利申請授權進行資助，每個單位或個人年資助總額不超過三百萬元：其中，國內（包括港澳台）發明專利，申請費資助一千元 / 件，獲得授權後資助八千元 / 件；實用新型專利獲得授權後資助一千元 / 件；外觀設計專利獲得授權後資助五百元 / 件；提交 PCT 專利申請取得國際檢索報告後資助一萬二千元 / 件；申請美國、日本、歐盟發明專利，獲得授權後資助四萬元 / 件；獲得其他國家或地區專利授權的，資助一萬元 / 件。對於首次申請發明專利的單位，前五件額外給予二千元 / 件的獎勵。

——南沙開發區工業和科技信息化局《廣州南沙新區（自貿片區）促進科技創新產業發展扶持辦法》（2017）

南沙知識產權創造與保護支持：南沙新區應當鼓勵知識產權創造，採取資助、獎勵等多種措施，支持企業擁有和運用自主的知識產權。南沙新區應當加強對知識產權的保護，採取有效措施防範和打擊區域範圍內侵犯知識產權的行為，建立和完善知識產權風險預警機制，為企業防範知識產權糾紛和在國際競爭中防範知識產權風險提供幫助。南沙新區應當設立知識產權專項資金，用於知識產權的創造、運

用、保護和管理工作。

　　——廣州市第十四屆人民代表大會常務委員會《廣州市南沙新區條例》（廣州市第十四屆人民代表大會常務委員會公告第 50 號）（2014）

　　橫琴知識產權交易與保護：建立高效統一的知識產權行政管理和執法體系，建設知識產權綜合業務受理平台，實現各類型知識產權申請、繳費、投訴、法律狀態查詢等一站式服務，促進橫琴國際知識產權交易中心發展。健全知識產權糾紛調解和維權援助機制，探索建立專利權、著作權、商標權快速維權機制，發揮立法、行政、司法以及行業自治組織的主體作用，促進各類保護工作相互銜接。

　　——珠海市人民政府《珠海經濟特區促進中國（廣東）自由貿易試驗區珠海橫琴新區片區建設辦法》（珠海市人民政府令第 106 號）（2015）

　　橫琴加強知識產權海關保護：依法實施知識產權保護，維護企業創新成果。加大區內企業知識產權海關保護力度，支持企業改革創新和提升核心競爭力，支持推動國內外知識產權資源集聚，提高知識產權執法和海關保護的協調性和便捷性，有效打擊侵權違法行為。

　　——拱北海關《支持和促進中國（廣東）自由貿易試驗區橫琴新區片區建設發展的若干措施》（2015）

　　橫琴健全知識產權保護協作機制：建立知識產權綜合法律服務機制，完善知識產權糾紛調解和維權援助機制，探索建立知識產權快速維權機制。全面發揮知識產權法庭駐橫琴巡迴法庭和知識產權檢察工作站的作用，推動法院、檢察院、公安、海關等機關建立健全知識產權保護協作機制，探索對接國際慣例、處理知識產權糾紛的新規則。加快構建服務自貿試驗區需求的公證法律服務，重點為自貿試驗區建設提供涉外法律事務、知識產權保護、金融創新等公證服務。

　　——中共珠海市委辦公室、珠海市人民政府辦公室《2015 年廣東自貿試驗區珠海橫琴片區改革創新發展總體方案》（珠委辦字〔2015〕34 號）

　　橫琴知識產權處置和收益管理改革：探索開展知識產權處置和收益管理改革試點，建設橫琴國際知識產權交易中心。大力發展國際知識產權交易、港澳知識產權交易，打造具有橫琴特色的"知識產權銀行＋金融資本全鏈條服務＋創新成長指數"的知識產權金融服務支撐體系，開創知識產權與金融資本、資本市場密切結合的知識產權運營新模式。

　　——中共珠海市委辦公室、珠海市人民政府辦公室《2015 年廣東自貿試驗區珠海橫琴片區改革創新發展總體方案》（珠委辦字〔2015〕34 號）

（二）收入分配：股權激勵、收益分成

南沙科技人員股權和分紅激勵：南沙新區支持本轄區內的高等院校、科研院所和企業按照國家和本市的有關規定，採取職務科技成果入股、科技成果折股、股權獎勵、股權出售、股票期權、科技成果收益分成等方式，對作出貢獻的科技人員和經營管理人員進行股權和分紅激勵。

——廣州市第十四屆人民代表大會常務委員會《廣州市南沙新區條例》（廣州市第十四屆人民代表大會常務委員會公告第 50 號）（2014）

附錄 8.3　物質資本支持：稅收優惠、場地支持、股權投資

（一）財政與金融支持：專項資助、稅收優惠

南沙高端領軍人才創新團隊支持：

對入選的高端領軍人才創新團隊通過前資助按檔次以科技項目申報支持方式給予團隊五百萬元、八百萬元的資助。其中，帶頭人為本區新引進或新培養，且符合本細則第五條第（一）項規定的，給予團隊資助八百萬元；帶頭人為本區新引進或新培養，且符合本細則第五條第（二）、（三）項規定的，給予團隊資助五百萬元。對具有重要帶動作用或功能的團隊項目，資助金額可根據具體情況研究確定，上不封頂。

創新團隊資助資金分兩期給予資助，團隊入選後資助 60%，第二年度通過考核後資助 40%。資助資金根據《廣州市南沙區科學技術經費管理辦法》相關規定，用於創新團隊的技術研發、運行和創新能力提升。

——廣州南沙區委組織部、區工科信局等九部門《廣州南沙新區（自貿片區）集聚人才創新發展若干措施實施細則》（穗南開組發〔2018〕1 號）

南沙高端領軍人才創新創業團隊區級資金配套：對南沙區高端領軍人才創新團隊和高端領軍人才創業團隊獲得國家、省、市級科技計劃項目及科技獎勵，給予資金配套。對國家級的給予 100% 的資金配套，最高五百萬元；對省級的給予 70% 的資金配套，最高三百萬元；對市級的給予 50% 的資金配套，最高二百萬元。

——廣州南沙區委組織部、區工科信局等九部門《廣州南沙新區（自貿片區）集聚人才創新發展若干措施實施細則》（穗南開組發〔2018〕1 號）

南沙博士後專項資助經費：

區財政設立博士後專項資助經費，由區組織部門編制專項資助經費年度預算。資助範圍如下：

1. 新設站（基地）資助。對本區新設立的流動站、工作站（分站），區財政

給予每站三十萬元的配套資助；對本區新設立的省、市博士後創新實踐基地，區財政給予每基地十萬元的配套資助；基地經批准設立工作站的，按工作站的資助標準補齊差額部分。

（二）優秀站（基地）經費支持。對年度工作成績突出的流動站、工作站給予三十萬元工作經費支持，對年度工作成績突出的創新實踐基地，給予十萬元工作經費支持。

——廣州南沙區委組織部、區工科信局等九部門《廣州南沙新區（自貿片區）集聚人才創新發展若干措施實施細則》（穗南開組發〔2018〕1號）

南沙科研人員稅收優惠：在南沙新區工作的科研人員，從事科研開發、科研服務和科研成果轉讓所獲得的收入，依照法律、法規和國家政策的規定享受稅收方面的優惠。

——廣州市第十四屆人民代表大會常務委員會《廣州市南沙新區條例》（廣州市第十四屆人民代表大會常務委員會公告第50號）（2014）

南沙高端領軍人才購房補助：

給予引進的諾貝爾等國際大獎的獲得者；國家科學技術獎獲得者；中國科學院院士、中國工程院院士；發達國家科學院或工程院院士；在世界一流大學、科研機構和世界五百強企業擔任過相當於終身教授、首席技術官等職務的著名專家購房補助二百萬元。

給予引進的國家"千人計劃"人才購房補助一百五十萬元。

給予引進的廣東省創新創業領軍團隊購房補助一百五十萬元。給予引進的廣東省領軍人才購房補助八十萬元。

給予引進的廣州市創新創業領軍團隊購房補助一百二十萬元。給予引進的廣州市領軍人才購房補助六十萬元。

——廣州南沙區政府辦公室《廣州南沙新區、中國（廣東）自由貿易試驗區廣州南沙新區片區集聚高端領軍人才和重點發展領域急需人才暫行辦法》（2015）

南沙優秀科學家科研資助：南沙新區鼓勵和支持優秀科學家在南沙新區領銜組建新型科研機構和主持科研項目，並對進駐南沙新區主持研究機構或者研究項目的優秀科學家，給予物質幫助或者資金資助。

——廣州市第十四屆人民代表大會常務委員會《廣州市南沙新區條例》（廣州市第十四屆人民代表大會常務委員會公告第50號）（2014）

南沙重要科研項目研究人員獎勵：南沙新區對本區產業發展產生重要推動作用的科研項目，可以給予相關研究機構或者人員獎勵。

——廣州市第十四屆人民代表大會常務委員會《廣州市南沙新區條例》（廣州市第十四屆人民代表大會常務委員會公告第 50 號）（2014）

南沙博士後補貼：對進入南沙企業博士後科研工作站的博士後研究人員，區人才發展專項資金資助每個博士後研究人員五萬元的生活補貼費和五萬元科研經費。從南沙企業博士後工作站期滿出站的博士後，留在南沙企事業單位工作，並簽定三年以上服務合同的，區人才發展專項資金資助十萬元安家費，分三年支付。相關企業也應積極為博士後配套相應的工作和生活經費。

——廣州市南沙區人事局《廣州市南沙區中高級人才引進暫行辦法》（2008）

南沙突出貢獻人才獎：以區政府名義設立南沙區突出貢獻人才獎，設特、一、二、三等獎，名額分別為一名、兩名、五名、十名，獲獎者由區政府頒發榮譽證書和獎金，獎金分別十萬、五萬、二萬、一萬元，每二年評選一次；所需獎勵費用從區人才發展專項資金中支出。申報獎勵者必須熱愛祖國，遵紀守法，崇尚科學，具有良好的職業道德，在南沙工作期間取得以下成績之一：

（一）獲得市級或以上科技進步獎三等獎以上（含三等獎）或區級科技進步二等獎以上（含二等獎）的主要技術承擔者。

（二）在科學技術研究開發中完成重大科技創新或在推廣、應用、轉化科學技術成果中有所創新、有所發展，取得明顯經濟效益或社會效益的，或在引進、吸收、消化國內外先進技術中，解決關鍵技術問題，並取得顯著經濟效益者。

（三）在醫療衛生工作中，臨床經驗豐富，診斷治療達到市內先進水平，特別在診斷治療疑難病症方面作出重大貢獻的醫務工作者；在預防保健等方面對提高人民群眾健康水平提出有效預防對策和防止措施，或對祖國醫藥學有突出貢獻，在市內中醫藥界同行中享有較高聲譽者。

（四）在農業新技術、新品種的推廣應用中，為發展當地經濟，做出貢獻，經濟效益顯著，得到市內同行認可者。

（五）在經濟（包括財政、金融、統計、企業經營等）、科技等管理工作中成績優異，能結合我區的實際，運用先進的管理措施，取得顯著的經濟效益和社會效益者。

（六）在社會科學領域中，能應用馬克思主義立場、觀點、方法，開拓新學科研究，發展原有學科理論或採用新的研究方法，為我區兩個文明建設提供學術水平較高的專著、論文，其研究成果被區委、區政府所採納，並取得顯著的社會效益和經濟效益，在市內同行中享有較高聲譽者。或獲得市優秀社會科學研究成果獎三等獎以上者。

（七）在教育理論研究和教學實踐上有創新和建樹，具有廣泛的指導意義，或在專業工作中，作出突出貢獻，在市內同行中有較高聲譽者。

（八）在經貿、法律、體育、文學藝術、新聞、城市規劃等工作中，作出突出貢獻（從工作成績、科研成果、獲獎情況等方面內容綜合評價），取得顯著的經濟效益或社會效益的。

（九）具有豐富的生產實踐經驗和高超的專業技能，在技術改造、工藝革新、技術攻關和解決關鍵性技術難題等方面成績突出，取得顯著經濟效益或社會效益者。

——廣州市南沙區人事局《廣州市南沙區突出貢獻人才獎暫行辦法》（2008）

南沙項目經費與獎勵經費支持：區科技經費包括科技計劃項目經費、管理經費、獎勵經費和其他經費。科技計劃項目經費是指用於區政府批准的科技計劃項目的資助和配套等支出，主要用於項目（課題）的直接費用和間接費用以及產業化支持。……獎勵經費是指區政府為激發科研人員創業創新熱情，對單位或個人予以的資金獎勵，包括對新獲認定高新技術企業的獎勵、專利獎勵、創新平台建設與創新服務績效獎勵等。對單位的獎勵經費由單位統籌使用，應主要用於單位的科研活動與創新發展，可適當用於對有傑出貢獻的科研人員的個人獎勵。其他費用是指經區政府批准的用於科普等科技相關活動的支出。

——廣州市南沙區人民政府辦公室《廣州市南沙區科學技術經費管理辦法》（穗南府辦函〔2018〕74號）

南沙實施高學歷人才補貼：對新引進落戶工作的全日制本科及以上學歷、學士及以上學位人才發放住房補貼，其中本科生二萬元，碩士研究生四萬元，博士研究生六萬元。對引進的博士後科研人員，每人給予一次性科研經費十萬元和每年八萬元的生活補助，出站後留在南沙工作並簽訂三年以上勞動合同的，給予二十萬元安家補貼。

——南沙開發區黨工委組織部《廣州南沙新區（自貿片區）集聚人才創新發展的若干措施》（2017）

南沙支持高端領軍人才"團隊＋項目"：對掌握世界前沿技術，符合我區重點產業發展方向的高端領軍人才"團隊＋項目"給予資金支持。

——南沙開發區黨工委組織部《廣州南沙新區（自貿片區）集聚人才創新發展的若干措施》（2017）

前海博士後經費支持：掛牌成立"前海深港博士後交流驛站"，支持前海企業建立博士後網站和引進博士後人才，打造深港博士後的交流合作平台。……對博士後科研流動站、工作站及經批准設立的創新實踐基地，市財政給予一次性資助，流動站和工作站資助標準為五十萬元，創新實踐基地的資助標準為二十萬元。對進入流動站、工作站、創新實踐基地的博士後，給予每人每年十二萬元補貼（總額不超過二十四萬元）。對在本市從事科研工作，且與本市企事業單位簽訂三年以上工作合同的出站博士後人員，給予總額不超過十萬元的科研資助。

——前海管理局《前海博士後扶持政策》（2015）

前海境外高端人才個人所得稅優惠：在前海工作、符合前海優惠類產業方向的境外高端人才和緊缺人才，其在前海繳納的工資薪金所得個人所得稅已納稅額超過工資薪金應納稅所得額的 15% 部分，由深圳市人民政府（以下簡稱市政府）給予財政補貼。申請人取得的上述財政補貼免徵個人所得稅。

——深圳市人民政府《深圳前海深港現代服務業合作區境外高端人才和緊缺人才個人所得稅財政補貼暫行辦法》（深府〔2012〕143 號）

前海個人所得稅負差額補貼：對在前海工作、符合前海規劃產業發展需要的境外高端人才和緊缺人才，暫由市政府按照內地與境外個人所得稅負差額給予補貼，補貼部分免徵個人所得稅。加強支持人才發展的稅收政策研究，適時爭取有關政策。支持前海國有及國有控股企業開展股權激勵、分紅權獎勵、技術入股等中長期激勵試點，建立完善充分體現人才價值的薪酬、分配制度和激勵機制。

——深圳市委、市政府《前海深港人才特區建設行動計劃（2012—2015）》（2012）

前海高層次專業人才或海外高層次人才配套資助：港澳青年在前海創業就業期間，被認定為深圳市高層次專業人才或海外高層次人才“孔雀計劃”人選，按市資助金額給予１１配套資助，資助分五年平均發放。

——深圳市前海深港現代服務業合作區管理局《〈關於支持港澳青年在前海發展的若干措施〉實施細則》（深前海規〔2019〕7 號）

橫琴特殊人才獎勵：在橫琴登記註冊的企業和相關機構工作，或者在橫琴創業或提供獨立個人勞務，在橫琴繳納個人所得稅，符合《珠海經濟特區橫琴新區人才開發目錄（2016—2020）》的下列人員，可申請人才獎勵：

（一）經國家部（委、辦、局）、地級及以上政府認定的高層次人才、創新人才、海外高層次人才，以及納入同一管理服務層級人才計劃中獎勵、資助的人才；

（二）國內自由貿易區、國家級新區，以及國家高新技術產業開發區、國家經濟技術開發區等各類國家級開發區（功能區）認定、獎勵、資助的人才；

（三）國家級或省級或境外知名科研院所（研究中心）和機構的管理、創新人才，國內外知名高校的創新人才，或在海內外著名金融機構，律師、會計師、審計師、建築師及設計師事務所，文藝機構、社會工作機構、諮詢策劃機構等工作的管理及專業人才；

（四）經過地級及以上政府，或國內自由貿易區、國家級新區，以及國家高新技術產業開發區、國家經濟技術開發區等各類國家級開發區（功能區）認定的總部企業，或國內外五百強企業及其分支機構的管理（技術）類人才；

（五）為橫琴產業發展所急需，具有外國國籍人士，或香港、澳門、台灣地區居民，或取得國外長期居留權的海外華僑，或取得國外長期居留權的歸國留學人才；

（六）擁有國際認可的職業資格或者國內急需的發明專利人才；或帶項目、帶技術、帶資金、帶團隊，有助於提升橫琴相關產業或社會事業發展水平的人才；

（七）其他屬於橫琴發展緊缺、具有專業能力的人才。

——橫琴新區管委會辦公室《珠海經濟特區橫琴新區人才開發目錄（2016—2020）》《珠海經濟特區橫琴新區特殊人才獎勵辦法》（珠橫新辦〔2016〕27 號）

橫琴特殊人才獎勵標準（2018）[81]：符合獎勵條件的申請人上一年度直接經濟貢獻超過一萬元（含）人民幣的，按 20% 的比例給予獎勵；超過二萬元（含）人民幣的，按 32% 的比例給予獎勵；超過十萬元（含）人民幣的，按 40% 的比例給予獎勵。

——橫琴新區管委會辦公室《珠海經濟特區橫琴新區特殊人才獎勵辦法補充管理規定》（珠橫新辦函〔2018〕87 號）

（二）創業扶持：場地支持、股權投資

南沙鼓勵創新人才來南沙投資創業：

（一）帶高新技術成果（或項目）來南沙創業的海內外人才，經區科技局對該項目認定後，每個項目可獲得二十萬元成果轉化啟動資金，兩年內免費提供一百平方米以內的創業場所（所需費用從區科學技術經費支出）；

（二）從事高新技術成果或自主知識產權的專利發明轉化的，在對其產品前景、生產規模、獲利能力等情況進行充分論證後能在南沙形成產業的，按項目所

---

81 橫琴特殊人才獎勵標準（2016）：獎勵標準側重於市場主體的評價，主要參照獲獎人員上年度在產業發展、自主創新等方面作出的直接經濟貢獻。獲獎人員上年度直接經濟貢獻超過 0.5 萬元（含）人民幣的，按 20% 的比例給予獎勵；超過 1.5 萬元（含）人民幣的，按 32% 的比例給予獎勵；超過 10 萬元（含）人民幣的，按 40% 的比例給予獎勵。
——橫琴新區管委會辦公室：《關於印發〈珠海經濟特區橫琴新區人才開發目錄（2016-2020）〉〈珠海經濟特區橫琴新區特殊人才獎勵辦法〉的通知》（珠橫新辦〔2016〕27 號）

獲銀行貸款給予一年期貸款貼息補助，貼息補助額度為該項目一年期貸款利息的50%，補助金額最高不超過一百萬元（所需費用從區科學技術經費支出）。

——廣州市南沙區人事局《廣州市南沙區中高級人才引進暫行辦法》（2008）

南沙股權投資支持：對高成長性科技企業和創新創業領軍人才創辦的企業，南沙創業投資引導基金可以跟進投資的方式最高給予三千萬元、佔股比例不超過20%、年限不超過八年的股權投資支持。在五年內退出的，按照保本原則退出；五年以上的，按市場化方式退出。

——南沙開發區工業和科技信息化局《廣州南沙新區（自貿片區）促進科技創新產業發展扶持辦法》（2017）

南沙高端領軍人才創業團隊支持：對入選的高端領軍人才創業團隊通過後補助形式給予團隊資助。其中，帶頭人為本區新引進或新培養，且符合本細則第五條第（一）項規定的，給予團隊最高資助二千萬元；帶頭人為本區新引進或新培養，且符合本細則第五條第（二）項規定的，給予團隊最高資助一千五百萬元；帶頭人為本區新引進或新培養，且符合本細則第五條第（三）項規定的，給予團隊最高資助一千萬元。資助資金包括場地補貼、研發設備購置補貼以及地方經濟發展貢獻獎勵。對具有重要帶動作用或功能的團隊項目，資助金額可根據具體情況研究確定，上不封頂。

（一）場地補貼所稱場地是指創業團隊在本區租賃或者購買的用於生產、研發、辦公用房。在本區租賃場地的，給予最高不超過二千平方米為期三年的免租場地（不含物業管理費、水電費等）。按創業團隊實際發生的租金進行補貼，每年集中兌現一次。自購用房按每平方米八百元的標準給予一次性補貼。

（二）研發設備購置補貼所稱的研發設備是指創業團隊在扶持期內，開展研發、中試所必需的專用儀器、設備。對創業團隊購買的科研儀器設備，經第三方機構審計後，按照實際支出金額的40%給予補貼。補貼期為自創業團隊入選當年起五年內。每年集中兌現一次。

（三）在創業團隊入選當年起的五個財務年度內按照企業對本區地方經濟發展貢獻的95%予以獎勵。每年集中兌現一次。

——廣州南沙區委組織部、區工科信局等九部門《廣州南沙新區（自貿片區）集聚人才創新發展若干措施實施細則》（穗南開組發〔2018〕1號）

前海支持港澳青年創新創業，給予創業啟動資助，完善創投體系：給予創業啟動資助。……每年選取一批符合條件的港澳青年創辦企業或機構予以重點支持，對盈利能力強、成長性高的港澳青年創辦企業給予獎勵，對入選的以港澳青年為核心的深圳市"孔雀計劃"創新團隊、高層次創新創業預備項目團隊、香港創新及科技基金企業支援計劃或廣東省"珠江人才計劃"創新創業團隊的依託單位，按市資助標準的 50% 給予配套資助。……完善創投體系。充分發揮前海產業投資引導基金作用，引導社會資本向港澳青年創辦企業傾斜。設立前海深港澳科技創新產業基金和深港澳文化創意產業基金，支持港澳青年在科技創新、文化創意、專業服務、生活服務等領域創新創業。

　　——深圳市前海深港現代服務業合作區管理局《關於支持港澳青年在前海發展的若干措施》（深前海規〔2019〕4 號）

　　前海青年創新創業夢工廠扶持政策：具備下列條件的個人可以申請進入夢工廠：創業人員從事的項目必須符合前海產業發展政策的要求；所從事的項目技術含量高，具有一定的創新性，項目產品必須具有較好的市場前景和產業化條件；產權（含知識產權）明確。……獲得"千人計劃""孔雀計劃"、中國創新創業大賽獎項、中國（深圳）創新創業大賽三等獎及以上，擁有發明專利或電腦軟件著作權的企業或個人可直接向事業部申請入駐。

　　個人在入駐夢工廠後可以享受以下優惠待遇：（一）辦公場地租金減免。（二）滿足條件的企業和個人可以申請夢工廠專項基金。（三）享受前海企業稅收及個人所得稅優惠政策。具體詳見《前海深港現代服務業合作區企業所得稅優惠目錄》和《前海境外高端人才和緊缺人才個稅補貼暫行辦法》。（四）創業企業經認定符合條件的可享受前海現代服務業綜合試點政策支持。（五）享受深圳市科技創新委員會對創業企業在科技立項、科技經費安排方面給予政策支持。（六）享受深圳市留學生創業政策支持。具體詳見《深圳市出國留學人員創業前期費用補貼資金管理辦法》。

　　——深圳市前海管理局《前海青年創新創業夢工廠入園企業管理辦法（暫行）》（2014）

　　前海設立聚焦香港青年創新創業項目的子基金：聚焦於香港青年創新創業項目的子基金投向香港青年團隊創新創業項目的資金規模，原則上不低於引導基金對子基金出資額的兩倍。

　　——深圳市前海深港現代服務業合作區管理局《深圳前海深港現代服務業合作區產業投資引導基金管理辦法》（深前海規〔2018〕3 號）

　　橫琴創新創業大賽優勝團隊研發費無償資助：優勝團隊研發費無償資助標準：特級優勝團隊資助一億元，一級優勝團隊資助五千萬元，二級優勝團隊資助二千萬元，三級優勝團隊資助一千萬元。研發費無償資助經費由橫琴新區財政局負責預算安排。資助經費須用於人才引進、設備採購、產品試製、專利申報、檢驗檢測等與研發活動直接相關的支出，不得用於個人生活消費、購置住房等與項目研發無關的支出。鼓勵優勝團隊申報國家、省、市的創新創業和科技扶持項目，並按相關政策落實配套扶持，其中涉及研發費補助類別的扶持，採取"就高不重複"的原則予以資助。

　　——橫琴新區管委會辦公室《橫琴新區舉辦創新創業大賽並給予優勝團隊研發費無償資助的暫行辦法》（2018）

　　橫琴創新創業團隊扶持：鼓勵在橫琴新區完成企業商事登記並在區內運營的創新創業團隊申報廣東省創新創業團隊引進計劃，成功入選並獲省財政資金扶持的，按省扶持標準 1：0.5 給予配套扶持。

　　——橫琴新區管委會辦公室《橫琴新區促進科技創新若干措施（暫行）》（珠橫新辦〔2016〕15 號）

附錄 8.4　服務保障支持：對標國際、定製服務、容缺登記

（一）公共服務：對標國際、定製服務

　　南沙高端領軍人才安家補貼：（一）對本區新引進或新培養的創業或長期創新（持 A 證、B 證）的傑出人才、優秀人才、青年後備人才，符合安家補貼發放條件的，分別給予五百萬元、三百萬元、二百萬元安家補貼。其中，諾貝爾獎獲得者、院士安家補貼標準提高到一千萬元。安家補貼分五年等額發放。（二）對本區新引進的短期創新（持 C 證）的傑出人才、優秀人才符合安家補貼發放條件的，分別按照每天五百元、三百元的標準發放安家補貼。其中諾貝爾獎、院士安家補貼標準提高到每天一千元，短期創新人才安家補貼按年度集中申報發放。上述人才三年內在南沙區以家庭為單位首次購買唯一住房，經認定的，可分別一次性追加三十萬元、二十萬元安家補貼，其中諾貝爾獎獲得者、院士追加五十萬元。

　　安家補貼在扣除個人所得稅後，直接劃入高端領軍人才個人賬戶。安家補貼發放期間應滿足相關申請條件。

　　——廣州南沙區委組織部、區工科信局等九部門《廣州南沙新區（自貿片區）集聚人才創新發展若干措施實施細則》（穗南開組發〔2018〕1 號）

　　南沙加強人才住房保障：建設人才公寓，打造國際人才社區，為各類人才提供安居保障。對未享受安家補貼、住房補貼的人才，可安排入住人才公寓。高端領軍人才中的傑出專家最高二百平方米，優秀專家約一百二十平方米，青年後備人才約一百平方米。上述高端領軍人才可申請十年免租入住，其中符合條件的人才，在本

區工作滿十年後，可無償獲贈所住人才公寓。骨幹人才及儲備人才最高一百平方米，可按標準享受政府租金優惠。港澳及外籍人才優先安排入住國際人才社區。

——南沙開發區黨工委組織部《廣州南沙新區（自貿片區）集聚人才創新發展的若干措施》（2017）

南沙高端人才卡：

對經認定並持有 A、B 證的南沙高端領軍人才發放高端人才卡，持卡人憑卡可享受各相關部門提供的便利、優質服務：

（一）政務快捷服務：區政務服務中心設立南沙區高端人才卡服務專窗導辦崗，實行特定待遇"一站式"服務，為持卡人辦理涉及個人政務事務提供綠色通道。持卡人向區各職能部門、街道辦、社區服務中心申請行政服務時，享受"綠色通道"服務。

（二）醫療保障服務：1. 優先就醫：區衛計部門負責協調組織定點醫療機構為持卡人及其直系親屬到指定區屬醫療機構就醫，提供高效、優質、便捷的專屬導醫服務，優先專家預約、優先診療、優先繳費等"三優先"服務。2. 免費體檢：持卡人可享受通過第三方提供的含一次全面體檢在內的每年三千元標準的商業醫療保險服務。

（三）交通便捷服務：區交通部門負責組織協調相關單位為持卡人提供免費乘坐中國（廣東）自貿區南沙快線、享受南沙客運港往來港澳水上客運服務優惠。

（四）通關快捷服務：1. 持卡人可享受南沙海關專窗快捷服務，持卡人回國定居或來華連續工作 1 年以上的，入境攜帶規定範圍內合理數量科研、教學用品，海關按有關規定予以免稅驗放。2. 區口岸部門負責組織協調相關單位在南沙客運港設立快捷通道，為持卡人提供通關快捷服務。

（五）住房保障服務：對在南沙區創新創業，且無住房的人才，由區住房保障部門優先安排人才公寓。

（六）入戶快捷服務：持卡人本人及其直系親屬符合入戶條件的，區公安部門予以優先快捷辦理入戶。

（七）子女教育服務：區教育部門負責為持卡人子女入學優先安排區屬公辦義務教育階段學校、幼兒園優質學位。其中，高端領軍人才中的傑出人才與優秀人才子女可在全區範圍選擇一所公辦學校申請就讀，青年後備人才子女申請就讀的，可優先安排。區教育部門負責為持卡人子女就讀非區屬公辦學校、幼兒園提供協調幫助。

（八）文化娛樂服務：區文廣部門負責協調區圖書館、文化館等機構為持卡人免費開放區內文化服務設施。

（九）健康休閒服務：區國資部門負責協調區屬國有企業在其經營的旅遊景點為持卡人提供免門票優惠。

（十）消費優惠服務：持卡人可享受餐飲、購物、酒店等多項消費優惠貴賓服務。

（十一）金融服務：持卡人可以享受指定金融機構的個人授信、企業融資等金融服務。

（十二）商務服務：為持卡人提供機場及高鐵貴賓服務，包括貴賓休息室、快速安檢通道等服務。

——廣州南沙區委組織部、區工科信局等九部門《廣州南沙新區（自貿片區）集聚人才創新發展若干措施實施細則》（穗南開組發〔2018〕1號）

南沙高層次衛生人才政策待遇：

經區人才獎勵工作小組審議通過的高層次衛生人才，享受以下待遇：

（一）安家補貼。醫學領軍人才，每人可享受五百萬元安家補貼；醫學傑出人才、衛生智才，每人可享受三百萬元安家補貼；醫學重點人才、衛生慧才，每人可享受一百五十萬元安家補貼；醫學緊缺人才、衛生英才，每人可享受五十萬元安家補貼。

（二）科研經費補助。高層次衛生人才，給予最高六十萬元的科研經費補助。醫學領軍人才，可享受六十萬元科研經費補助；醫學傑出人才、衛生智才，可享受五十萬元科研經費補助；醫學重點人才、衛生慧才，可享受四十萬元科研經費補助；醫學緊缺人才、衛生英才，可享受二十萬元科研經費補助。

（三）工資福利待遇（僅適用於區衛計部門下屬醫療衛生事業單位高層次衛生人才）。高層次衛生人才通過引進渠道進入本區的，原則上年薪不低於所在單位同一專業技術崗位等級人員年薪，在績效工資分配時給予傾斜。高層次衛生人才因政策、個人意願或其他原因無法入編的，經批准，可實行協議工資制，不納入事業編制。

（四）用人單位（僅適用於區衛計部門下屬醫療衛生事業單位）協助解決高層次衛生人才（柔性引進的衛生人才除外）的入戶、配偶就業和未成年子女入學問題。

——廣州南沙區委組織部、區工科信局等九部門《廣州南沙新區（自貿片區）集聚人才創新發展若干措施實施細則》（穗南開組發〔2018〕1號）

南沙實施廣東自貿區六項出入境便利化政策措施：

（一）對符合認定標準的外籍高層次人才及其配偶、未成年子女，經廣東省自貿辦推薦，可直接申請在華永久居留資格。

（二）對創新創業團隊的外籍成員和自貿區企業選聘的外籍技術人才，根據自貿區人才積分評估標準進行評分，達到一定分值的，可以申請在華永久居留。

（三）外國人以自然人身份或者通過本人以自然人身份作為控股股東的公司企業，在自貿區境內直接投資、連續三年投資情況穩定、投資數額合計一百萬美元（國家頒佈的《外商投資產業指導目錄》鼓勵類產業投資合計五十萬美元）以上且納稅記錄良好的，可以申請在華永久居留。

（四）外籍華人具有博士研究生以上學歷或在自貿區企業連續工作滿四年、每年在中國境內實際居住累計不少於六個月，可直接申請在華永久居留。

（五）在自貿區創業的外籍華人（不受六十週歲年齡限制）可憑工作許可和僱主擔保函件直接申請五年有效的工作類居留許可（加註“創業”）。

（六）對經廣東省公安機關出入境管理機構備案的廣東自貿區企業邀請前來實習的境外高校外國學生，可以在口岸簽證機關申請短期私人事務簽證（加註“實習”）入境進行實習活動；持其他種類簽證入境的，也可在境內申請變更為短期私人事務簽證（加註“實習”）進行實習活動。

——廣州南沙區委組織部、區工科信局等九部門《廣州南沙新區（自貿片區）集聚人才創新發展若干措施實施細則》（穗南開組發〔2018〕1 號）

南沙高層次人才居住證制度：南沙新區應當建立高層次人才居住證制度，為高層次人才積聚、發展創造有利的環境。

——廣州市第十四屆人民代表大會常務委員會《廣州市南沙新區條例》（廣州市第十四屆人民代表大會常務委員會公告第 50 號）（2014）

南沙高端領軍人才公共服務支持：

高端領軍人才子女申請就讀公辦義務教育階段學校、幼兒園的，可選擇區內公辦學校、幼兒園就讀，享受地段生同等待遇。

給予高端領軍人才醫療 VIP 待遇。在區內重點醫院開設綠色就診通道，提供便捷醫療服務。享受年度體檢服務，三年內每年安排一次免費健康檢查。標準為：二千元 / 人 / 年。

對有意落戶南沙的高端領軍人才及其配偶、子女，開闢綠色通道，每年安排一定數額的廣州市入戶指標，給予優先辦理。

高端領軍人才，在個人購房購車方面享受廣州市市民待遇，以拍賣形式獲得廣州車牌的，資助拍牌費用補貼一萬元。

為外籍高端領軍人才及配偶和子女，提供簽證及居留便利。協助辦理二至五年有效的外國人居留證件。對於有需要辦理永久居留的，協助申請辦理永久居留手續。

——廣州南沙區政府辦公室《廣州南沙新區、中國（廣東）自由貿易試驗區廣州南沙新區片區集聚高端領軍人才和重點發展領域急需人才暫行辦法》（2015）

南沙高層次人才子女入學與配偶安置：引進的高級人才，其子女需在南沙入學的，憑人事部門出具的證明，由教育部門優先安排到條件較好的區屬學校就讀。其配偶需安排工作的，引進單位根據其配偶的學歷、年齡、技能等情況積極協助解決，引進單位解決存在困難的，區人事、勞動部門在各自職能範圍內予以協助。

——廣州市南沙區人事局《廣州市南沙區中高級人才引進暫行辦法》（2008）

南沙高級人才定期體檢療養制度：建立在崗高級人才定期體檢療養制度，每兩年一次。與企事業單位簽定兩年以上工作合同，具有博士學位和正高職稱以上人員，體檢療養費用由區人才發展專項資金支付。其他中高級人才體檢費用由所在單位參照執行。

——廣州市南沙區人事局《廣州市南沙區中高級人才引進暫行辦法》（2008）

南沙提供高端人才專屬定製服務：對符合條件人才發放高端人才卡，持卡人可享受子女優先入學、本人及家屬入戶、便捷通關、優先就醫、免費體檢、消費優惠等十二項優質服務。優先安排高端領軍人才子女入學，其中，傑出專家與優秀專家子女可在全區範圍內選擇一所公辦學校申請就讀，青年後備及其他人才子女申請就讀公辦學校，予以優先安排。

——南沙開發區黨工委組織部《廣州南沙新區（自貿片區）集聚人才創新發展的若干措施》（2017）

南沙推進人才出入境和停居留便利化：實施自貿區出入境便利化措施，對符合認定標準的外籍人才及其配偶、未成年子女，可按程序直接申請在華永久居留資格；外籍華人具有博士研究生以上學歷或在區內企業工作滿四年，每年居住超過 6 個月的可直接申請在華永久居留資格。區內直接受理簽發外國人簽證證件，直接審批發放外國人來華工作許可。對區內首次辦理商務備案的企事業單位不受納稅額限制，對科研機構辦理商務備案不受納稅額限制。

——南沙開發區黨工委組織部《廣州南沙新區（自貿片區）集聚人才創新發展的若干措施》（2017）

前海外籍高層次人才居留便利：適用對象：（一）符合《前海深港現代服務業合作區境外高端人才和緊缺人才認定暫行辦法》（深前海〔2012〕151 號，以下簡稱《認定暫行辦法》）和《前海深港現代服務業合作區境外高端人才和緊缺人才認定暫行辦法實施細則（試行）》（深前海〔2013〕115號，以下簡稱《實施細則（試行）》）規定條件的外籍高層次人才及其外籍配偶和未滿十八週歲的外籍子女。（二）符合《認定暫行辦法》和《實施細則（試行）》規定條件的中國籍回國高層次人才的外籍配偶和未滿18週歲的外籍子女。

居留便利。（一）可以獲簽兩至五年有效期的外國人居留證件。（二）符合辦理永久居留條件的，可以申辦《外國人永久居留證》。

——深圳市人民政府辦公廳《前海外籍高層次人才居留管理暫行辦法》（深府辦函〔2013〕98號）

前海完善人才綜合服務各項配套政策：研究制定相關政策措施，為外國籍人才、港澳台人才、海外華僑和留學歸國人才在前海的出境通關、居住就業等提供盡可能的便利。支持和引進香港服務提供者在前海設立獨資國際學校，其招生範圍可擴大至在前海工作的取得國外長期居留權的海外華僑和歸國留學人才的子女；支持和引進香港服務提供者在前海設立獨資醫院。推進實施人才安居工程，加大人才保障性住房建設力度，將前海地鐵上蓋物業整體升級為前海人才公寓，在前海都市綜合體配備一定比例的高端公寓和商務公寓。建立前海人才服務中心，積極打造一站式人才服務體系，為人才提供優質高效的服務。

——深圳市委、市政府《前海深港人才特區建設行動計劃（2012—2015）》（2012）

橫琴外國高端人才"一卡通"服務：

1. 人才租房和生活補貼。屬中國科學院或中國工程院院士、外國國家科學院院士或工程院院士、國家科學技術獎獲得者、國家"千人計劃"專家、廣東省"珠江人才計劃"入選者及創新創業團隊帶頭人等外國高端人才，六千元／月／人；博士，或具備副高級以上專業技術資格的外國高端人才，三千元／月／人；碩士，或具備中級專業技術資格的外國高端人才，一千二百元／月／人；學士，或具備助理級專業資格，或符合《珠海市緊缺技工工種目錄》且取得技師以上國家資格證書的外國高端人才，六百元／月／人。

2. 產業配套租賃住房。高端人才及其配偶在我市沒有任何形式自有住房且沒有享受過任何住房保障優惠政策的，可申請產業配套租賃住房，租金標準為十元／平方米／月；租期超過兩年的時段，按二十元／平方米／月計收。

3. 落戶優惠。符合珠海市人才引進政策的高端人才可直接落戶橫琴新區集體戶口，其配偶、子女、父母也可隨遷。

4. 子女就讀。高端人才子女由區統籌安排就讀橫琴公立學校。

5. 醫療保健服務。1. 高端人才可按自願原則選擇家庭醫生團隊，與基層醫療衛生機構簽訂服務協議，可享受包括：家庭健康管理服務、健康諮詢及用藥指導、轉介轉診服務、基本公共衛生服務、基本醫療服務、就醫預約登記服務等服務項目。2. 高端人才患有高血壓、糖尿病與橫琴新區社區衛生服務中心建立健康檔案並簽訂《珠海市高血壓、糖尿病分級診療 "三師團隊" 服務協議》後可免費用藥。

——珠海市橫琴新區管理委員會社會事務局《橫琴新區外國高端人才服務 "一卡通" 工作方案》（2018）

橫琴外籍高層次人才優惠政策激勵：採取外籍高層次人才認定和激勵措施，對高層次人才在出境、入境、簽證居留、項目申報、創新創業、評價激勵、服務保障等方面給予優惠政策。

——珠海市人民政府《珠海經濟特區促進中國（廣東）自由貿易試驗區珠海橫琴新區片區建設辦法》（珠海市人民政府令第 106 號）（2015）

（二）行政與商事制度改革：容缺登記、相關行政許可

南沙優化行政審批制度：南沙新區管理機構辦理行政審批事項實行一站式受理、集中審批、限時辦結、跟蹤服務等制度。南沙新區管理機構應當在本市規定的審批時限的基礎上進一步簡化審批流程、縮短審批期限，提高管理效率和服務水平，建立廉潔、高效、務實、便民的行政運行機制。

——廣州市第十四屆人民代表大會常務委員會《廣州市南沙新區條例》（廣州市第十四屆人民代表大會常務委員會公告第 50 號）（2014）

南沙實行 "容缺登記"，改革重點企業項目快速落戶機制：對五百強企業、總部企業、政府引進重大項目，完善登記機關與商務、金融等部門的溝通聯繫機制，對重點項目、企業辦理工商業務提供提前介入、主動服務、上門諮詢指導、解答難題、專人跟蹤等服務。對區招商引資部門同意的企業項目實行 "容缺登記"，對申請數據基本齊全、符合法定形式、非關鍵性材料缺失或有誤的，登記窗口一次性告知申請人需補正的材料、時限，申請人承諾按期補正材料後，登記機關先行受理並登記，方便重點企業項目快速落戶。

——中國（廣東）自由貿易試驗區廣州南沙新區片區管理委員會辦公室《中國（廣東）自由貿易試驗區廣州南沙新區片區深化商事制革改革先行先試若干規定》（穗南自貿管辦〔2017〕2 號）

橫琴探索建立統一實施行政許可制度：根據精簡、統一、效能原則，管委會探索建立統一實施行政許可制度，由一個行政機關接受相關行政機關的委託，統一實施相關行政許可。

——珠海市人民政府《珠海經濟特區促進中國（廣東）自由貿易試驗區珠海横琴新區片區建設辦法》（珠海市人民政府令第 106 號）（2015）

横琴優化商事登記：

實行營業執照、組織機構代碼證和稅務登記證等多證合一，使用統一社會信用代碼的營業執照。推行商事主體電子證照卡，逐步彙集所有行政、事業單位對商事主體頒發的登記、許可、資質認定、備案等信息，實現政務服務全程電子化錄入和企業信息數字化。

簡化完善商事主體註銷流程，試行對個體工商戶、未開業企業及無債權債務企業實行簡易註銷程序，構建便捷有序的市場退出機制。

工商部門委託具有資格的銀行網點開展商事登記導辦服務，實現政務服務隨時辦理、遠端辦理、異地辦理。

——珠海市人民政府《珠海經濟特區促進中國（廣東）自由貿易試驗區珠海横琴新區片區建設辦法》（珠海市人民政府令第 106 號）（2015）

横琴優化營商法制規則：對照新加坡、香港、澳門等地區的營商法律規則，定期評估我市現行的地方性法規、政府規章，對不適應横琴需要的法規、規章及時進行修改。對可複製的改革試點經驗，除涉及上級事權外，及時通過立法方式在本市其他區域推廣。

——珠海市法制局《支持横琴爭當自貿區法制創新先行者十條措施》（2015）

横琴行政審批與商事登記"一口受理"：深化行政審批制度改革，實施"一口受理"，建設一站式政務服務平台。建立商事登記一口受理、同步審批的"一站式"服務體系。優化再造流程，提升商事登記服務效率。進一步完善行政服務大廳建設，縮短審批流程。

——中共珠海市委辦公室、珠海市人民政府辦公室《2015 年廣東自貿試驗區珠海横琴片區改革創新發展總體方案》（珠委辦字〔2015〕34 號）

横琴優化准入服務：全面深入推進"證照分離"改革工作，按照簡政放權、放管結合、優化服務的要求，進一步優化准入服務，加強事中事後監管，落實企業安全生產主體責任，激發市場主體自由競爭活力和創新創業能力，加快營造法治化、國際化、便利化的營商環境。

——横琴新區管理委員會安全生產監督管理局《横琴新區管理委員會安全生產監督管理局"證照分離"改革實施方案》（珠横新安〔2018〕53 號）

横琴推廣網上業務辦理：推廣網上業務辦理，實現網上、線下同步可選。"證照分離"改革事項全部進駐廣東政務服務網，開通網上申辦。申請人可在網上提交申請書及其他申請材料，並將上述材料紙質版郵寄或交到區安監局業務辦理窗口。業務辦結後，辦理結果可按申請人在網上填報的"物流快遞"地址郵寄給申請人或申請人到區安監局業務辦理窗口領取。整個辦理流程可實現申請人到現場零次跑動。網上申辦是一種可供選擇方式，申請人亦可選擇到區安監局現場辦理。

——橫琴新區管理委員會安全生產監督管理局《橫琴新區管理委員會安全生產監督管理局"證照分離"改革實施方案》（珠橫新安〔2018〕53 號）

附錄 8.5　社會資本支持：設施開放、創新平台、雙創大賽

（一）科技創新資源開放共用：科研基礎設施、科技信息數據

橫琴扶持和鼓勵新型研發機構服務開放：鼓勵新型研發機構的科研基礎設施、儀器和科技信息數據向全社會開放，提供研發實驗、技術檢測等服務。對獲得珠海市考核優秀並獲得市財政事後補助支持的新型研發機構，區財政按照市財政補助額度的 50% 進行配套，扶持金額最高不超過五十萬元。

——橫琴新區管委會辦公室《橫琴新區促進科技創新若干措施（暫行）》（珠橫新辦〔2016〕15 號）

（二）創新平台：科研平台、孵化載體

南沙支持院士、博士後科研平台建設：對新設立的院士工作站，給予最高一百萬元的開辦經費資助；對新設立的博士後流動站、工作站（分站），給予三十萬元的配套資助；對新設立的省、市博士後創新實踐基地，給予十萬元的配套資助；對工作成績突出並符合相關條件的博士後流動站、工作站、創新實踐基地，每年最高給予三十萬元工作經費支持。

——南沙開發區黨工委組織部《廣州南沙新區（自貿片區）集聚人才創新發展的若干措施》（2017）

南沙特色孵化器和眾創空間資助：對緊密結合我區產業發展方向、集聚優質創新創業資源、具有較強示範意義的特色孵化器和眾創空間，經認定，給予最高二百萬元的一次性資助。

——南沙開發區工業和科技信息化局《廣州南沙新區（自貿片區）促進科技創新產業發展扶持辦法》（2017）

南沙科技創新平台貢獻獎勵：凡為在南沙區註冊，以開展科學技術研究、科技成果轉移轉化、高新技術產業孵化、高端人才培訓為核心業務的獨立法人單位均可申請獎勵。根據評定結果，對評分優秀的平台授予榮譽稱號和資金獎勵。對綜合評分第一名、第二名、第三名的平台分別給予二百萬元、一百萬元、五十萬元的資金

獎勵；設立創業孵化、人才引進、成果轉化、專利貢獻和國際合作五個專項獎，分別獎勵三十萬元。獎勵資金在區科技經費中支出，需按照《廣州市南沙區科學技術經費管理辦法》的有關規定使用。

——廣州市南沙區經貿科技和信息化局《南沙區科技創新平台貢獻獎勵辦法》（穗南經信〔2013〕2號）

南沙吸引港澳科研機構進駐：南沙新區應當推進粵港澳科技合作，加強在科技創新領域的交流和信息資源分享，吸引港澳等境內外知名科研機構和高校科研創新機構進駐南沙，支持港澳等境內外企業在南沙設立研發中心，規劃建設粵港澳創新產業基地。

——廣州市第十四屆人民代表大會常務委員會《廣州市南沙新區條例》（廣州市第十四屆人民代表大會常務委員會公告第50號）（2014）

南沙支持設立工作室：支持教育領軍人才、教育傑出人才、教育重點人才、教育優秀人才設立工作室，並按梯次給予一定工作室經費補助。

——廣州南沙區委組織部、區工科信局等部門《廣州南沙新區（自貿片區）集聚人才創新發展若干措施實施細則》（穗南開組發〔2018〕1號）

南沙共建聯合實驗室資金補助：對新型研發機構圍繞我區現階段重點發展或具有引領帶動作用的戰略性新興產業，與境內外知名科研機構、高校、科技企業在南沙共建聯合實驗室、聯合研發中心，經第三方評估機構評審後，按照建設單位投入資金總額度的30%給予資金補助，最高資助額度不超過三百萬元。每個研發機構每年可申請一項。

——南沙開發區工業和科技信息化局《廣州南沙新區（自貿片區）促進科技創新產業發展扶持辦法》（2017）

南沙新型研發機構科研經費補貼：被國家、省、市認定的新型研發機構，根據上一年度末在崗全職科研人員情況，按博士學位人員每人八萬元、碩士學位人員每人五萬元的標準，給予新型研發機構科研經費補貼，每個研發機構每年補貼最高不超過五百萬元。

——南沙開發區工業和科技信息化局《廣州南沙新區（自貿片區）促進科技創新產業發展扶持辦法》（2017）

南沙新型研發機構場地支持：根據新型研發機構科研、辦公場地實際使用情況，對新型研發機構在區內租用場地租金按每平方米每月最高四十元給予補貼，實際支付場租低於補貼標準的，按照實際支付場租進行補貼，時間最長不超過五年，每年最高不超過二百萬元。新型研發機構在區內新建成或購置自用辦公房產的，按每平方米八百元的標準給予一次性補貼，補貼金額不超過一千萬元。

——南沙開發區工業和科技信息化局《廣州南沙新區（自貿片區）促進科技創新產業發展扶持辦法》（2017）

南沙創新平台資金配套支持：對有關政府部門認定的重點實驗室、工程中心、技術中心、科技創新中心等創新平台，根據其所認定級別按就高不重複的原則，國家級、省級、市級分別給予三百萬元、二百萬元、五十萬元一次性資金配套。

——南沙開發區工業和科技信息化局《廣州南沙新區（自貿片區）促進科技創新產業發展扶持辦法》（2017）

南沙新型研發機構建設運行費支持：對國家科研機構、境內外知名高校或世界著名科學家在南沙區單獨設立的，主要從事科學研究、技術研發、成果轉化等活動，具有職能定位綜合化、研發模式集成化、運營模式柔性化等新特徵的新型研發機構，在建設期內（一般不超過五年），採取前資助、後補助和股權投資方式，分期合計投入最高一億元的建設運行費，經費構成包括：

（一）最高二千萬元落戶獎勵；

（二）最高三千萬元科研條件建設補助：包括儀器設備、場地租金補貼、科研場地建設或購置等；

（三）最高二千萬元運行經費補助：包括科研經費補貼、學術會議補貼、科研項目配套等；

（四）最高三千萬元成果轉化資助：包括孵化企業融資獎勵、科技服務獎勵、創業大賽補貼、直接股權投資孵化企業等。

對圍繞實現國際先進水平的科技成果產業化，帶動區域產業升級發展具有重大意義的新型研發機構，根據實際情況，給予更大扶持力度。

——南沙開發區工業和科技信息化局《廣州南沙新區（自貿片區）促進科技創新產業發展扶持辦法》（2017）

南沙搭建科技創新公共服務平台、完善科技創新服務體系：市人民政府、南沙新區應當根據財力情況逐步加大對南沙新區科技研究與開發的經費投入，用於支持科技研究與開發工作，並創新科技投入的機制，建立和完善科技創新公共服務平台。南沙新區應當設立產學研專項資金，用於支持企業、高等學校和科研機構建立產學研合作聯盟，合作開展產業關鍵共性技術攻關，實現創新成果產業化。南沙新區應當採取措施建立和完善科技創新服務體系，支持信用、法律、保險、知識產權、信息諮詢、人才服務、資產評估、審計、會計、國際標準認證等服務組織在南沙新區建立機構和開展業務。

——廣州市第十四屆人民代表大會常務委員會《廣州市南沙新區條例》（廣州市第十四屆人民代表大會常務委員會公告第 50 號）（2014）

前海設立博士後工作站或創新實踐基地資助：港澳青年創辦企業、科技創新載體或創新創業孵化載體經市人社部門批准設立博士後工作站或創新實踐基地，分別一次性給予博士後工作站、創新實踐基地設站單位四十萬元、二十五萬元資助。前海企事業單位設立的博士後工作站或創新實踐基地每招收一名港澳青年博士後研究人員一次性給予五萬元資助。

——深圳市前海深港現代服務業合作區管理局《〈關於支持港澳青年在前海發展的若干措施〉實施細則》（深前海規〔2019〕7 號）

前海港澳青年科技創新載體資助：港澳青年科技創新載體在前海承接下列科創平台項目的組建任務，且項目通過驗收，可申請相應資助：（一）國家級科創平台（包括國家重點實驗室，國家工程實驗室，國家工程研究中心，國家工程技術研究中心），按市資助金額的 50% 一次性給予港澳青年科技創新載體最高一千萬元資助。（二）省、部級科創平台（包括省、部重點實驗室，省、部工程實驗室，省、部工程研究中心），按市資助金額的 50% 一次性給予港澳青年科技創新載體最高五百萬元資助。（三）深圳市級科創平台（包括重點實驗室，工程實驗室，工程中心，技術中心，公共技術服務平台），按市資助金額的 50% 一次性給予港澳青年科技創新載體最高二百萬元資助。

——深圳市前海深港現代服務業合作區管理局《〈關於支持港澳青年在前海發展的若干措施〉實施細則》（深前海規〔2019〕7 號）

前海完善港澳青年發展平台，鼓勵港澳機構承建科研創新載體：支持港澳高校、科研院所或港澳青年創辦企業在前海承建重點實驗室、工程實驗室、工程中心、技術中心、公共技術服務平台等創新載體，組建國家、省（部）、市級創新載體，按組建創新載體級別給予依託單位最高一千萬元資助。

——深圳市前海深港現代服務業合作區管理局《支持港澳青年在前海發展的若干措施》（深前海規〔2019〕4 號）

前海加快港澳青年創新創業基地建設：以前海港澳青年創新創業示範基地為核心，依託現有雙創示範基地、眾創空間、創業孵化基地等孵化載體，培育一批港澳青年創新創業基地。鼓勵企業、高校、科研院所等社會力量新建一批粵港澳青年創新創業孵化基地。對首次在前海設立眾創空間、孵化器、加速器等孵化載體的港澳機構，一次性給予啟動資金及辦公場地租金補貼。鼓勵各類創新創業載體開闢專門面向港澳青年的創新創業空間。

——深圳市人民政府《加強港澳青年創新創業基地建設工作方案》（深府函〔2019〕207 號）

前海港澳青年創新創業孵化載體開辦資助：港澳青年創新創業孵化載體首次在前海依法註冊設立且符合下列條件，可申請相應資助：（一）入孵港澳青年創辦企業（或創業團隊）佔比不低於在孵企業總數的 50%。（二）在前海擁有可自主支配的固定場地，使用期限不低於三年（其中眾創空間面積不少於三百平方米，創業團隊可使用面積不低於 75%；孵化器面積不少於一千平方米，創業團隊可使用面積不低於 70%；加速器面積不少於三千平方米，創業團隊可使用面積不低於 60%）。（三）具備專職運營人員（其中眾創空間不少於三人；孵化器不少於五人；加速器不少於十人）。（四）具有完善的畢業制度、考核標準和服務體系。符合上述條件的，分別一次性給予眾創空間六十萬元、孵化器八十萬元、加速器一百萬元開辦資助。

——深圳市前海深港現代服務業合作區管理局《〈關於支持港澳青年在前海發展的若干措施〉實施細則》（深前海規〔2019〕7 號）

前海港澳青年創新創業孵化載體運營資助：港澳青年創新創業孵化載體符合下列條件的，分別一次性給予眾創空間、孵化器、加速器每年最高不超過一百萬元、二百萬元、三百萬元運營資助（資助費用為孵化載體提供孵化服務所發生的相關支出，主要包括設備費、會議費、出版 / 文獻 / 信息傳播 / 知識產權事務費、專家費、場地租金、水電、物業管理費、寬頻網絡、人力資源支出等孵化載體發生的建設運營費用），對同一孵化載體資助不超過三年：（一）截至申報日，孵化載體運營時間不少於一年。（二）具備完善的軟硬件公共服務體系或平台。（三）在孵港澳青年創辦企業（或創業團隊）佔比不低於在孵企業總數的 50%。

——深圳市前海深港現代服務業合作區管理局《〈關於支持港澳青年在前海發展的若干措施〉實施細則》（深前海規〔2019〕7 號）

前海港澳青年創新創業孵化載體獎勵：港澳青年創新創業孵化載體取得下列突出成果之一的，可申請相應獎勵：（一）港澳青年創辦企業入駐孵化載體後獲得首次投資，按每個企業實際到賬金額的 2% 且最高不超過五萬元，給予孵化載體資助。（二）港澳青年創辦企業入駐孵化載體一年以上且實現首次公開上市，其中在上海證券交易所、深圳證券交易所或香港聯交所上市的，一次性給予孵化載體二十萬元獎勵；在倫敦證券交易所、紐約證券交易所、納斯達克證券市場或東京證券交易所上市的，一次性給予孵化載體十萬元獎勵。（三）港澳青年創辦企業在入駐孵化載體後被認定為國家、深圳市高新技術企業，一次性給予孵化載體一萬元獎勵。

（四）被評選為國家、省、市級示範性創業孵化基地的，按市資助金額給予１１配套資助。

——深圳市前海深港現代服務業合作區管理局《〈關於支持港澳青年在前海發展的若干措施〉實施細則》（深前海規〔2019〕7 號）

橫琴支持科技創新平台建設：根據《橫琴新區產業培育、扶持和發展專項資金管理辦法》，區財政每年從區產業培育、扶持和發展專項資金中安排專項資金用於科技創新平台的引進及建設扶持。綜合考慮科技創新平台的功能高低、集聚能力、產業貢獻、技術水平等因素，由領導小組研究確定支持金額。

——橫琴新區管委會辦公室《珠海橫琴新區支持科技創新平台建設暫行辦法》（2016）

橫琴以博士後工作站、博士後工作基地為重點，創建高端人才集聚新平台：制定並實施《橫琴新區精英人才安居管理辦法》。推進產業人才入戶便利化，創建重大項目人才入戶配額制，以博士後工作站、博士後工作基地為重點，創建高端人才集聚新平台。研究港澳建設工程類專業人士、會計師、審計師、醫生等在橫琴執業問題，推進有關專業人士資格互認。

——中共珠海市委辦公室、珠海市人民政府辦公室《2015 年廣東自貿試驗區珠海橫琴片區改革創新發展總體方案》（珠委辦字〔2015〕34 號）

橫琴支持科技企業孵化器建設：對新認定為國家級、省級和市級孵化器的，區財政分別給予一次性配套扶持三百萬元、二百萬元、一百萬元。獲得多級扶持的額度按從高不重複的原則予以扶持。根據市級以上年度考核評價結果，對運營情況良好的科技企業孵化器，區財政按市扶持標準給予 1：1 比例標準配套。對在我區投資興辦或引進我區的重點科技孵化器、眾創空間和創新創業服務平台，獲得市財政相關資金扶持的，區財政給予 1：1 比例標準配套扶持。

——橫琴新區管委會辦公室《橫琴新區促進科技創新若干措施（暫行）》（珠橫新辦〔2016〕15 號）

（三）創新創業活動：對接港澳青年、引導項目落地

前海粵港澳青年創新創業大賽：前海管理局舉辦前海粵港澳青年創新創業大賽，大賽劃分為企業成長組和初創團隊組兩類比賽，設立大賽獎金，包括分賽區獎、決賽獎和單項獎。分賽區獎和決賽獎對大賽中勝出的企業、團隊予以獎勵，其中分賽區企業成長組和初創團隊組各設金獎一名、銀獎二名、銅獎三名。獎金標準為：金獎每名十五萬元、銀獎每名十萬元，銅獎每名五萬元。決賽企業成長組和初創團隊組各設金獎一名、銀獎二名、銅獎三名、優勝獎若干名。獎金標準為：金獎每名三十萬元、銀獎每名二十萬元，銅獎每名十萬元、優勝獎每名五萬元；單項獎對賽事中單項表現突出的團隊或個人予以獎勵，原則上不超過十名。單個分賽區獎獎金總額最高不超過一百萬元，決賽獎獎金總額最高不超過三百五十萬元。大賽獎金對每個獲獎企業及團隊給予總額不超過五十萬元獎勵，單項獎對每個獲獎團隊或個人一次性給予不超過三萬元獎勵。決賽獎獎金按比賽結束、在前海設立企業兩個階段平均撥付。

——深圳市前海深港現代服務業合作區管理局《〈關於支持港澳青年在前海發展的若干措施〉實施細則》（深前海規〔2019〕7 號）

橫琴每年舉辦一屆面向全球的創新創業大賽：為貫徹落實《關於實施"珠海英才計劃"加快集聚新時代創新創業人才的若干措施（試行）》（珠字〔2018〕6 號）精神，進一步營造創新創業氛圍，加快創新要素集聚發展，橫琴新區決定每年舉辦一屆面向全球的創新創業大賽，為規範大賽組織管理工作，特制定本辦法。大賽重點選拔範圍是新一代信息技術、生物醫藥、數字經濟、新材料、海洋經濟等戰略性新興產業領域，重點支持取得先進創新成果、實現核心關鍵技術突破、具有良好產業化前景的創新創業團隊。

——橫琴新區管委會辦公室《橫琴新區舉辦創新創業大賽並給予優勝團隊研發費無償資助的暫行辦法》（2018）

附錄 8.6　三大自貿區創新人才支持政策文件概覽

廣東三大自貿區從 2008 年開始共出台三十二份適用於創新人才的政策文件（見表 16）。

表 16　三大自貿區政府政策文件彙總

出台時間	出台部門	文件名稱
2008	廣州市南沙區人事局	廣州市南沙區中高級人才引進暫行辦法
2008	廣州市南沙區人事局	廣州市南沙區突出貢獻人才獎暫行辦法
2012	深圳市委、市政府	前海深港人才特區建設行動計劃（2012—2015）
2012	深圳市人民政府	深圳前海深港現代服務業合作區境外高端人才和緊缺人才個人所得稅財政補貼暫行辦法
2013	廣州市南沙區經貿科技和信息化局	南沙區科技創新平台貢獻獎勵辦法
2013	深圳市人民政府辦公廳	前海外籍高層次人才居留管理暫行辦法

出台時間	出台部門	文件名稱
2014	廣州市第十四屆人民代表大會常務委員會	廣州市南沙新區條例
2014	深圳市前海管理局	前海青年創新創業夢工廠入園企業管理辦法（暫行）
2015	廣州南沙區政府辦公室	廣州南沙新區、中國（廣東）自由貿易試驗區廣州南沙新區片區集聚高端領軍人才和重點發展領域急需人才暫行辦法
2015	深圳市前海管理局	前海博士後扶持政策
2015	珠海市人民政府	珠海經濟特區促進中國（廣東）自由貿易試驗區珠海橫琴新區片區建設辦法
2015	中共珠海市委辦公室、珠海市人民政府辦公室	2015 年廣東自貿試驗區珠海橫琴片區改革創新發展總體方案
2015	拱北海關	支持和促進中國（廣東）自由貿易試驗區橫琴新區片區建設發展的若干措施
2015	珠海市法制局	支持橫琴爭當自貿區法制創新先行者十條措施
2016	橫琴新區管委會辦公室	珠海橫琴新區支持科技創新平台建設暫行辦法
2016	橫琴新區管委會辦公室	珠海經濟特區橫琴新區人才開發目錄（2016—2020）
2016	橫琴新區管委會辦公室	珠海經濟特區橫琴新區特殊人才獎勵辦法
2016	橫琴新區管委會辦公室	橫琴新區促進科技創新若干措施（暫行）
2017	中國（廣東）自由貿易試驗區廣州南沙新區片區管理委員會辦公室	中國（廣東）自由貿易試驗區廣州南沙新區片區深化商事制革改革先行先試若干規定
2017	南沙開發區工業和科技信息化局	廣州南沙新區（自貿片區）促進科技創新產業發展扶持辦法
2017	南沙開發區黨工委組織部	廣州南沙新區（自貿片區）集聚人才創新發展的若干措施
2018	廣州南沙區委組織部、區工科信局等九部門	廣州南沙新區（自貿片區）集聚人才創新發展若干措施實施細則
2018	廣州市南沙區人民政府辦公室	廣州市南沙區科學技術經費管理辦法
2018	深圳市前海深港現代服務業合作區管理局	深圳前海深港現代服務業合作區產業投資引導基金管理辦法
2018	橫琴新區管委會辦公室	橫琴新區舉辦創新創業大賽並給予優勝團隊研發費無償資助的暫行辦法
2018	橫琴新區管委會辦公室	橫琴新區引進人才租房和生活補貼暫行辦法
2018	橫琴新區管理委員會安全生產監督管理局	橫琴新區管理委員會安全生產監督管理局"證照分離"改革實施方案

出台時間	出台部門	文件名稱
2018	橫琴新區管委會辦公室	珠海經濟特區橫琴新區特殊人才獎勵辦法補充管理規定
2018	珠海市橫琴新區管理委員會社會事務局	橫琴新區外國高端人才服務"一卡通"工作方案
2019	深圳市前海深港現代服務業合作區管理局	支持港澳青年在前海發展的若干措施
2019	深圳市前海深港現代服務業合作區管理局	〈關於支持港澳青年在前海發展的若干措施〉實施細則
2019	深圳市人民政府	加強港澳青年創新創業基地建設工作方案

資料來源：根據相關政策文件整理。

附表一
粵港澳大灣區青年創新政府部門一覽表

序號	機構名稱	地址	網址	聯繫電站	郵箱
中央政府					
1	國務院	北京市	http://www.gov.cn/	010-88050801	content@mail.gov.cn
2	中華人民共和國人力資源和社會保障部	北京市東城區和平里東街 3 號（東院）北京市東城區和平里中街 12 號（西院）	http://www.mohrss.gov.cn/		
3	中華人民共和國教育部	北京市西城區大木倉胡同 37 號	http://www.moe.gov.cn/		
4	中華人民共和國科技部	北京市復興路乙 15 號	http://www.most.gov.cn/		
5	中華人民共和國財政部	北京市西城區三里河南三巷 3 號	http://www.mof.gov.cn/index.htm	010-68551114	
6	國家發展和改革委員會	北京市西城區月壇南街 38 號	http://www.ndrc.gov.cn/		
廣東省政府					
7	廣東省人民政府		http://www.gd.gov.cn/	020-83135078	service@gd.gov.cn
8	廣東省財政廳	廣州市北京路 376 號	http://www.gdczt.gov.cn/	020-83176502	
9	廣東省科學技術廳	廣州市連新路 171 號科技信息大樓	http://gdstc.gd.gov.cn/	020-83163930	
10	廣東省人力資源和社會保障廳	廣州市教育路 88 號	http://hrss.gd.gov.cn/	020-12333	
11	廣東省自貿區工作辦公室	廣州市天河路 351 號廣東外經貿大廈	http://ftz.gd.gov.cn/		

序號	機構名稱	地址	網址	聯繫電站	郵箱
			港澳特區政府		
12	香港特別行政區政府		https://www.gov.hk/sc/residents/		
13	澳門特別行政區政府		https://www.gov.mo/zh-hant/		
14	香港特別行政區政府創新科技署		https://www.itc.gov.hk/gb/index.html		
15	澳門科學技術發展基金	澳門殷皇子大馬路43-53A 澳門廣場 8 樓 C 座及 11 樓 K 座	http://www.fdct.gov.mo/zh_tw/index.html	853-28788777	kuailam@fdct.gov.mo
			廣州市政府		
16	廣州市財政局	廣州市天河區華利路 61 號	http://www.gzfinance.gov.cn/	020-38923892	
17	廣州市人力資源和社會保障局	廣州市連新路 43 號	http://rsj.gz.gov.cn/		
18	廣州市科學技術局	廣州市府前路 1 號市政府大院 4 號樓	http://kjj.gz.gov.cn/		
			深圳市政府		
19	深圳市財政局	深圳市景田東路 9 號	http://szfb.sz.gov.cn/		czjc@szfb.sz.gov.cn
20	深圳市人力資源和社會保障局	深圳市福田區深南大道 8005 號深圳人才園	http://hrss.sz.gov.cn/	0755-12333	
21	深圳市科技創新委員會	深圳市福田區福中三路市民中心 C 區五樓	http://stic.sz.gov.cn/		
			珠海市政府		
22	珠海市財政局	珠海市香洲區興華路 152 號	http://caizheng.zhuhai.gov.cn/		
23	珠海市人力資源和社會保障局	珠海市香洲區康寧路 66 號	http://zhrsj.zhuhai.gov.cn/	0756-12345	
24	珠海市科技創新局	珠海市香洲區人民東路 125 號 5 樓	http://www.zhuhai.gov.cn/zhskjcxj/	0756-2229826	

附表二
特色創新平台一覽表

序號	機構名稱	地址	網址	聯繫電話	郵箱
1	深港產學研基地	深圳市高新技術產業園南區深港產學研基地大樓	http://www.ier.org.cn	0755-26737441	admin@ier.org.cn
2	香港理工大學深圳研究院	深圳市南山區高新技術產業園南區粵興一道18號香港理工大學產學研大樓	http://www.polyu-szbase.com/index.asp	0755-22673866	
3	香港城市大學深圳研究院	深圳市南山區高新區南區粵興一道8號香港城市大學產學研大樓	http://sri.cityu.edu.hk/sri/		cityusrio@cityu.edu.hk
4	香港中文大學深圳研究院	深圳市南山區高新區粵興二道10號	https://www.cuhkri.org.cn/	0755-86920000	
5	香港浸會大學深圳研究院	深圳市南山區科技園粵興三道2號虛擬大學園產業化綜合大樓10樓1001室	http://szrc.hkbu.edu.hk/		hkbuirace@hkbu.edu.hk
6	香港大學深圳研究院	深圳市南山區粵興二道6號深圳虛擬大學園重點實驗室平台大樓5樓	http://www.siri.hku.hk/chs		hkusiri@hku.hk
7	香港科技大學深圳研究院	深圳市南山區高新技術產業園南區粵興一道9號香港科大深圳產學研大樓	http://szier2.cn/	0755-22673602	szinst@ust.hk
8	香港科技大學霍英東研究院	廣州市南沙區環市大道南2號信息科技園科技樓	https://www.fytri.cn/		
9	澳門高校國家重點實驗室分部	珠海市橫琴新區創意谷			

附表三
粵港澳大灣區青年創新服務機構一覽表

序號	機構名稱	地址	網址	聯繫電話	郵箱
廣東省					
1	廣東省科學技術協會	廣州市越秀區連新路 171 號廣東科學館西樓	http://gdsta.cn/	020-83550424	
香港					
2	香港廣州創新及科技協會	香港觀塘成業街 6 號泓富廣場 2205 室	https://www.hgita.hk/		info@hgita.hk
澳門					
3	澳門科學技術協進會	澳門板樟堂街 18 號永順閣 8 樓	http://www.mapst.org/	853-2878 0877	mapst.org@gmail.com
廣州					
4	廣州市科學技術協會	廣州市童心路西勝街 42 號 1 號樓	https://www.gzast.org.cn/		
深圳					
5	深圳市科學技術協會	深圳市福田區上步中路 1001 號深圳科技大廈 9 樓	http://www.szsta.org/		kxie@szsta.org
珠海					
6	珠海市科學技術協會	珠海市吉大景樂路 19 號	http://www.zhast.com.cn/	0756-3339506	skxbgs@zhuhai.gov.cn

附表四

中央政府支持粵港澳大灣區青年創新政策文件一覽表

序號	機構名稱	出台時間	文件全稱	網址
1	中共中央辦公廳、國務院辦公廳	2006	關於進一步加強高技能人才工作的意見	http://www.gov.cn/gongbao/content/2006/content_346288.htm
2	中共中央組織部、人力資源和社會保障部、國家外國專家局	2011	"千人計劃"高層次外國專家項目工作細則	
3	國家外國專家局	2012	"外專千人計劃"科研經費補助管理辦法	
4	國務院	2014	關於改進加強中央財政科研項目和資金管理的若干意見	http://www.gov.cn/zhengce/content/2014-03/12/content_8711.htm
5	中共中央辦公廳、國務院辦公廳	2015	關於加強外國人永久居留服務管理的意見	http://www.gov.cn/xinwen/2016-02/18/content_5043448.htm
6	國務院	2015	關於大力推進大眾創業萬眾創新若干政策措施的意見	http://www.gov.cn/zhengce/content/2015-06/16/content_9855.htm
7	中共中央、國務院	2015	關於深化體制機制改革加快實施創新驅動發展戰略的若干意見	http://www.gov.cn/xinwen/2015-03/23/content_2837629.htm
8	國務院辦公廳	2015	關於改革完善博士後制度的意見	http://www.gov.cn/zhengce/content/2015-12/03/content_10380.htm
9	國務院辦公廳	2015	關於發展眾創空間推進大眾創新創業的指導意見	http://www.gov.cn/zhengce/content/2015-03/11/content_9519.htm
10	國務院	2015	關於新形勢下加快知識產權強國建設的若干意見	http://www.gov.cn/zhengce/content/2015-12/22/content_10468.htm
11	國務院	2015	關於加快構建大眾創業萬眾創新支撐平台的指導意見	http://www.gov.cn/zhengce/content/2015-09/26/content_10183.htm

序號	機構名稱	出台時間	文件全稱	網址
12	國務院辦公廳	2015	關於深化高等學校創新創業教育改革的實施意見	http://www.gov.cn/zhengce/content/2015-05/13/content_9740.htm
13	國務院	2015	關於印發統籌推進世界一流大學和一流學科建設總體方案的通知	http://www.gov.cn/zhengce/content/2015-11/05/content_10269.htm
14		2015	中華人民共和國促進科技成果轉化法（2015年修訂）	http://www.most.gov.cn/fggw/fl/201512/t20151203_122619.htm
15	國務院	2016	實施〈中華人民共和國促進科技成果轉化法〉若干規定	http://www.gov.cn/zhengce/content/2016-03/02/content_5048192.htm
16	人力資源社會保障部	2016	關於加強基層專業技術人才隊伍建設的意見	http://www.scio.gov.cn/xwfbh/xwbfbh/wqfbh/37601/38304/xgzc38310/Document/1628776/1628776.htm
17	國務院辦公廳	2016	關於印發促進科技成果轉移轉化行動方案的通知	http://www.gov.cn/zhengce/content/2016-05/09/content_5071536.htm
18	國務院	2016	"十三五"國家科技創新規劃	http://www.gov.cn/zhengce/content/2016-08/08/content_5098072.htm
19	中共中央組織部辦公廳	2016	國家引進海外高層次人才參考目錄	
20	教育部、科技部	2016	關於加強高等學校科技成果轉移轉化工作的若干意見	http://www.most.gov.cn/tztg/201608/t20160817_127255.htm
21	中共中央	2016	關於深化人才發展體制機制改革的意見	http://www.gov.cn/xinwen/2016-03/21/content_5056113.htm
22	中共中央辦公廳、國務院辦公廳	2016	關於進一步引導和鼓勵高校畢業生到基層工作的意見	http://www.gov.cn/zhengce/2017-01/24/content_5163022.htm
23	中共中央、國務院	2016	國家創新驅動發展戰略綱要	http://www.gov.cn/xinwen/2016-05/19/content_5074812.htm
24	國家衛生計生委	2016	關於印發"十三五"全國衛生計生人才發展規劃的通知	
25	中共中央辦公廳、國務院辦公廳	2016	關於實行以增加知識價值為導向分配政策的若干意見	http://www.gov.cn/xinwen/2016-11/07/content_5129805.htm

序號	機構名稱	出台時間	文件全稱	網址
26	中共中央組織部	2017	國家海外高層次人才引進計劃管理辦法	
27	中共中央組織部	2017	國家高層次人才特殊支持計劃管理辦法	
28	國務院	2017	關於強化實施創新驅動發展戰略進一步推進大眾創業萬眾創新深入發展的意見	http://www.gov.cn/zhengce/content/2017-07/27/content_5213735.htm
29	科技部	2017	"十三五"國家科技人才發展規劃	
30	科技部辦公廳	2017	落實〈中長期青年發展規劃（2016—2025 年）〉實施方案	http://www.most.gov.cn/fggw/zfwj/zfwj2017/201707/t20170718_134100.htm
31	國務院	2018	關於全面加強基礎科學研究的若干意見	http://www.gov.cn/zhengce/content/2018-01/31/content_5262539.htm
32	科技部、全國工商聯	2018	關於推動民營企業創新發展的指導意見	http://www.gov.cn/gongbao/content/2018/content_5338239.htm
33	中共中央、國務院	2019	粵港澳大灣區發展規劃綱要	http://www.gov.cn/xinwen/2019-02/18/content_5366593.htm#1

附表五
廣東省政府支持粵港澳大灣區青年創新政策文件一覽表

序號	機構名稱	出台時間	文件全稱	網址
1	中共廣東省委、廣東省人民政府	2008	關於加快吸引培養高層次人才的意見	http://gdstc.gd.gov.cn/rcptxx/rczcfg/content/post_2713010.html
2	廣東省財政廳	2014	珠江人才計劃專項資金管理辦法	
3	中央廣東省委、廣東省人民政府	2014	關於全面深化科技體制改革加快創新驅動發展的決定	
4	廣東省財政廳、中共廣東省委組織部	2014	廣東省實施"廣東特支計劃"專項資金管理辦法	
5	廣東省人民政府	2015	關於加快科技創新的若干政策意見	http://www.gd.gov.cn/gkmlpt/content/0/143/post_143706.html#7
6	廣東省人力資源和社會保障廳、廣東省科學技術廳	2015	關於進一步改革科技人員職稱評價的若干意見	http://www.gd.gov.cn/govpub/bmguifan/201509/t20150924_219006.htm
7	廣東省人民政府	2016	關於大力推進大眾創業萬眾創新的實施意見	http://www.gd.gov.cn/gkmlpt/content/0/144/post_144809.html#7
8	廣東省人力資源和社會保障廳	2016	關於省級優秀創業項目資助的管理辦法	http://www.gdhrss.gov.cn/gfxwj/10449.jhtml
9	廣東省人民政府辦公廳	2016	關於印發廣東省建設大眾創業萬眾創新示範基地實施方案的通知	http://job.gd.gov.cn/zuixinzixun/zhengwugongkai/content/post_2510397.html
10	廣東省人民政府知識產權辦公會議辦公室	2016	廣東省知識產權事業發展"十三五"規劃	
11	廣東省人民政府辦公廳	2016	關於進一步促進科技成果轉移轉化的實施意見	http://www.gd.gov.cn/gkmlpt/content/0/145/post_145559.html?jump=false#7

序號	機構名稱	出台時間	文件全稱	網址
12	省紀委、省監察廳	2016	關於推動構建新型政商關係的若干意見（試行）	http://www.gdjct.gd.gov.cn/zhyw/37973.jhtml
13	廣東省人民代表大會常務委員會	2016	廣東省自主創新促進條例	
14	廣東省公安廳出入境管理局	2016	支持廣東自貿試驗區建設和創新驅動發展出入境政策措施	http://gdstc.gd.gov.cn/zwgk_n/zcfg/gfwj/content/post_2691296.html
15	中共廣東省委辦公廳	2017	關於我省深化人才發展體制機制改革的實施意見	
16	中共廣東省委組織部等十三部門	2017	關於加快新時代博士和博士後人才創新發展的若干意見	http://www.gdhrss.gov.cn/gsgg/20171222/10711.html
17	廣東省人民政府	2018	關於強化實施創新驅動發展戰略進一步推進大眾創業萬眾創新深入發展的實施意見	http://www.gd.gov.cn/gkmlpt/content/0/147/post_147155.html#7
18	廣東省人民政府	2019	關於進一步促進科技創新若干政策措施的通知	http://www.gd.gov.cn/zwgk/wjk/qbwj/yf/content/post_1054700.html

附表六
香港特區政府支持粵港澳大灣區青年創新政策文件一覽表

序號	機構名稱	出台時間	文件全稱	網址
1	香港特別行政區政府、深圳市人民政府	2017	關於港深推進落馬洲河套地區共同發展的合作備忘錄	
2	香港特別行政區政府	2017	行政長官 2017 年施政報告	https://www.policyaddress.gov.hk/2017/sim/policy.html
3	香港特別行政區政府	2018	行政長官 2018 年施政報告	https://www.policyaddress.gov.hk/2018/chi/policy.html
4	香港特別行政區政府創新科技署	2018	科技人才入境計劃	https://www.itc.gov.hk/gb/fund_app/techtas/about_techtas.html
5	香港特別行政區政府創新科技署	2018	科技專才培育計劃	
6	香港特別行政區政府	2018	香港人才清單	https://www.talentlist.gov.hk/sc/
7	香港特別行政區政府創新及科技局、中華人民共和國科學技術部	2018	科學技術部與香港特別行政區政府創新及科技局關於開展聯合資助研發項目的協議	https://sc.isd.gov.hk/TuniS/www.info.gov.hk/gia/general/201809/20/P2018092000589.htm
8	中華人民共和國香港特別行政區政府、中華人民共和國科學技術部	2018	內地與香港關於加強創新科技合作的安排	https://sc.isd.gov.hk/TuniS/www.info.gov.hk/gia/general/201809/20/P2018092000589.htm
9	香港特別行政區入境事務處	2018	輸入內地人才計劃	https://www.immd.gov.hk/hks/services/visas/ASMTP.html
10	香港特別行政區政府創新科技署	2018	專利申請資助計劃	https://www.itc.gov.hk/gb/fund_app/patent_app_grant.html
11	香港特別行政區政府入境事務處	2018	優秀人才入境計劃	https://www.immd.gov.hk/hks/services/visas/quality_migrant_admission_scheme.html
12	香港特別行政區政府創新科技署	2019	實習研究員計劃	

序號	機構名稱	出台時間	文件全稱	網址
13	商務及經濟發展局工商及旅遊科	2019	保護知識產權	
14	香港特別行政區創新科技署	2019	一般支持計劃	

附表七

澳門特區政府支持粵港澳大灣區青年創新政策文件一覽表

序號	機構名稱	出台時間	文件全稱	網址
1	澳門人才發展委員會	2015	鼓勵人才回澳	http://www.scdt.gov.mo/ 鼓勵人才回澳 / 概況 /
2	澳門特別行政區政府	2016	澳門特別行政區五年發展規劃（2016—2020）	
3	澳門科學技術協進會、全國博士後管委會辦公室	2018	澳門青年學者計劃	http://macaoyouthscholars.org/plan/show.php?lang=cn&id=121
4	澳門科學技術發展基金	2019	一般科研資助	http://www.fdct.gov.mo/zh_tw/3.html
5	澳門科學技術發展基金	2019	科普資助	http://www.fdct.gov.mo/zh_tw/popular_science.html
6	澳門科學技術發展基金	2019	專利資助	http://www.fdct.gov.mo/zh_tw/patent.html
7	澳門科學技術發展基金	2019	構建"智慧城市"科研項目申請資助	http://www.fdct.gov.mo/zh_tw/smartcity_plan.html
8	澳門科學技術發展基金	2019	高等院校科研儀器設備專項資助計劃	http://www.fdct.gov.mo/zh_tw/203.html
9	澳門科學技術發展基金	2019	高等院校博士後專項資助計劃	http://www.fdct.gov.mo/zh_tw/postdoc.html
10	澳門科學技術發展基金	2019	重點研發專項資助計劃	http://www.fdct.gov.mo/zh_tw/keyproject.html
11	澳門特別行政區政府	2019	2019 施政報告	https://www2.gce.gov.mo/images/downloads/2019_policy_cn.pdf

附表八
廣州市政府支持粵港澳大灣區青年創新政策文件一覽表

序號	機構名稱	出台時間	文件全稱	網址
1	中共廣州市委、廣州市人民政府	2010	關於加快吸引培養高層次人才的意見	
2	廣州市人民政府辦公廳	2015	廣州市促進科技成果轉化實施辦法	http://www.gz.gov.cn/ztwzq/jjl/gzs11nzdcycjzc/kjcx/zcwb/xgzc/content/post_3013935.html
3	廣州市科技創新委員會	2015	廣州市科學技術獎勵辦法實施細則	http://www.gz.gov.cn/ztwzq/jjl/gzs11nzdcycjzc/kjcx/zcwb/xgzc/content/post_3013931.html
4	廣州市番禺區人民政府	2015	廣州市番禺區專利發展資金管理辦法	
5	中共廣州市委、廣州市人民政府	2015	關於加快實施創新驅動發展戰略的決定	
6	廣州市人民政府	2015	關於加快科技創新的若干政策意見	http://www.gz.gov.cn/zwgk/fggw/szfwj/content/post_4757312.html
7	中共廣州市番禺區委、廣州市番禺區人民政府	2016	關於加快集聚產業領軍人才的實施意見	http://www.gz.gov.cn/qxzy/fzqrmzf/zfxxgkml/zfwj/qtwj/content/post_2874845.html
8	中共廣州市委、廣州市人民政府	2016	關於加快集聚產業領軍人才的意見	http://www.gz.gov.cn/ztwzq/jjl/gzs11nzdcycjzc/r%E3%80%80%E3%80%80c/zcwj/nwj/content/post_3013826.html
9	廣州市黃埔區人民政府、廣州開發區管委會	2016	廣州市黃埔區廣州開發區知識產權專項資金管理辦法	
10	廣州市黃埔區人民政府辦公室、廣州開發區管理委員會辦公室	2017	廣州市黃埔區廣州開發區聚集"黃埔人才"實施辦法	http://www.hp.gov.cn/attachment/0/84/84232/5832895.pdf

序號	機構名稱	出台時間	文件全稱	網址
11	廣州市天河區人民政府辦公室	2017	關於促進科技園區、孵化器、眾創空間和天河中央商務區企業註冊登記便利化的意見	
12	廣州市越秀區人民政府辦公室	2017	越秀區集聚高端人才暫行辦法	http://www.gzhea.org.cn/Article/20171129/5700.html
13	廣州市天河區科技工業和信息化局	2017	廣州市天河區推動港澳青年創新創業發展實施辦法	http://inv.gemas.com.cn/th/8320.jhtml
14	廣州市人民政府	2017	廣州市系統推進全面創新改革試驗三年行動計劃（2016—2018 年）	http://www.gz.gov.cn/zwgk/fggw/szfwj/content/post_4757372.html
15	廣州市番禺區人民政府辦公室	2017	建設廣州大學城港澳台青年創新創業基地實施方案	http://www.panyu.gov.cn/gzpy/zfbwj/2017-02/06/content_dc5532fbf648428780a9b78795fcf6bb.shtml
16	廣州市荔灣區人民政府	2018	廣州市荔灣區專利工作專項資金管理辦法（試行）	http://www.gz.gov.cn/gfxwj/qjgfxwj/lwq/qbm/content/post_5485037.html
17	廣州市荔灣區人民政府	2019	廣州市荔灣區扶持研發機構及研發平台發展實施辦法	http://www.lw.gov.cn/gkmlpt/content/5/5491/post_5491401.html#12986
18	廣州市海珠區發展和改革局等十三部門	2019	海珠創新島 "1+6+1" 產業政策體系文件	http://www.haizhu.gov.cn/hzdt/ztlm/hzjycybtsl/zc/content/mpost_5615905.html
19	廣州市黃埔區人民政府、廣州開發區管委會	2019	廣州市黃埔區廣州開發區支持港澳青年創新創業實施辦法	http://www.gz.gov.cn/zt/ljgaqngcwqwl/lcgz/yhcs/content/post_5557204.html
20	增城區科技工業和信息化局	2019	廣州市增城區創新創業領軍團隊（人才）支持計劃實施辦法	http://www.zc.gov.cn/tz/tzzx/content/post_3816731.html

附表九
深圳市政府支持粵港澳大灣區青年創新政策文件一覽表

序號	機構名稱	出台時間	文件全稱	網址
1	香港特別行政區政府、深圳市人民政府	2007	關於"深港創新圈"合作協議	
2	中共深圳市委、深圳市人民政府	2011	關於實施引進海外高層次人才"孔雀計劃"的意見	
3	深圳市人民政府	2014	深圳市人才安居辦法	http://www.sz.gov.cn/zwgk/zfxxgk/zfwj/szfl/content/post_6572248.html
4	深圳市人民政府	2015	關於促進創客發展若干措施（試行）	http://sso.sz.gov.cn/zfgb/2015/gb927/201507/t20150701_2940498.htm
5	深圳市羅湖區人民政府	2015	關於實施高層次產業人才"菁英計劃"的意見及三個配套文件的通知	http://www.szlh.gov.cn/xxgk/zsyz/tzzc/201909/P020190925635649841996.pdf
6	深圳市南山區人民政府辦公室	2016	南山區鼓勵和支持人才創新創業發展辦法（試行）	http://www.sz.gov.cn/nsq/zcfggfxwj/qgfxwj/201812/t20181205_14782045.htm
7	中共深圳市南山區委、深圳市南山區人民政府	2016	關於加快實施"領航計劃"打造人才創新創業發展生態先行區的意見	http://www.szns.gov.cn/mlns/szrcgy/rcgyzc/content/post_3691428.html
8	中共深圳市委、深圳市人民政府	2016	關於促進人才優先發展的若干措施	http://www.sz.gov.cn/ytqzfzx/icatalog/bm/tzb/04/gsl/201612/t20161223_5770218.htm
9	深圳市人民政府	2016	關於大力推進大眾創業萬眾創新的實施意見	http://www.sz.gov.cn/zfgb/2016/gb970/content/mpost_4956355.html
10	深圳市人力資源和社會保障局、深圳市財政委員會	2016	深圳市高技能人才創新培養計劃重點項目實施方案	http://www.sz.gov.cn/zfgb/2016/gb975/content/post_4950926.html

序號	機構名稱	出台時間	文件全稱	網址
11	深圳市人民政府	2016	深圳市產業發展與創新人才獎實施辦法	http://www.sz.gov.cn/zfgb/2016/gb978/content/mpost_4949443.html
12	中共深圳市龍崗區委、深圳市龍崗區人民政府	2016	關於促進人才優先發展實施"深龍英才計劃"的意見	
13	深圳市龍崗區人才工作領導小組辦公室	2016	深圳市龍崗區深龍創新創業英才計劃實施辦法	
14	中共深圳市委、深圳市人民政府	2016	關於促進科技創新的若干措施	http://www.sz.gov.cn/ytqzfzx/icatalog/bm/tzb/04/gsl/201612/t20161223_5770225.htm
15	福田區人民政府	2017	福田區關於深圳市產業發展與創新人才獎配套資金實施辦法的通知	http://www.sz.gov.cn/ftq/zcfggfxwj/qgfxwj/201702/t20170227_6015904.htm
16	福田區人力資源局	2017	福田區人力資源服務機構引才獎勵辦理細則	
17	福田區人力資源局	2017	福田區新認定人才獎勵辦理細則（試行）	
18	深圳市人民代表大會常務委員會	2017	深圳經濟特區人才工作條例	http://www.sz.gov.cn/cn/xxgk/zfxxgj/zcfg/szsfg/content/post_6580786.html
19	深圳市龍華區人民政府辦公室	2018	深圳市龍華區科技創新專項資金實施細則	http://www.szlhq.gov.cn/xxgk/zcfg/qgfxwj/qgfxwj_129575/201805/P020180529392415358463.pdf
20	深圳市人民政府	2018	深圳市高等學校鵬城學者計劃實施辦法	http://www.sz.gov.cn/jyj/home/jyfw/fwxx/fwgx/201804/t20180420_11776858.htm
21	深圳市寶安區人民政府辦公室	2018	寶安區關於創新引領發展的實施辦法	http://www.baoan.gov.cn/xxgk/zfgb/2018nd2q/gfxwj/content/post_3326238.html
22	福田區人民政府辦公室	2019	深圳市福田區產業發展專項資金系列政策	

附表十

珠海市政府支持粵港澳大灣區青年創新政策文件一覽表

序號	機構名稱	出台時間	文件全稱	網址
1	珠海高新技術產業開發區管理委員會、珠海市港澳事務局、珠海市財政局	2012	珠海市港澳青年創業基地管理規定	
2	中共珠海市委、珠海市人民政府	2013	關於"藍色珠海高層次人才計劃"的實施意見	
3	珠海市科技和工業信息化局	2013	關於加快我市高新技術產業發展的若干政策意見	http://caizheng.zhuhai.gov.cn/ztjj/zdlyxxgk/czzxxx/content/post_1940729.html
4	珠海市人民政府辦公室	2013	珠海市產業發展與創新人才獎勵辦法	http://www.zhdz.gov.cn/zhglgcyj/gkmlpt/content/2/2510/post_2510931.html#639
5	中共珠海市委組織部、珠海市科技工貿和信息化局、珠海市財政局、珠海市人力資源和社會保障局	2014	珠海市高層次人才創新創業扶持辦法	http://www.doumen.gov.cn/tzdm/rcpy/201801/80e9c8313988404ea3df700340516601.shtml
6	珠海市人民政府辦公室	2017	珠海市商事主體"一照一碼"登記服務全程電子化暫行辦法	
7	珠海市科技和工業信息化局、珠海市財政局	2017	珠海市引進建設重大研發機構扶持資金管理辦法	http://www.zhuhai.gov.cn/kjcxj/attachment/0/216/216277/2409470.pdf
8	中共珠海市委、珠海市人民政府	2018	關於實施"珠海英才計劃"加快集聚新時代創新創業人才的若干措施（試行）	http://www.doumen.gov.cn/doumen/zczx/201807/02b10ebf9aaa45a198cd2d6ff65bca8d.shtml
9	珠海市人力資源和社會保障局	2018	珠海市人力資源和社會保障事業發展"十三五"規劃	

序號	機構名稱	出台時間	文件全稱	網址
10	珠海市知識產權局、珠海市財政局	2018	珠海市專利促進專項資金管理辦法	http://www.zhuhai.gov.cn/xw/gsgg/content/post_1831486.html
11	珠海市科技和工業信息化局、珠海市財政局	2018	珠海市院士工作站管理辦法	http://www.zhuhai.gov.cn/kjcxj/gkmlpt/content/1/1884/post_1884926.html#1648